LILLI STRAUB

6 SCHRITTE ZUM TRAUM GARTEN

DAS ARBEITS BUCH ZUR GARTEN PLANUNG

Mit Checklisten, Pflanzentipps & Beispielplänen

KOSMOS

INHALT

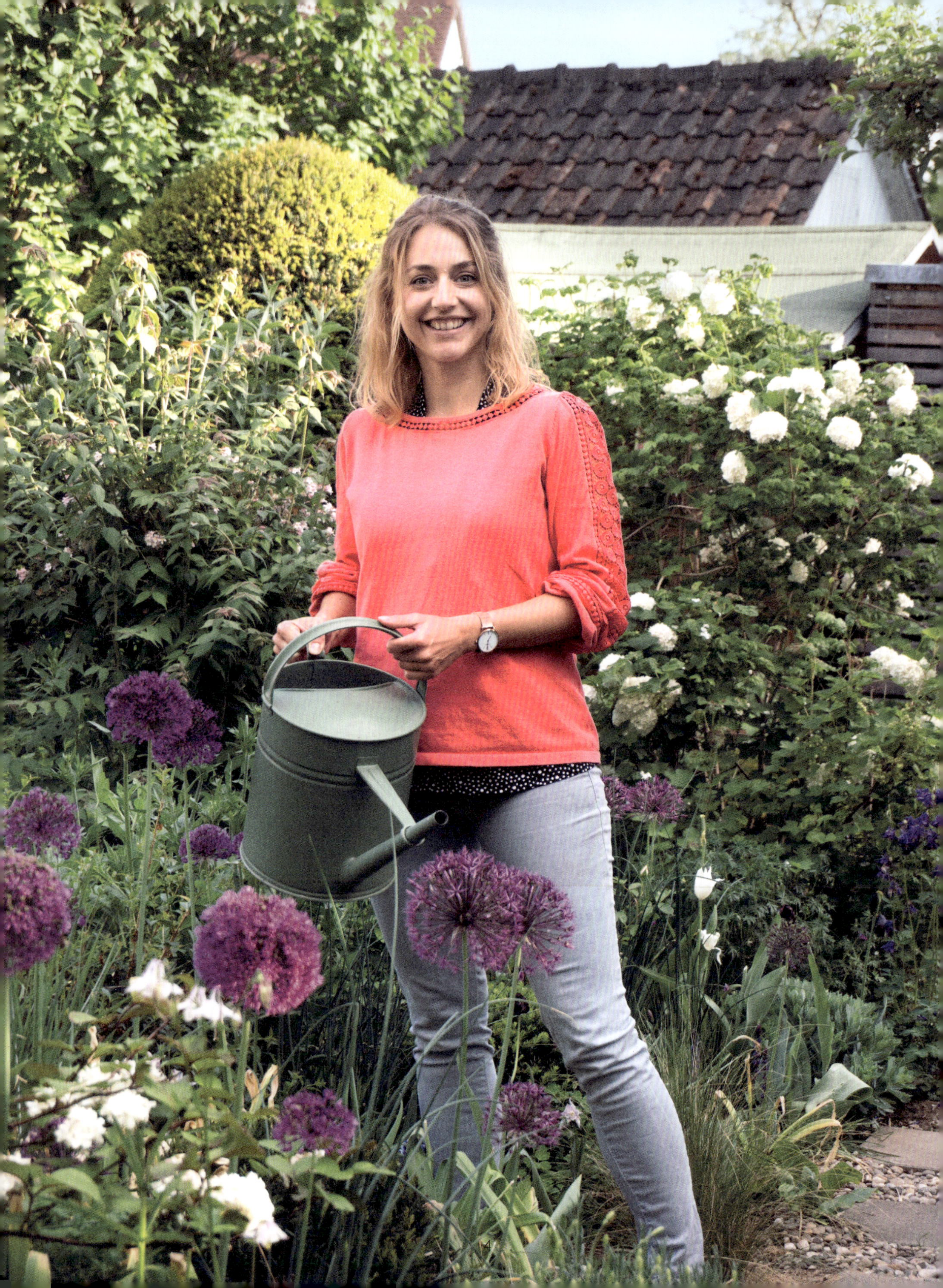

Aus jedem Garten kann ein Traumgarten werden!

Für mich bedeutet Garten Lebensqualität. Ich glaube, dass es keinen besseren Ort gibt, an dem wir den Alltag hinter uns lassen und unsere Seele baumeln lassen können. Und ich glaube, dass wir aus jedem Garten einen solchen Ort machen können.

Alles was wir brauchen, ist ein Stück Papier, ein paar Stifte, ein Maßband und die Bereitschaft, uns auf das Experiment Gartenplanung einzulassen. Experiment deshalb, weil wir in der Planungsphase noch all unsere Ideen ausprobieren können, ohne dass wir im Garten selbst schon vollendete Tatsachen geschaffen haben. Ist der Gartenweg eckig oder rund passender für unseren Garten? Wie groß muss unsere Terrasse sein, damit wir alle Platz haben? Und wo wäre der beste Platz für einen Naschgarten?
All das sind Fragen, die wir auf dem Papier zeichnerisch lösen können ohne Steine zu bewegen oder Fundamente zu bauen, um dann später frustriert festzustellen, dass es anders doch besser gewesen wäre.
Ein schöner Garten entsteht nie durch Zufall, sondern durch eine sorgfältige Planung! Das gilt insbesondere für unsere modernen Grundstücke, die meist von Nachbarn, Straßen oder anderen baulichen Einrichtungen geprägt sind und deshalb die eine oder andere Herausforderung mit sich bringen. Aber mit einer guten Planung können wir auch aus dem ungünstigsten Grundstück eine Oase der Erholung machen.
Egal ob ihr einen Neubau-Garten habt, oder einen bestehenden Garten renovieren möchtet, die einzelnen Planungsschritte sind immer dieselben. Wir arbeiten uns vom Großen ins Kleine vor – von der Vision bis zum detailliert geplanten Beet. Mit dieser Methode habt ihr am Ende des Buches einen maßstäblichen Plan von eurem Traumgarten, den ihr entweder selbst in die Tat umsetzen könnt, oder den ihr mit Hilfe einer Gartenbaufirma realisiert. Dieses Buch versteht sich als ein Arbeitsleitfaden, mit dem ihr euch Schritt für Schritt den Plan zu eurem Traumgarten erschafft. Es ist kein theoretisches Buch, sondern möchte euch ins TUN bringen.
Die Gartenplanung gleicht manchmal einem Puzzle, das eben nur dann stimmt, wenn alle Teile an der richtigen Stelle liegen.
Damit ihr von Anfang an den Überblick über alle Teile habt, ist das Buch so aufgebaut, dass ihr in jedem Kapitel einen theoretischen Teil und praktische Aufgaben vorfindet. So könnt ihr analog zum Buch bereits euren Garten planen. Jedes Kapitel hat am Ende eine Checkliste, mit der ihr überprüfen könnt, ob ihr auch an alles gedacht habt. Damit wisst ihr immer, wo ihr steht und habt den Überblick über eure Fortschritte.
Eine gelungene Gartenplanung lebt von einer guten Struktur, einem Schuss Kreativität und etwas Zeit und Aufwand. Die Struktur haltet ihr mit diesem Buch in den Händen. Die Kreativität kommt ganz von alleine, wenn ihr in die Thematik eintaucht. Zeit und Aufwand müsst ihr selbst beisteuern. Ich bin mir aber sicher, dieser Einsatz lohnt sich! Denn es ist eben ein Unterschied, ob ihr eure schönste Zeit in einem durchschnittlichen Grün oder in einem echten Traumgarten verbringt.
Ich wünsche euch viel Freude bei der Planung eures Gartens!

Lilli Straub

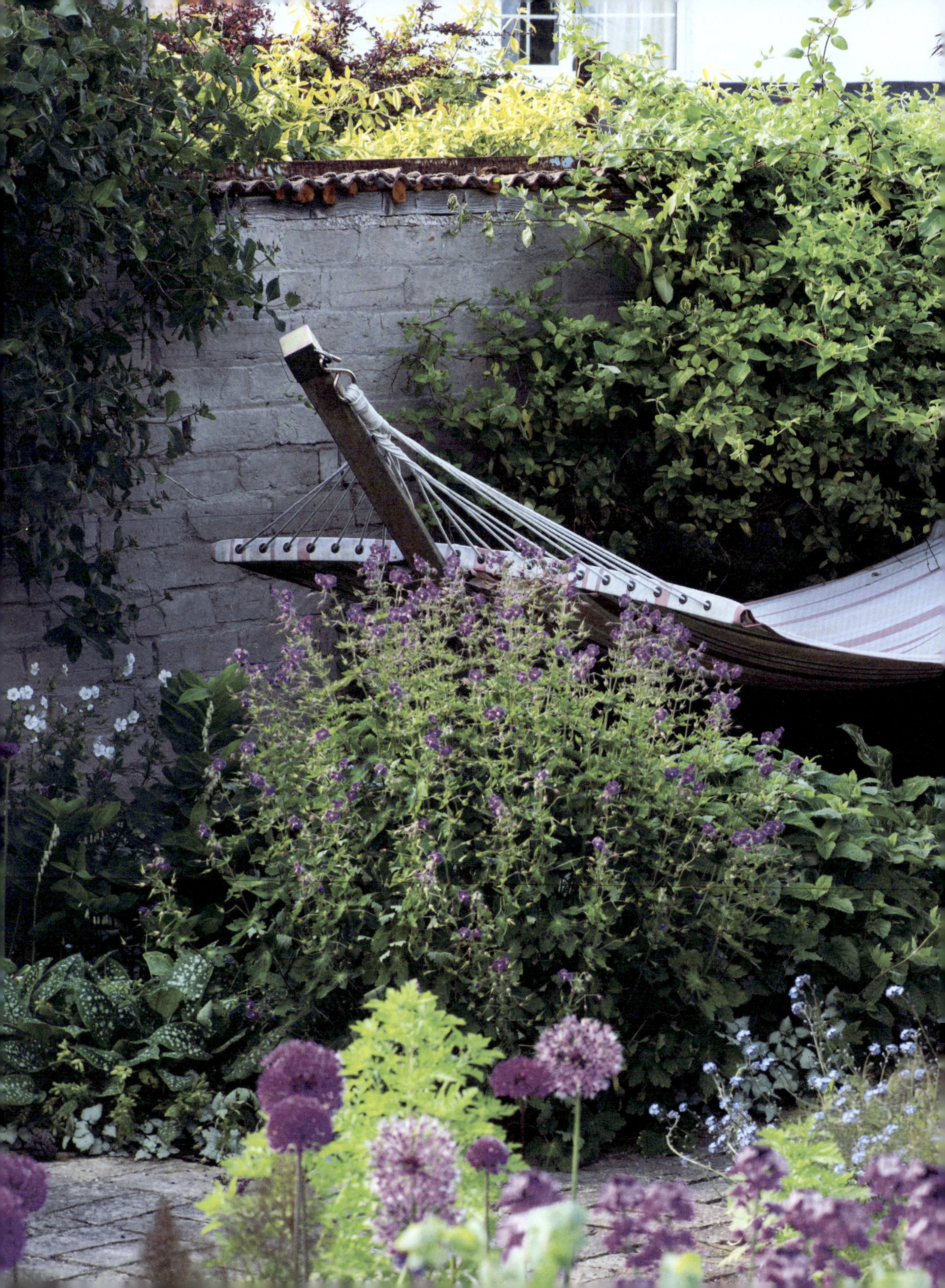

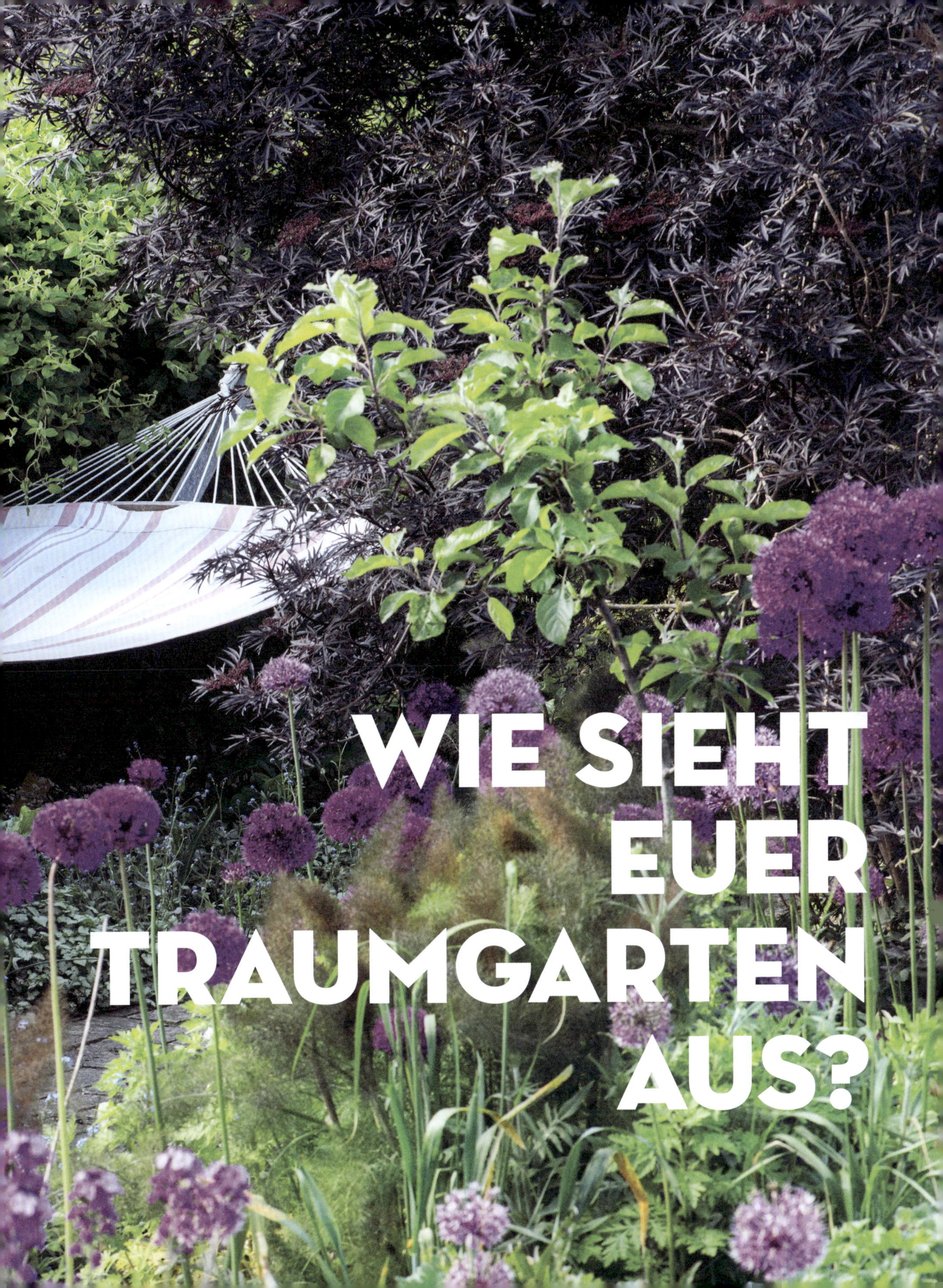

WIE SIEHT EUER TRAUMGARTEN AUS?

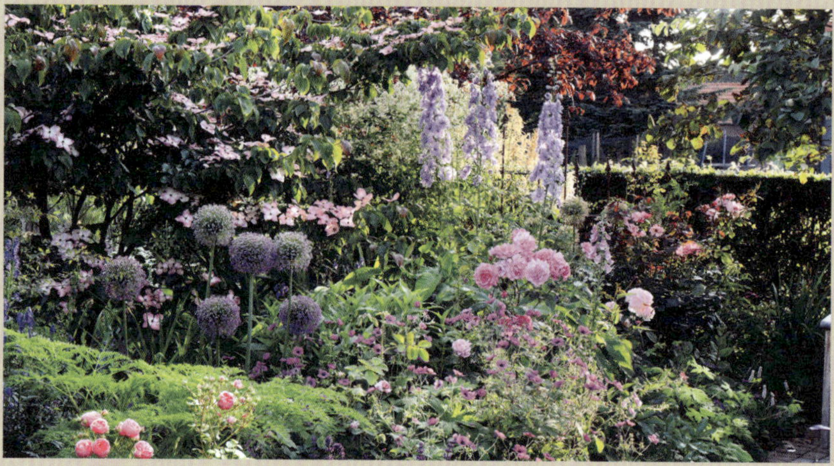

ERINNERUNGEN & DÜFTE

Es sind die Erinnerungen an schöne Momente, die uns von einem bestimmten Garten träumen lassen. Manchmal ist es einfach ein spezieller Duft, der uns fasziniert und den wir uns in unsere grüne Oase holen möchten.

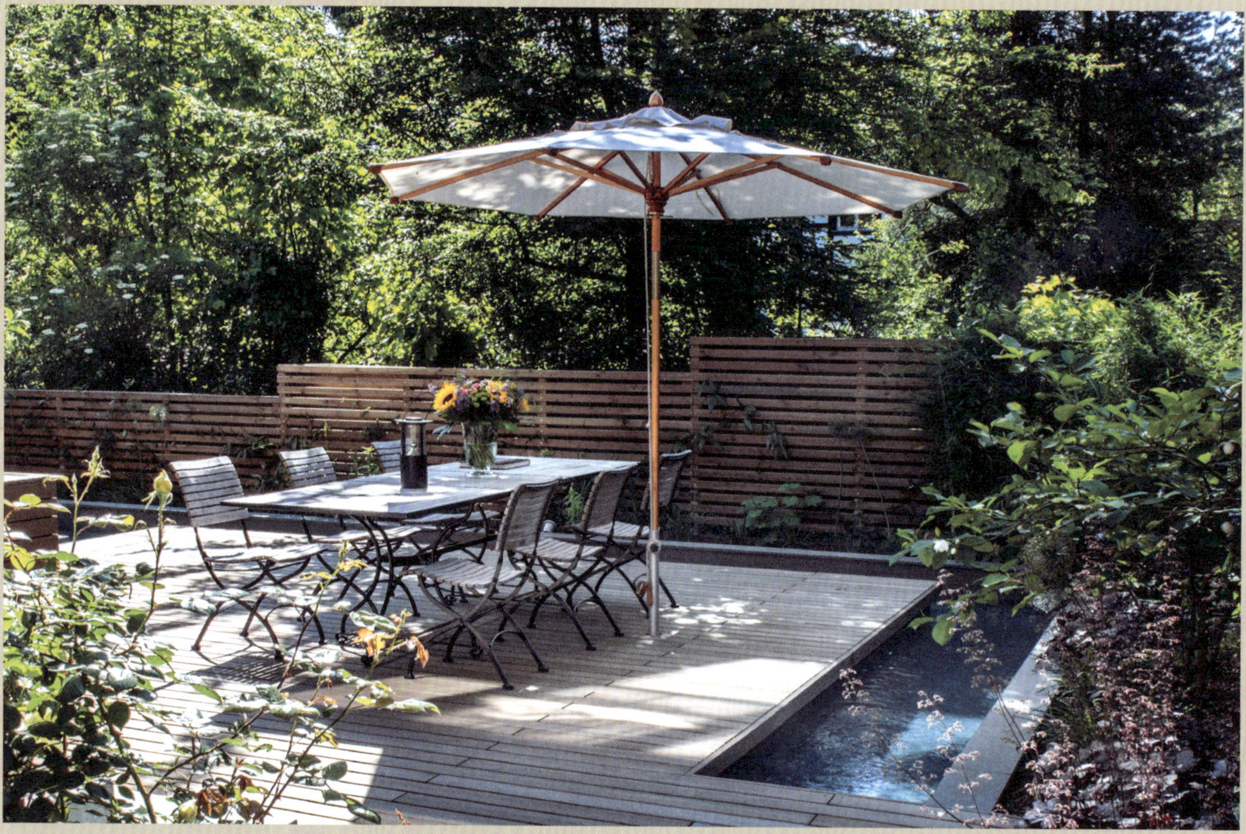

Ein Garten muss nicht groß sein, um ein lauschiges Plätzchen zu bieten: Ein schöner Belag, abwechslungsreiche Pflanzen und vielleicht noch ein kleines Wasserbecken machen die Idylle perfekt.

Einmal träumen bitte!

Das ist der Beginn unserer Reise in Richtung Traumgarten. Und wie bei jeder guten Reiseplanung werden wir zuerst das Ziel festlegen und uns dann Schritt für Schritt gemeinsam zu eurem Traumgarten aufmachen.

Von welchem Garten träumt ihr eigentlich? Wie sieht er aus, der Garten den ihr euch schon immer gewünscht habt? Ist es eine Blumenwiese mit einem Apfelbaum darin? Ein mediterraner Garten mit Wasserspiel, Rosmarin und Lavendel? Oder ein englischer Bauerngarten mit vielen Blumen und edlen Rosen? Ich möchte euch an dieser Stelle ermutigen, euch erst einmal von Budget und Grundstück völlig loszulösen und einfach zu träumen! Versucht euch völlig frei davon zu machen, wie euer Garten jetzt im Moment aussieht oder wie klein oder groß er ist. Natürlich könnt ihr aus einem Reihenhausgarten keinen Park machen, genauso wenig, wie aus einem schattigen Nordgarten ein Rosenparadies werden wird. Aber in jedem Garten lassen sich Bereiche schaffen, die eurem Traum vom Garten entsprechen. Denn fast alle Gartenideen und Wünsche lassen sich so abwandeln oder einrichten, dass sie auch unter nicht idealen Umständen umgesetzt werden können.

Wenn ihr den Mut habt, euch einmal richtig fallen zu lassen und „groß" zu denken, kommt ihr ganz schnell auf Ideen, mit denen ihr vielleicht gar nicht gerechnet habt. Sobald ihr euch erst einmal frei macht von den einschränkenden Gegebenheiten, wird eure Kreativität angeregt und die Inspirationen kommen ganz von alleine.

Falls ihr jetzt die Sorge habt, Luftschlösser zu erträumen, kann ich euch beruhigen: Wir werden später in diesem Kapitel noch überprüfen, wie realistisch eure Ideen sind. Denn am Ende sollt ihr ja nicht nur einen Plan für euren Traumgarten haben, sondern diesen auch in die Tat umsetzen können.

Für den Moment aber möchte ich euch bitten, einmal zu überlegen, in welchem Garten ihr denn jetzt gerade gern sitzen würdet. Vielleicht schließt ihr die Augen, macht euch Musik an oder geht raus in die Natur. Notiert euch, was ihr euch vorstellt! Lasst euren Traumgarten lebendig werden.

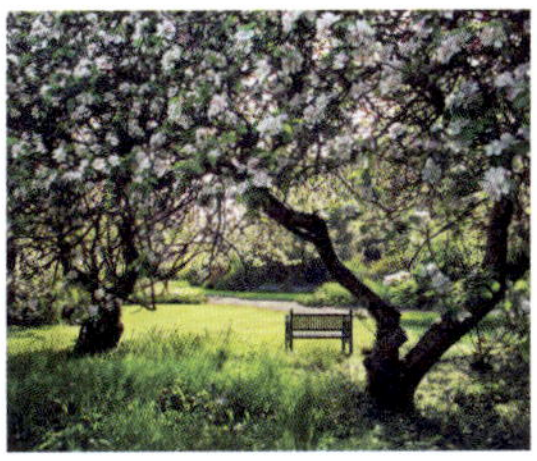

DER TRAUM VOM EIGENEN GARTEN

Vielleicht erinnert ihr euch an den Garten eurer Kindheit oder einen Garten aus dem Urlaub und möchtet genau diese Momente auch bei euch zu Hause genießen? Welche Farben spielen eine Rolle und welche Düfte? Liebt ihr Wasser? Ist euer Fantasiegarten eher wild und ungezwungen oder klar strukturiert?

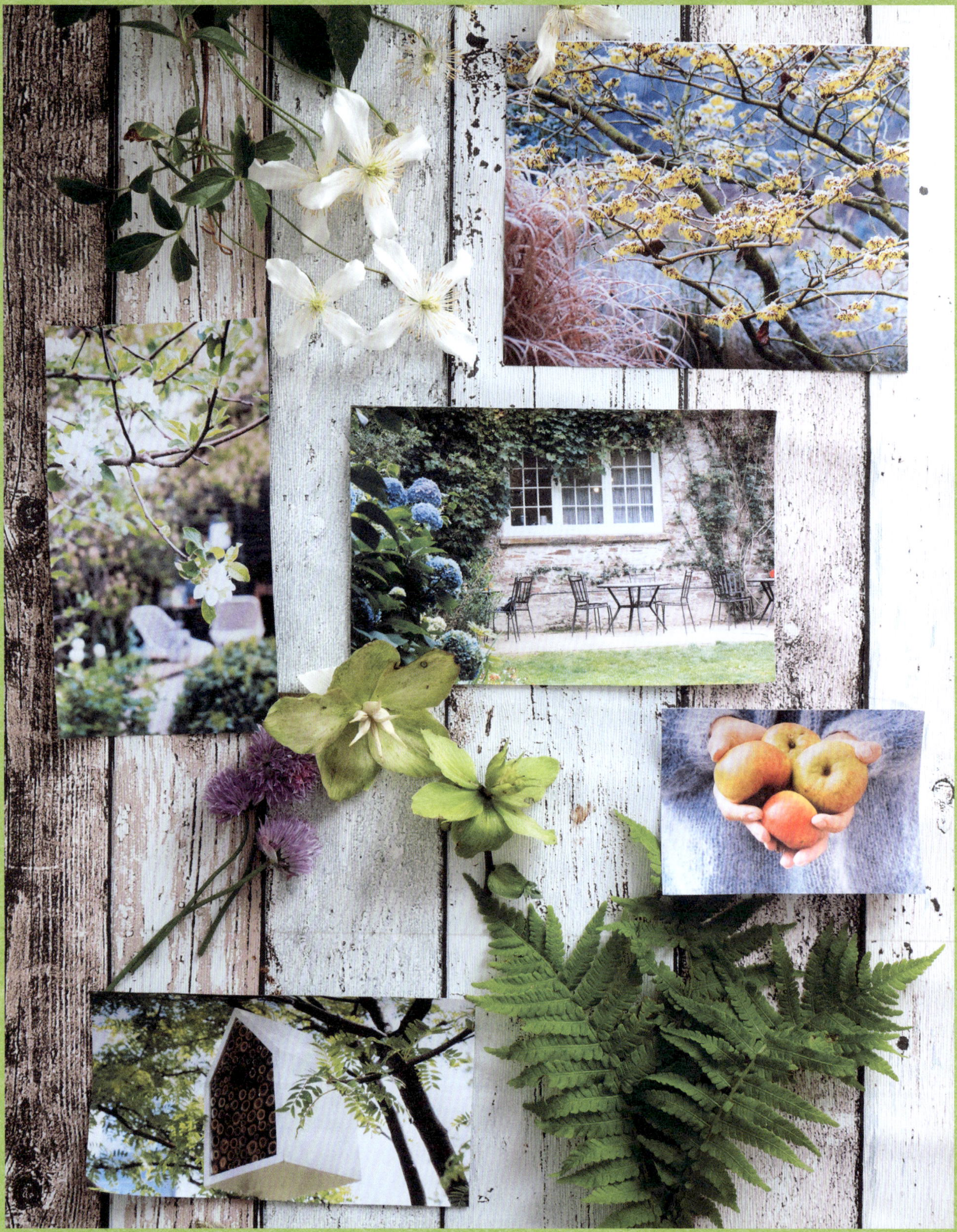

MOODBOARD

Am besten könnt ihr euren Traumgarten visualisieren, indem ihr euch ein Moodboard erstellt: eine Collage aus Bildern und Sammlungsstücken, deren Farben, Stimmungen und Texturen euch gefallen.

Die Moodboard-Methode

„Ein Bild sagt mehr als tausend Worte" ist gerade in der Gartenplanung zu 100 Prozent wahr. Es hilft uns, wenn wir uns unseren Garten schon von Anfang an visuell vorstellen können. Deshalb ist die Moodboard-Methode so nützlich.

Mit all euren Gartenträumen im Kopf erstellen wir in diesem Kapitel eine Inspirationspinnwand. Diese Moodboard-Methode (englisch für Stimmungsbild) steht für mich am Anfang jeder Gartenplanung. Ein Moodboard ist eine Collage aus Bildern und Zeichnungen von Gärten und Pflanzen, die euch gefallen. Das können eure eigenen Bilder sein, oder ihr sucht euch Inspiration im Internet oder in Zeitschriften.

Ein Moodboard übersetzt Ideen und Vorstellungen in Bilder und macht sie auf diese Weise konkret und greifbar. Außerdem regt das Sammeln und Zusammenstellen die Kreativität an und macht eine Menge Spaß!

SO GEHT'S

Sammelt einfach mal drauflos und legt alle Bilder und Ideen von eurem Traumgarten vor euch auf den Tisch, auf den Boden oder hängt sie an die Wand. Ihr könnt euch dabei von bestimmten Themen leiten lassen oder einfach mal drauflos sammeln, ganz wie ihr wollt. Falls ihr von einem Garten in euren Lieblingsfarben träumt, dann könnt ihr genau diese Farben für euer Moodboard verwenden. Wenn ihr eine der Jahreszeiten ganz besonders liebt, kann auch das ein Leitmotiv sein. Was habt ihr euch notiert, als ihr von eurem zukünftigen Garten „geträumt" habt? Welches Bild passt dazu?

Viele Designer arbeiten mit dieser Methode und schaffen es auf diese Weise, ihre Ideen und Inspirationen in ein konkretes Konzept umzuwandeln. Ihr werdet staunen, was dabei alles an Einfällen herauskommt!

Habt ihr alle Bilder zusammen, könnt ihr eure Collage mit Schere und Kleber basteln, indem ihr alle Bilder auf ein großes Blatt Papier oder ein Stück Pappe klebt. Oder ihr könnt eure Sammlung virtuell bei Pinterest, houzz oder natürlich einfach auf eurem Desktop erstellen. Auch eine Wand kann ein idealer Platz sein.

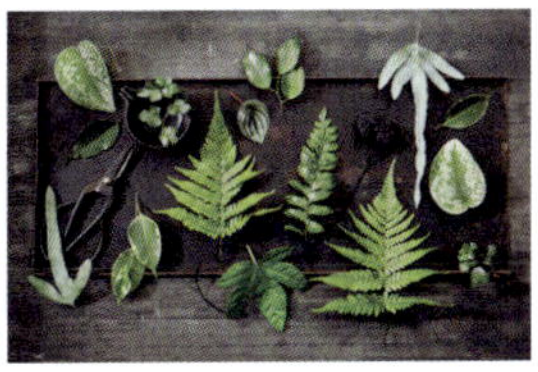

SCHLICHT UND GRÜN

Unterschiedliche Blätter sind eine tolle Inspiration!

FÜR GARTEN-NEULINGE

Konzentriert euch auf Farben und Stimmungen bei eurem Moodboard. Lasst Details wie Pflanzen und Materialien erstmal weg. Stellt euch vor, ihr würdet einen Raum einrichten wollen, nur eben unter freiem Himmel. Wie sähe der aus? Welche Farben hätten Kissen, Möbel und Tapete?

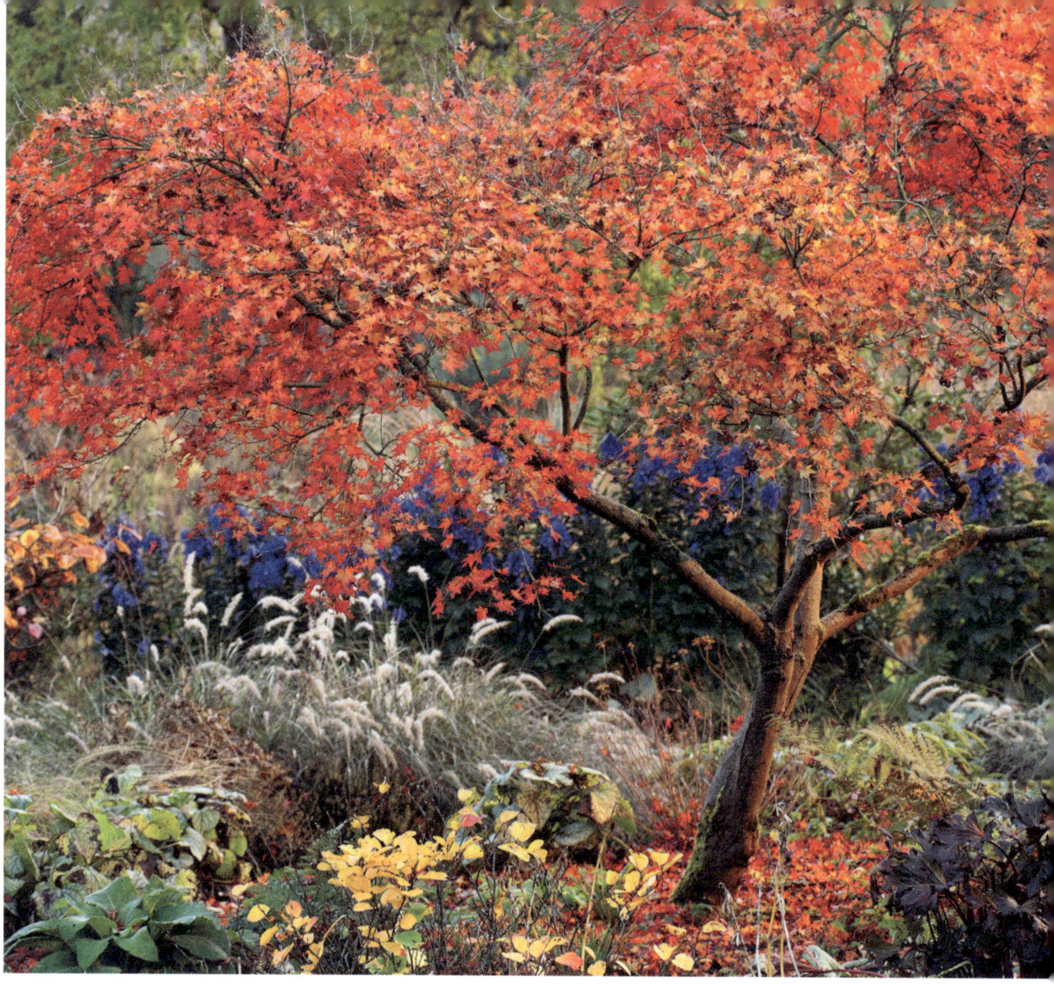

Wenn ihr die Farben des Herbstes liebt, sind Gehölze mit buntem Laub eine tolle Inspiration für euer Moodboard.

FÜR ONLINE-FANS

Wenn ihr euer Moodboard online erstellen wollt, könnt ihr das bei Internetplattformen wie Instagram oder Pinterest machen. Ihr müsst euch dafür auf der Plattform registrieren und könnt dann aus Tausenden von Bildern eure eigene Sammlung erstellen. Aber Vorsicht, wer einmal auf einer dieser Seiten gelandet ist, kann so schnell nicht mehr aufhören. Achtet deshalb darauf, nicht zu viele Bilder zu sammeln - sonst seht ihr am Ende den Wald vor lauter Bäumen nicht. Macht dann lieber eine Pause und kümmert euch erst mal um eure konkreten Wünsche im nächsten Kapitel.

Inspiration ist überall

Euer Moodboard muss aber gar nicht aus Papier sein. Vielleicht habt ihr ja auch Lust, eine kleine Materialsammlung aus Blättern und getrockneten Blumen anzulegen und das als Inspirationsquelle zu nutzen? Eurer Fantasie sind hier keine Grenzen gesetzt! Auch ein Spaziergang durch die Nachbarschaft oder eine Urlaubsreise kann jede Menge Inspiration dafür liefern. Lasst euch dabei Zeit! Wenn die Ideen nicht sofort sprudeln, macht das nichts – kein Garten entsteht über Nacht. Viel wichtiger ist, dass ihr euch wirklich darüber klar werdet, welcher Stil, welche Farben, welche Stimmungen euch für euren Traumgarten vorschweben. Wenn ihr diese Punkte für euch geklärt habt, wird euch der spätere Planungsprozess viel leichter fallen. Hängt euch euer Moodboard am besten an eine Stelle,

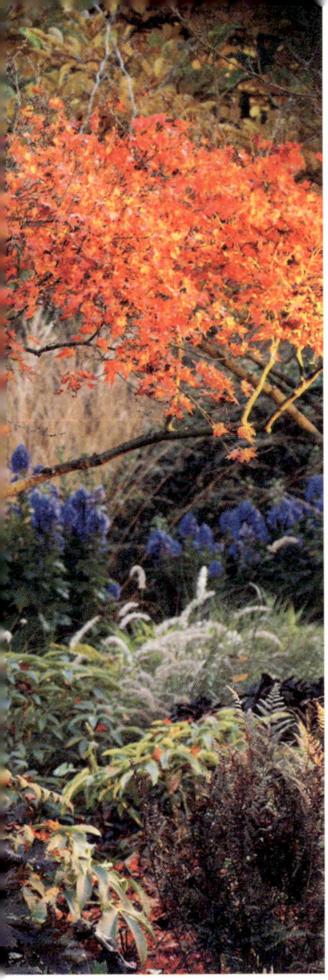

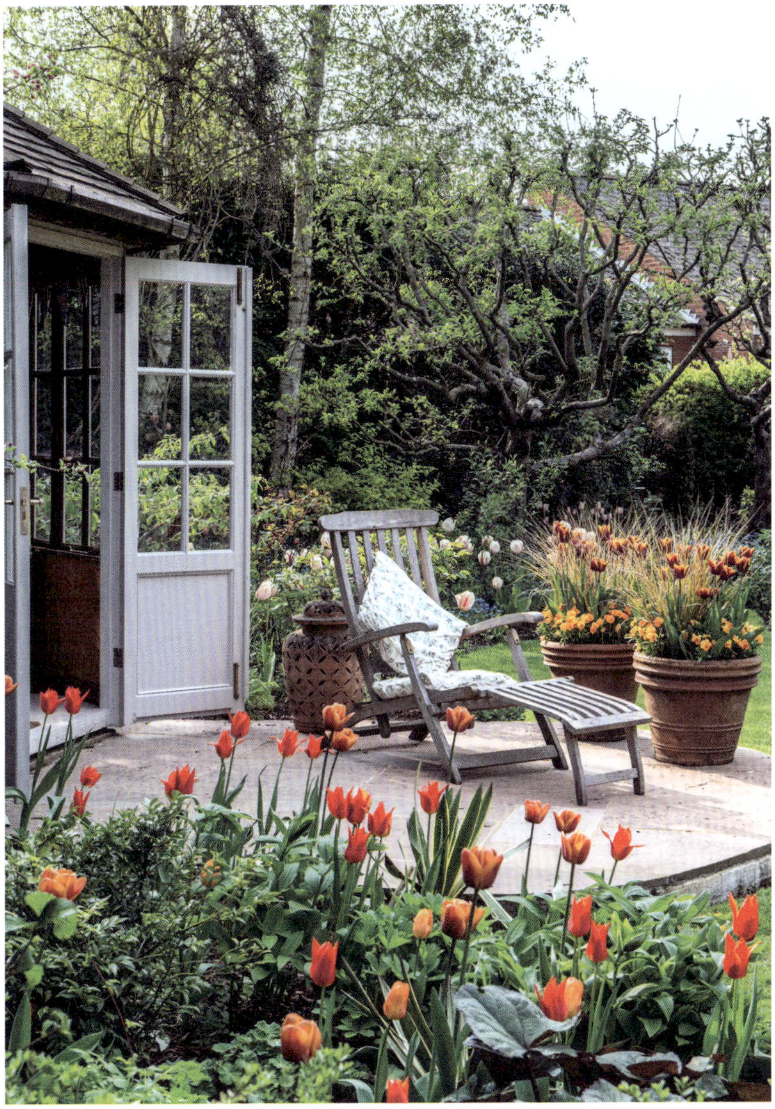

Wer mag hier nicht sitzen und den Frühling genießen?

an der ihr mehrmals täglich vorbeikommt. So habt ihr eure Wünsche immer vor Augen. Und sollte einmal der Zeitpunkt kommen, an dem ihr das Gefühl habt, ein bisschen an Elan zu verlieren oder vom Kurs abzukommen, ist das Moodboard eine fantastische Möglichkeit, die Motivation wieder ganz nach oben klettern zu lassen!

Gartenräume

Für große Gärten ab 800 m^2 ist es manchmal auch sinnvoll, mehrere Moodboards anzulegen. Vor allem wenn ihr euren Garten in verschiedene Bereiche einteilen möchtet. Ihr könnt ein Moodboard für den Gemüsegarten, eines für den Kinderbereich und eines für die Terrasse anlegen.

Wichtig ist nur, dass diese Bereiche wirklich so groß sind, dass sie voneinander getrennt sind. Denn ein Mischmasch aus unterschiedlichen Stilen kann schnell chaotisch und ziellos wirken. Habt ihr aber genug Platz im Garten, spricht überhaupt nichts dagegen, wenn ihr in unterschiedlichen Bereichen auch unterschiedliche Farben oder Materialien verwendet.

Wünsche und Anforderungen

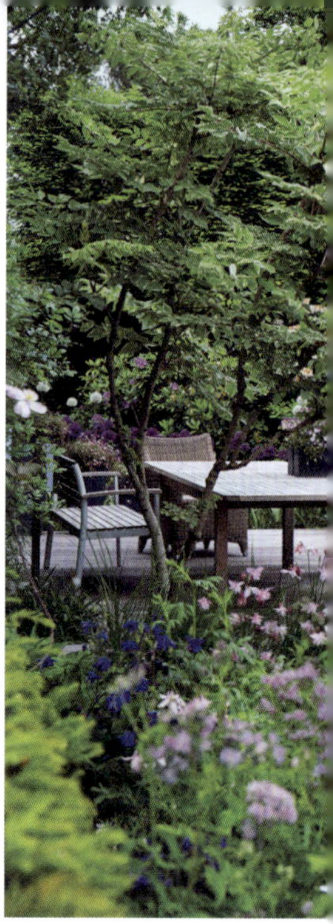

1

In diesem Kapitel dreht sich alles um euren Gartenwunschzettel, denn: Ein Wunsch im Kopf ist nur ein Gedanke. Ein Wunsch aufgeschrieben auf Papier, ist ein Ziel.

MEINE BEDÜRFNISSE UND WÜNSCHE

DAS BRAUCHE ICH UNBEDINGT

- Platz für vier Fahrräder
- Mülltonnenplatz
- Zaun zum Nachbarn wegen Hund
- Sonnenschutz für die Terrasse
- Platz zum Wäschetrocknen

DAS HÄTTE ICH GERN

- Platz für große Gartenpartys
- Rosenbeet
- Insektenhotel
- Leseplatz im Schatten
- Kräuterbeet
- Dass immer etwas blüht im Garten
- Apfelbaum
- Dass der Garten größer wirkt, als er ist
- Vogeltränke aus Sandstein

Der schönste Garten nützt nichts, wenn er euren praktischen Anforderungen nicht gerecht wird. Ein japanischer Zen-Garten mit geharktem Kies kann atemberaubend aussehen. Wenn ihr aber Kleinkinder oder große Hunde habt, ist das vielleicht nicht ganz passend für euren aktuellen Lebensabschnitt.

Die praktischen Anforderungen an euren Garten stehen immer im Vordergrund. Im nächsten Schritt überlegt ihr, wie ihr diese Anforderungen so hinbekommt, dass sie auch noch hübsch aussehen. Beispielsweise braucht ihr einen Platz im Garten, auf dem ihr eure Wäsche trocknen könnt. Dann ist der nächste Schritt, eine gute sonnige Stelle dafür zu finden, die in der Nähe der Waschmaschine ist. Anschließend könnt ihr euch überlegen, wie ihr diesen Platz so gestaltet, dass ihr zum Beispiel die Wäsche nicht von der Terrasse aus sehen müsst. Unterteilt eure Liste gleich in „brauche ich unbedingt" und „hätte ich gern". Damit stellt ihr sicher, dass ihr euren Garten so plant, dass er euren Ansprüchen tatsächlich entspricht. Vielleicht gehört ihr zu den Menschen, die ganz viele Wünsche haben? Dann ist es oft schwer, sich zu entscheiden und einzuschätzen, ob das Ganze „machbar" ist. Oder ob sich einzelne Wünsche gegenseitig ausschließen. Möglicherweise

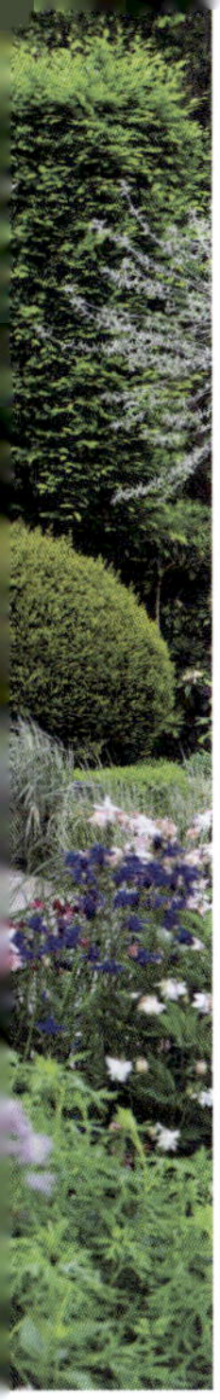

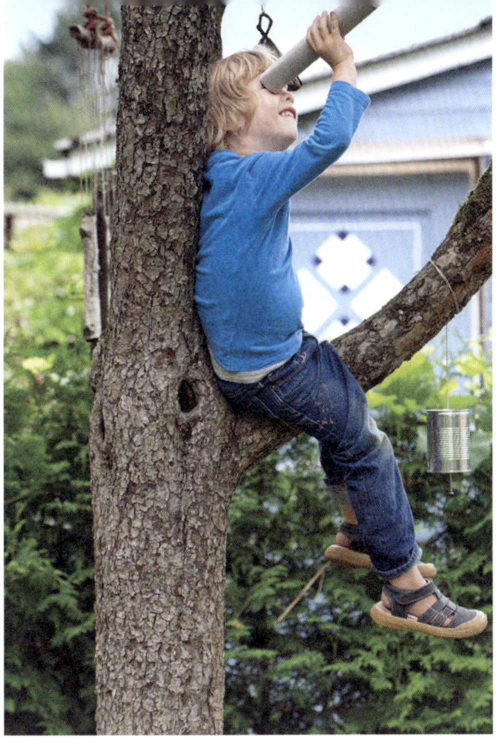

2

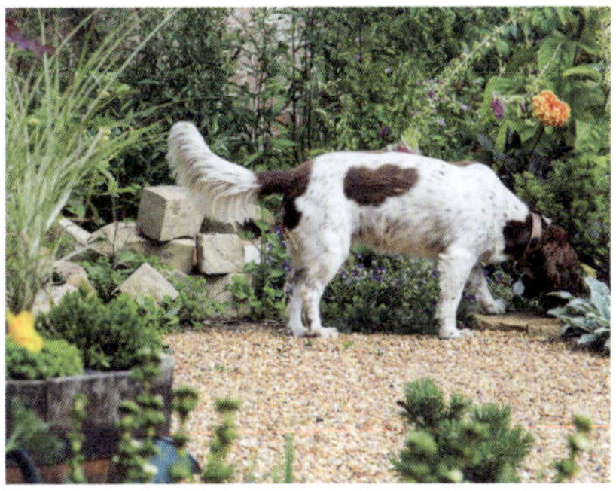

3

1. Ein Essplatz im Freien für die ganze Familie steht meist ganz oben auf der Liste.

2. Auch für kleine Forscher sollte ein Garten etwas zu bieten haben.

3. Hunde haben eigene Ansprüche an den Garten.

4. Der perfekte Platz für eine Gartenparty!

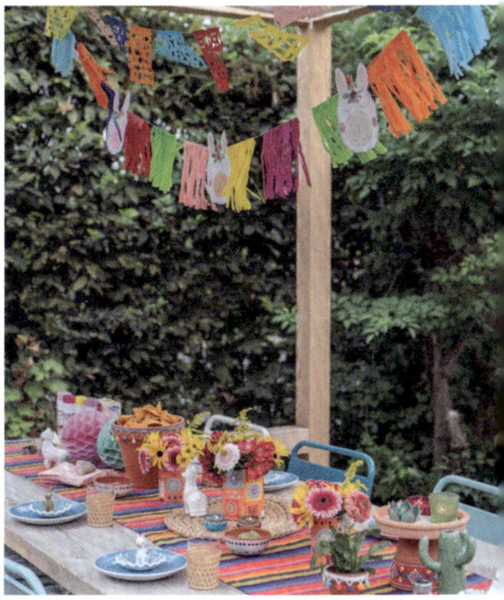

4

fällt es euch aber schwer, überhaupt „ins Wünschen" zu kommen. Wo sollt ihr anfangen?

AUFSCHREIBEN BRINGT KLARHEIT

In beiden Fällen hilft es, wenn ihr eure Wünsche und Anforderungen schriftlich festhaltet. Denn damit bringt ihr Ordnung ins Wünsche-Karussell. So wird greifbar, was bisher nur als vage Idee existierte und ihr vergesst nichts im Laufe der Planung.

Um in „Wunschstimmung" zu kommen, kann es hilfreich sein, wenn ihr euch einen perfekten Tag im Garten vorstellt. Was würdet ihr gern tun? Morgens auf der Terrasse frühstücken? Danach an einem schattigen Plätzchen in Ruhe Zeitung lesen? Oder mit den Kindern eine Runde Fußball spielen? Vielleicht würdet ihr auch gern im Garten werkeln oder im Gemüsegarten arbeiten? Macht euch klar, was ihr tun möchtet. Nur dann wird es ein Garten, der zu 100 Prozent zu euch passt. Denkt bei der Wunschliste an alle Gartenbewohner und auch an Haustiere: Kaninchen brauchen Platz für ein Außengehege und der Hund ein Stück Rasen, auf dem er toben kann.

Die Wunschliste lässt sich übrigens auch prima mit Kindern anlegen. Mit bunten Stiften und ein paar Bögen Papier sind kleine Gartenbewohner ganz schnell bei der Sache. In diesem Stadium ist noch alles erlaubt und sie dürfen sich mit ihren Gartenwünschen austoben, egal ob „ein Spielehaus, in dem ich mit all meinen Freundinnen übernachten kann, wenn ich groß bin", ein „Erdbeerbeet, damit wir immer Erdbeerkuchen für meinen Geburtstag backen können" oder „ein Weiden-Tipi".

WÜNSCHE UND IDEEN PRIORISIEREN

Fokussiert euch in dieser Phase auf eure Anforderungen und lasst das Moodboard erst einmal außen vor. Denn ihr könnt sowohl in einem Bauerngarten euren Wunsch von einem schattigen Leseplatz realisieren als auch in einem modernen Gräsergarten. Die Funktionen eines Gartens können optisch unterschiedlich aussehen. Ob ihr unter einer großen Kletterrose oder unter einem Bambus relaxen möchtet, ist Geschmackssache.

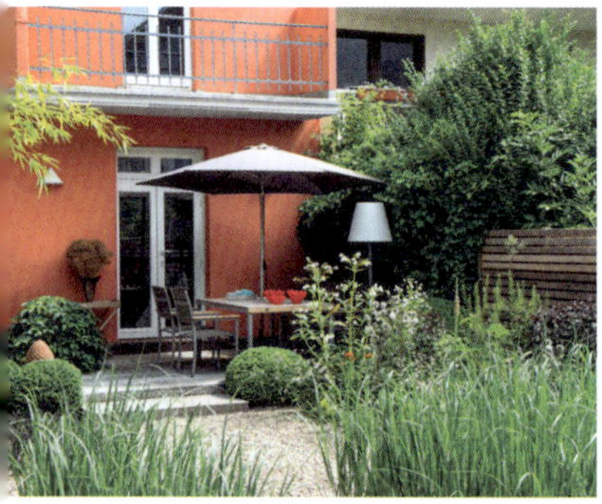

1

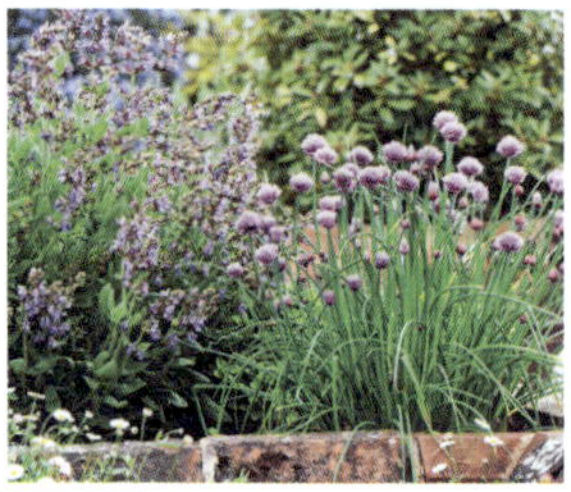

2

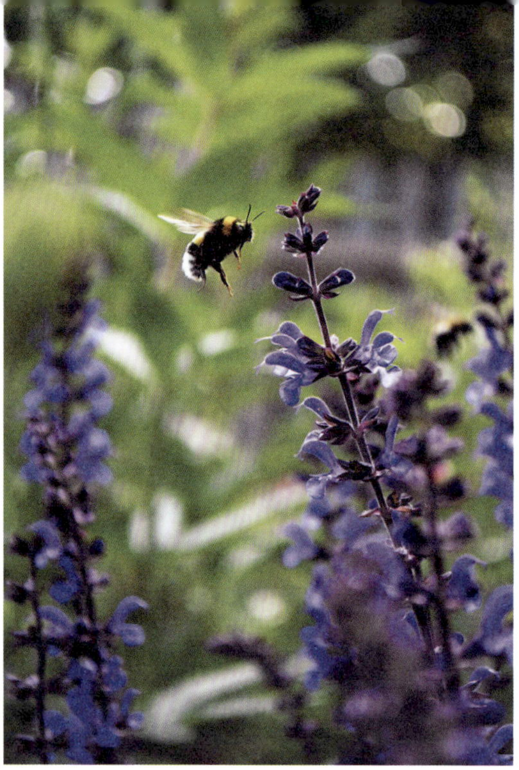

3

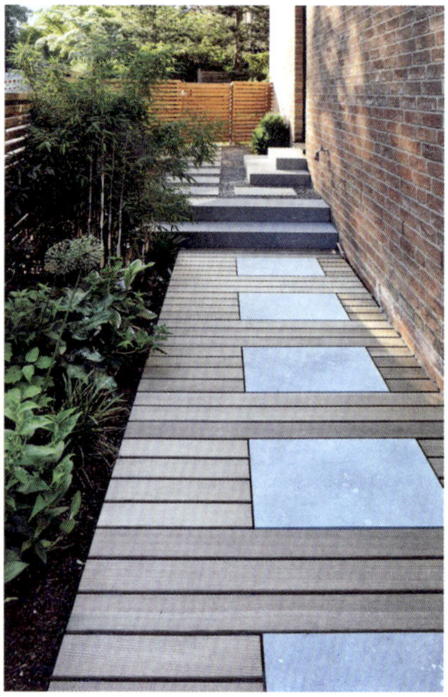

4

1. Wer nah beieinander wohnt, wünscht sich meist einen Sichtschutz.

2. Kochliebhaber brauchen ein Kräuterbeet für ihr Hobby.

3. Ein insektenfreundlicher Garten ist immer wünschenswert!

4. Auch eure Materialwünsche sind hier gefragt.

PROBLEME IN WÜNSCHE UMWANDELN

Zu euren Wünschen zählen vielleicht auch abstraktere Dinge, zum Beispiel: Mein Garten sollte größer wirken oder nicht so einsehbar sein. Das gehört mit auf die Liste.

Materialwünsche

Eventuell habt ihr schon ganz bestimmte Materialwünsche. Gefällt euch Holz besonders gut oder ein Naturstein aus eurer Region? Schreibt es auf, es wird den Planungsprozess erleichtern.

Sorgen und Nöte

Manchmal gibt es auch echte Probleme im Garten. So stört euch vielleicht der Lärm von der Straße oder der Nachbar nimmt mehr Kontakt im Garten zu euch auf, als ihr euch das wünscht. Versucht dieses Thema in einen positiven Wunsch umzuwandeln. Aus: „mich stört der laute Verkehr" wird „ich möchte mehr Lärmschutz in meinem Garten". Aus „Herr Müller kommt jedes Mal auf seinen Balkon, wenn wir auf der Terrasse essen" wird „ich wünsche mir mehr Sichtschutz". Dadurch habt ihr einen konkreten Wunsch, den ihr berücksichtigen und umsetzen könnt.

Alt und erhaltenswert

Und schließlich gibt es in eurem Garten vielleicht auch Dinge, die ihr unbedingt erhalten wollt. Das kann ein toller alter Baum, das Gartenhaus oder die praktische Wassertonne sein. Notiert es euch!
Die Planung eines Gartens ähnelt manchmal einem Puzzle. Deshalb ist es wichtig, dass ihr immer alle Teile und Aspekte griffbereit habt und nichts verloren geht. Je mehr Zeit ihr euch an dieser Stelle nehmt, desto besser wird euer Garten später zu euren Bedürfnissen passen. Und desto mehr Freude werdet ihr damit haben!

WENN DER WUNSCH ZUR LÖSUNG WIRD

PROBLEM	KONKRETER WUNSCH	LÖSUNG
Der Lärm der Straße wird immer heftiger.	Ich wünsche mir, dass ich auf der Terrasse die Autos nicht mehr so höre.	Vielleicht kann ich eine Hecke pflanzen oder einen Springbrunnen mit Plätschergeräusch in die Terrasse integrieren.
Vor dem Zaun wächst der Rasen überhaupt nicht, die Bäume machen zu viel Schatten.	Ich wünsche mir, dass die Ecke vor dem Zaun endlich schön aussieht.	Vielleicht kann ich einen Teil der Bäume kürzen, sodass mehr Sonne auf den Rasen kommt und er wachsen kann. Oder ich belasse die Bäume, wie sie sind, und pflanze etwas Schattenverträgliches in die Ecke.
Neben meinem Grundstück wird jetzt gebaut. Es wird ein sehr großes Haus und die Bewohner können dann genau auf meine Terrasse schauen.	Ich wünsche mir mehr Sichtschutz auf der Terrasse.	Vielleicht kann ich mit Gehölzen oder einem Sichtschutzelement für mehr Privatsphäre sorgen. Wenn das nicht möglich ist, kann ich mir vielleicht einen zweiten Sitzplatz schaffen, der etwas versteckter ist und auf den ich mich zurückziehen kann, wenn ich Privatsphäre brauche.
Mein Garten ist so langweilig, er sieht das ganze Jahr gleich aus.	Ich wünsche mir mehr Abwechslung im Garten. Ich möchte, dass von Januar bis Oktober etwas blüht in meinem Garten.	Ich lege mir einen Blütezeitkalender an und schaue, wie ich von März bis Oktober Blüten in meinen Garten bringen kann.
Mein Garten macht mir so viel Arbeit, ich schaffe es kaum ihn zu pflegen.	Ich wünsche mir einen pflegeleichteren Garten.	Ich suche mir die Pflanzen heraus, die am meisten Arbeit machen und ersetze sie durch pflegeleichtere Arten.
In meinem Garten passt nichts zusammen, alles wirkt zufällig.	Ich wünsche mir eine stimmige Gestaltung, die die einzelnen Bereiche miteinander verbindet.	Ich überlege, welche bestehenden Elemente mir am besten gefallen oder nicht zu ändern sind, und passe die Gestaltung diesen Bereichen an.

Entscheidungshilfen

„Und wie soll ich das jetzt alles in meinem Garten unterkriegen? Passt das zusammen und wird das am Ende gut?“ Diese Fragen stellen sich die meisten Gartenbesitzer, wenn sie mit der Planung beginnen.

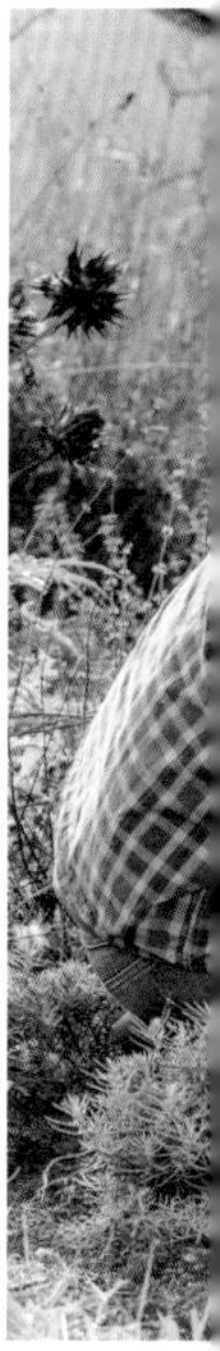

1

Bei der Gartenplanung müssen wir Entscheidungen treffen. Und das ist manchmal gar nicht so einfach. Wenn ihr euch selbst ein paar Fragen beantwortet, könnt ihr viel leichter entscheiden, was das Richtige für euch und euren Garten ist. Ihr habt jetzt ein Moodboard angelegt und seid euch über eure Wünsche und Anforderungen klargeworden. Im nächsten Schritt klären wir, was von euren Ideen und Wünschen realistisch und umsetzbar ist und auf was ihr vielleicht verzichten solltet.

GARTENARBEIT

Wie viel Zeit wollt und könnt ihr mit Gartenarbeit verbringen? Eher eine Stunde pro Woche, oder ist ein halber Tag in der Woche gar kein Problem für euch? Macht euch darüber schon jetzt Gedanken. Denn nichts ist schlimmer als ein perfekt gestalteter Garten, der euch mit der Arbeit überfordert und dann Jahr für Jahr seinen Reiz verliert. Als Faustregel gilt: Je mehr unterschiedliche Pflanzen ihr in eurem Garten habt, desto aufwendiger ist die Pflege. Wenn in eurem Moodboard jede Menge Bilder von überbordenden Staudenbeeten zu sehen sind, ihr aber nur eine Stunde pro Woche Zeit für die Gartenarbeit habt, ist dieser Gartentyp eher nichts für euch.

Wichtig ist, dass ihr einschätzt, wie wichtig euch Ordnung im Garten überhaupt ist. Wenn ihr euch am liebsten in sehr ordentlichen Räumen aufhaltet, wird das im Garten wahrscheinlich ähnlich sein. Wenn ihr euch aber eher in einer bunten und zwanglosen Umgebung wohlfühlt, macht es euch vermutlich auch nichts aus, wenn das Gras im Garten mal höher als 5 cm steht. Euer Traumgarten soll euch auf jeden Fall Freude machen und euch keineswegs in Stress versetzen. Fragt auch andere Familienmitglieder, ob sie bereit sind mitzuarbeiten und wenn ja in welchem Umfang. Aber Vorsicht bei Kindern, sie können oft noch nicht abschätzen, wie viel Arbeit ein Garten mit sich bringt.

BRAUCHT ES EINEN SPIELPLATZ?

Denkt bei der Gartenplanung daran, dass Kinder sich schnell weiterentwickeln. Lohnt sich ein super ausgestatteter Spielplatz mit Rutsche, Schaukel und Wippe oder erweitern eure Kinder in zwei Jahren ihren Radius so, dass sie lieber auf einen echten Spielplatz draußen gehen möchten?

Oftmals bieten sich hier Lösungen zum Mitwachsen an. So kann eine Pergola zum Beispiel als Schaukelgestell dienen und später eine „Chillecke“ für die Teenies werden. Aus einem Sandkasten könnt ihr später ein Hochbeet oder ein Wasserbecken machen. Es muss nicht

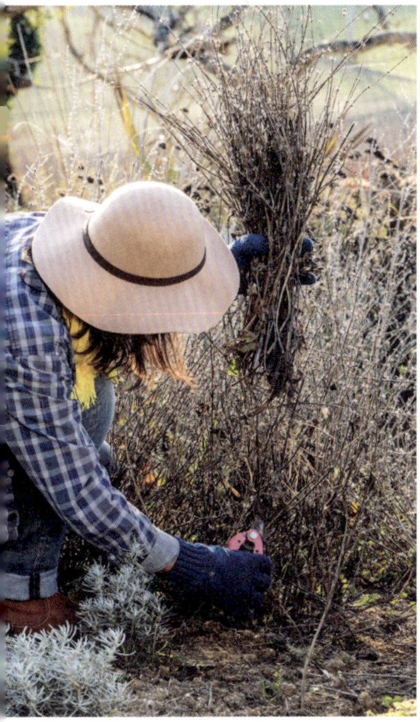

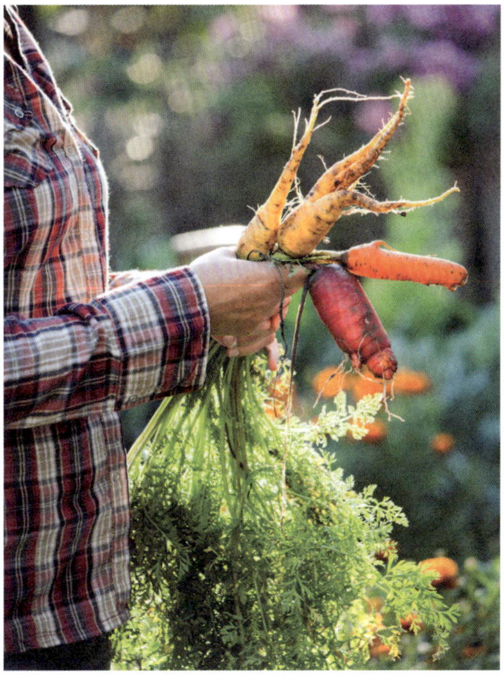

2

1. Für manchen ist Gartenarbeit Entspannung, für manchen nur ein Muss.

2. Eigenes Gemüse ist der Hit, macht aber mehr Arbeit als ein Ziergarten.

3. Im Hochbeet Gemüse anzubauen ist kinderleicht!

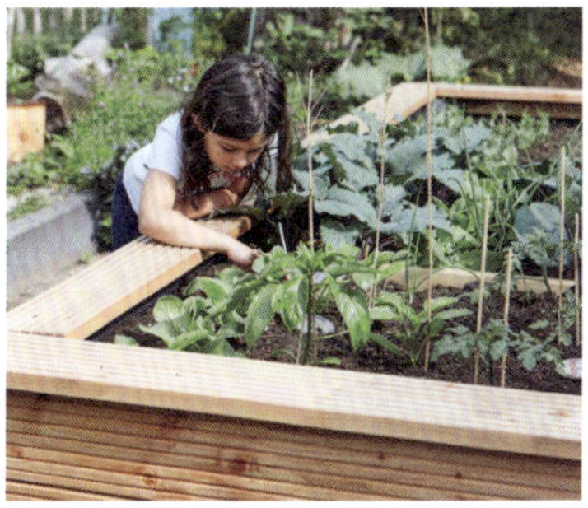

3

immer der komplette Spielgerätekatalog auf dem Rasen installiert werden.
Wichtig ist jedoch, dass Kinder einen Bereich im Garten bekommen, in dem sie sich ausprobieren dürfen. Dazu gehört auch, dass sie sich mit der Natur und den vorhandenen Materialien im Garten vertraut machen können. Vielleicht legt ihr eine Matschküche an oder ein Weidentipi? Beides Dinge, die sich leicht auf- und auch wieder rückbauen lassen, wenn andere Themen in den Vordergrund rücken.

GEMÜSEGARTEN, JA ODER NEIN?

Ein Gemüsebeet oder wenigstens ein Naschgarten steht auf vielen Wunschlisten ganz weit vorne. Und natürlich ist es wunderbar, eigenen, knackigen Salat ernten zu können. Aber bedenkt, dass Gemüsepflanzen in der Regel aufwendiger in der Pflege sind als Zierpflanzen. Sie müssen in heißen Wochen täglich gegossen, regelmäßig gedüngt und vor Schnecken und anderen Schädlingen geschützt werden. Das braucht alles Zeit – ein Gemüsebeet verzeiht euch eine mehrtägige Abwesenheit nicht so schnell. Wenn ihr wenig Zeit habt, rate ich euch eher zu einem Hochbeet mit Gemüse – da ist der Aufwand überschaubar.

HAUSTIERE

Auch Haustiere haben ihre Bedürfnisse und sollten in der Gartenplanung berücksichtigt werden. Wenn ihr größere Hunde habt, ist ein top gepflegter Rasen oder ein filigranes Staudenbeet sicher ein schwieriges Unterfangen und bringt Stress für Mensch und Tier. In dem Fall seid ihr mit einigen robusten Gehölzen oder Gräsern besser aufgestellt. Ganz wichtig ist in diesem Zusammenhang das Thema Sicherheit. Je nach Größe und Art eures Haustiers braucht ihr einen Zaun oder einen abgegrenzten Bereich.

TAGESZEIT

Wenn ihr das Glück habt, euren Garten zu jeder Tageszeit genießen zu können, sind euch hier keine Grenzen gesetzt. Könnt ihr aber immer erst am Abend in euren Garten, macht es Sinn von Vorneherein dieser Tageszeit eine besondere Aufmerksamkeit zu widmen. In dem Fall ist eine schöne Beleuchtung eine große Bereicherung. Während ein sonniger Sitzplatz im Sommer um die Mittagszeit viel zu heiß sein kann, ist er am Abend der perfekte Ort, um den Tag ausklingen zu lassen. Wollt ihr euren Garten vor allem am Abend nutzen, braucht ihr euch um Sonnenschutz kaum Gedanken zu machen.

ÖKOLOGISCHE ASPEKTE

Wir alle können und müssen etwas tun, um die Artenvielfalt unserer

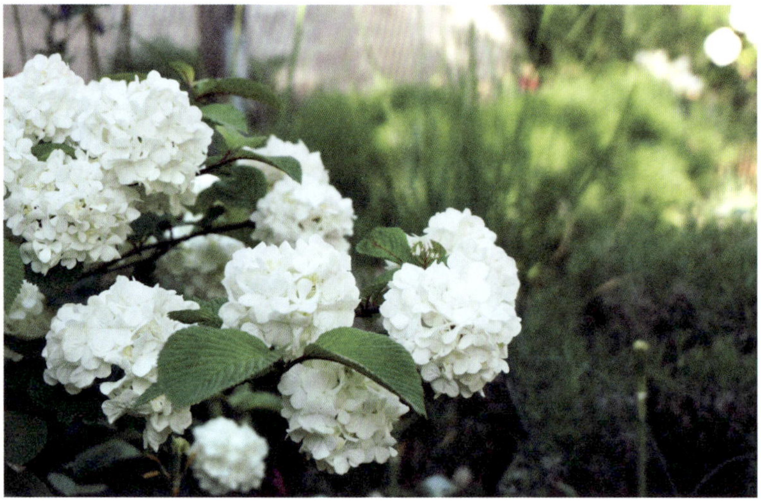

1

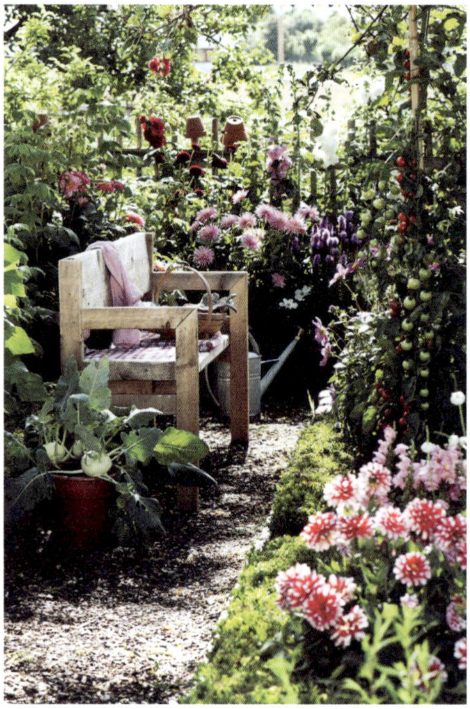

2

BEI KLEINEM BUDGET

Wenn euer Budget für den Garten eher knapp ist, heißt das nicht, dass ihr keinen schönen Garten gestalten könnt. Wer weniger finanzielle Mittel zur Verfügung hat, muss aber mehr Zeit aufwenden. So könnt ihr kleinere Pflanzen kaufen und müsst etwas länger warten, bis sie eingewachsen sind. Mit etwas Geduld lässt sich auch gebrauchtes Material auftreiben, mit dem ihr eure Gartenträume gestalten könnt. Die Kosten eines Gartens hängen sehr stark vom verbauten Material ab – lasst euch nicht von Anfang an durch ein begrenztes Budget ausbremsen.

Erde zu erhalten. Ein reich strukturierter Garten, mit vielen unterschiedlichen (heimischen) Blütenpflanzen, Früchte tragenden Gehölzen und Bereichen, in denen wenig bis gar nicht eingegriffen wird, ist ein Paradies für Vögel und Insekten. Nicht immer harmoniert ein solcher Garten mit unseren ästhetischen Ansprüchen. Wir müssen einen Mittelweg finden, der auch für uns passt. Ein ökologisch orientierter Garten muss nicht ungepflegt aussehen. Es gibt eine große Anzahl wirklich schöner Pflanzen, die uns Freude bereiten und gleichzeitig Vögel und Insekten als Nahrungsquelle dienen. Wovon wir uns allerdings definitiv verabschieden sollten, sind jahraus, jahrein gleich aussehende Gärten, die nur aus Rasen und einer Kirschlorbeerhecke bestehen. Noch schlimmer sind die Kiesgärten, die in Neubaugebiete eingezogen sind. Gott sei Dank werden diese (Un-)Gärten von einigen Kommunen mittlerweile verboten. Wenn ihr euch einen pflegeleichten Garten wünscht, schafft ihr das auch ohne Schotterbeete, versprochen! Im Kapitel Pflanzen (ab S. 114) stelle ich euch einige sehr pflegeleichte Kandidaten vor, die schön aussehen und über die ihr euch täglich freuen könnt. Ich bin der Meinung, dass ein Garten, in dem die Natur und der Mensch berücksichtigt werden, die beste Erholung bietet und die größte Freude bringt. Und zwar für uns Menschen. Vor allem für uns Menschen!

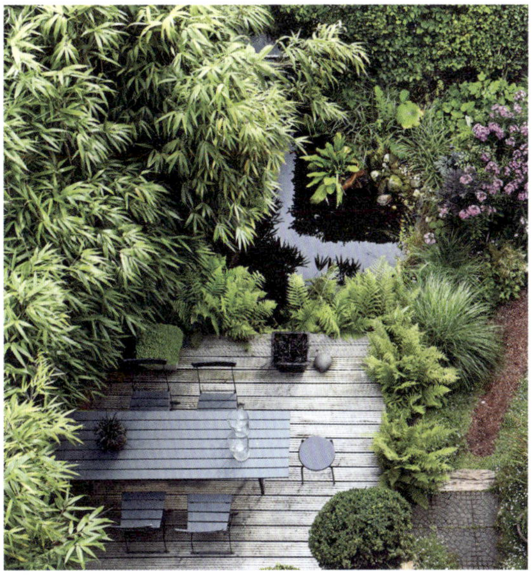

3

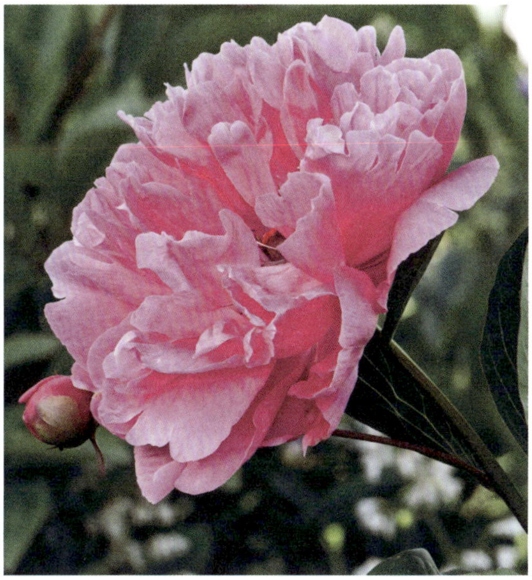

4

STANDORT UND LAGE

Wollt ihr auf Dauer mit euren Pflanzen glücklich sein, solltet ihr die Himmelsausrichtung und den Boden berücksichtigen. Wenn euer Garten in der vollen Südlage ist und ihr von morgens bis abends volle Sonne habt, ist ein Hortensiengarten nichts für euch. So schön ihr die Pflanzen finden könnt, ihr werdet mit dem Gießen nicht hinterherkommen und die Pflanzen werden niemals so schön aussehen, wie ihr es vielleicht in schattigeren Gärten gesehen habt. Arbeitet mit dem, was ihr habt! Es gibt immer Pflanzen, die ähnlich aussehen, oder mit denen ihr zumindest eine übereinstimmende Atmosphäre schaffen könnt. So könnt ihr statt der großen Ball-Hortensien einen Schneeball *(Viburnum)* in eurem sonnigen Garten pflanzen oder gefüllte Pfingstrosen und Rosen. Die Prognosen sind eindeutig: Die heißen Sommer werden auch bei uns zunehmen. Umso wichtiger ist es, Pflanzen auszuwählen, die zu unserem klimatischen Gegebenheiten passen.

Auch der Boden ist ein Faktor, den ihr nicht vernachlässigen solltet. Auf einem kalkhaltigen Boden könnt ihr zum Beispiel niemals einen Rhododendrongarten anlegen, auf einem sauren Boden wächst weder Lavendel noch Sommerflieder. Eine erste grobe Auskunft über euren Boden erhaltet ihr zum Beispiel unter www.bodenatlas.de bzw. www.nfp68.ch.

FINANZEN

Auf die Kosten eines Gartens kommen wir noch im nächsten Kapitel (ab S. 42) zu sprechen, trotzdem möchte ich euch an dieser Stelle schon mal ermutigen zu überlegen, wie viel ihr für euren Traumgarten ausgeben könnt und wollt. Nach oben hin sind natürlich keine Grenzen gesetzt, nach unten aber schon. Wenn ihr euch einen Pool zum Schwimmen mit Dusche und Sonnendeck wünscht, werdet ihr das nicht mit 10 000 € realisieren können. Eine Dusche und ein kleines Wasserbecken zum Beine-Kühlen realisiert ihr damit aber bestimmt.

1. Wie Hortensien hat auch der Schneeball große ballförmige Blüten, er wächst aber in der Sonne.

2. Ein reich strukturierter Garten mit unterschiedlichen Pflanzen ist ein Paradies für Tiere.

3. Nicht immer muss es gleich ein Pool sein – auch ein Wasserbecken ist ein Highlight im Garten!

4. Pfingstrosen punkten mit großen Blüten und sind für sonnige Bereiche eine echte Alternative zu Hortensien, die eher Halbschatten bevorzugen.

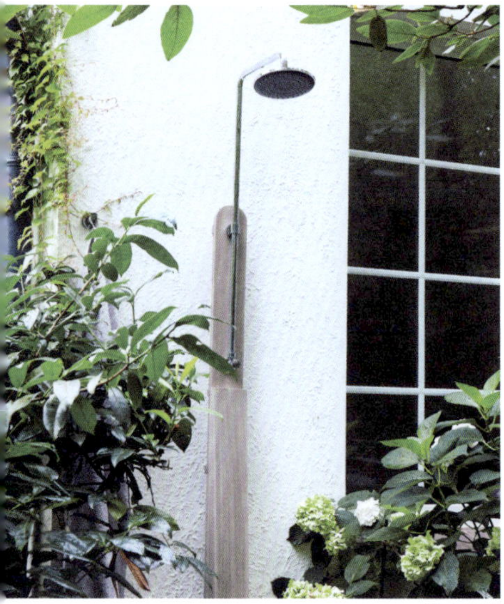

1

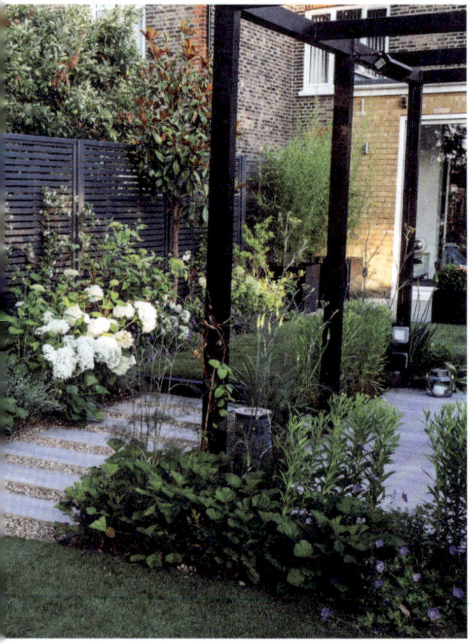

2

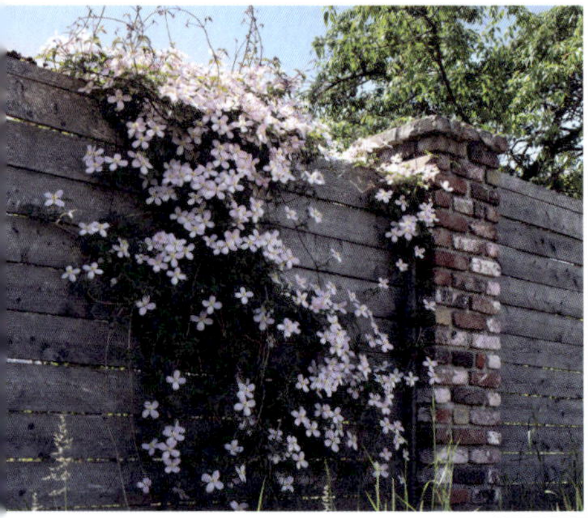

3

1. Auch eine Gartendusche kann im Sommer kühlendes Nass bringen.

2. Mit einem Anstrich erscheint eine alte Pergola fast wie neu.

3. Kletterpflanzen sind ideal, um alte Zäune und Mauern zu kaschieren.

Macht deshalb am besten an dieser Stelle schon mal einen Kassensturz, damit ihr wisst, wie groß ihr träumen könnt. Und wie in dem Beispiel mit dem Pool, lässt sich die eine oder andere Idee auch etwas abgespeckter umsetzen.
Abgesehen davon gilt auch im Garten: „Aufgeschoben ist nicht aufgehoben". Ihr könnt euren Traumgarten alternativ in einzelnen Abschnitten planen, größere Wünsche lassen sich auch später noch verwirklichen. Wichtig ist nur, dass ihr diese Wünsche schon im Planungsprozess berücksichtigt, damit ihr euch bei der Umsetzung nichts verbaut. Denn es wäre zu schade, wenn ihr später liebevoll angelegte Beete und Gartenbereiche zerstören müsst, um die verschobenen großen Wunschprojekte realisieren zu können.

DENKT AUCH AN MORGEN!

Nicht nur unsere Kinder verändern sich, auch wir werden älter und damit ändern sich unsere Ansprüche und Wünsche an den Garten. Was für junge Menschen noch an einem Nachmittag locker zu schaffen war, ist für ältere Menschen schwieriger zu bewältigen. Schaut deshalb auf jeden Fall etwas in die Zukunft! Wenn ihr heute Obstbäume pflanzt, werdet ihr sie auch noch in zehn Jahren pflegen können? Oder habt ihr jemanden, der das für euch übernimmt? Die Bäume zu schneiden und hoffentlich reiche Ernte einzufahren, ist oft nur mit einer Leiter möglich. Traut ihr euch das noch eine Weile zu? Bis ein neu gepflanzter Obstbaum Früchte trägt, dauert es ein paar Jahre und ihr solltet auf jeden Fall auch dann noch etwas davon haben.

VORHANDENES INTEGRIEREN

Wenn ihr kein Neubauprojekt habt, kann es sein, dass in eurem Garten schon einige Elemente vorhanden sind. Vom Gartenhaus bis zu großen Bäumen können diese Strukturen sehr prägend für den Garten sein. Überlegt euch gut, ob ihr Bestehendes aus eurem Garten entfernt. Vielleicht erfüllt es genau an dieser Stelle eine wichtige Funktion. Ganz abgesehen davon, dass es den Vorbesitzer sicher Geld gekostet hat und auch ihr wieder investieren müsst, um den Abriss zu stemmen. Vieles lässt sich optisch in den Garten integrieren und mit einem neuen Anstrich euren Wünschen anpassen.

Gartenhäuser

Ein Gartenhaus ist in fast jedem Garten sinnvoll, da es praktischen Stauraum und Schutz vor dem Wetter bietet. Je nach Bauart können diese Häuser aber sehr dominant wirken und passen nicht unbedingt zu eurem Stil. Ist es aus Holz, könnt ihr es relativ einfach durch ein neues ersetzen. In unseren Breitengraden ist Holz kein dauerhaft stabiles Baumaterial und muss nach einigen Jahren erneuert werden. Beachtet bitte die Bauvorschriften (siehe S. 40). Ist es ein gemauertes Haus, könnt ihr es vielleicht mit einem neuen Anstrich eurem Geschmack anpassen. Wenn ihr den Eindruck habt, das Gartenhaus ist nicht stabil, zieht unbedingt einen Statiker hinzu.

Bestehende Bäume

Bevor ihr einen Baum fällt, überlegt es euch bitte mehr als zweimal. Es dauert Jahre, wenn nicht Jahrzehnte, bis ein großer Baum ersetzt wird. Kontrolliert als erstes, ob der Baum noch gesund ist. Trägt er überall Blätter? Ist die Rinde intakt und unversehrt? Seid ihr nicht sicher, sucht euch fachlichen Rat. Der beste Zeitpunkt, um einen Baum zu entfernen, ist natürlich vor oder während der Gartenumgestaltung. Merkt ihr erst, wenn der Garten fertig ist, dass der Baum krank ist, wird die Fällung schwieriger. Wenn ihr einen Baum entfernen möchtet, stellt euch vor, was ihr sehen könnt, wenn der Baum weg ist und wer euch sehen kann. Bäume bieten einen wertvollen Sichtschutz – es wäre zu schade, wenn ihr das erst hinterher merkt.

Zäune, Mauern und Hecken

Begrenzungen sind für viele Gartenbesitzer wichtig, da sie Sichtschutz und Sicherheit bieten. Viele Zäune sind allerdings optisch kaum in ein neues Gartenkonzept zu integrieren. Wenn ihr den Zaun nur austauschen möchtet, könnt ihr die Zaunpfosten eventuell stehen lassen und nur die Zwischenelemente wechseln. Bei Holzzäunen kann auch ein neuer Anstrich helfen. Mauern sind nicht ganz so einfach

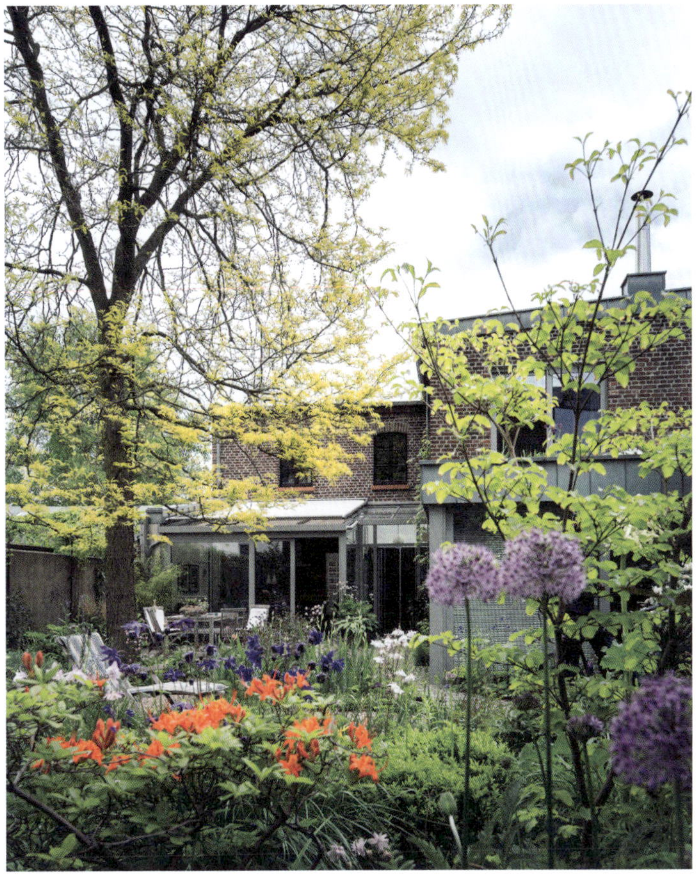

Bäume sind sehr prägend für den Garten. Trennt euch deshalb nicht leichtfertig von einem großen Gehölz!

auszutauschen, da sie oft eine statische Funktion haben. Droht die Mauer aufgrund von Baufälligkeit umzukippen, wird euch kaum etwas anderes übrigbleiben, als sie auszutauschen. Ist sie nur an der Oberfläche beschädigt, könnt ihr sie je nach Bauart mit Mörtel oder einem einzelnen neuen Stein ausbessern. Gefällt euch die Mauer optisch nicht, gibt es auch die Möglichkeit, die Oberfläche zu kaschieren, zum Beispiel mit einer neuen Farbe oder einer Verblendung mit Holz oder Stein.

Was Hecken betrifft, gelten die gleichen Überlegungen wie beim Thema Bäume: Selbst wenn euch die gewählte Heckenart nicht gefällt, überlegt es euch gut, bevor ihr die Hecken rodet. Es dauert Jahre, bis eine neue Hecke die ursprüngliche Höhe erreicht hat.

All diese Vorüberlegungen haben Einfluss auf eure Wünsche. Geht also eure Wunschliste noch einmal durch und überprüft, ob ihr euch von dem einen oder anderen Wunsch verabschieden solltet, er anders aussehen kann oder ob ihr ihn vielleicht einfach in die Zukunft verschiebt. Je klarer ihr an dieser Stelle seid, desto einfacher wird der folgende Planungsprozess. Wenn ihr eure Wünsche überprüft habt, geht es weiter mit dem nächsten Schritt: der Verbindung von Moodboard und Anforderungen.

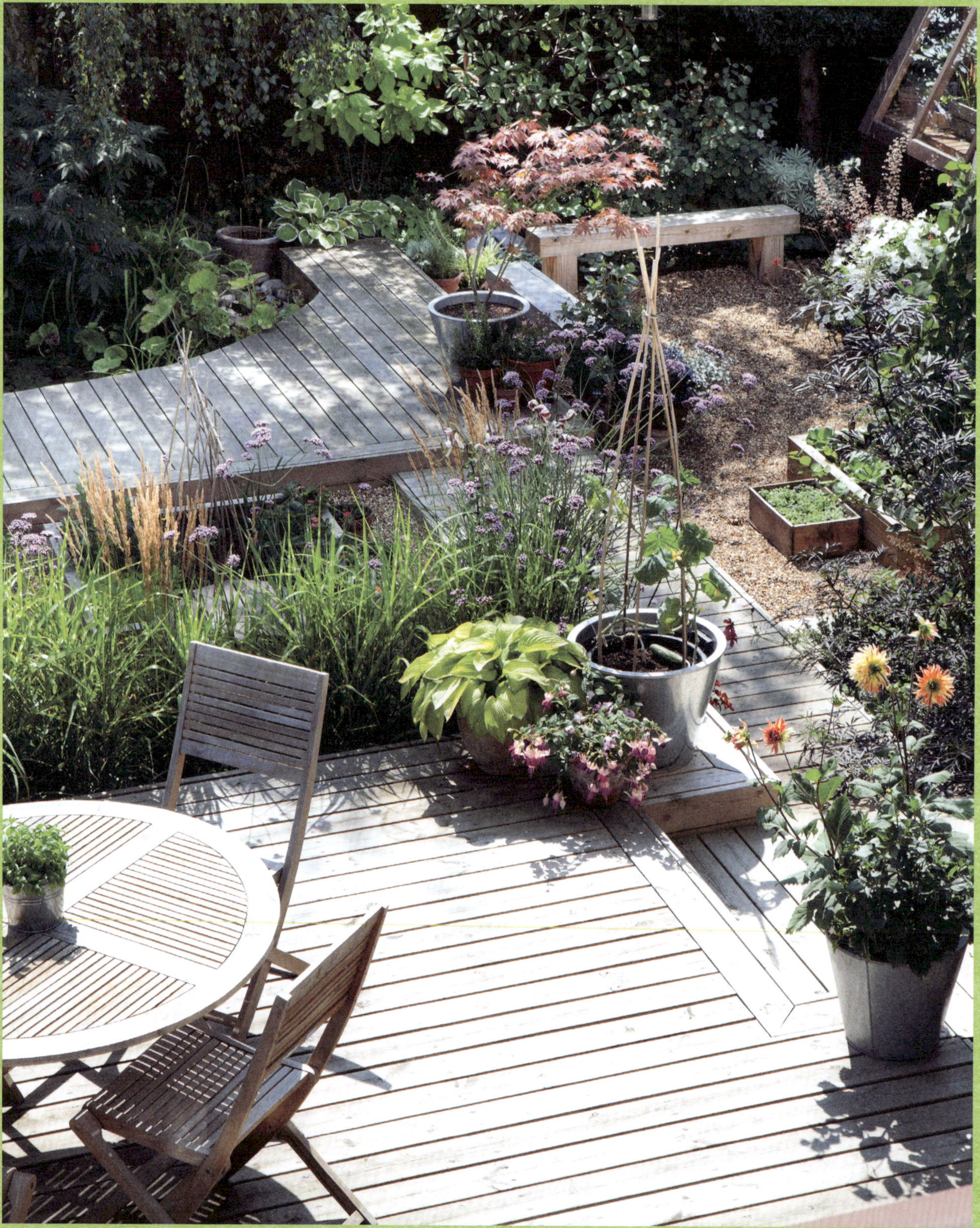

ALLES HAT PLATZ

Auch in einem kleinen Garten lassen sich viele Wünsche erfüllen! Die wichtigsten Wünsche, wie ein schöner Sitzplatz zum Essen, ein Wasserbecken, Blumen und ein Gemüsebeet wurden hier auf engstem Raum realisiert.

Moodboard trifft Anforderungen

Wenn wir unsere Gartenwünsche mit unseren optischen Vorstellungen kombinieren können, entstehen echte Traumgärten. Denn dann planen wir genau den Garten, der zu uns passt.

Nachdem ihr eure Wünsche überprüft habt, schauen wir, wie sie zu eurem Moodboard passen. Konzentriert euch im ersten Schritt nur auf wenige Wünsche, sonst wird es unübersichtlich.

DIE TOP 10

Greift eure zehn wichtigsten Wünsche heraus und findet das passende Bild dazu aus eurem Moodboard. Das ist wie ein Memory-Spiel und lässt sich wunderbar mit der ganzen Familie umsetzen. Viele Motive bedienen vielleicht sogar dieselben Wünsche, ein Zeichen dafür, dass ihr auf dem richtigen Weg seid. Merkt ihr, dass Moodboard und Wünsche an der einen oder anderen Stelle nicht zusammenpassen, könnt ihr mit dem Moodboard noch einmal nachjustieren.

Wenn nicht alle Moodboard-Bilder zu den Anforderungen passen ...

Braucht ihr eine große Terrasse und habt dann nicht mehr genug Platz für große Beete, die auf eurem Moodboard zu sehen sind? Dann könnt ihr vielleicht die Terrasse mit großen Pflanzkübeln auflockern, in die ihr einige eurer Lieblingspflanzen setzt. Habt ihr Bilder von einem Obstgarten auf dem Moodboard, aber gleichzeitig brauchen die Kinder den Platz für eine Rasenfläche, um Fußball zu spielen? Dann wäre möglicherweise Spalierobst am Rand eine Alternative.
Je kleiner der Garten, desto schwieriger ist es, Moodboard und Anforderungen auf einen Nenner zu bringen. Vielleicht schafft ihr es, die Dinge kompakt zu kombinieren und eine ähnliche Atmosphäre zu gestalten wie auf dem Moodboard. Vielleicht müsst ihr aber auch ein paar Bilder aus dem Moodboard zurückstellen. Besser ist es, sich auf weniger Bilder aus dem Moodboard zu konzentrieren und diese dann „mit allem Drum und Dran“ einzuplanen, als zu versuchen, viele unterschiedliche Stile halbherzig in den Garten zu übertragen. Genießt lieber in vollen Zügen einen verwunschenen Bauerngarten, als unbedingt noch einen aufgeräumten Gartenbereich mit klaren Linien einzuflechten.

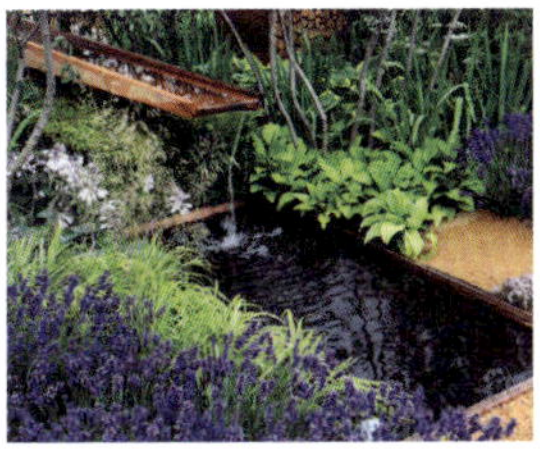

MINITEICH

Mit einem kleinen Wasserbecken oder einer Wasserschale könnt ihr auch im kleinsten Garten das Element Wasser unterbringen. Eine Schütte lässt das Wasser angenehm plätschern – ideal zum Entspannen!

TIPPS FÜR KLEINE GÄRTEN

RASEN

- **Ort zum Sonnen:** Eine große Rasenfläche ist ideal zum Sonnen, da ihr eure Liegestühle oder Loungemöbel positionieren könnt, wie ihr möchtet, und ihr dem Verlauf der Sonne folgen könnt.
- **Ballspielplatz:** Keine Frage – wer Fußball liebt, braucht viel Rasen!
- **Hasenfreilauf:** Für die Hoppler ist der Rasen ein Paradies.
- **Platz, um ein Kinderzelt oder Weiden-Tipi aufzustellen:** Gerade kleinen Kindern macht das einen Riesenspaß!

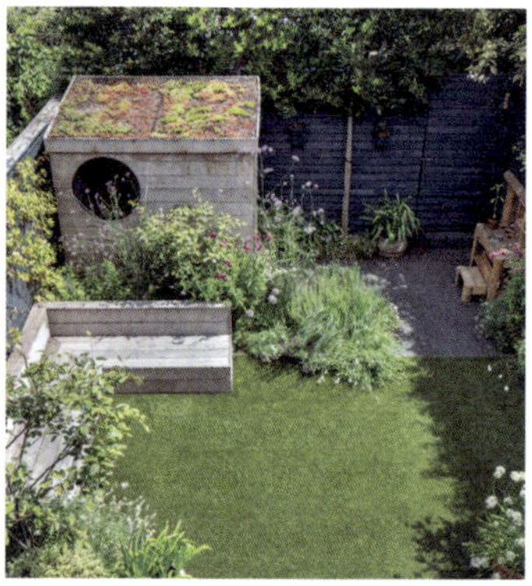

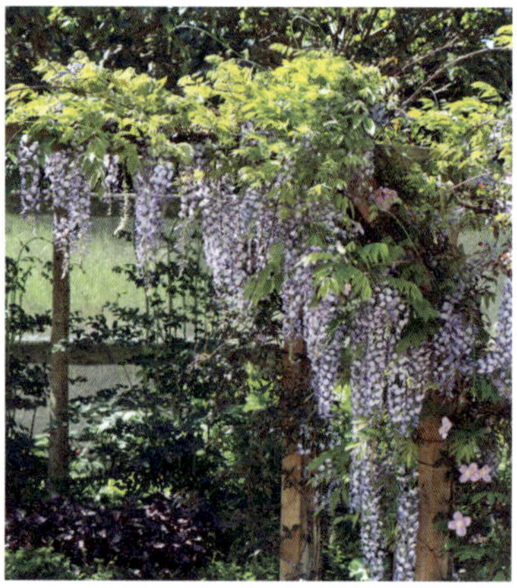

PERGOLA

- **Geschützter Sitzplatz:** Mit einem Segeltuch oder Kletterpflanzen entsteht ein Schattenplatz.
- **Platz für eine Schaukel:** An einem Balken ist eine Schaukel schnell auf- und abgehängt.
- **Möglichkeit, Gemüse oder Kletterpflanzen hochranken zu lassen:** So könnt ihr den Garten in die Vertikale vergrößern!

STELLPLATZ

- **Parkplatz fürs Auto:** Sollte mindestens 3 × 5 m groß sein.
- **Platz zum Kreidemalen:** Ein fester Belag als Outdoor-Leinwand.
- **Bereich zum Lauf- oder Dreiradfahrenlernen**

Habt ihr einen kleinen Garten, ist die Mehrfachnutzung das A und O. Eine Terrasse ist nicht nur der beste Platz, um draußen zu essen oder Feste zu feiern. Man kann hier auch wunderbar spielen oder ein Planschbecken aufstellen. Mit einer Liege ausgestattet eignet sie sich perfekt zum Ausruhen und Lesen.

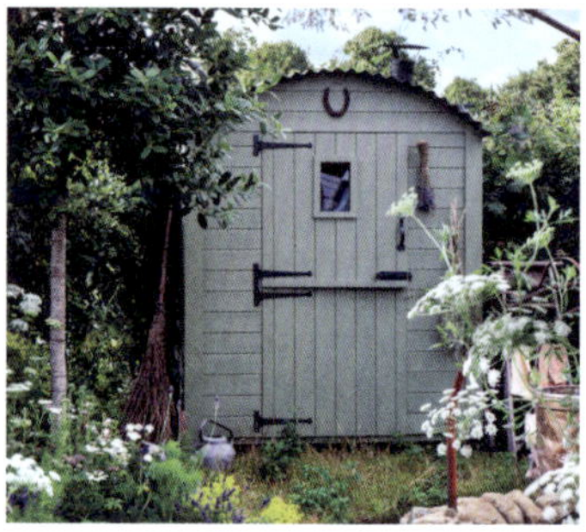

GARTENHAUS

- **Platz für Geräte:** Ein paar Werkzeuge braucht jeder Garten.
- **Aufbewahrung der Gartenmöbel:** Im Winter ist ein Gartenhaus ideal, um Möbel einzulagern.
- **Fahrrad-Stellplatz:** Räder sollten wettergeschützt untergebracht werden.
- **Kinderspielhaus:** Ein Gartenhaus ist auch ein toller Spielplatz, nicht nur bei Regen.

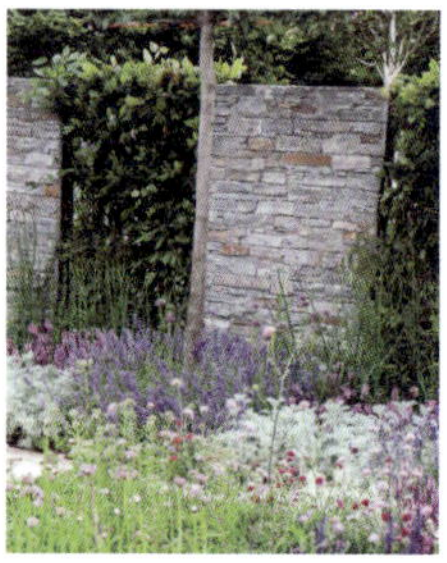

MAUERN

- **Geländeabsicherung:** Mit Mauern lässt sich ein Hanggarten einebnen und terrassieren.
- **Sichtschutz:** Hinter einer Mauer fühlt man sich sicher und geborgen.
- **Platz für Rankgerüste:** Mauern sind ideal, um Kletterpflanzen hochwachsen zu lassen.
- **Sitzgelegenheit:** Mit 45 cm Höhe sind Mauern perfekte Gartensitze.

ZUSAMMENFASSUNG: HABT IHR AN ALLES GEDACHT?

Wisst ihr, wie euer Traumgarten aussehen soll?	☐
Habt ihr ein Moodboard erstellt? Virtuell oder mit Papier und Schere?	☐
Habt ihr eure Wunschliste fertig?	☐
Konnten alle Familienmitglieder ihre Anforderungen in die Wunschliste einbringen?	☐
Habt ihr euch Gedanken über Gartenpflege, Standort und euren Alltag gemacht, sodass ihr eure Wünsche priorisieren konntet?	☐
Habt ihr die passenden Wunsch-Moodboard-Paare gefunden?	☐

Wenn ihr alles erledigt habt, geht es jetzt zur Bestandsaufnahme.

„Die Liebe zum Garten ist ein Same, der, einmal gesät, nie wieder stirbt, sondern weiter und weiter wächst – eine bleibende und immer voller strömende Quelle der Freude.“

Gertrude Jekyll

DIE BESTANDS-AUFNAHME

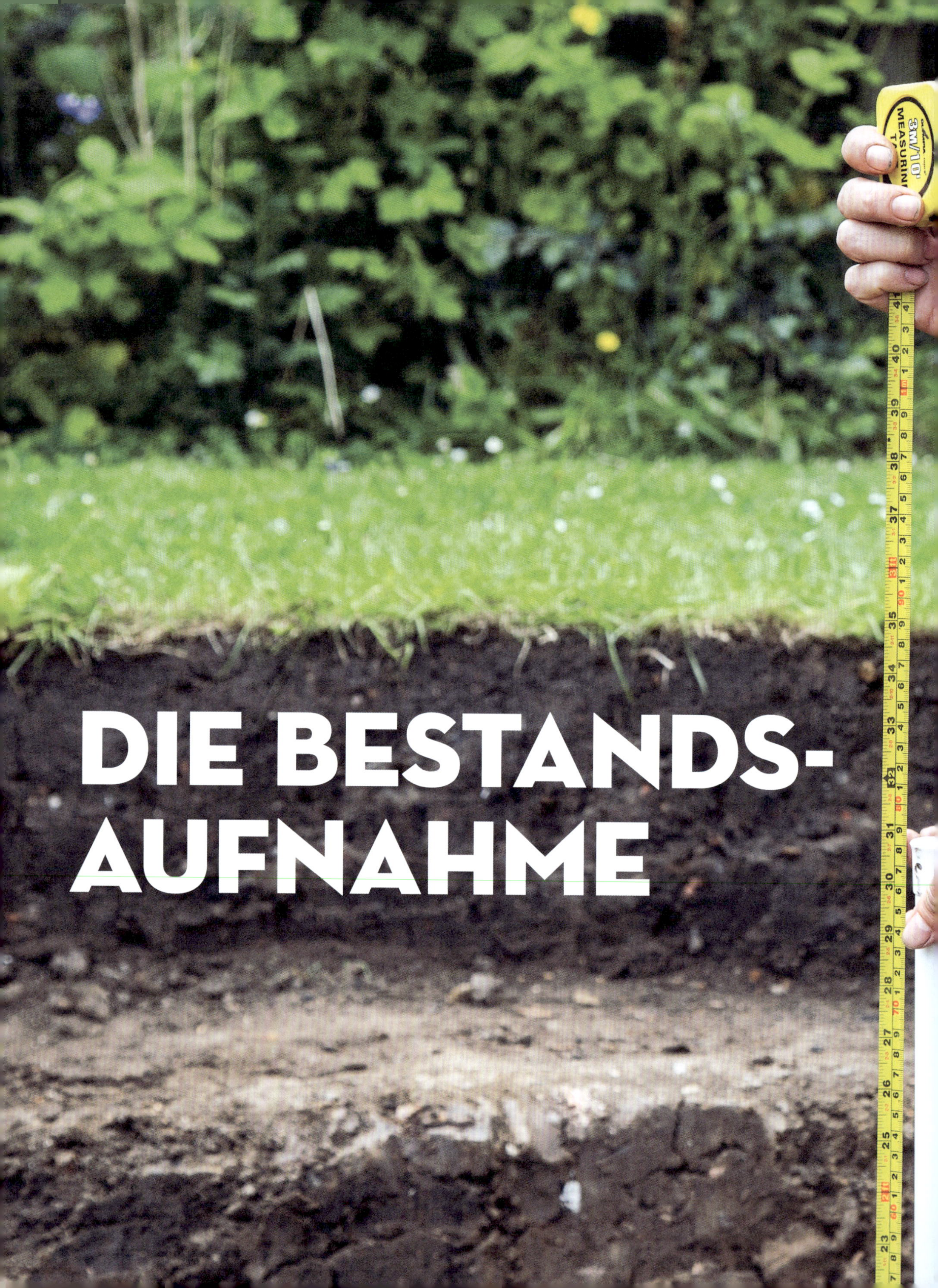

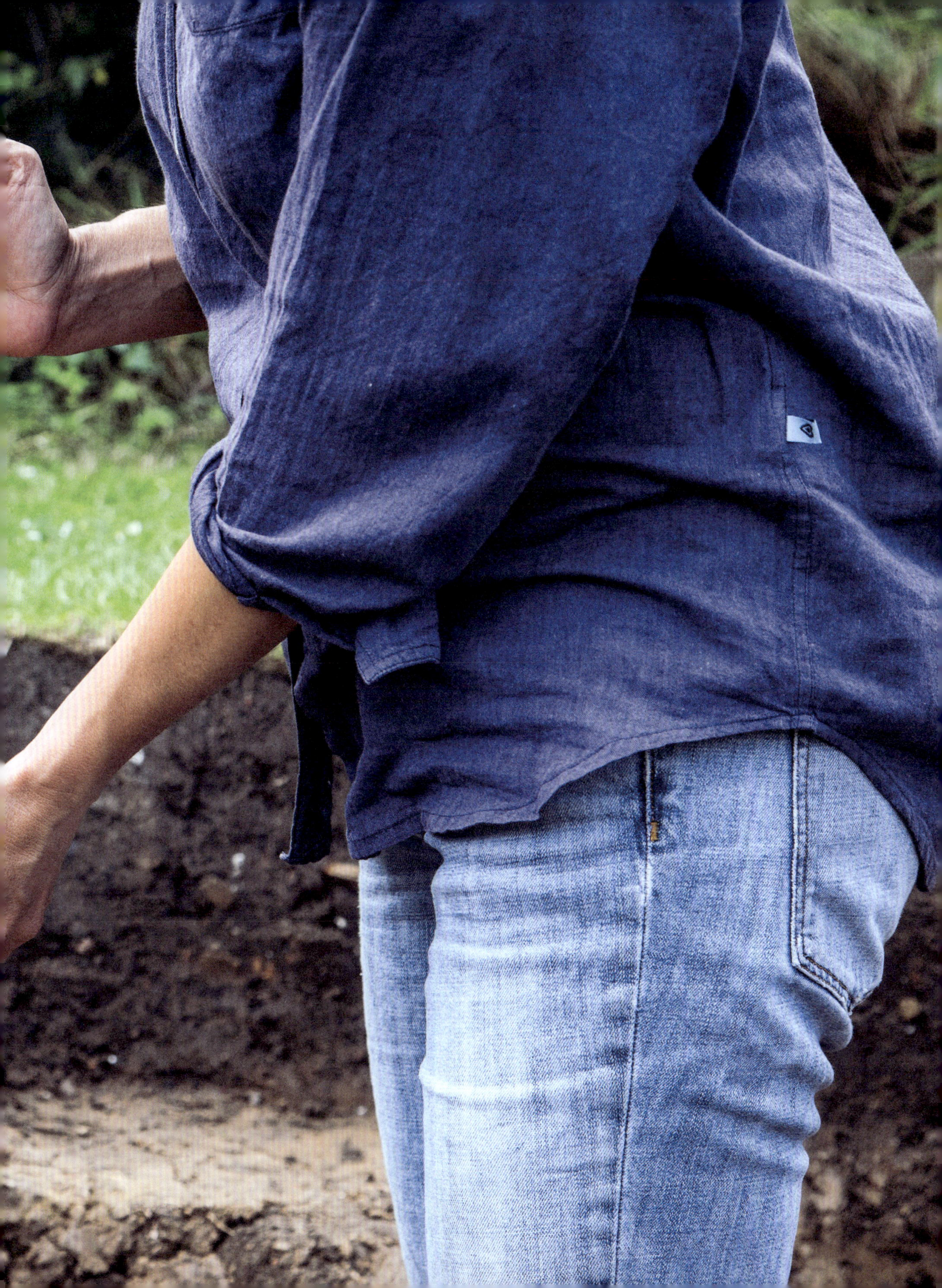

Vom Wunsch zum Plan

Die Grundvorrausetzung einer erfolgreichen Gartenplanung ist eine sorgfältige Bestandsaufnahme: Was habt ihr, was dürft ihr, was „müsst" und könnt ihr? Mit einer soliden Inventur seid ihr auf dem besten Weg zu eurem Traumgarten!

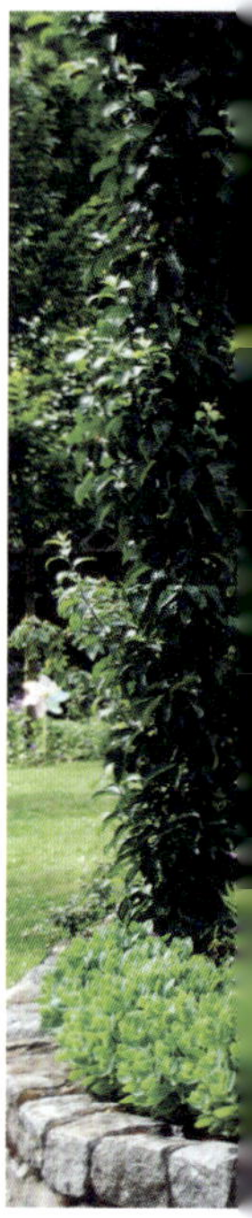

Ein schöner Garten entsteht nicht durch Zufall, er entsteht mithilfe einer guten Planung. Und dafür braucht ihr einen gezeichneten, maßstäblichen Plan. Nur so könnt ihr all die Wünsche, Ideen und Anforderungen, die ihr habt, zu einem roten Faden spinnen. Es ist auch Profis nicht möglich, diesen Prozess ohne Plan durchzuführen. Auch ich erstelle bei jedem meiner Projekte eine Bestandsaufnahme und entwerfe auf dieser Grundlage.
Allein mit einem Plan könnt ihr immer wieder überprüfen, ob eure Vorstellungen realistisch sind, passen und sich auch umsetzen lassen.

1. DIE BEDINGUNGEN IN EUREM GARTEN

In diesem Kapitel beschäftigen wir uns deshalb mit der Gegenwart. Im letzten Kapitel habt ihr schon einmal ein bisschen in die Zukunft geträumt, jetzt geht es darum, zu schauen, welche Bedingungen ihr **jetzt** in eurem Garten habt. Wie sieht euer Garten wirklich aus? Wie groß ist er? Gibt es Höhenunterschiede, Mauern oder Böschungen? Wie viel Platz ist zwischen Haus und Garage? Passt eure Traumterrasse da überhaupt hinein?
Um das herauszufinden, braucht ihr ein korrektes Aufmaß von eurem Grundstück. Wie ihr das selbst erstellen könnt, zeige ich euch in diesem Kapitel.

2. DAS BAURECHT

Ein zweiter ganz wichtiger Punkt ist das Thema Baurecht: Was dürft ihr in eurem Garten aus baurechtlicher Sicht verändern und für was braucht ihr möglicherweise eine Genehmigung? Egal ob ihr in Deutschland, Österreich oder der Schweiz

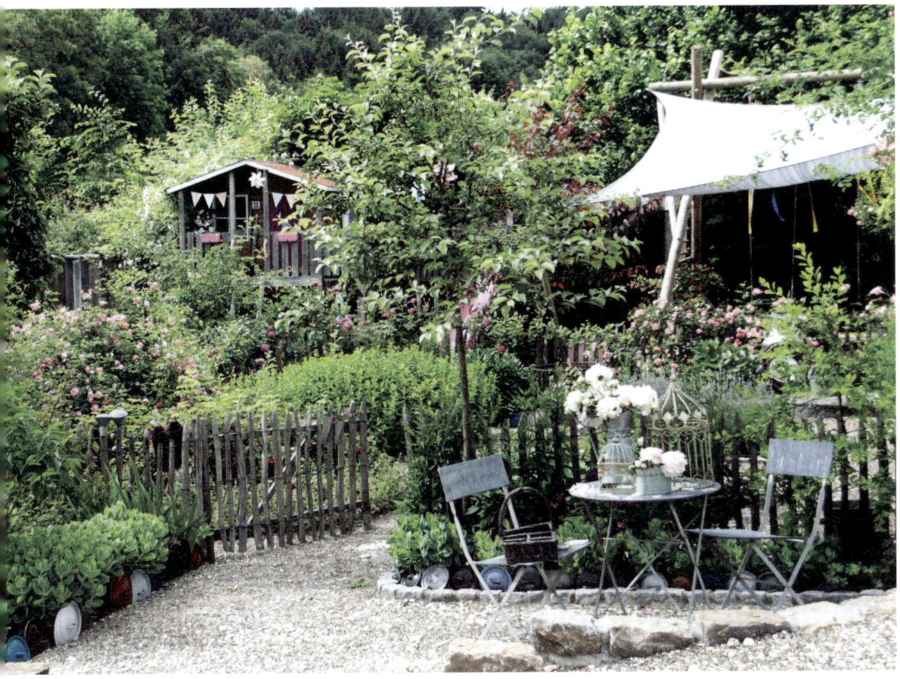

Die Bestandsaufnahme in einem Garten mit Höhenunterschieden ist etwas mühsamer, aber eine wichtige Vorrausetzung für die Planung.

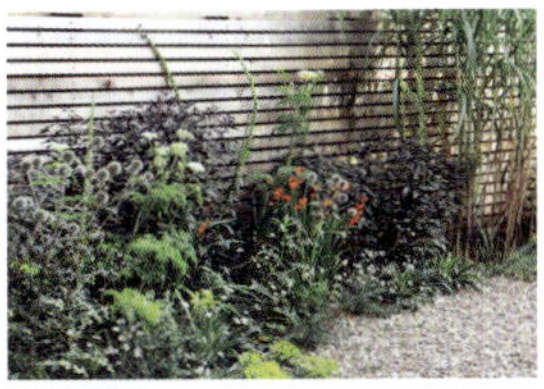

1

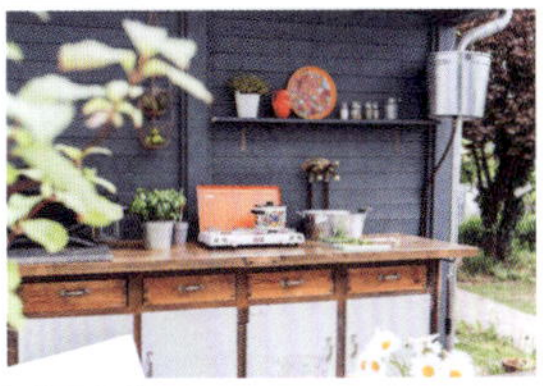

2

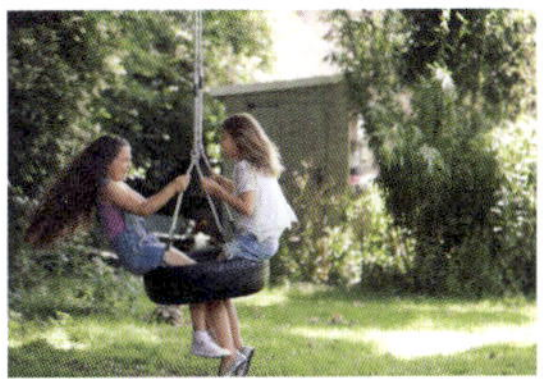

3

wohnt: Es gibt jede Menge Festlegungen. Wer die nicht kennt, verstößt schnell mal gegen geltendes Recht.
Um das zur vermeiden, solltet ihr euch unbedingt erkundigen, bei welchen Vorhaben es welche Vorschriften für euren Garten gibt.

DIE KOSTEN

Der dritte wichtige Punkt ist der Kostenrahmen. Wie detailliert ihr an dieses Thema herangeht, ist natürlich euch überlassen. Es ist aber auf jeden Fall sinnvoll, sich schon vor dem Planen zumindest grob darüber Gedanken zu machen, was ihr ausgeben könnt und wollt. Auch wenn ein schöner Garten nicht unbedingt der teuerste sein muss, so kommt am Ende doch einiges zusammen, und die Preise werden oft unterschätzt. Zu schade, wenn dann alles schon so weit umgebaut ist, dass ihr nicht mehr reagieren und eine günstigere Lösung wählen könnt, die genauso schön gewesen wäre.
Auch darüber gebe ich euch einen Überblick in diesem Kapitel. Denn mit einem alternativen Material können im Garten viele Kosten eingespart werden. So ist ein Weg aus Splitt zum Beispiel viel günstiger als ein gepflasterter Weg.
Dieses zweite Kapitel hat es wirklich in sich. Es ist die Pflicht vor der Kür. Und vielleicht kommt es euch stellenweise etwas trocken vor. Aber wenn ihr hier abkürzt, fehlt euch ein wichtiges Puzzleteil in eurem Plan. Oder anders ausgedrückt: Dieses Kapitel ist die Voraussetzung dafür, dass euer Plan auch funktioniert. Denn ohne dieses solide Fundament bleibt euer Traumgarten eben nur ein Wunsch und wird nicht zur Wirklichkeit.

1. Für Zäune und Sichtschutz müsst ihr in vielen Wohngebieten einen Blick ins Baurecht werfen, nicht alles ist erlaubt!

2. Ihr träumt von einer Außenküche? Dann ist ein genaues Aufmaß wichtig, um die Küche optimal planen zu können

3. Wo hat die Schaukel genug Platz? Bedenkt bitte, die Schaukel schwingt weit und die Kinder springen gerne auch mal ab.

Das Aufmaß

Ab in den Garten! Lernt euren Garten mit dem Maßband kennen und erstellt die Basis für eure Planung: das Aufmaß eures grünen Reichs.

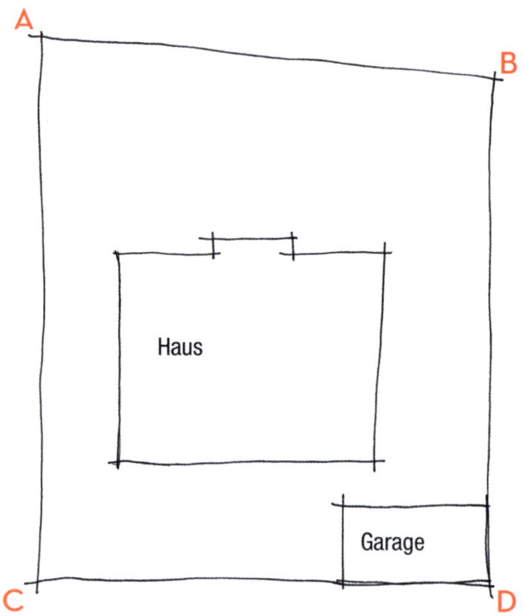

1

Bevor ihr mit der eigentlichen Planung startet, müsst ihr euch erst einmal um euren bestehenden Garten kümmern. Dafür braucht ihr ein Aufmaß eures Grundstücks. Im Garten wird in Metern gemessen, das heißt, ihr müsst nicht jeden Winkel millimetergenau vermessen. Aber ihr braucht eine Planungsgrundlage, die den vorhandenen Zustand zeigt, damit ihr in den kommenden Kapiteln Schritt für Schritt darauf aufbauen könnt. Diese Aufgabe macht ihr am besten mit einem Partner. Dann kann einer messen, der andere überträgt die Messung auf das Arbeitsblatt.

Wenn ihr ein Neubauprojekt habt und Pläne von eurem Architekten vorliegen, könnt ihr diesen Teil möglicherweise überspringen. Wichtig ist, dass die Pläne maßstäblich sind (zum Beispiel Maßstab 1 : 100, d. h. 1 cm auf dem Plan sind 100 cm, also 1 m, im Garten) und die Grundstücksgrenzen vollständig abgebildet sind. In Architektenplänen sind diese oft nicht eingezeichnet.

Habt ihr ein älteres Gartengrundstück könnt ihr bei eurer zuständigen Kommune nach Plänen aus dem Kataster fragen. Dort sind zumindest die Grundstücksgrenzen eingezeichnet und ihr habt es etwas leichter mit der Messung. Doch Vorsicht, ältere Pläne sind oftmals nicht mehr auf dem aktuellsten Stand. Überprüft deshalb ein paar Maße, bevor ihr euch darauf verlasst!

Lest euch den folgenden Abschnitt am besten einmal komplett durch und geht dann die einzelnen Aufgaben Schritt für Schritt an.

DAS BRAUCHT IHR

- Meterstab (Zollstock) und Maßband (30 m Länge)
- Digitaler Entfernungsmesser (bei großen Gärten)
- Zelthering oder Schraubenzieher
- Bleistift, eventuell Radierer
- Papier: DIN A3 oder A4
- Eventuell Schnur (Länge 5 m) und Wasserwaage
- Maßstäblicher Lageplan von eurem Grundstück (kommunale Verwaltung oder Architekt)
- Feste Unterlage zum Schreiben, z. B. Klemmbrett

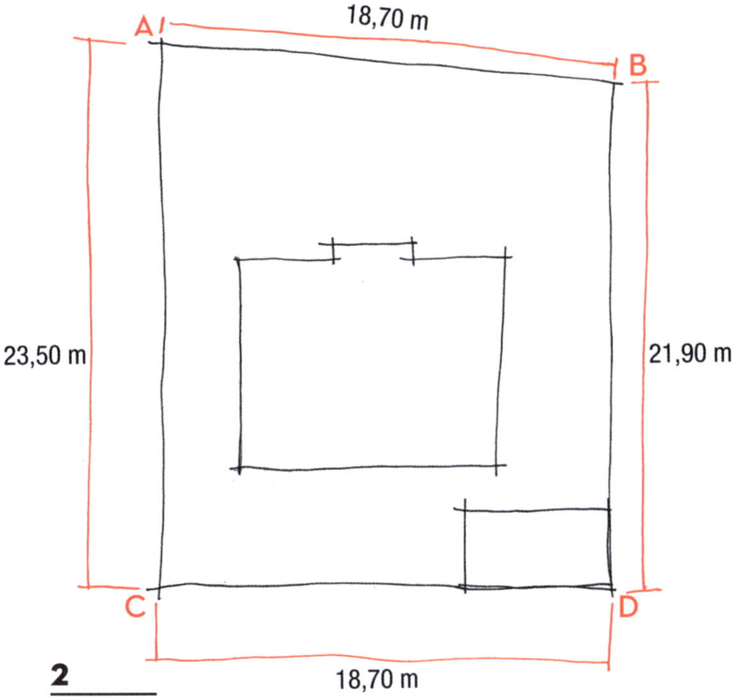

2

1. Eine einfache Zeichnung von eurem Grundstück mit Gebäude reicht für das Aufmaß völlig aus. Sie muss nicht maßstäblich sein. Markiert die Ecken eures Grundstücks mit Buchstaben, so behaltet ihr den Überblick.

2. Messt nun die Längen eurer Grundstücksgrenzen, also die Strecke A bis B, B bis D und so weiter, wie im Beispiel.

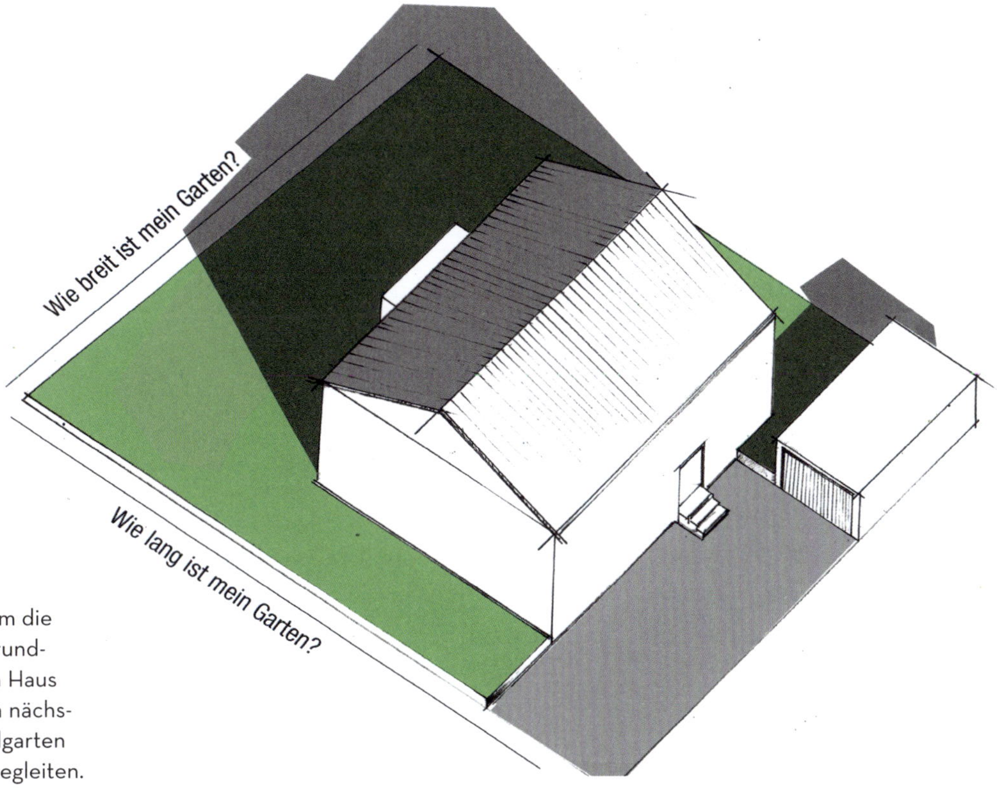

Im ersten Schritt geht es um die Länge und Breite eures Grundstücks. Das Einmessen von Haus und Garage machen wir im nächsten Schritt. Dieser Beispielgarten wird uns das ganze Buch begleiten.

GIBT ES DAFÜR KEINE APP?

Für einen schnellen, groben Überblick könnt ihr auch mit Google Earth eine Messung durchführen. Gebt eure Adresse ein. In der oberen Leiste gibt es eine Lineal-Funktion, mit der ihr Strecken messen könnt. Diese ungenaue Methode kann nur eine erste Grundlage bieten. Anders verhält es sich mit sogenannten Orthofotos. Das sind maßstäbliche Luftbilder, die je nach Region bei den zuständigen Landesvermessungsämtern bestellt werden können. Allerdings sind Details, wie eine Beeteinfassung, auf solchen Luftaufnahmen nicht zu sehen. Sie sind aber für die spätere Planung durchaus wichtig, da ihr sie in euer Konzept miteinbinden müsst.

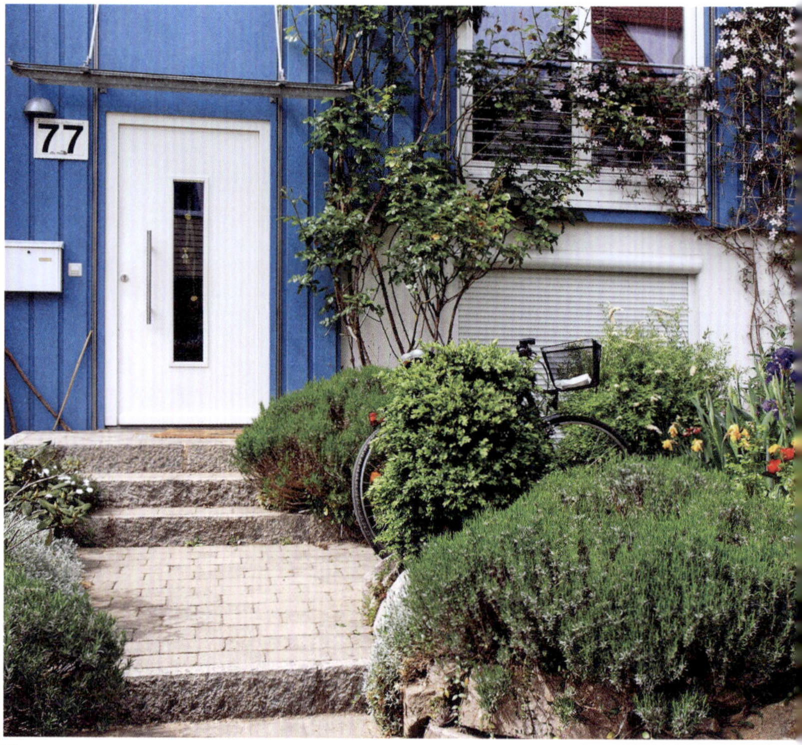

1

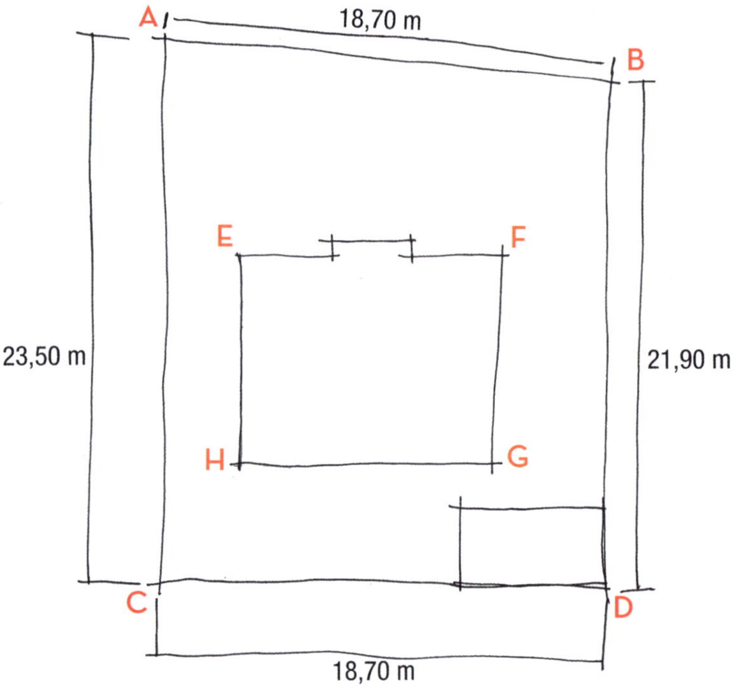

Markiert die Ecken eures Hauses mit Buchstaben, hier E, F, H und G, um das Gebäude im Grundstück zu verankern.

1. DAS GRUNDSTÜCK VERMESSEN

Wenn ihr keinen aktuellen Plan von eurem Haus und Grundstück habt, ist diese Messung essenziell für die weitere Planung. Lasst euch deshalb bitte Zeit für diesen Schritt! Zeichnet eine grobe Skizze von eurem Grundstück und Haus. Diese Zeichnung muss nicht maßstäblich sein oder schön aussehen. Sie dient lediglich dazu, dass ihr euch orientieren könnt und dass ihr eure Messergebnisse eintragen könnt. Markiert nun eure Grundstücksecken so, wie in dem Beispiel mit Buchstaben. Ich empfehle euch diese Skizze zwei- bis dreimal zu kopieren. Dann habt ihr genug Ausweichmöglichkeiten, falls ihr beim Ausmessen nicht alles auf ein Papier bekommt.

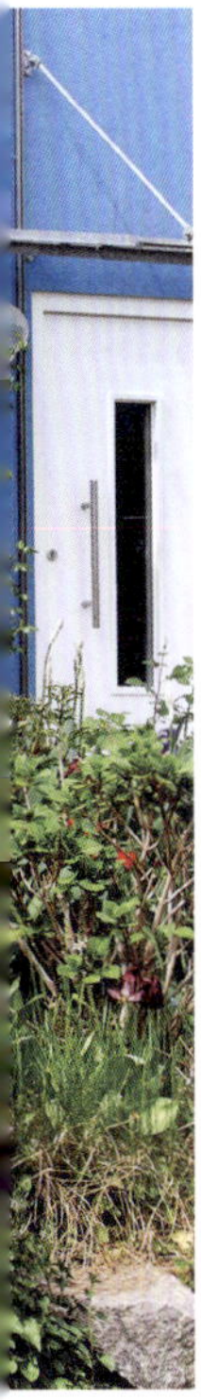

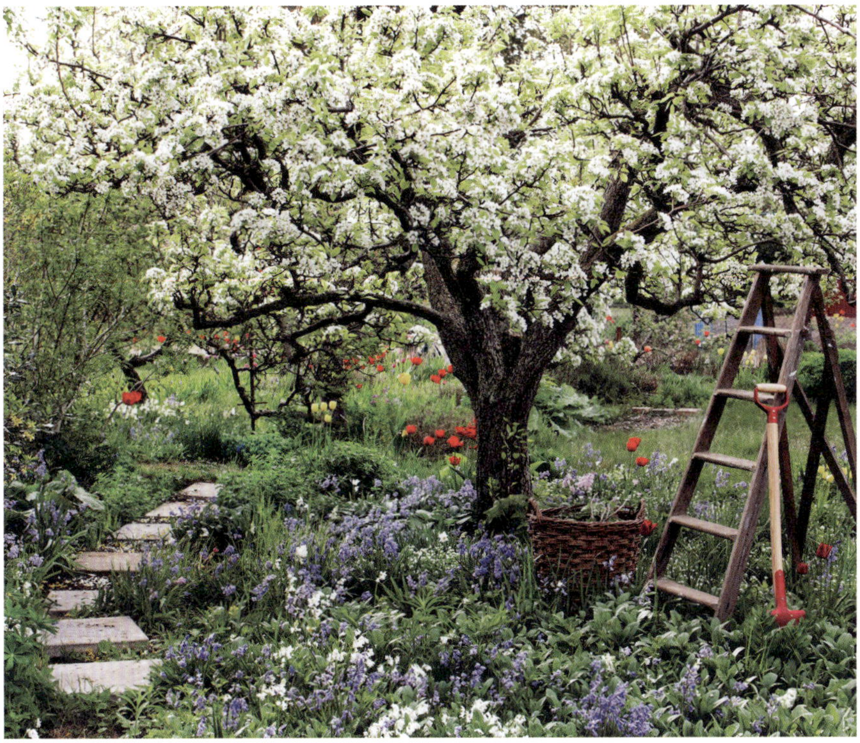

2

1. Nicht immer sind die Grundstücksgrenzen auf den ersten Blick erkennbar.

2. Auch Bestehendes, zum Beispiel alte Bäume, gehört in eurer Aufmaß.

Im nächsten Schritt geht es ans Ausmessen der Grundstückslängen. Also das Messen von Strecke A bis B. Das geht am besten mit einem digitalen Entfernungsmessgerät oder mit dem Maßband. Je nach Sonneneinstrahlung und Hintergrund ist der Laserpunkt des Messgeräts nicht ganz einfach zu erkennen. Haltet deshalb auf jeden Fall auch das Maßband bereit. Manchmal ist die analoge Variante nämlich tatsächlich nach wie vor die schnellere.
Beim Messen mit dem Maßband, kann es sein, dass eure Grundstücksgrenze länger als das Maßband ist. Für diesen Fall benötigt ihr den Zelthering oder den Schraubenzieher. Messt die Länge, bis das Maßband komplett ausgerollt ist. Zum Beispiel 30 m. Jetzt steckt ihr Schraubenzieher oder Zelthering an diesem Punkt in den Boden. An dieser Markierung könnt ihr das Maßband ganz leicht ein zweites Mal ansetzen und die dann gemessene Strecke zur ersten Strecke addieren. Diesen Trick könnt ihr natürlich auch mit einem Meterstab anwenden.

Wenn die Grenze nicht erkennbar ist

Wenn ein Grundstück schon einige Besitzerwechsel hinter sich hat oder bestehende Gehölze im Bereich der Grenze vorhanden sind, lässt sich der genaue Grenzverlauf im Gelände nicht immer ermitteln. Wenn ihr keine Grenzsteine oder Pflöcke entdecken könnt und auch sonst keine klaren Grenzhinweise findet, kann es ratsam sein, einen professionellen Vermesser zu beauftragen. Es gab schon einige Grundstücke, die eigentlich viel größer als gedacht waren und es wäre schade, wenn ihr euch wertvolle Fläche entgehen lasst. Umgekehrt kann es natürlich auch sein, dass ihr unwissentlich das Nachbargelände mitbenutzt. Klärt das auf jeden Fall ab, bevor ihr mit der Planung fortfahrt und euch unnötig Arbeit gemacht habt!

2. DAS HAUS IM GRUNDSTÜCK VERANKERN

Um euer Haus korrekt auf eurem Grundstück einzumessen, müsst ihr ein paar Punkte mehr ausmessen. Markiert dafür die Ecken eures Hauses auf eurer Skizze mit neuen Buchstaben. In unserem Beispielgarten sind das die Punkte **E**, **F**, **G** und **H**.

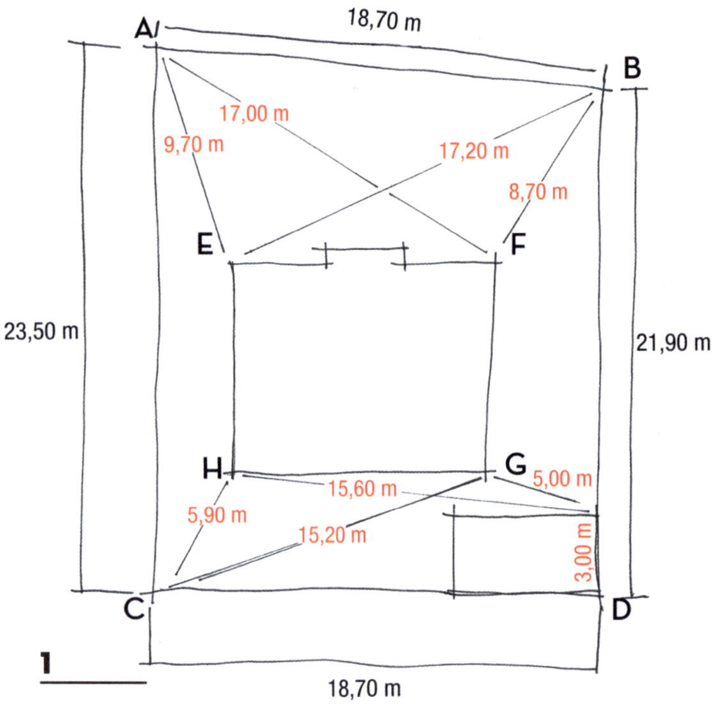

1

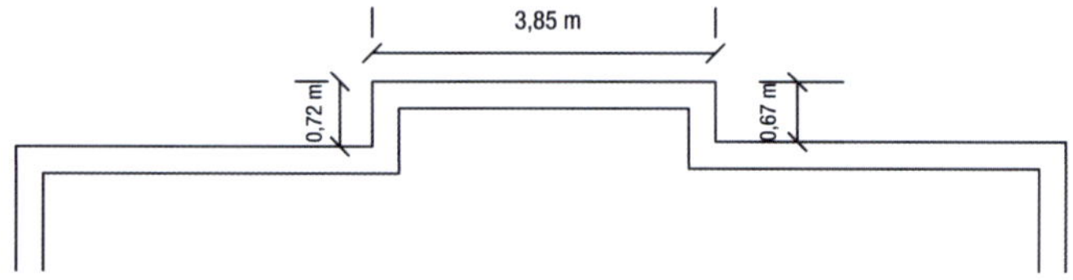

2

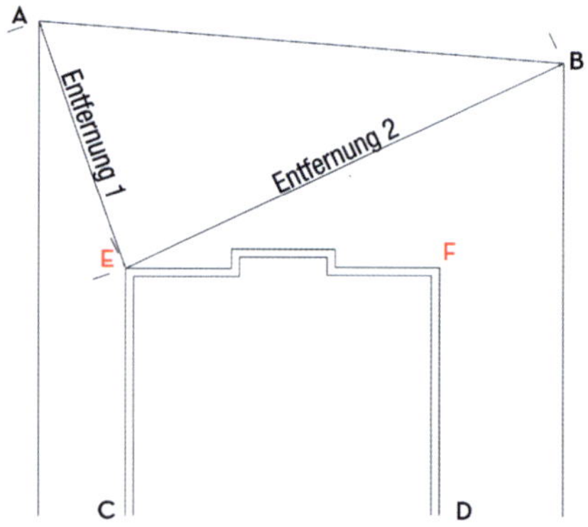

3

1. Mithilfe der Dreiecksmessung könnt ihr die Eckpunkte eures Hauses im Grundstück verankern: Jetzt wisst ihr genau, wo die Gebäude im Garten stehen.

2. Rücksprünge am Haus könnt ihr einfach mit dem Meterstab messen.

3. Dreiecksmessung im Detail

DREIECKS-MESSUNG

Um die Position eines unbekannten Punktes genau auf dem Plan zu bestimmen, nutzen wir die Dreiecksmessung. Bei der Dreiecksmessung wird ein einzumessender Punkt (E) über zwei weitere Punkte (A und B) eingemessen. Die gemessenen Entfernungen werden später mit Zirkelschlägen auf den Plan übertragen. Mit dieser Methode könnt ihr jeden unbekannten Punkt auf eurem Grundstück einmessen und auf den späteren Plan übertragen. Wie ihr das in den Plan übertragt, schauen wir uns in Kapitel 3 an (siehe S. 53).

Anschließend messt ihr die Punkte eures Hauses mithilfe der Dreiecksmessung (siehe Infokasten) ein. Dafür messt ihr wie im Beispiel folgende Strecken:

- von A nach E und von A nach F
- von B nach E und von B nach F
- von C nach H und C nach G

Die Strecken G nach D und H nach D lassen sich nicht direkt messen, da die Garage dazwischensteht. In einem solchen Fall erstellt ihr einen neuen Punkt I am Garageneck. Diesen könnt ihr leicht ermitteln, indem ihr von D zum Garageneck messt (im Beispiel sind das 3 m). Jetzt könnt ihr von den Punkten G und H nach I messen.
Im Beispiel haben wir jetzt alle vier Hausecken verortet. Allerdings macht das Haus in unserem Beispiel einen Vor- und einen Rücksprung. Solche Strecken könnt ihr ganz einfach mit dem Meterstab messen: Das Ausmessen eines Gartens erfordert Geduld und Zeit. Es ist aber die Grundvoraussetzung, damit ihr euren Garten wirklich Schritt für Schritt planen könnt. Bleibt also dran, damit ihr im nächsten Schritt einen korrekten Lageplan von eurem Garten zeichnen könnt!

3. BESTEHENDES EINMESSEN

Bei älteren Gärten gibt es oft Bestandselemente, die erhalten bleiben

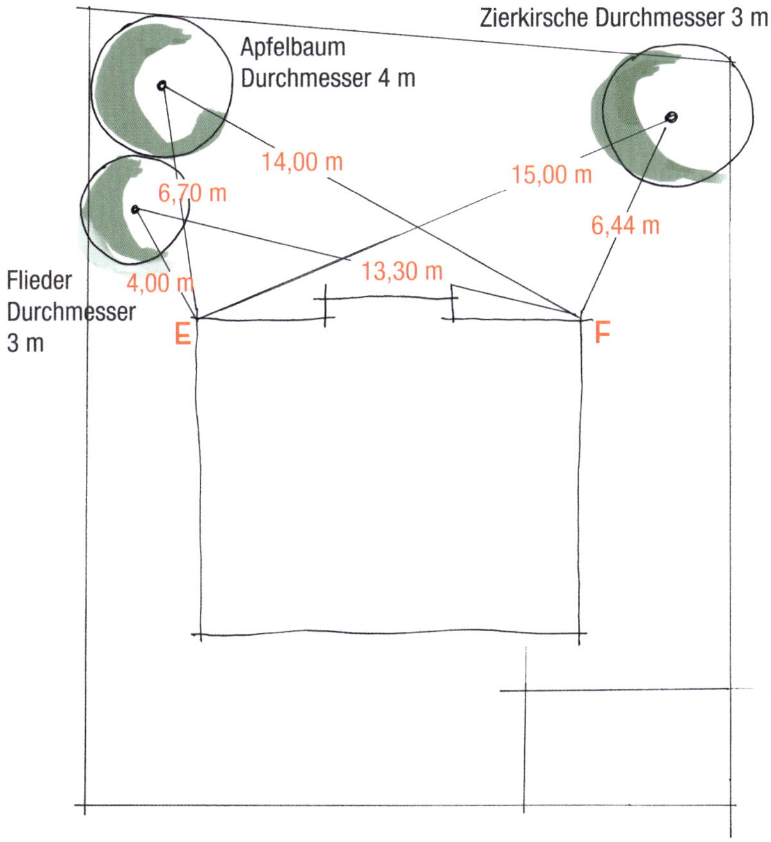

Auch Bäume, die bestehen bleiben sollen, können mit der Dreiecksmessung verortet werden: Messt sie dafür von jeweils zwei bekannten Punkten ein.

sollen. Auch diese Elemente müssen eingemessen werden, damit sie später im Lageplan an der richtigen Stelle eingezeichnet sind. Das Einmessen von Bestehendem funktioniert ebenfalls mit der Dreiecksmethode. Messt dafür jeweils den Abstand von zwei bekannten Punkten zum gesuchten Punkt auf eurem Grundstück. Im Beispiel sind es bestehende Bäume, die erhalten bleiben sollen und somit eingemessen werden müssen. Von jedem Baumstamm wird der Abstand zu den jetzt schon bekannten Hausecken E und F gemessen. Es kann sinnvoll sein, dass ihr dafür eine der Kopien eurer Skizze von Haus und Grundstück nutzt, damit ihr den Überblick behaltet und nicht zu viele Zahlen auf eurem Blatt habt.

Schätzt auch wie groß der Kronendurchmesser der Bäume ist, damit ihr sie im nächsten Schritt entsprechend in euren Plan eintragen könnt. Euer Augenmaß reicht hier aus.

4. DIE HÖHEN MESSEN

Jetzt habt ihr das Grundstück vermessen sowie Gebäude und Bestand eingemessen. Im nächsten Schritt sind die Höhen an der Reihe. Wenn ihr ein absolut ebenes Grundstück habt, könnt ihr diesen Schritt natürlich auslassen. Hat euer Grundstück einen Höhenunterschied von über 1 m, kann es sinnvoll sein, einen professionellen Vermesser zurate ziehen. Vor allem wenn ihr Zugänge zum Haus oder anderen Gebäuden plant, sollte das Gelände exakt vermessen werden. In diesem

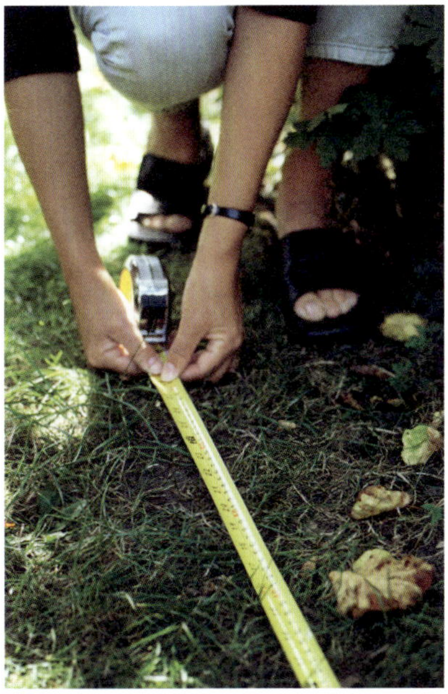

Mit einem Maßband lässt sich der Garten schnell und einfach vermessen.

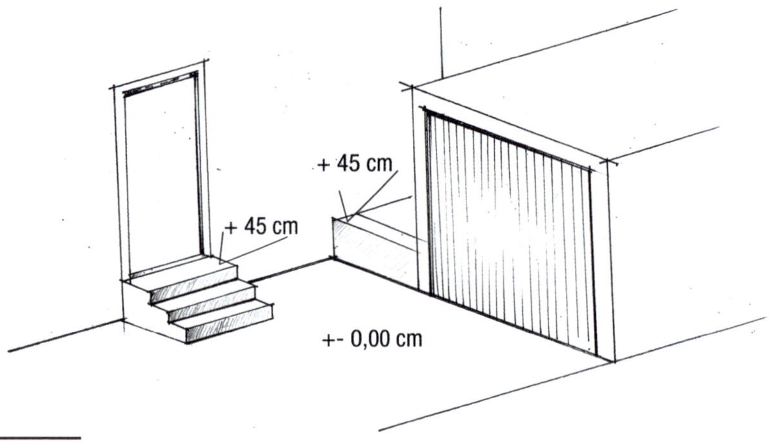

1

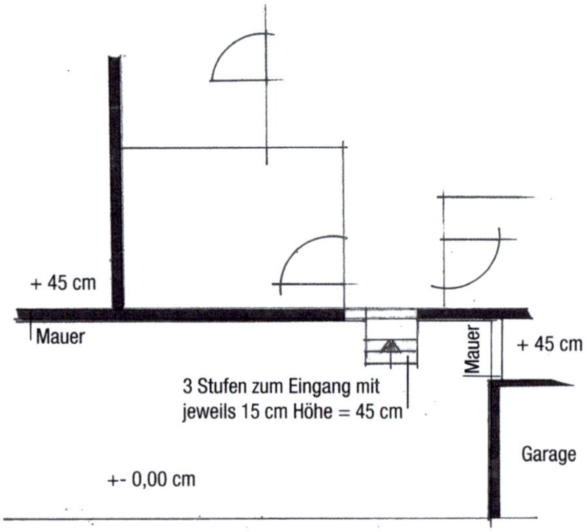

2

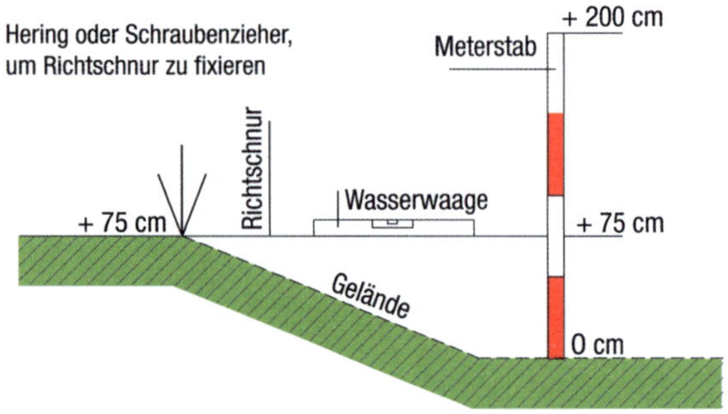

3 Höhenmessung an der Böschung

1. Im Bereich von Eingängen müssen die Höhenmessungen exakt stimmen, hier sind es 45 cm Höhenunterschied zwischen Einfahrt und Garage.

2. Drei Stufen überbrücken den Höhenunterschied zur Haustür. Im Garten ist ein Stufenmaß von 15 cm ideal. 3 × 15 cm ergibt 45 cm.

3. Die Höhenmessung einer Böschung ist nicht ganz einfach. Mit Wasserwaage, Zelthering und Messlatte geht aber auch das. Arbeitet hier zu zweit.

Fall kommt es wirklich auf Zentimeter an und je nach Gelände lassen sich solche Höhenunterschiede mit einem Meterstab oder einer Messlatte auch nicht mehr so einfach messen. Da ist es dann besser von Anfang an auf Nummer sicher zu gehen, statt später beim Bau festzustellen, dass die Anzahl der geplanten Stufen nicht passt.
Erkundigt euch auf jeden Fall bei eurer Verwaltung, ob die Gemeinde einen Höhenplan für euer Wohngebiet hat. Das kann euch vor allem bei einem Hanggarten viel Arbeit ersparen.
Höhenmessungen sind nicht ganz einfach, arbeitet am besten zu zweit. Besondere Sorgfalt solltet ihr wie beschrieben an allen Ein- und Ausgängen sowie an den Grundstücksgrenzen aufbringen. Denn das sind fixe Höhen, denen sich alle anderen Maße unterordnen müssen.

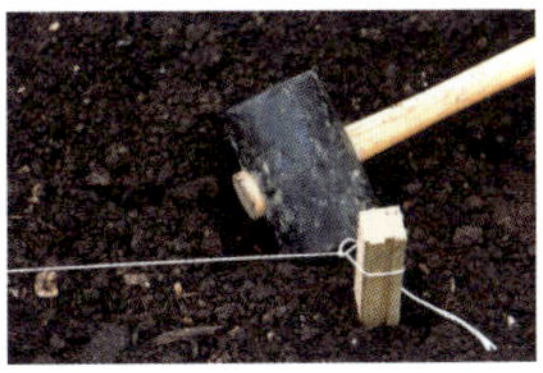

SO MARKIERT IHR HÖHEN IM GELÄNDE

Bei längeren Böschungen müsst ihr die Höhenunterschiede in Etappen messen. Markiert euch mithilfe eines Holzpflocks die gemessenen Punkte und tragt sie in euren Plan ein. So könnt ihr sie einfach addieren.

Kleine Höhenunterschiede wie in unserem Beispiel könnt ihr einfach mit dem Meterstab messen. Hier liegen Vorgarten und Einfahrtsbereich vor der Garage tiefer als das restliche Grundstück. Zur Haustüre führen deshalb drei Stufen. Zwischen Garage und Haus gibt es eine Mauer. Und an der anderen Hausecke gibt es ebenfalls eine Mauer. Die tiefste Stelle (± 0,00) ist die Referenz, in unserem Beispiel ist das die Einfahrt. Da sich weder Haustüre noch Garagen verschieben lassen, muss die Treppe im Beispielplan exakt 45 cm überbrücken. Habt ihr bestehende Treppen und Mauern, messt ihr die Höhendifferenz zum angrenzenden Gelände und tragt es auf eurer Skizze ein. Verwendet hierfür am besten eine neue Skizze.
Deutlich schwieriger ist das Messen in unbebautem Gelände, zum Beispiel einer Böschung. Mit folgendem Verfahren, ist aber auch das zu bewerkstelligen. Hierfür benötigt ihr wieder einen Zelthering, einen Schraubenzieher oder Pflöcke. Außerdem einen Meterstab oder eine Messlatte sowie Wasserwaage und eine Richtschnur – oder eine Richtlatte. Messt nun entlang der Grundstücksgrenze in folgenden Schritten: Haltet den Meterstab oder die Messlatte und setzt ihn auf den tiefsten Punkt (bei 0 cm im Beispiel). Euer Partner befestigt eine Richtschnur mit Zelthering oder Schraubenzieher am obersten Geländepunkt. Zieht jetzt die Richtschnur oder Richtlatte waagerecht in Richtung Meterstab und lest am Meterstab die Höhe ab. In unserem Beispiel sind das + 75 cm.
Um sicherzugehen, dass die Schnur oder Latte waagerecht ist, benutzt ihr am besten eine Wasserwaage. Dieses Verfahren wiederholt ihr nun, bis ihr alle Höhenunterschiede aufgenommen habt. Lasst am besten an jedem aufgenommenen Punkt einen Markierer im Boden, zum Beispiel einen Holzpflock. So könnt ihr euch später immer wieder im Garten orientieren.
Tragt nun alle gemessenen Höhen in eure Skizze ein, damit ihr sie später in euren Plan übertragen könnt.

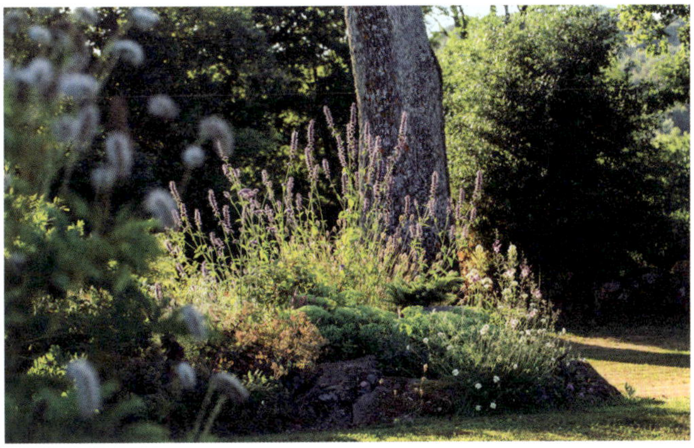

BÄUME BERÜCKSICHTIGEN

Nicht nur Eingänge und Grundstücksgrenzen bilden Fixpunkte in der Höhengestaltung, auch das Gelände um bestehende Bäume lässt sich in der Regel nicht verändern. Der Boden um die Baumwurzeln kann ohne großen technischen Aufwand weder abgegraben noch aufgeschüttet werden, ohne den Baum zu beschädigen. Wollt ihr bestehene Bäume in eurem Garten stehen lassen, ist der Bereich um den Baumstamm in der Höhe fix und ihr müsst die Planung des Gartens an dieser Höhe ausrichten. Je nach Baumart sind die Wurzeln eines Baumes sehr weitreichend. Ihr könnt davon ausgehen, dass der Wurzeldurchmesser mindestens dem Kronendurchmesser entspricht.

Die Vorschriften

Ein Nachbarschaftsstreit ist vielleicht in einer Kinokomödie lustig, im wahren Leben aber kann man gut darauf verzichten. Deshalb gibt es auch für den Garten Bauvorschriften, die ihr unbedingt kennen solltet, bevor ihr euren Garten plant.

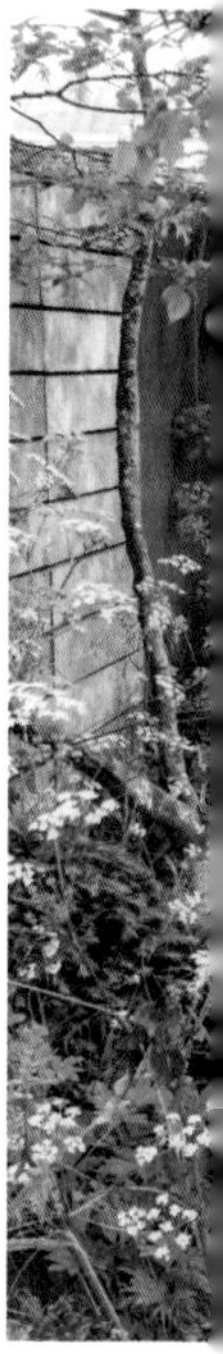

1

Die Freiheit, im eigenen Garten tun und lassen zu können, was man will, ist nicht grenzenlos: Auch wenn es sich um euer privates Grundstück handelt, dürft ihr leider nicht ohne Weiteres alles so verändern, wie ihr es gern möchtet. In Deutschland, Österreich und der Schweiz gibt es einige Vorschriften und Regeln, an die ihr euch halten müsst. Die einzelnen Bestimmungen sind ganz unterschiedlich, da sie teilweise von jeder Gemeinde individuell eingesetzt werden können. Von der Höhe des Zauns über die Größe der Terrasse, bis zur Pflanzung bestimmter Baumarten kann es für euren Garten Anordnungen geben. Ich kann in diesem Buch deshalb nicht pauschal sagen, was ihr dürft und was nicht. Aber ich gebe euch eine Übersicht, welche Veränderungen in eurem Garten eventuell genehmigt werden müssen oder baurechtlichen Bestimmungen unterliegen.

RECHTLICHE BESTIMMUNGEN

Bei diesen Vorhaben solltet ihr euch unbedingt erkundigen, ob es rechtliche Bestimmungen gibt.

- Bau von Zaun oder Mauer (tote Einfriedung)
- Bau einer Gartenhütte: Hier kann es je nach Größe und Lage Einschränkungen geben
- In einem Neubaugebiet. Hier kann es Bestimmungen geben, was ihr pflanzen müsst (Pflanzgebot)
- Bau von Garage oder Carport
- Pflanzung einer Hecke (lebende Einfriedung)
- Pflanzung großer Bäume
- Bau eines Pools
- Abgrabungen oder Aufschüttungen
- Bau oder Vergrößerung einer Terrasse
- Anlage eines neuen Parkplatzes oder bei Entfernung eines Parkplatzes
- Bau von Toren oder Zäunen im Bereich von Fluchtwegen
- Flächenversiegelung (Pflasterung)

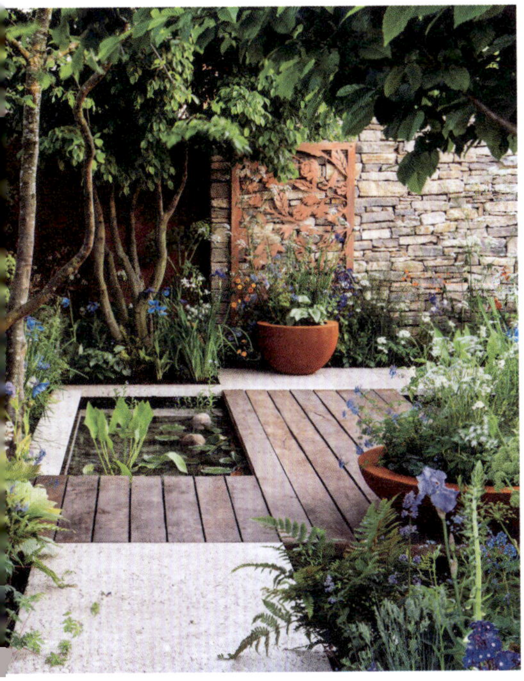

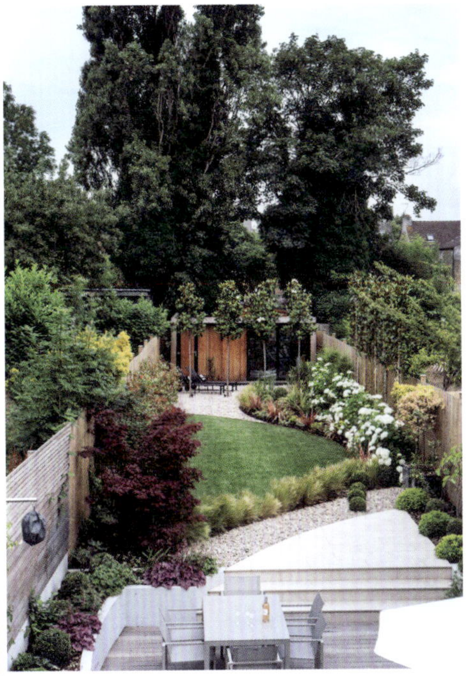

2

1. Mauern sind tolle Gestaltungselemente. In manchen Wohngebieten dürfen sie aber nicht höher als 1,20 m sein.

2. Ein Sichtschutz ist oft wünschenswert, hohe Zaunelemente erfordern aber oft eine Genehmigung.

Dieses Buch ist keine Rechtsberatung, erkundigt euch in jedem Fall vor Ort nach den Bestimmungen!

HECKEN AN DER GARTENGRENZE

Denkt bei einer Hecke daran, dass sie nach außen wächst. Sie muss deshalb mindestens einen Abstand von 50 cm zur Grenze haben. In vielen Gemeinden ist eine Hecke von einer Höhe bis zu 1,50 m erlaubt. Soll sie höher sein, muss sie um die Mehrhöhe nach innen versetzt werden. Eine 1,80 m hohe Hecke muss dann zum Beispiel nicht nur 50 cm Grenzabstand haben, sondern 80 cm.

GROSSE BÄUME

Vorsicht bei großen Bäumen im Garten! Auch für Bäume gelten Grenzabstände, sie sind aber in den einzelnen Ländern ganz unterschiedlich geregelt. So variieren die Grenzabstände von Bäumen, zum Beispiel Eiche, Linde und Ahorn, von 3 bis zu 8 m.
Grundsätzlich gilt: Je größer und ausladender ein Baum werden kann, desto größer muss auch der Abstand zu Nachbars Grenze sein. Für kleinere Bäume und Sträucher gelten deshalb geringere Abstände.

Bestandsschutz für alte Bäume

War der Baum schon im Garten, bevor ihr das Grundstück gekauft habt, gibt es einen Bestandsschutz. Wann dieser eintritt, ist auch in den einzelnen Ländern unterschiedlich gehandhabt

AUF GUTE NACHBARSCHAFT!

Wenn ihr größere Baumaßnahmen in eurem Garten plant oder Hecken und Gehölze pflanzen möchtet, sprecht am besten **vorab** mit euren Nachbarn. In den meisten Fällen lassen sich Streitigkeiten so vermeiden und ihr könnt in einem guten Verhältnis nebeneinander wohnen. Hört euch die Ängste und Sorgen eurer Nachbarn in Ruhe an und bietet an, gemeinsam nach einer Lösung zu suchen. Ein verkrachtes Nachbarschaftsverhältnis ist für alle Beteiligten unangenehm und bringt oft jahrelangen Streit mit sich.

Sicher ist sicher

Solltet ihr euch mit den Nachbarn gar nicht einig werden, achtet auf jeden Fall darauf, dass ihr euch mit all euren Baumaßnahmen innerhalb des Gesetzes bewegt. So habt ihr vielleicht kein „Traumnachbarverhältnis", aber ihr müsst euch zumindest nicht juristisch mit dem Thema auseinandersetzen.
Plant ihr mit eurem Nachbar eine gemeinsame Maßnahme, zum Beispiel eine Hecke auf der Gartengrenze zu pflanzen, dann vereinbart das am besten schriftlich. So gibt es später keine Unsicherheiten darüber, wem die Hecke gehört und wer sie pflegen muss.

Was kostet ein Garten?

Ein schöner Garten muss kein Vermögen kosten. Eine solide Planung erleichtert es euch aber von Anfang an, eure Mittel für die richtigen Dinge einzusetzen und die Kosten im Blick zu haben.

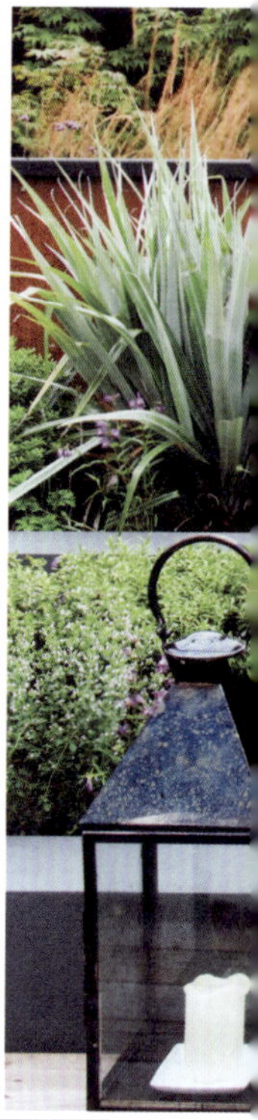

1

Wenn ihr bei der Gartenplanung die ganze Zeit den Taschenrechner neben euch liegen habt, kommt ihr sicher nicht auf die kreativsten Einfälle. Wenn ihr aber nach Herzenslust Luftschlösser plant und am Ende feststellen müsst, dass ihr finanziell nichts davon umsetzen könnt, habt ihr auch nichts davon.

Deshalb möchte ich euch an dieser Stelle einen kurzen Überblick geben, was bestimmte Vorhaben in einem Garten kosten können und was ihr bei den Baukosten beachten solltet. Zunächst ist es natürlich ein großer Unterschied, ob ihr euren Garten selbst anlegen wollt, oder dafür eine professionelle Firma beauftragen möchtet. Eine Übersicht über den Schwierigkeitsgrad der einzelnen Arbeiten findet ihr in der hinteren Umschlagklappe.

GARTENANLAGE IN EIGENREGIE

Den Garten selbst anzulegen kann großen Spaß machen und ist mit Sicherheit ein ganz besonderes Erlebnis! Ich weiß auch, es liegt sich nochmal schöner auf der Terrasse, wenn man sie selbst angelegt hat und weiß, wie viel Schweiß und Kraft der Bau gekostet hat. Mit etwas handwerklichem Geschick spricht also nichts dagegen, wenn ihr euren Garten selbst bauen möchtet. Was ihr dafür aber auf jeden Fall braucht, ist Zeit. Und zwar mehr als ihr glaubt! Ein Wochenende im Garten ist sehr schnell vorbei und man hat das Gefühl: Es ist nichts passiert. Das gilt umso mehr, wenn ihr vorwiegend mit Schaufel und Spaten arbeitet und größere Geräte wie Bagger und Radlader nicht zur Verfügung habt. In vielen Fällen ist es deshalb auch sinnvoll, die gröberen Arbeiten an eine Firma zu vergeben und die leichteren Arbeiten selbst zu übernehmen.

DEN GARTEN VON EINER FIRMA ANLEGEN LASSEN

Wenn ihr die Gartenanlage komplett einer Firma übergeben möchtet, holt euch nach der Planung des Gartens am besten ein paar Angebote ein. Wenn ihr mit eurem fertigen Plan zu einem Gartenbaubetrieb geht, wird die Kostenschätzung schon relativ genau ausfallen, da ihr ja alles schon durchgeplant habt. Auch das ist der Vorteil eines gezeicheten Plans. Lasst euch aber bitte nicht auf das billgste Angebot ein, nur weil ihr ein paar Euro spart! Es ist wie immer im Leben: Wer billig kauft, kauft zweimal. Ein guter Garten-

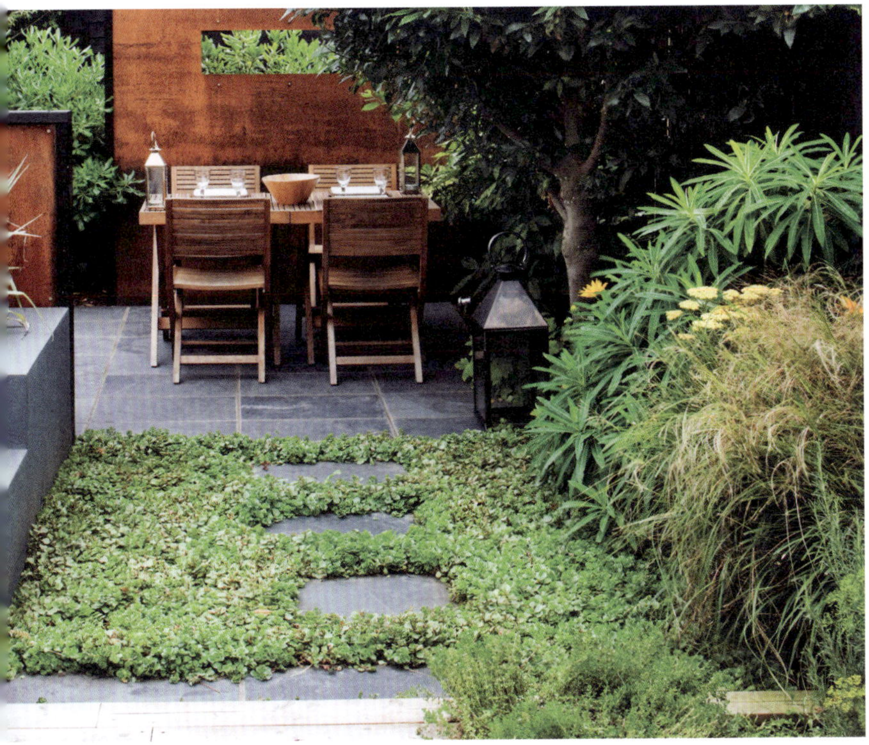

001 **DIE GRÖSSE VON BÄUMEN SCHÄTZEN**
In der App zeige ich euch einen einfachen Trick, die Baumhöhe zu schätzen.

2

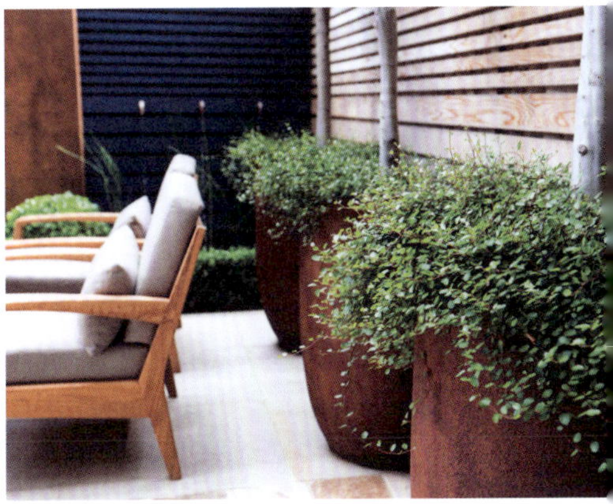

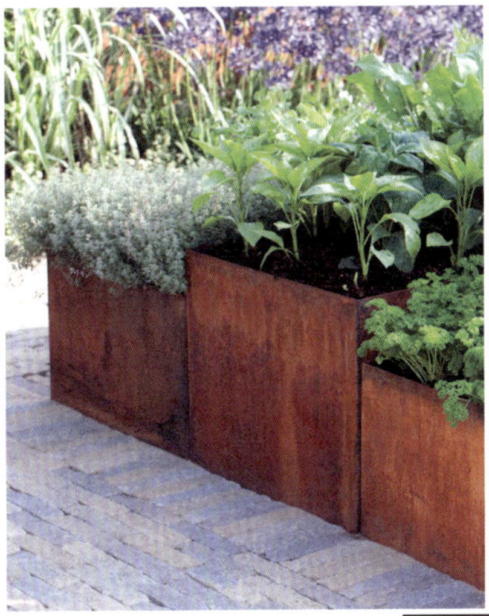

3

KOSTEN, DIE MAN OFT VERGISST

- Abräumen des Geländes und Entsorgungskosten
- Baustelleneinrichtung (Bauzaun, Schilder, Zugang zum Gelände)
- Bei größeren Vorhaben Hinzuziehung eines Vermessers oder Statikers
- Unterirdische Arbeiten wie Drainage, Leitungsverlegung, Fundamente
- Erdbewegungen und Entsorgunskosten bzw. Austausch von Boden
- Beleuchtung

und Landschaftsbaubetrieb kann und sollte keine Dumpingpreise anbieten, dafür habt ihr später einen schönen Garten!

Den Kostenrahmen festlegen

Auch wenn ihr nicht immer zuerst an die Kosten denken solltet, habe

1. Belagsflächen und Mauern aus Holz oder Beton sind wesentlich günstiger als aus Naturstein oder Cortenstahl.

2. Vergesst bei den Kosten auch Möbel und Accessoires nicht!

3. Cortenstahl-Hochbeete sind schön und robust, aber leider nicht ganz günstig.

DAS KOSTET ES BEIM PROFI

ARBEIT	KOSTEN IN €
Rasen anlegen mit Saatgut (bestehender Boden)	2,30–8,50 pro m²
Wassergebundene Decke (Splittbelag)	40–60 pro m²
Betonpflaster	30–70 pro m²
Natursteinplatten aus Sandstein	120–300 pro m²
Betonstufe, Länge 1 m	100–200 pro m²
Winkelstützelement aus Beton, Höhe 55 cm	125–180 pro m²
Trockenmauer aus Stützwand	290–400 pro lfm
Holzbelag aus Lärche	170–280 pro m²
Holzzaun aus Kiefer	150–280 pro lfm

Alle Angaben ohne Fundament und Mehrwertsteuer. Quelle: BKI Positionen Neubau 2022

HINWEIS

Wir leben in einer Zeit, in der die Baupreise extremen Schwankungen unterliegen, teilweise gibt es nur Tagespreise. Betrachtet diese Tabelle deshalb bitte nur als groben Richtwert.

ich euch im ersten Kapitel schon empfohlen, dass ihr euch um den groben Kostenrahmen Gedanken macht. Egal ob ihr euch von vorneherein ein Limit setzt oder das Budget lieber flexibel gestaltet, wichtig ist, dass ihr schon mal grob einschätzen könnt, was euer Garten kosten könnte. Oftmals wird der Bau nämlich um einiges teurer als gedacht, weil von Anfang an eine realistische Einschätzung der Preise fehlte oder einige Posten schlicht vergessen wurden. Es sind nicht nur die Terrassenplatten, die Geld kosten, sondern auch die „unsichtbaren" Dinge, wie zum Beispiel das Verlegen von Leitungen oder die Baustelleneinrichtung.
Es ist also hilfreich, von Anfang an die Kosten mit im Blick zu haben und entsprechend anzupassen. Dabei habt ihr es bei einer kompletten Neuanlage in sofern einfacher, dass ihr mit weniger Überaschungen rechnen müsst, sondern auf einem unbeschriebenen Blatt beginnen könnt. Habt ihr einen bestehenden Garten, kann zum Beispiel die Bodenbeschaffenheit zu nicht eingeplanten Mehrkosten führen. Wenn sich im Laufe der Baumaßnahmen herausstellt, dass der Boden ausgetauscht werden muss, kann das zu einer deutlichen Erhöhung der Kosten führen. Plant deshalb insbesondere für einen bestehenden Garten einen Puffer von etwa fünf Prozent der veranschlagten Gesamtsumme ein.

Die Kosten – eine Übersicht

An dieser Stelle möchte ich euch eine kleine Übersicht über die Kosten einiger Baumaßnahmen im Garten geben. Bitte beachtet, dass

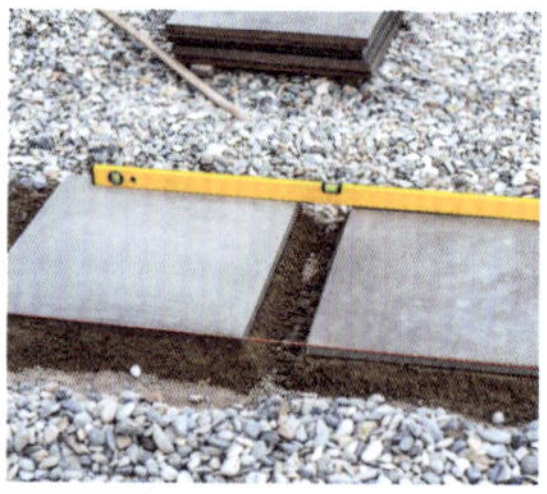
1

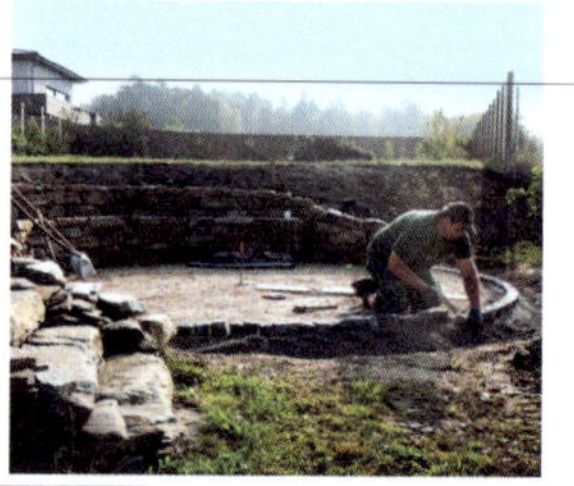
2

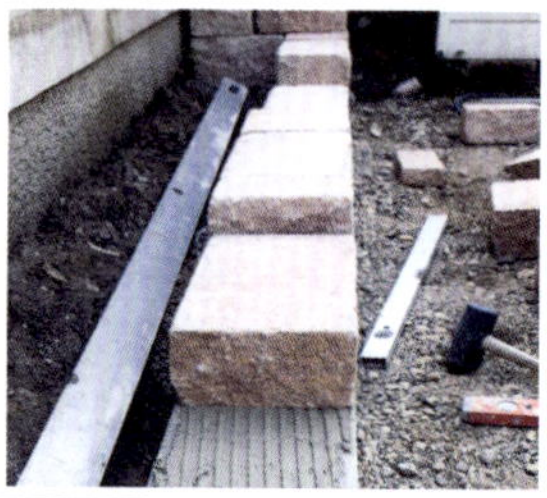
3

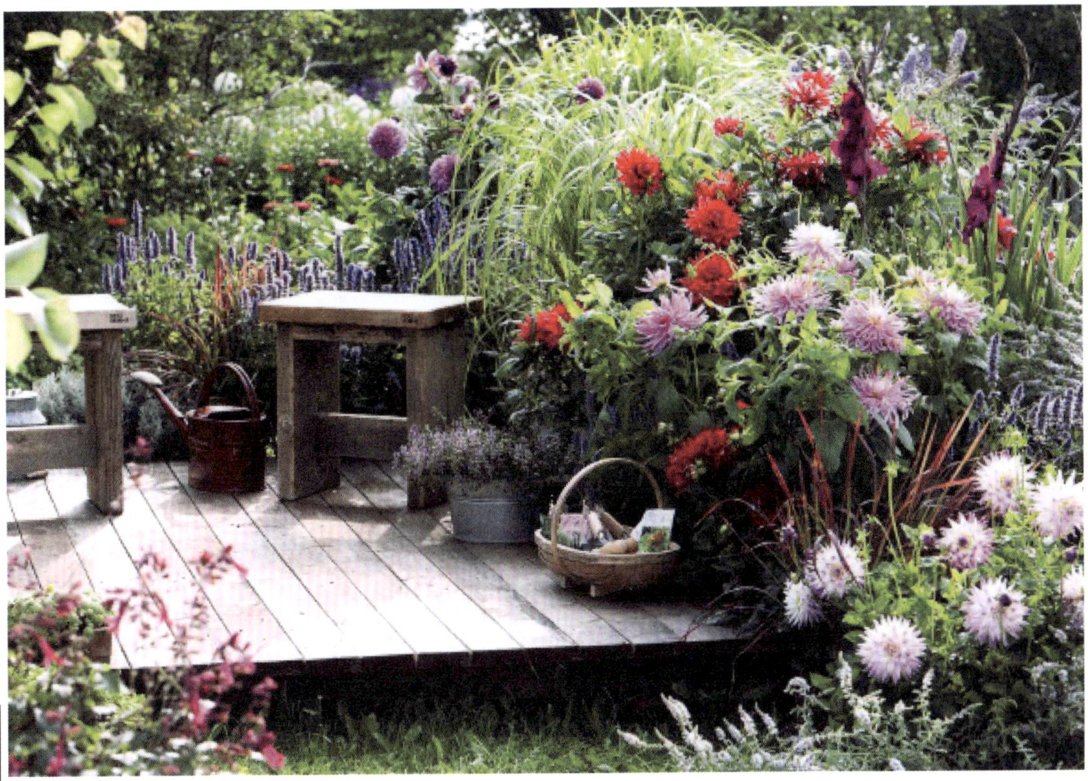

4

1. Bei Platten gibt es sehr große Preisunterschiede: Naturstein ist am teuersten, Keramikplatten und Beton sind günstigster.

2. Braucht ihr viele Mauern in eurem Garten, müsst ihr mit deutlich mehr Kosten rechnen. Mauerbau ist aufwendige Handarbeit!

3. Nicht nur die sichtbaren Dinge kosten Geld im Garten. Beläge und Mauern brauchen auch ein frostsicheres Fundament.

4. Holz ist je nach Art ein günstiger Belag und sorgt für Wohlfühlatmosphäre. In unseren Breiten ist es aber nicht dauerhaft haltbar.

die Kosten von Region zu Region stark schwanken und diese Angaben keine detaillierte Kalkulation ersetzen. Dennoch möchte ich euch ein Gefühl dafür geben, mit was ihr finanziell rechnen müsst.

So lassen sich Kosten sparen

Wenn ihr Kosten sparen möchtet oder müsst, heißt das nicht, dass ihr keinen schönen Garten planen könnt. Auch mit geringerem Mitteleinsatz lässt sich eine echte Wohlfühloase schaffen. Die meisten Kosten könnnt ihr natürlich reduzieren, wenn ihr den Garten selbst anlegt. Doch auch bei der Materialauswahl könnt ihr einiges an Geld sparen.

Recyclen und wiederverwenden

Vielleicht habt ihr die Möglichkeit, auf Recyclingbaustoffe zurückzugreifen, entweder aus dem eigenen Garten oder mit Abbruchmaterial aus einem anderen Projekt? Was für den einen „Müll" ist, kann für den anderen wertvolles Baumaterial sein. Studiert dafür die Kleinanzeigen bei ebay, oder gebt selbst ein Inserat auf. Auch auf Baustellen kann Material lagern, das für euch wertvoll ist. Scheut euch nicht zu fragen, ein solches Recycling kann eine Win-Win-Situation sein, da Entsorgunskosten und „Besorgungskosten" entfallen. Prüft aber auf jeden Fall, ob das Material noch in Ordnung ist, bevor ihr es übernehmt! Geeignet sind Pflastersteine, Mauersteine, Platten und Schüttgüter wie Kies und Splitt. Weniger geeignet ist Holz, da es in unseren Breitengraden nicht dauerhaft hält – da ist Neuware auf Dauer deutlich günstiger.

ALLE KOSTEN AUF EINEN BLICK

Um die Kosten immer im Blick zu haben, ist es hilfreich, eine Tabelle zu führen, in der ihr Preise und Massen eintragen könnt. Ihr könnt euch eine solche Tabelle herunterladen und eure eigenen Zahlen und Produkte eintragen.

MENGE	EINHEIT	POSITION	EINZEL-PREIS	GESAMT-PREIS
	m^3	Bodenabtrag		
	m^3	Bodenauftrag		
	m	Entwässerungs-rinne		
	m^3	Tragschicht		
	m^2	Pflaster		
	m^2	Platten		
	m	Holzdielen		
	m	Zaun		
	m	Mauer		
	Stk.	Hochbeet		
	Stk.	Gartenhaus		
SUMME				

002 **ALLE KOSTEN AUF EINEN BLICK** Hier könnt ihr die Tabelle zur Kostenplanung downloaden.

Wenn ihr gebrauchtes Material verwenden möchtet, hilft es, wenn ihr ein bisschen offener seid mit euren Gestaltungswünschen. Hier gilt das Prinzip: Arbeiten mit dem, was da ist, und daran die Planung ausrichten. Wenn ihr rustikale Steine für eine Mauer günstig bekommt, dann richtet auch die anderen Materialien an diesem Stil aus.

Kosten sparen mithilfe der Zeit

Beim Pflanzenkauf gilt: je kleiner die Pflanze, desto günstiger ist sie. Aber egal ob ihr kleine oder große Pflanzen kauft, am Ende werden alle gleich groß. Ihr müsst allerdings ein bisschen mehr Geduld aufbringen. Wenn ihr bei den Pflanzen Kosten sparen möchtet, kauft kleinere Exemplare oder schaut euch auf Pflanzentauschbörsen um. Dort werden oft Ableger günstig oder kostenlos abgegeben.

Wovor ich euch auf jeden Fall dringend warnen möchte, ist der Kauf von Discounter Pflanzen. Diese Pflanzen sind garantiert kein Schnäppchen! Die Qualitätsunterschiede zu den Pflanzen aus Staudengärtnereien und Baumschulen sind so gravierend, dass ihr mit der teureren, aber dafür hochwertigeren Ware aus der Baumschule am Ende mit Sicherheit günstiger wegkommt. Denkt auch daran, dass die Pflanzen nicht nur eine Saison, sondern über Jahre im Garten bleiben sollen.

Laubabwerfende Gehölze kauft und pflanzt ihr am besten im Winter. Dann werden sie auch als wurzelnackte Ware verkauft (ohne Pflanztopf und Ballen) und sind deutlich günstiger. Das gilt vor allen Dingen für Hecken.

In Bauabschnitten denken und Prioritäten setzen

Ihr müsst keineswegs euren ganzen Garten umkrempeln und schon gar nicht auf einmal. Vielleicht lasst ihr einige Bereiche, wie sie sind, das macht vor allem bei großen Grundstücken Sinn. Habt ihr später mehr Mittel zur Verfügung, könnt ihr diese Bereiche immer noch angehen.

Auch Bauabschnitte können helfen, die Finanzlage zu entspannen. Das gilt auch für Neuanlagen. Als Faustregel gilt: von unten nach oben planen und arbeiten.

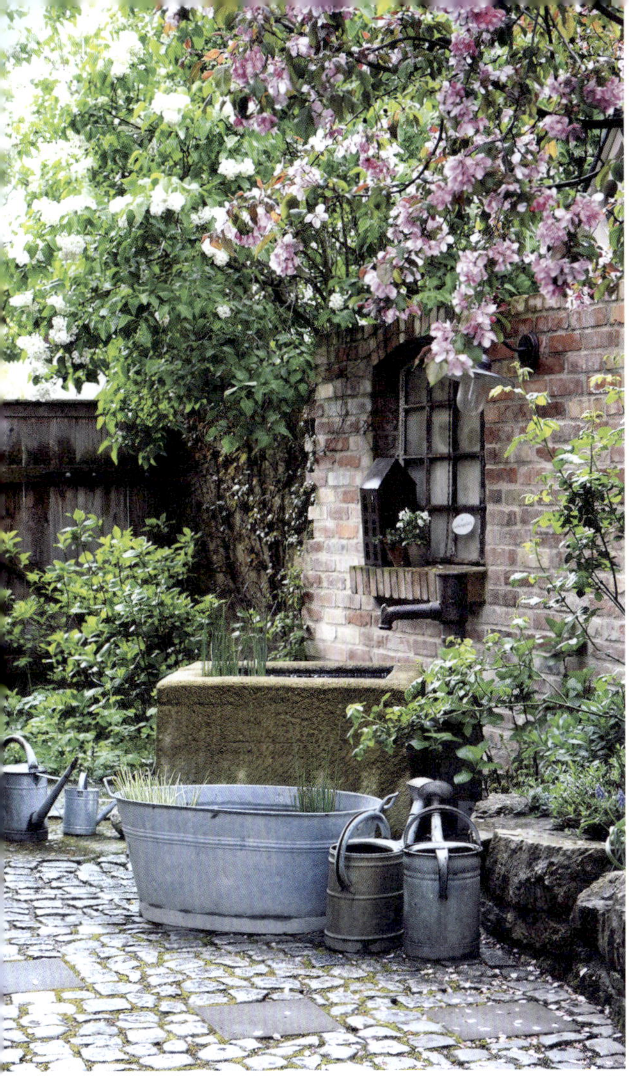

1

2

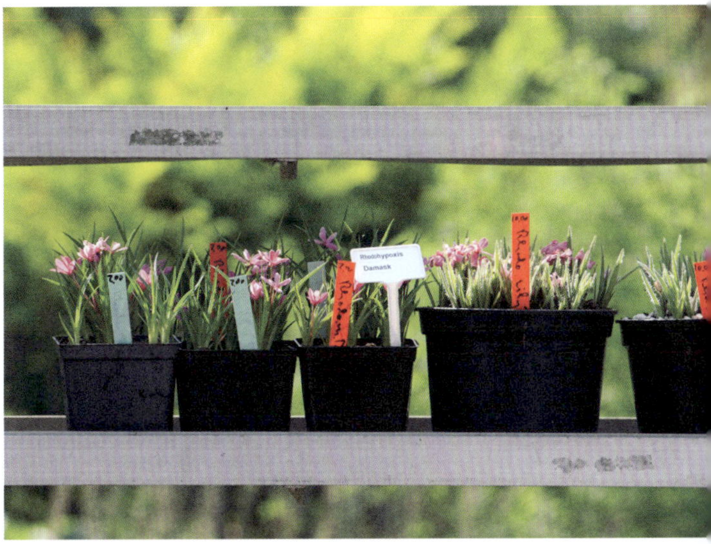

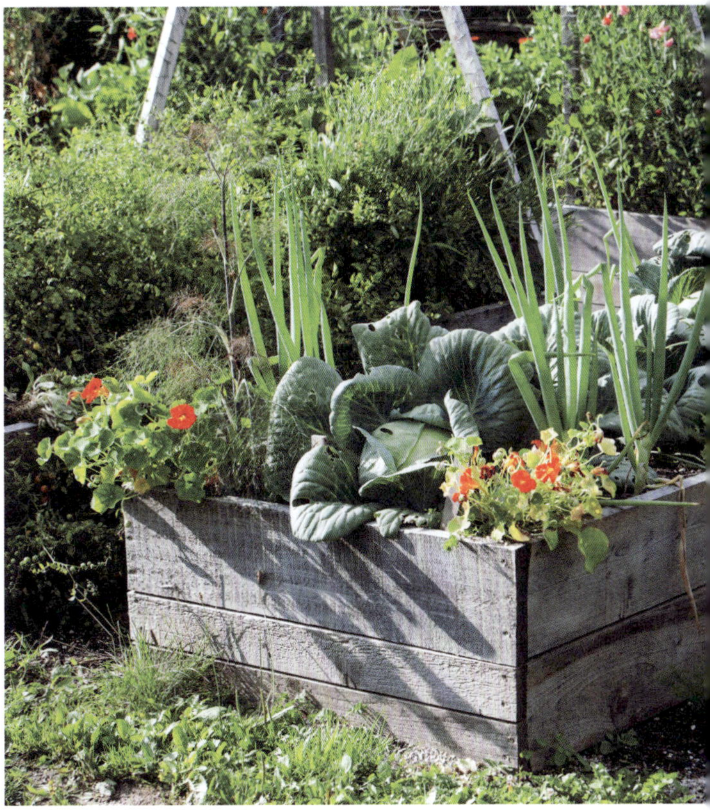

3

1. Recyceltes Material hat seinen ganz eigenen Charme.

2. Alle Pflanzen werden groß! Müsst ihr sparen, kauft lieber kleinere Pflanzen in guter Qualität und gebt ihnen etwas mehr Zeit zum Wachsen.

3. Hochbeete aus Holz sind sehr günstig und leicht selbst zu bauen.

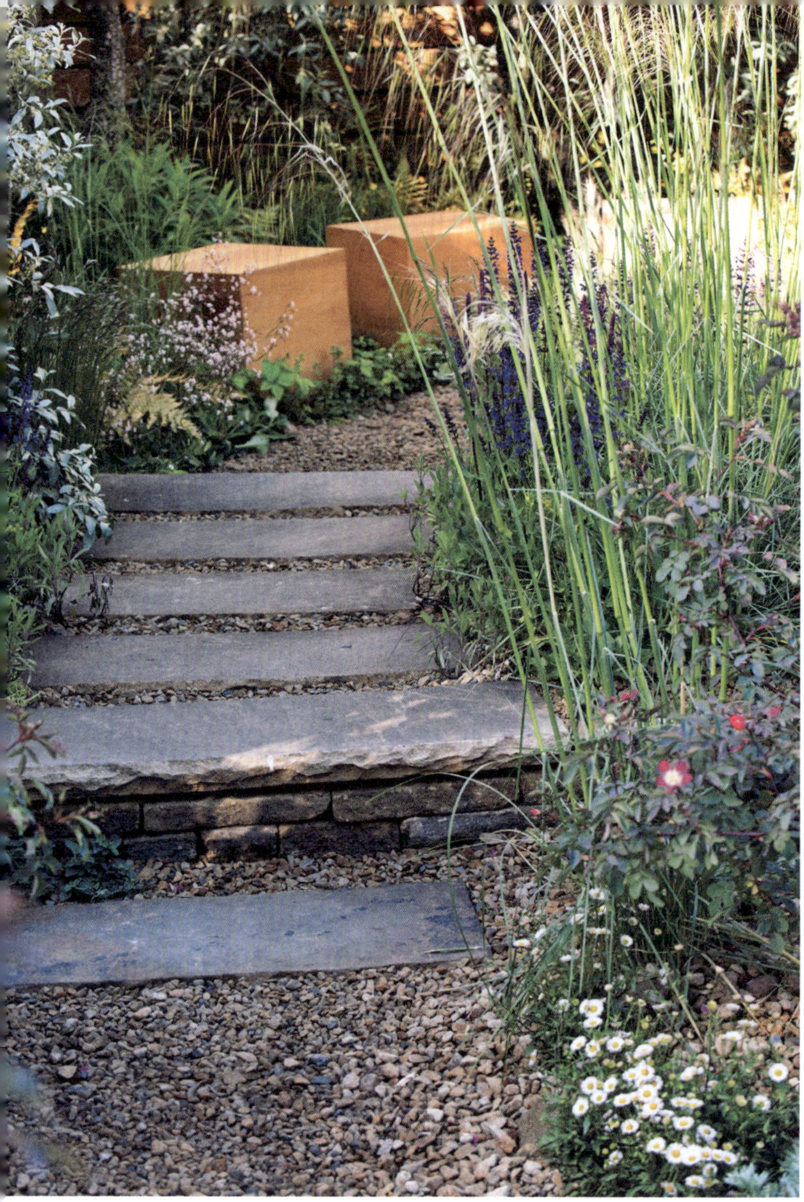

Streubeläge aus Splitt oder Kies sind günstig, sehen aber trotzdem alles andere als billig aus. Kombiniert mit Platten oder Stufen könnt ihr preiswert Wege anlegen, ohne bei der Gestaltung Abstriche machen zu müssen.

Die Arbeiten mit schwerem Gerät wie Bagger werden am ökonomischsten auf einmal erledigt. Das betrifft alle Bodenarbeiten wie Aushub, Bodenmodellierung und Tragschichten. Tragschichten sind das Fundament unter Wegen, Plätzen, Terrassen und Pflanzflächen. Sind die Baumaschinen schon vor Ort, ist es günstiger, die Arbeiten auf einmal zu erledigen, als später nochmal Baustelleneinrichtung, Zufahrt und Maschineneinsatz zu bezahlen.

Wo ihr sonst noch sparen könnt

Statt Platten oder Pflaster könnt ihr wassergebundene Decken für Wege und Terrasse nutzen. Das ist ein verdichteter Splittbelag, der zwar günstig ist, aber alles andere als billig aussieht. Mit schönen Möbeln und ausgesuchten Pflanzen wirkt ein solcher Belag sogar äußerst repräsentativ.

Verwendet keine fertigen Holzsichtschutzelemente, sondern baut diese selbst. In vielen Fachmärkten könnt ihr euch das Holz auf die gewünschte Länge zusägen lassen. Der Eigenbau ist nicht allzu schwierig, am Ende meist ästhetischer und auf jeden Fall günstiger als die angebotenen Fertigelemente. Mein Tipp: Spart euch eine Bewässerungsanlage, plant lieber mit den richtigen Pflanzen, die auch mal eine Trockenperiode aushalten, siehe dazu auch Kapitel 5 (ab S. 155).

Ein Bodenaustausch muss nur dann sein, wenn euer Boden gefährliche Stoffe enthält. Testen lassen könnt ihr euren Boden im Labor, Adressen siehe Seite 170/171. Ansonsten gilt das Prinzip: Arbeitet mit dem, was da ist, und sucht die Pflanzen entsprechend dem Boden aus. Den Boden verbessern könnt ihr je nach Bedarf mit Kompost und Sand. Sparen könnt ihr euch auch ein teures Gartenplanungsprogramm für den Computer. Mit Bleistift und Papier geht das viel einfacher, mindestens genauso gut und ist um einiges günstiger.

ZUSAMMENFASSUNG: HABT IHR AN ALLES GEDACHT?

Habt ihr ein Aufmaß von eurem Grundstück?	☐
Sind die Höhenunterschiede eingetragen?	☐
Habt ihr die Bäume und Bestandselemente eingemessen?	☐
Müsst ihr eine Genehmigung für einen eurer Gartenwünsche einholen?	☐
Habt ihr euren finanziellen Rahmen grob abgesteckt?	☐

Wenn ihr alles erledigt habt, geht es jetzt zum Zeichnen eures Gartenplans …

„Wer sich dem Notwendigsten widmet, geht überall am sichersten zum Ziel.“

Johann Wolfgang von Goethe

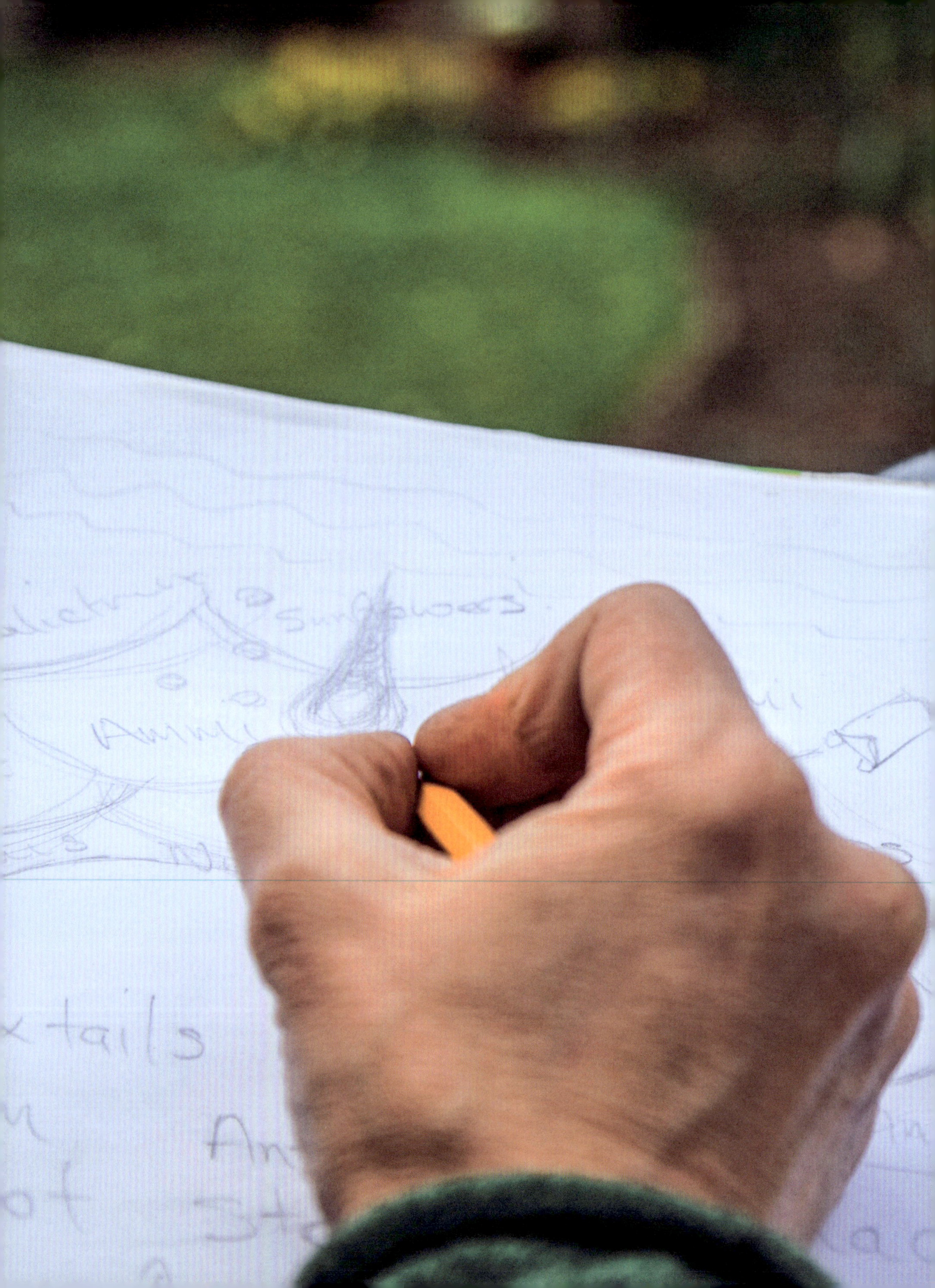

WIR ZEICHNEN EINEN GARTENPLAN

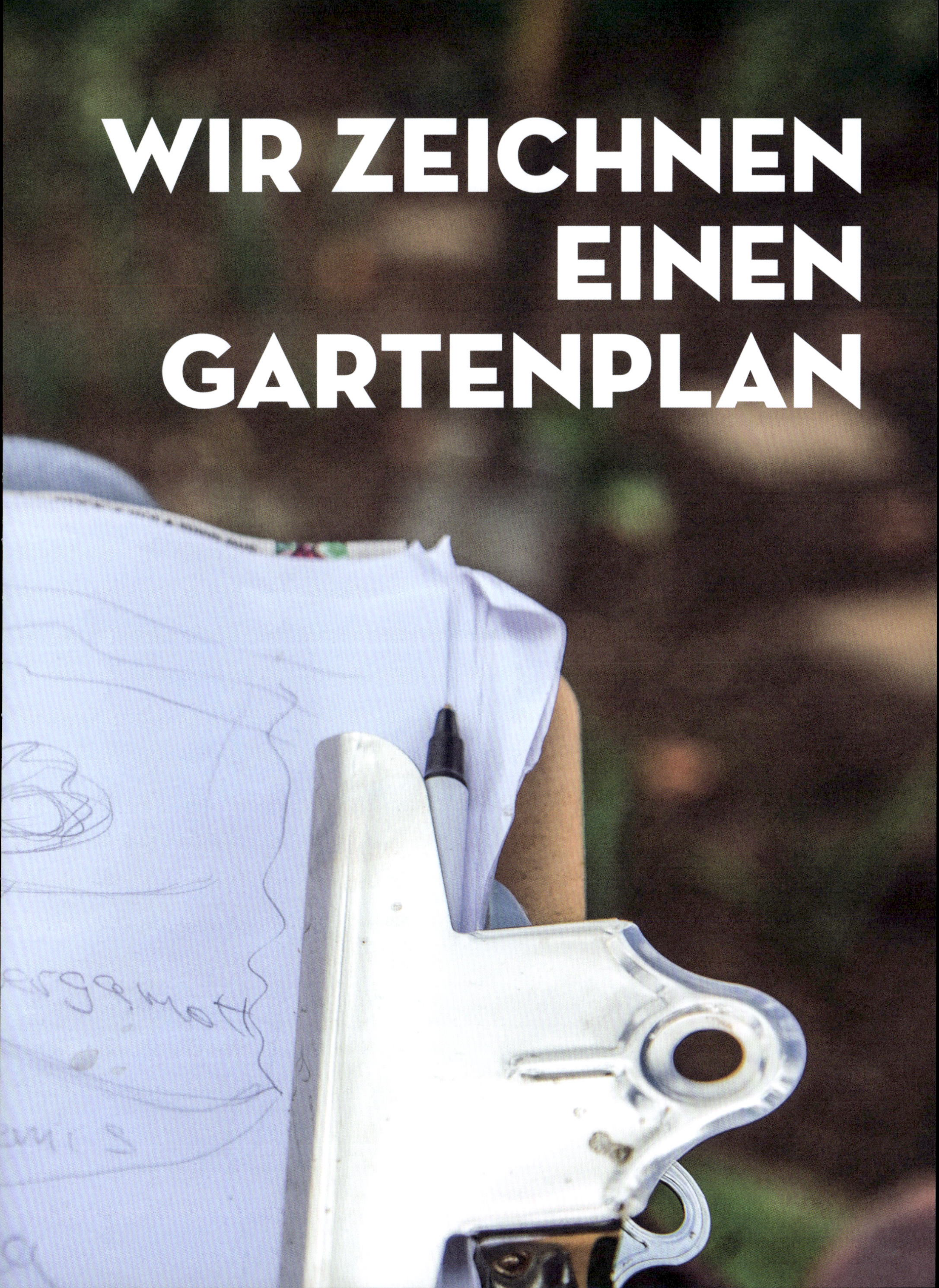

Der Bestandsplan

Zeichnen kann jeder! In diesem Kapitel dreht sich alles um euren ersten Gartenplan. Und egal wie lange es her ist, dass ihr mit einem Stift vor einem Blatt Papier gesessen habt - ich zeige euch, wie ihr Schritt für Schritt euren Traumgartenplan erstellt.

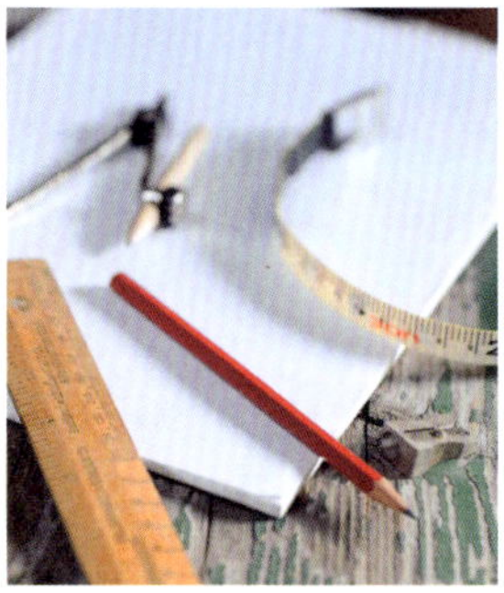

Zeichnen ist nicht schwierig! Alles was ihr braucht, sind ein paar Stifte, Papier, Zirkel und ein Lineal.

Zunächst schauen wir uns an, wie ihr euer Aufmaß in einen maßstäblichen Plan übertragen könnt, auf dem ihr dann eure ersten Gartenentwürfe zeichnet. Ihr zeichnet zuerst den **Ist-Zustand** eures Gartens (Bestandsplan), um dann im nächsten Schritt die Planung für euren zukünftigen Garten zu machen. In den Bestandsplan gehört alles hinein, was ihr im letzten Kapitel ausgemessen habt: Grundstücksgrenze, Gebäude, Bestandselemente und Bäume, Höhenunterschiede und der Verlauf der Sonne.

HAND ODER COMPUTERZEICHNUNG?

Um einen korrekten Plan zu zeichnen, braucht ihr nur die erwähnten Materialien. Ein Computerprogramm ist nicht nötig. Natürlich könnt ihr den Plan auch mit einem CAD Programm (Computer Aided Design) zeichnen. Diese Programme sind aber teuer und etwas aufwendig zu erlernen. Zwar gibt es mittlerweile einige kostenlose Programme, zum Beispiel SketchUp Make. Sie bieten jedoch meist nur limitierte Formen (Rechteck, Dreieck, Kreis) an und schränken euch von vornherein ein. Gerade im Anfangsstadium einer Planung halte ich sie deshalb für ungeeignet. Zeichnet einfach von Hand und glaubt mir: Zeichnen kann jeder! Es geht nicht darum, einen perfekten Plan zu zeichnen, sondern am Ende einen schönen Garten zu haben. Also keine Angst vor dem weißen Blatt, legt einfach los – und sollte etwas danebengehen, kein Problem, es gibt Radierer!

DIE PASSENDE PAPIERGRÖSSE

Wenn ihr einen maßstäblichen Plan von eurem Garten zeichnet, solltet ihr schon vorher entscheiden, wie groß euer Blatt für den Plan sein muss, damit euer ganzer Garten darauf passt. Auch wenn ihr einen wirklich kleinen Garten habt, wird er natürlich nicht 1 : 1 auf ein Blatt Papier passen. Deshalb arbeiten wir in der Gartenplanung mit einem verkleinertem Maßstab. Der Maßstab gibt das Verhältnis der gemessenen Längen im Garten, im Verhältnis zu den gezeichneten Linien im Plan an. In diesem Stadium ar-

MATERIALIEN, DIE IHR JETZT BRAUCHT

- Papier
- Evtl. Transparentpapier
- Malerkrepp
- Stifte, möglichst unterschiedliche Farben
- Zirkel
- Lineal
- Radierer

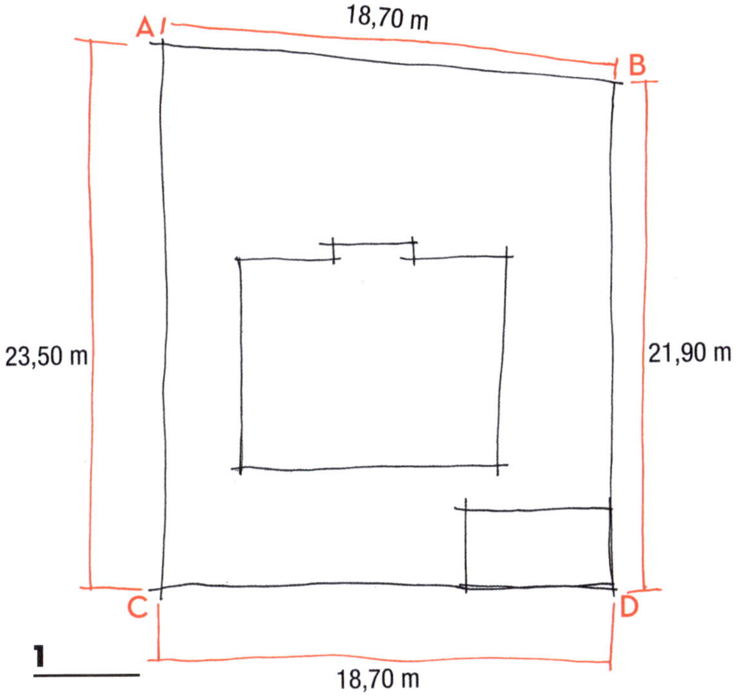

1

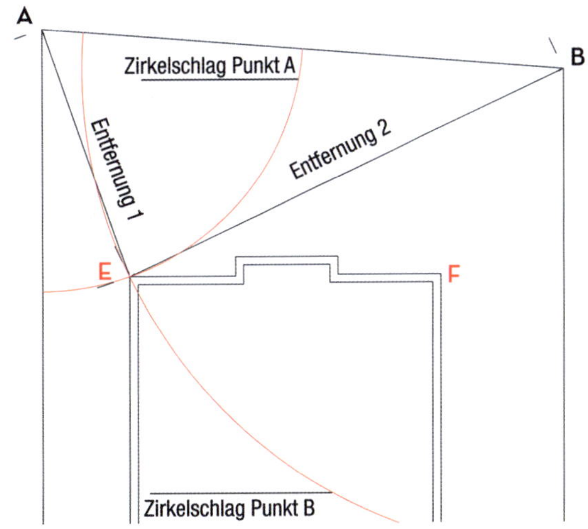

2

1. Maßstab 1:100: In diesem Beispiel beträgt die Strecke A bis B auf dem Papier 18,70 cm. In der Realität sind es 18,70 m. Für dieses Beispiel reicht ein Papier in DIN A4 (25 x 19 cm), da der Garten kleiner als 25 x 19 m ist.

2. Mit der Zirkelmethode könnt ihr jetzt alle Punkte auf eurem Plan eintragen.

beitet ihr am besten mit dem Maßstab 1 : 100. Das bedeutet, euer Plan ist 100 × kleiner als die Wirklichkeit. Oder anders gesagt: Maßstab 1 : 100 heißt, 1 m in der Realität entspricht 1 m auf eurem Plan.
Je nach Gartengröße braucht ihr folgende Papiergrößen:

- Gartengröße 19 × 25 m = A4
- Gartengröße 40 × 25 m = A3
- Gartengröße 55 × 40 m = A2
- Bei größeren Gärten = A1

DER ZIRKELMETHODE

Die Zirkelmethode basiert auf der Dreiecksmessung aus Kapitel 2 (siehe S. 36): Um die Position eines unbekannten Punktes genau auf dem Plan zu bestimmen, habt ihr diesen Punkt mit der Dreiecksmessung eingemessen.
Bei der Dreiecksmessung wird ein unbekannter Punkt (E) über zwei bekannte Punkte (A und B) eingemessen. Die gemessenen Entfernungen werden mit Zirkelschlägen auf den Plan übertragen. Der Schnittpunkt der beiden Zirkelkreise ergibt den unbekannten Punkt (E).
In unserem Beispiel bedeutet das: Ihr habt im Gelände den Abstand von A nach E gemessen = Entfernung 1. Als zweites habt ihr den Abstand B nach E gemessen = Entfernung 2. Jetzt wisst ihr zwar, wie weit die Hausecke E von A und B entfernt ist, aber ihr wisst nicht, wo genau sie sich auf eurem Plan befinden soll. Das findet ihr jetzt mithilfe des Zirkels heraus: Ihr stellt den Zirkel auf die Entfernung 1 ein, stecht in Punkt A ein und zieht einen Kreisbogen. Dasselbe macht ihr jetzt mit Entfernung 2 und Punkt B. Also Entfernung 2 in den Zirkel einstellen, in B einstechen und einen Kreisbogen ziehen. Der Schnittpunkt der beiden Kreisbögen ist unser gesuchter Punkt E. Auf diese Weise könnt ihr jeden Punkt in eurem Garten auf eurem Plan aufnehmen und an der richti-

> **003** **DIE ZIRKELMETHODE**
> Schaut euch das Video an. Hier zeige ich euch, wie die Zirkelmethode geht. Einfach nachzumachen!

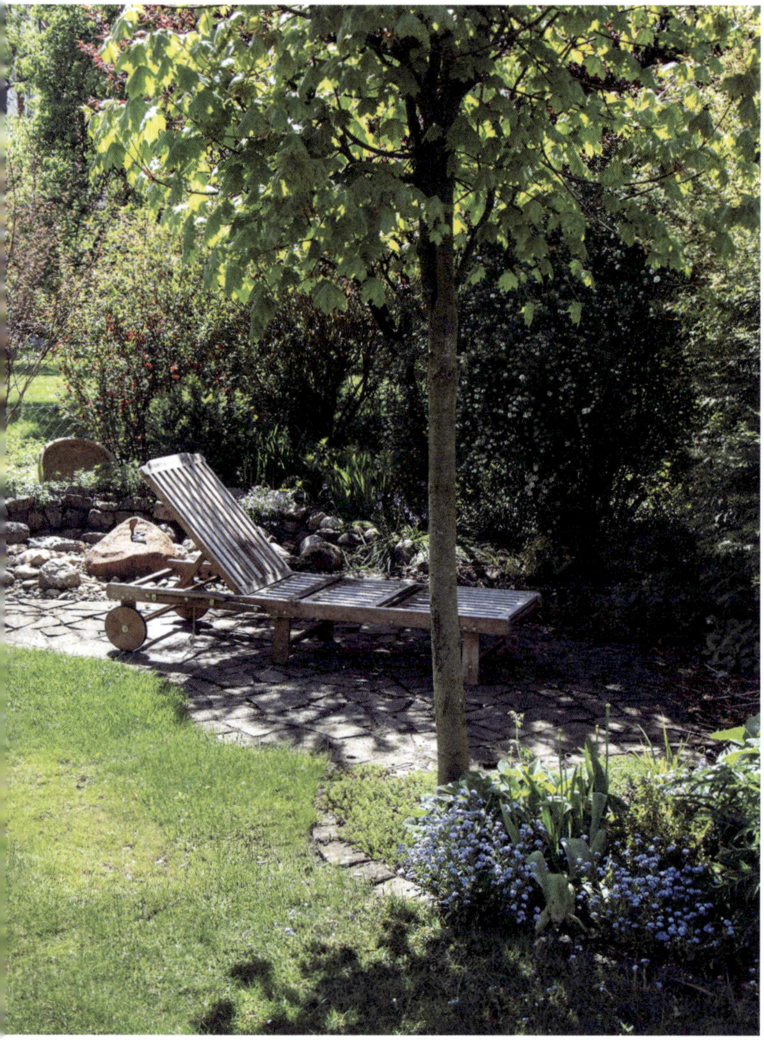

1

1. Hilfreich ist es auch, wenn ihr den Lauf der Sonne einen Tag lang beobachtet.

2. Der Ist-Zustand des Gartens: Drei Bäume sind im Bestand und sollen auch im zukünftigen Garten bleiben, deshalb wurden sie mit der Dreipunktmethode eingemessen.

gen Position einzeichnen. Und wenn euch das jetzt zu theoretisch war, könnt ihr das Video anschauen, in dem ich euch die Zirkelmethode Step by Step zeige.

UND JETZT SEID IHR DRAN!

Ihr habt jetzt alle Informationen, die ihr braucht, um euren maßstäblichen Gartenplan zu zeichnen. Je nach Größe eures Gartens kann das einige Zeit in Anspruch nehmen. Aber dieser Plan ist die Basis für einen echten Traumgarten. Ohne diesen Plan könnt ihr nur raten und ausprobieren. Und ausprobieren kann in einem Garten ziemlich teuer werden. Nehmt euch wirklich die Zeit: Dieser Plan ist das Fundament für jeden weiteren Schritt! Auf Seite 55 seht ihr den fertigen Bestandsplan des Beispielgartens. Dort habe ich auch die Fenster- und Türöffnungen des Hauses eingezeichnet. Denn auch die müssen wir bei der Gestaltung berücksichtigen. Für die Terrasse ist natürlich ausschlaggebend, wo die Terrassentür ist. Aber Fenster sind ebenfalls wichtig. Denn bei uns ist ein halbes Jahr Winter. In dieser Zeit erleben wir den Garten nur von innen. Bedenkt deshalb bei der Planung, wie der Garten zum Beispiel vom Esszimmerplatz aus wirkt.
Ich empfehle euch, diesen Plan einige Male zu kopieren. So könnt ihr entspannt eure ersten Planungsversuche machen und müsst nicht

2

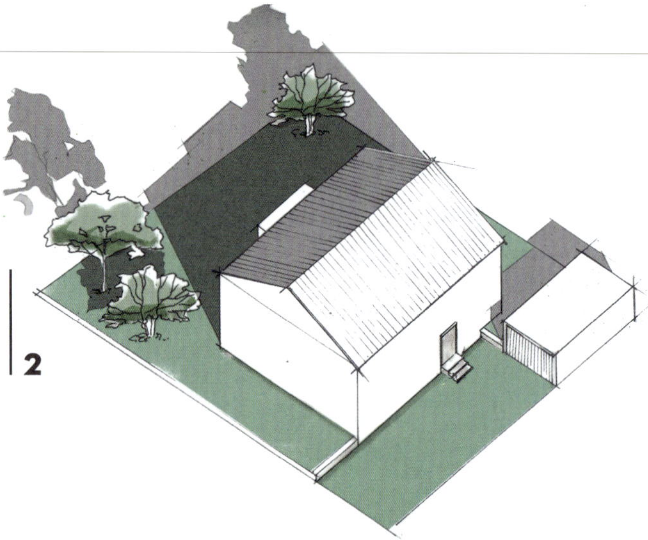

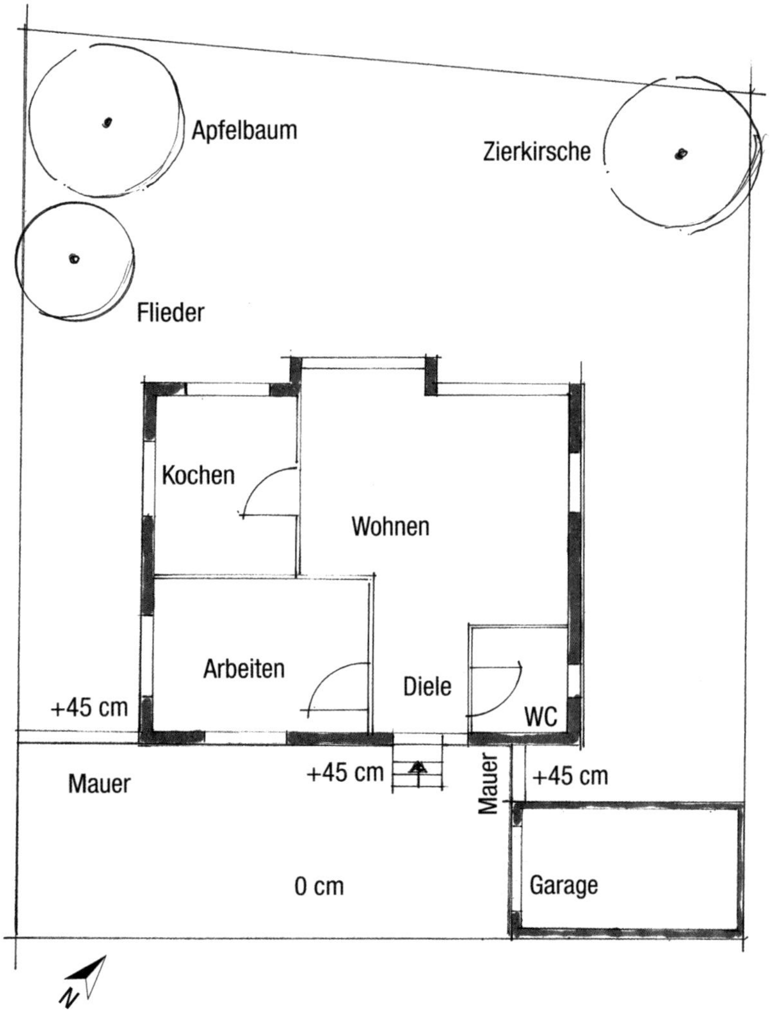

Im Bestandsplan ist nun alles eingezeichnet, was wir für die weitere Planung brauchen: Fenster, Türen, Höhen und die eingemessenen Bäume. Mit einem einfachen Pfeil in Richtung Norden markiert ihr die Ausrichtung eures Lageplans, so wie im Beispiel.

radieren. Alternativ könnt ihr euch eine Rolle Transparentpapier kaufen und das durchsichtige Papier darüberlegen. So könnnt ihr auf das Transparentpapier zeichnen und seht die Linien aus dem Bestandsplan immer durch.

SONNE UND SCHATTEN

Bei der Planung von Terrassen und Sitzplätzen, aber auch bei der Pflanzung von Bäumen ist es wichtig zu wissen, wo die Sonne zu welcher Tageszeit am Himmel steht und wie der Schattenwurf verläuft. Markiert euch deshalb in eurem Bestandsplan die Himmelsrichtung Norden. So könnt ihr immer wieder nachprüfen, wie der Verlauf der Sonne über eurem Grundstück ist. Das ist entscheidend, um die richtige Position von Sitzplätzen, Terrassen und Spielbereichen zu finden. Auf euren Plan gehört deshalb unbedingt ein Nordpfeil.
Um Norden zu bestimmen braucht ihr keinen Kompass. Entweder steht das auf eurem amtlichen Lageplan oder ihr gebt bei Google Earth einfach eure Adresse ein. Die Seite eures Grundstücks, die in Google Earth nach oben zeigt ist Norden. Oben rechts ist ein Nordpfeil nach dem ihr euch richten könnt, falls ihr die Ansicht drehen wollt.
Hilfreich ist es außerdem, wenn ihr den Lauf der Sonne einen Tag lang beobachtet. Denn Häuser, hohe Bäume oder Hecken haben natürlich auch Einfluss auf Sonne und Schatten in eurem Garten.

SCHÄCHTE, WASSERHÄHNE & CO.

Habt ihr eine Zisterne, Kontrollschächte oder andere unterirdische technische Einrichtungen im Garten, tragt auch diese in den Plan ein. Es ist viel einfacher, einen Kontrollschachtdeckel in einem Beet zu verstecken, als in einer Rasenfläche. Diese Dingen solltet ihr deshalb schon von Anfang an auf dem Plan einzeichnen. Dasselbe gilt für den Wasseraußenanschluss. Er sollte immer gut zugänglich sein und gehört darum auch von Beginn an in den Planungprozess.

Der Wunschplan

Ab jetzt wird es kreativ! Wenn ihr euren Bestandsplan fertig habt, könnt ihr damit anfangen, euren eigentlichen Gartenplan zu gestalten. Also an die Stifte, fertig, los!

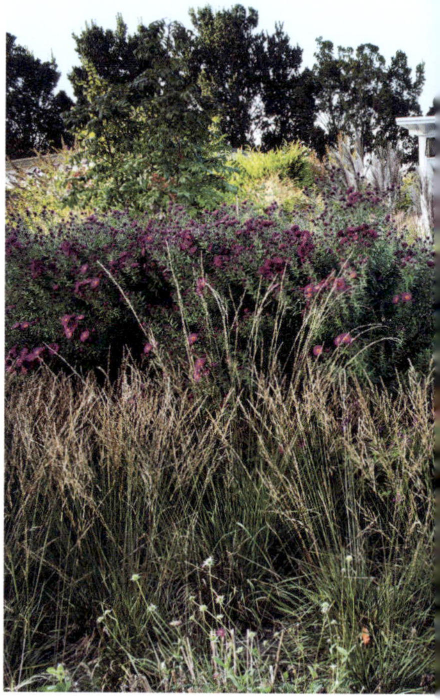

1

Ich möchte euch dazu einladen, mit eurem Plan, eurer Wunschliste aus dem ersten Kapitel und ein paar Stiften in der Hand direkt in den Garten zu gehen. Nehmt euch am besten einen leichten Stuhl mit, den ihr einfach umhertragen könnt. Jetzt geht es darum, eure Gartenwünsche direkt im Garten auszuprobieren und in einer groben Funktionsskizze einzuzeichnen. Wenn „ein schattiges Leseplätzchen" auf der Wunschliste steht – wo würdet ihr euch gern hinsetzen und lesen? Wo fühlt ihr euch geschützt, wo ist überhaupt Schatten? Wenn ihr einen Spielbereich für Kinder sucht, wo könntet ihr sie am besten im Auge behalten, wo sind sie vor direkter Sonne geschützt und stören auch niemanden, wenn es vielleicht mal ein bisschen wilder zugeht? An welcher Haus- oder Grundstücksseite würdet ihr gern euren Esstisch aufstellen? Wo haben alle Platz, wo weht kein Wind, wo habt ihr am Abend noch Sonne? Nehmt euch für diese „Trockenübungen" Zeit! Wir haben oft unbewusst genau das richtige Gefühl, wo wir uns gern aufhalten. Manchmal ist es etwas schwieriger, sich zu entscheiden, wo der richtige Sitzplatz im Garten ist. Hört unbedingt auf euer Bauchgefühl, selbst wenn die Besonnung an diesem Platz nicht ideal ist. Wir fühlen uns oft zu Plätzen hingezogen, an denen wir sowohl den Garten überblicken können als auch einen Schutz im Rücken haben. Beides sind wichtige Bedürfnisse, die darüber entscheiden, ob wir uns in einem Garten wohlfühlen oder nicht.
Beachtet aber neben eurer Intuition auch ein paar praktische Gesichtspunkte: Wir suchen uns in der Regel immer den bequemsten Weg. Deshalb sollte der Esstisch auf der Terrasse nicht zu weit von der Terrassentür weg sein. Das Kräuterbeet sollte möglichst in der Nähe der Küche sein. Am besten bindet ihr dabei wieder alle Familienmitglieder ein und skizziert eure Ideen in euren Plan. In diesem Stadium könnt ihr wirklich noch alles ausprobieren und testen.

ALLER ANFANG IST NICHT SCHWER!

Wenn ihr nicht genau wisst, wo ihr anfangen sollt oder woher ihr die Ideen nehmen sollt, möchte ich euch ermutigen. Gartendesign hat weniger mit einer einzigen kreativ-genialen Idee zu tun als mit Detailarbeit. Einen schönen Garten planen heißt, erstmal Anforderungen und Wünsche abwägen und daraus den Garten mit dem „gewissen Etwas" zu schaffen.

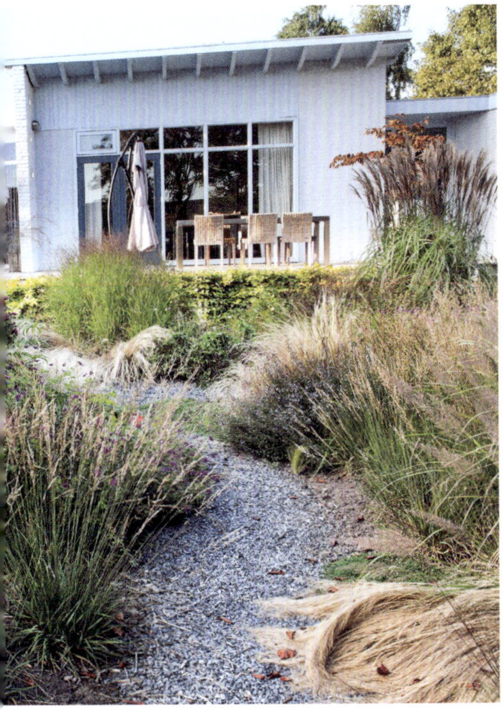

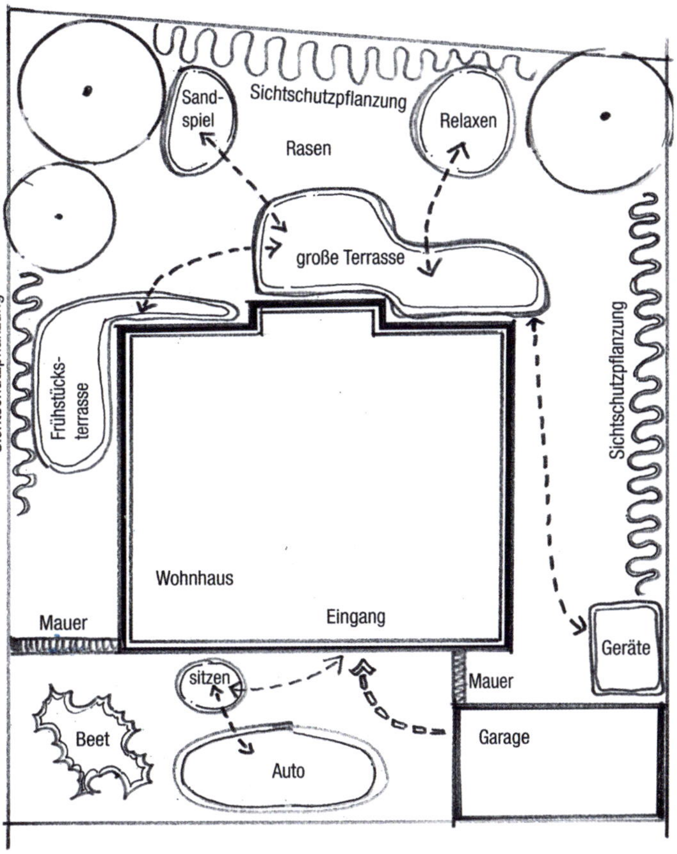

2

1. Der beste Essplatz ist dort, wo am Abend noch Sonne ist, ihr geschützt vor Blicken und Wind seid und der Tisch genug Raum hat.

2. In einer Funktionsskizze tragt ihr grob alle Wünsche ein, die ihr in eurem Garten umsetzen möchtet. Das könnt ihr direkt im Garten machen.

3. Auch Dinge wie ein Sandkasten, Liegestühle, Sonnenschirme und nicht zuletzt das Auto brauchen genügend Platz. Macht euch dafür ein paar Dummys aus Papier, die ihr auf eurem Plan hin- und herschieben könnt.

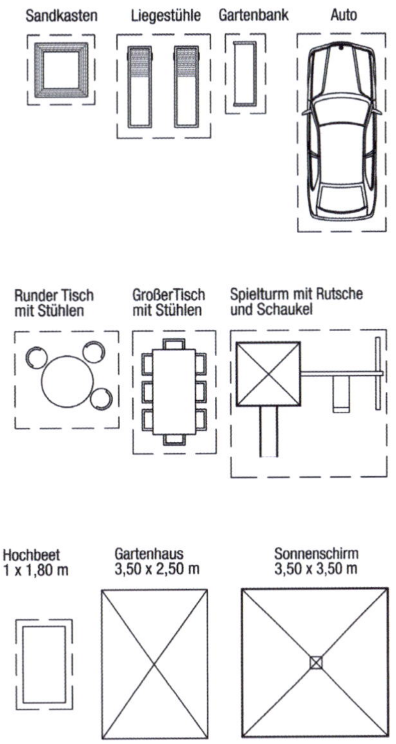

3

004 **AUSSTATTUNG** Hier könnt ihr euch die nebenstehenden maßstäblichen Gegenstände herunterladen und für euren Plan nutzen.

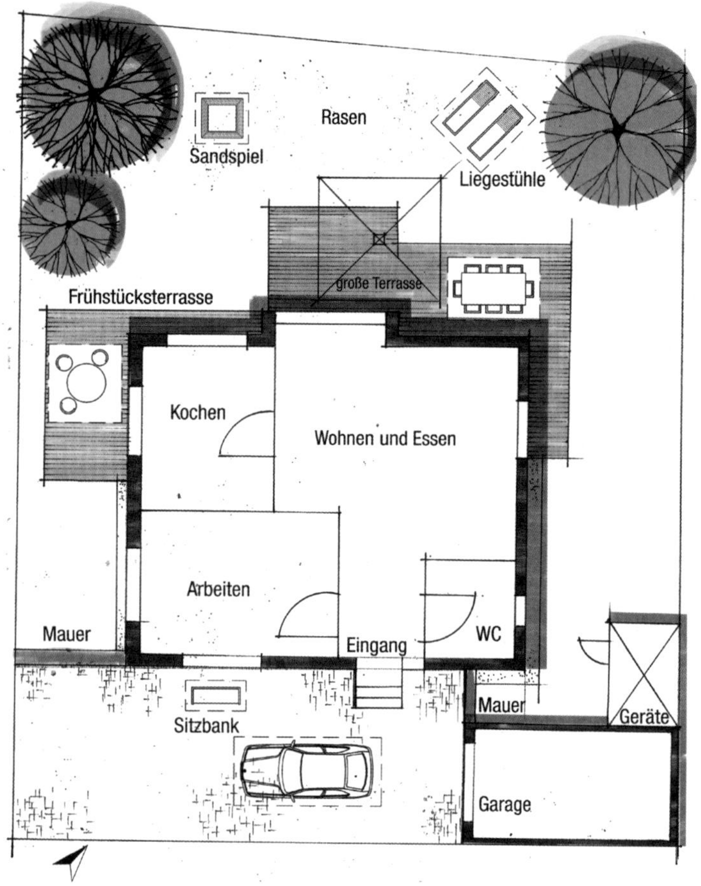

Die Wünsche sind nun maßstäblich eingetragen: eine große Familienterrasse, eine Frühstücksterrasse, Sandkasten, Liegestühle und ein Gartenschuppen.

Überprüft eure Wunschliste, was habt ihr in der Spalte „Das brauche ich unbedingt" eingetragen? Diese Wünsche verortet ihr nun in eurem Garten. Das muss noch nicht genau sein, ein einfacher Plan wie im Beispiel auf der vorherigen Seite genügt vollkommen. Erst wenn ihr alle Wünsche im Plan als Funktion eingetragen habt, geht es ans Zeichnen im Maßstab. An dieser Stelle ist es noch nicht wichtig, ob die Terrasse genau die Form hat, die sie später haben soll. Im Zug der weiteren Planung, wenn Rasenfläche und Beete festliegen, kann sie sich noch ändern.

WIE GROSS IST WAS ODER WARUM DER MASSSTAB WICHTIG IST

Wenn ihr alle Wünsche im Garten verortet habt, geht es im nächsten Schritt darum, die Dimensionen zu überprüfen. Von nun an zeichnet ihr deshalb im Maßstab. Wenn ihr zum Beispiel zu sechst auf der Terrassse frühstücken möchtet, muss eure Terrasse groß genug sein, damit ein Tisch von 1 m auf mindestens 1,80 m und die dazugehörigen Stühle darauf passen. Wichtig ist auch, dass ihr noch bequem drumherumlaufen könnt. Das übeprüft ihr, indem ihr die Terrasse maßstäblich in den Plan einzeichnet.
Als Referenz könnt ihr immer euren eigenen Körper nehmen. Plant Wege- und Treppenbreiten so, dass ihr bequem darauf gehen könnt. Das sind in der Regel mindestens 80 cm Breite. Wenn ihr den Weg aber als Transportzugang nutzen möchtet, muss er entsprechend breiter sein.

WICHTIGE MASSE UND MINDESTGRÖSSEN

- Familienterrasse: 3,50 × 5 m
- Streng geschnittene Hecke: 0,60 m Breite
- Freiwachsende Hecke aus verschiedenen Sträuchern: mind. 1,50 m Breite
- Zaun aus Holz oder Metall, inklusive Sockel: 0,30 m Breite
- Obstbaum: mind. 4 m Durchmesser
- Geräteschuppen: mind. 2,50 × 2,50 m
- Fahrradabstellplatz: 1,80 × 0,80 m
- PKW-Stellplatz: 3 × 5 m
- Sandkasten: 1,50 × 1,50 m
- Gartenweg: 0,80 m breit
- Gartentreppe: 1 m breit

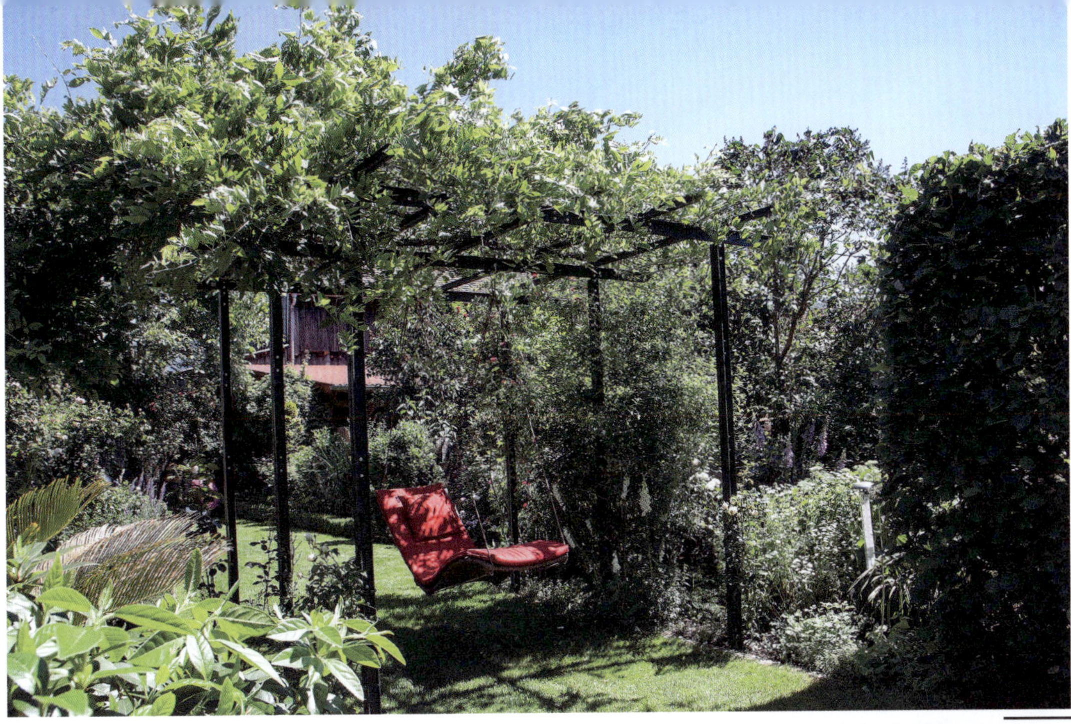

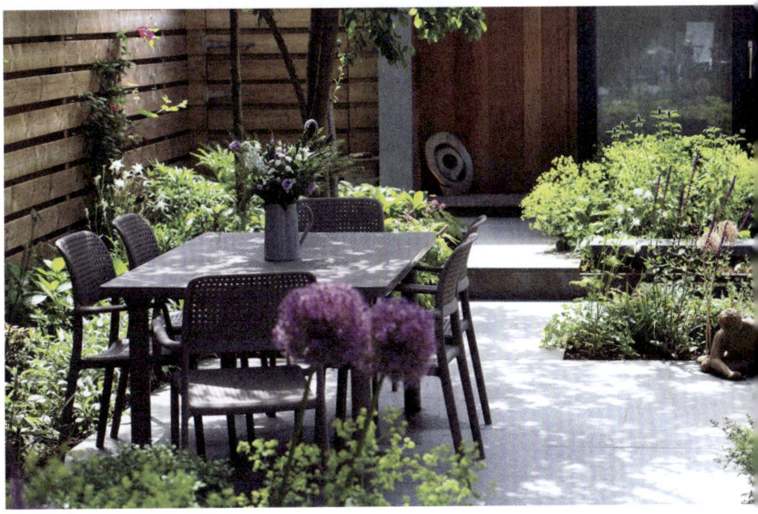

1. Ein gemütliches Schattenplätzchen sollte in keinem Garten fehlen.

2. Eine Terrasse sollte für eine Familie mindestens 3,50 m Tiefe haben, sonst ist ein bequemes Sitzen kaum möglich.

Nicht nur zeichnen, sondern ausprobieren

Auf einem Lageplan wirken die Dimensionen immer größer als in der Realität. Überprüft eure Zeichnung deshalb am besten immer wieder in der Wirklichkeit. Steckt euch die Größe der Terrasse mit Latten, Meterstäben oder was ihr sonst zur Verfügung habt ab und überprüft, ob sie wirklich groß genug ist. Mithilfe eines Gartenschlauchs könnt ihr Beetkanten oder Wegverläufe abstecken. Ein Sonnenschirm ist der perfekte Baum-Dummy, Holzpaletten oder Getränkekisten eignen sich als Mauer-Schablone.

RASENFLÄCHEN

Wenn Terrasse, Parkplatz und Gartenhaus eingeplant sind, bleibt je nach Gartengröße noch eine Grundstücksfläche frei. In vielen Fällen werden nun die Beetflächen eingeplant, und der Rest wird als Rasenfläche angelegt. Das führt meist dazu, dass der Garten langweilig und zufällig erscheint. Ich empfehle euch deshalb den umgekehrten Weg: Entscheidet zuerst, ob ihr eine Rasenfläche braucht oder möchtet und wenn ja, welche Form und Größe sie haben soll. Die Form der Rasenfläche ist absolut entscheidend für die Gesamtgestaltung des Gartens, da sie schon durch ihre Größe das Raumgefühl für den Garten maßgäblich mitbestimmt. Die Verlockung ist groß, sich in diesem

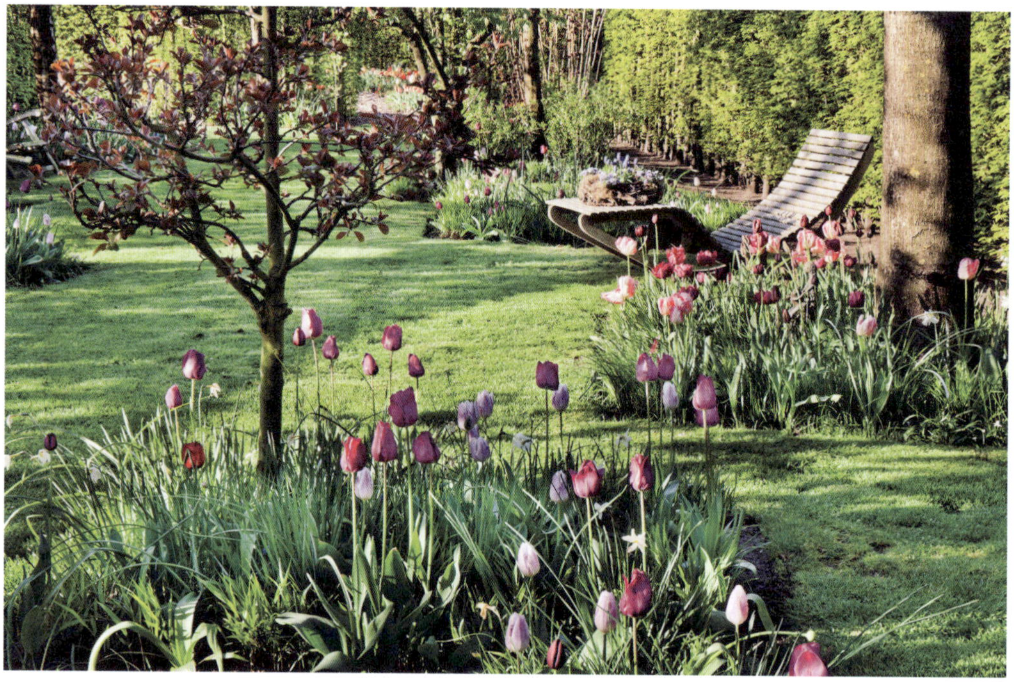

Eine große Rasenfläche gehört für viele Menschen zum Garten dazu.

Stadium der Garteplanung schon mit Pflanzen, Gartenmöbeln oder Dekoration zu beschäftigen. Zu diesen Dingen kommen wir aber bewusst erst später.
In einer erfolgreichen Gartengestaltung ist der Umgang mit Form und Raum das Wichtigste und eine wunderbare Möglichkeit, einen echten Traumgarten zu schaffen. Lasst das tolle Thema Pflanzen noch ein wenig ruhen und findet erst die optimale Form für euren Rasen und eure Beete.

Muss es überhaupt Rasen sein?

Für viele ist ein Garten ohne Rasen undenkbar. Ich bin aber der Meinung, dass die Vorteile „ohne" zu planen, bei einigen Gärten überwiegen.

Der Mythos, ein Rasen sei einfach zu pflegen und wäre die beste Wahl, eine Fläche unkompliziert zu begrünen, hält sich hartnäckig, entspricht aber nicht der Realität. Wenn ein Rasen wirklich gut aussehen soll, erfordert er deutlich mehr Pflege als Staudenbeete. Zwar nehmen uns das wöchentliche Mähen im Sommer mittlerweile die Rasenroboter ab, doch es gibt noch einiges mehr zu tun: vertikutieren, düngen und regelmäßig wässern. Wer seinen Rasen nach Süden ausgerichtet hat, kann ein Lied davon singen: Ohne automatische Bewässerung verwandelt sich der grüne Teppich in heißen trockenen Sommern in eine verbrannte Fläche. Zwar erholt sich der Rasen meist wieder über das nächste Frühjahr, doch spätes-

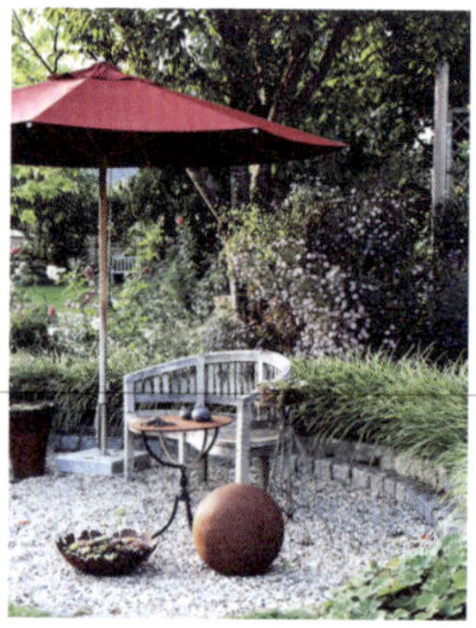

PFLANZFLÄCHEN GESTALTEN

Die Pflanzflächen ergeben sich immer aus den Formen von Terrasse oder Rasen. Hier wurde zuerst der Sitzplatz, dann die Bepflanzung definiert.

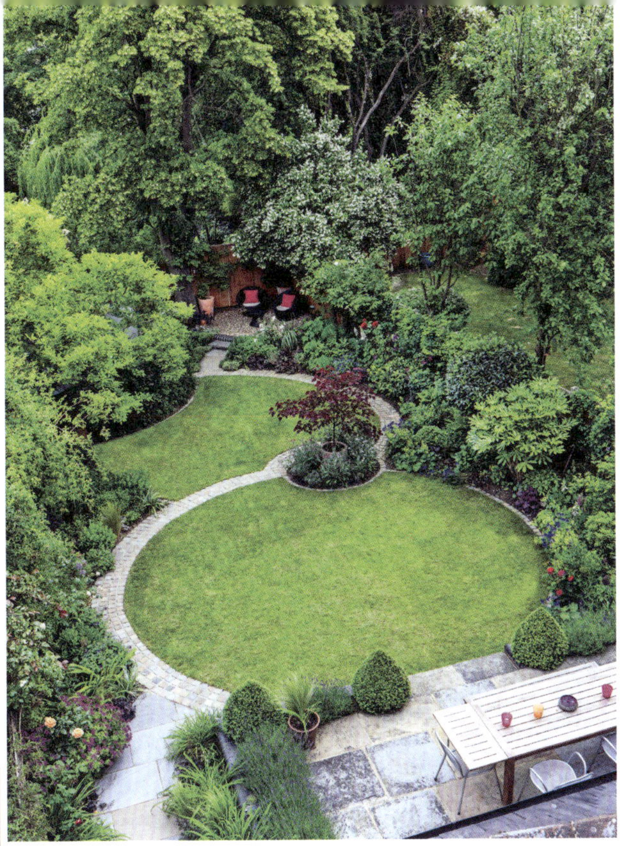

1

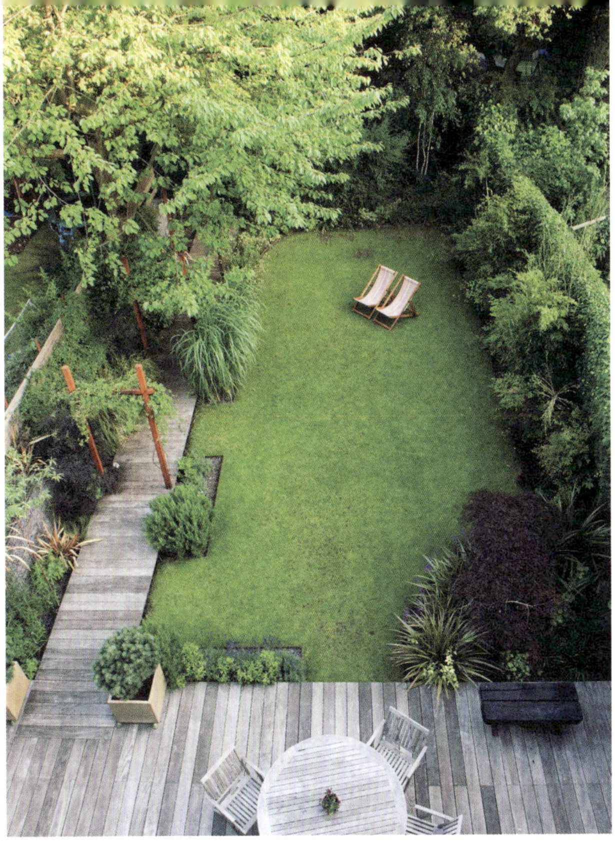

2

1. Die Form des Rasens prägt den Garten maßgeblich und zu jeder Jahreszeit.

2. Der Rasen kann auch als erweiterte Terrasse genutzt werden.

tens im Juni beginnt er wieder zu leiden. Tausende Liter an kostbarem Wasser in den Rasen zu spritzen ist nicht die Lösung. In vielen Gemeinden war es in den letzten heißen Sommern sogar verboten. Ich plädiere dazu, Rasen an trockenen Stellen nur dort einzusetzen, wo ihr ihn unbedingt braucht und an anderer Stelle lieber auf eine pflegeleichte Bepflanzung (siehe Kapitel 5, S. 142) zu setzen. Gleiches gilt für kleine Rasenflächen und Schattenflächen. Eine 5 m^2 große Rasenfläche im Vorgarten wird kaum genutzt und ist schwierig zu mähen, weil ihr den Mäher immer auf die kleine Fläche tragen müsst. Eine alternative Bepflanzung kann viel reizvoller sein. Ein Familiengarten ohne Rasen macht jedoch nur dann Sinn, wenn der Garten sehr klein ist (bis 50 m^2) und die Kinder die Möglichkeit haben sich in der Nähe auszutoben. Ansonsten ist ein Rasen zumindest für kleinere Kinder ein wichtiger Bestandteil eines Gartens. Hier kann gespielt, ein Planschbecken aufgestellt oder im Zelt übernachtet werden. Auch für Hunde, die sich im Garten austoben sollen, ist ein Rasen wichtig. Praktisch ist ein Rasen auch dann, wenn ihr für Gartenfeste die Terrasse erweitern wollt und im Garten Tische und Stühle verteilen möchtet.

PFLANZFLÄCHEN

Die Form der Pflanzflächen ergibt sich aus der Rasen- und oder Terrassenfläche. Plant zuerst den Rasen und beschäftigt euch dann mit den restlichen Beetflächen. Steht die Rasenfläche einmal grob fest, ergibt sich der Rest meist ganz von allein. Mit welchen Tipps und Tricks ihr die Beetformen gestalten könnt, zeige ich euch ab Seite 121. Ich empfehle euch aber schon hier einmal zu schauen, wo ihr euch Sichtschutz oder Schatten wünscht. An dieser Stelle könnt ihr bereits größere Gehölze einplanen. Eine einfache Markierung mit einem Kreis im Plan reicht dafür aus.

Beeren und Gemüse

Wollt ihr Beeren und Gemüse in eurem Garten anpflanzen, braucht ihr dafür einen sonnigen Platz. Fast alle Beeren, Gemüsesorten und Kräuter brauchen mindestens sechs

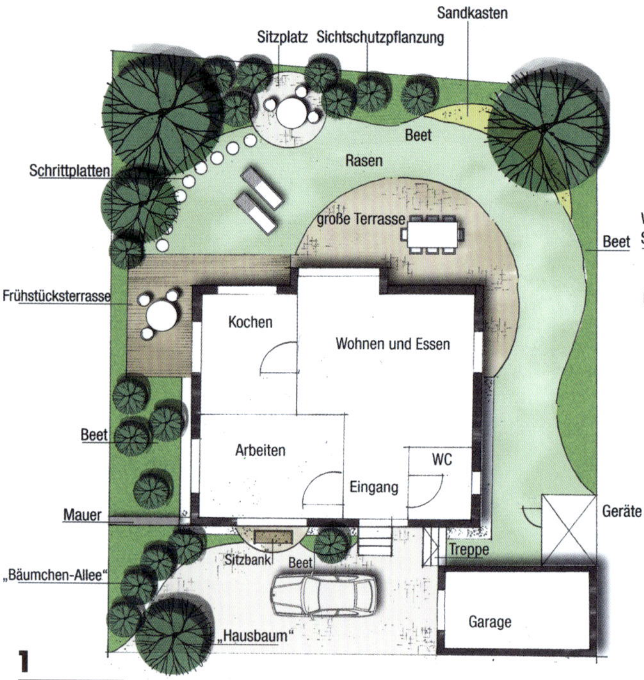

1

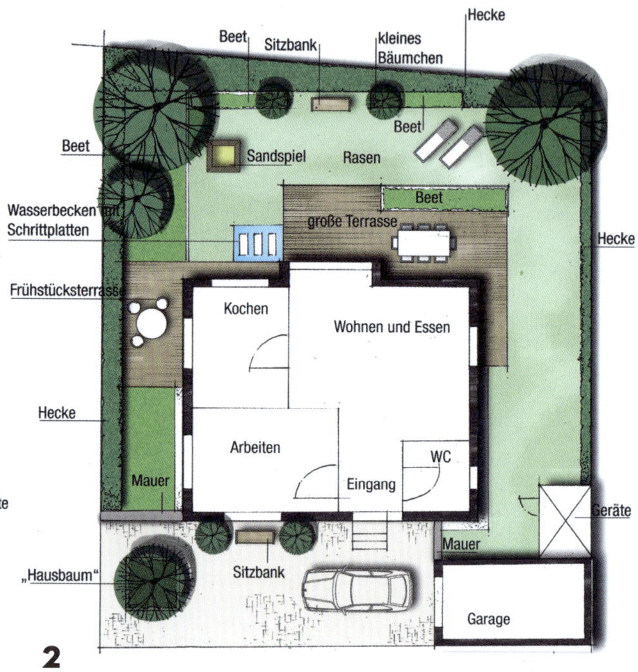

2

Stunden Sonne am Tag. Schaut von Anfang an nach der richtigen Stelle, damit ihr euch über eine satte Ernte freuen könnt.

RUND ODER ECKIG? DIE RICHTIGE FORM FINDEN

Ob die Rasenfläche rund oder eckig angelegt werden sollte und damit die Beete entsprechend geformt werden, hängt von unterschiedlichen Dingen ab. Das wichtigste Kriterium ist für mich euer Moodboard. Zu einem romantischen Garten passt in der Regel eher eine geschwungene, runde Rasenform. Zu einem modernen, eher schlichten Stil passt eine eckige Form besser auf den ersten Blick. Allerdings hängt die Gestaltung auch stark vom Haus und der Grundstücksform ab. Denn die Rasenform beeinflusst auch die Gestaltung der Beete und das Design der Grenzgestaltung.

Probiert beide Varianten aus und schaut, was für euren Garten besser passt. Auch hier ist der Gartenschlauch wieder ein nützlicher Helfer, um die Form im Garten direkt auszulegen.

Der Beispielgarten zeigt, wie in ein und dem selben Grundstück beide Varianten funktionieren können. Die Funktionen bleiben dieselben, aber einmal wird der Garten mit runden Formen gestaltet, einmal verlaufen die Linien im rechten Winkel. Probiert es aus, ihr werdet schnell merken, welche Variante für euren Garten die besser ist!

Für die Umgestaltung älterer Gärten ist eine Variante mit runden Flächen und Beeten oft sinnvoller, da auf dieses Weise bestehende Bäume und Sträucher einfacher in das neue Konzept eingebunden werden können. Eine Gartenform mit geschwungenen Linien verzeiht im allgemeinen viel eher, wenn der

RUND ODER ECKIG – GEHT AUCH BEIDES?

Eine Mischung aus runden und eckigen Formen wirkt nur selten harmonisch, da hier oft seltsame Winkel und Perspektiven entstehen. Unterschiedliche Bereiche im Garten können aber sehr wohl verschiedene Formen haben, vor allem wenn sie optisch voneinander getrennt sind. So kann der Vorgarten rechteckig angelegt sein und der Hauptgarten trotzdem in runden Formen verlaufen.

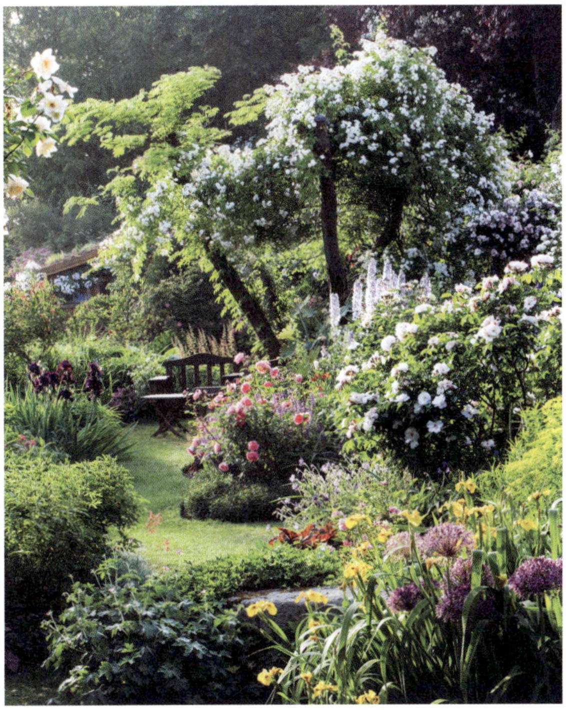

3

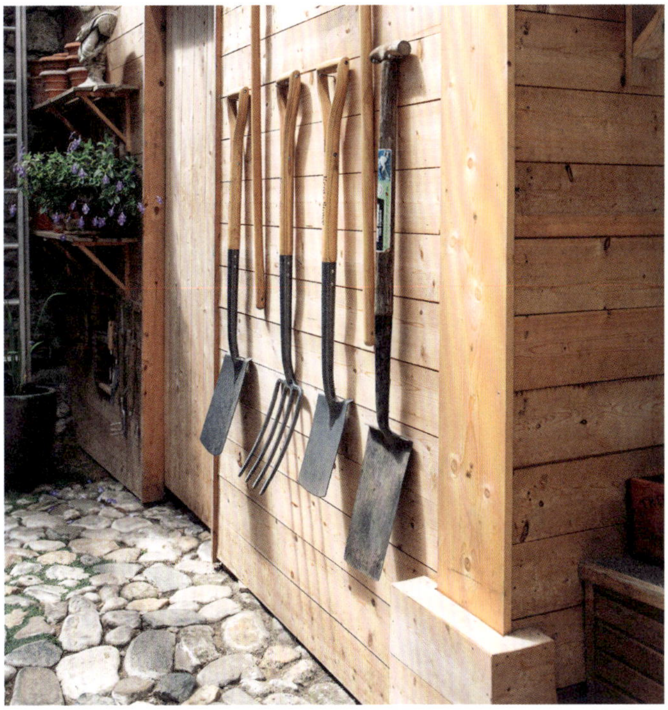

4

Garten nicht ganz „aus einem Guss“ ist, sondern über mehrere Jahre gewachsen ist. Auch könnt ihr mit geschwungenen Linien flexibler auf Geländesprünge und schwierige Grundstücksformen reagieren. Ein gerader, schlichter Garten lebt von seinen klaren Formen und Wiederholungen von Materialien und Pflanzen. Hier fällt jede „Unordnung“ sofort auf und die beeindruckende Wirkung bleibt nur dann bestehen, wenn das Konzept strikt eingehalten wird. Neigt ihr also dazu, immer wieder neu zudekorieren, ist das Konzept eher nichts für euch.

GERÄTEHAUS

Ein kleiner Geräteschuppen macht in fast jedem Garten Sinn. Denn nicht nur der Rasenmäher, auch andere Gartenwerkzeuge, Gartenmöbel und der Grill sind schwer und es ist mühsam, wenn ihr sie immer wieder aus dem Keller holen müsst. Der Stauraum sollte gut zugänglich sein. Ideal ist es, wenn ihr ihn an eine bestehende Wand „andocken“ könnt, dann entfällt diese Seite schon mal für den Schuppen und das Bauwerk fällt weniger auf. Plant euren Schuppen mindestens 2,50 × 2,50 m groß. Sollen Fahrräder oder Kinderfahrzeuge darin Platz finden, sollte er größer sein und von der Straße aus erreichbar sein. Achtung, ein Gartenhaus ist in vielen Wohngebieten genehmigungspflichtig!

KINDERBEREICH

Für Kinder ist der Garten ein toller Spielplatz und sie nutzen ihn in der Regel von allen Familienmitgliedern am meisten. Deshalb sollten sie auch einen Bereich im Garten haben, in dem sie sich wirklich austoben können. Klettern, sich verstecken und vor allem für jüngere

1. Rund: Die Rasenfläche wird als Bogen angelegt, die Beete passen sich der Form entsprechend an. Diese Variante eignet sich vor allem für romantische und naturnahe Gärten.

2. Eckig: In dieser Variante sind dieselben Funktionen untergebracht, aber der Garten wird als eckige Planung ausgeführt. Dieses Design ist oft etwas platzsparender und eignet sich vor allem, wenn ihr es aufgeräumt und reduziert mögt.

3. Bei Bestandsgärten ist eine geschwungene Linienführung oft sinnvoller, da ihr flexibler seid mit dem Bestand.

4. Der Geräteschuppen kann auch als Regalwand und Werkzeugaufbewahrung dienen.

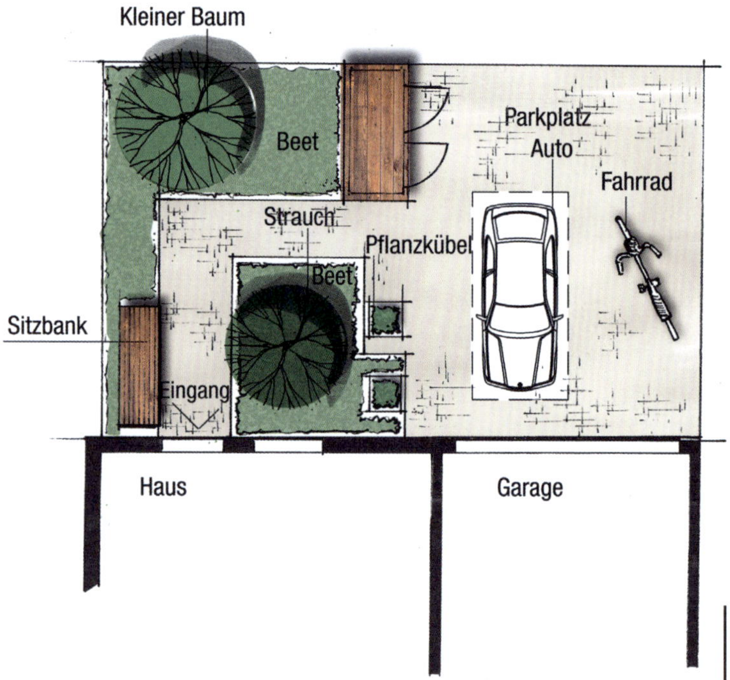

1

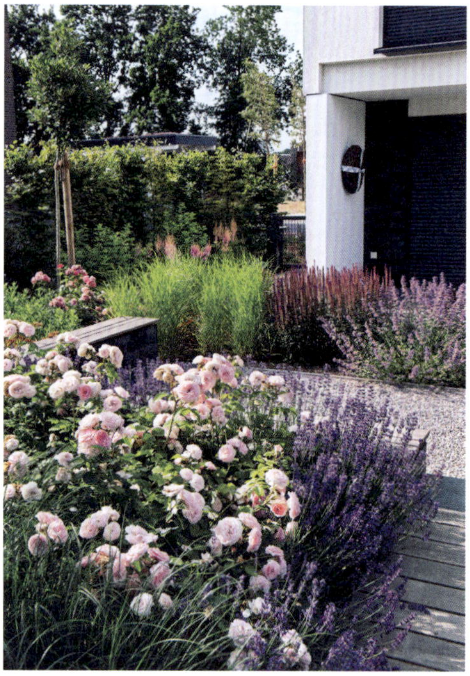

2

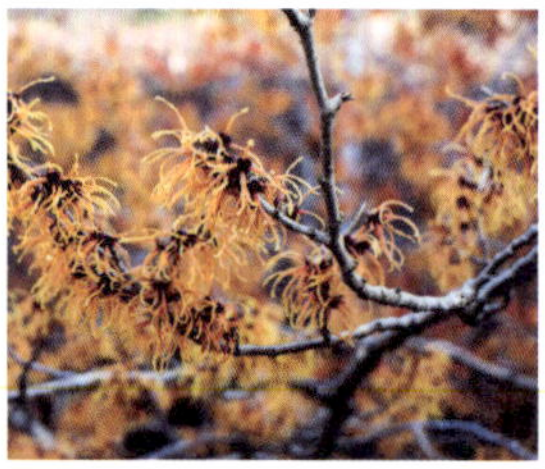

ZAUBERHAFT IM VORGARTEN

Die Zaubernuss eignet sich wunderbar als Strauch für den Vorgarten. Wenn sie im Januar oder Februar ihre Blüten öffnet, erhellt sie nicht nur jeden tristen Wintertag, sondern verströmt auch einen angenehmen Geruch.

Kinder Sandbuddeln, sind beliebte Beschäftigungen. Beim Planen von Kinderbereichen sind vor allem drei Dinge wichtig: Beaufsichtigung, Schatten und das „Mitwachsen" der Spielbereiche. Je jünger die Kinder, umso näher am Haus sollte der Spielbereich sein. Ideal ist es, wenn ihr den Sandkasten auch innen vom Haus im Auge haben könnt. So könnt ihr mal schnell ins Haus wenn euer Zweijähriger in der Sandkiste spielt. Sind die Kinder älter, wünschen sie sich eher einen Platz zum Verstecken und sind dann gern mal für sich. Ein Baumhaus oder eine Bau- oder Matschecke aus Steinen ist deshalb am besten ein Stück entfernt von der Terrasse aufgehoben. Das macht auch deshalb Sinn, da die Vorstellung von einem schönen Garten bei Kindern und Erwachsenen oftmals ganz unterschiedlich ist. Was wir als Schlammpfütze bezeichnen, ist für sie der schönste Spielplatz der Welt. Legt ihr Wert auf einen sauberen Sitzplatz, sollte der Kinderbereich ein Stück entfernt sein.

Ganz wichtig ist das Thema Schatten. Der Spielbereich sollte unbedingt einen guten Sonnenschutz haben. Am besten ist es, wenn Bäume einen natürlichen Schatten bilden, oder ihr den Bereich für die Kleinen auf der Nordseite anlegen könnt. Falls ihr eine Rutsche aufstellen möchtet, achtet darauf, dass sie nicht nach Süden zeigt. Sie heizt sich ansonsten im Sommer extrem auf. Möchtet ihr größere Spielgeräte anschaffen, überlegt euch was ihr mit dem Platz vorhabt, wenn die Geräte nicht mehr benötigt werden oder wie sie „mitwachsen" können. Ein Spielhaus kann für kleine Kinder Kaufladen oder Puppenhaus sein, für Teenies ist es vielleicht ein toller „Chillplatz". Ein dezenteres Modell aus Holz, das ihr durch Anstrich oder Dekoration dem Alter eurer Kinder anpassen könnt, ist praktischer als eines der fertigen knallbunten Spielhäuser.

VORGARTEN

Der Vorgarten ist nicht nur die Visitenkarte eures Hauses, er muss je nach Situa-

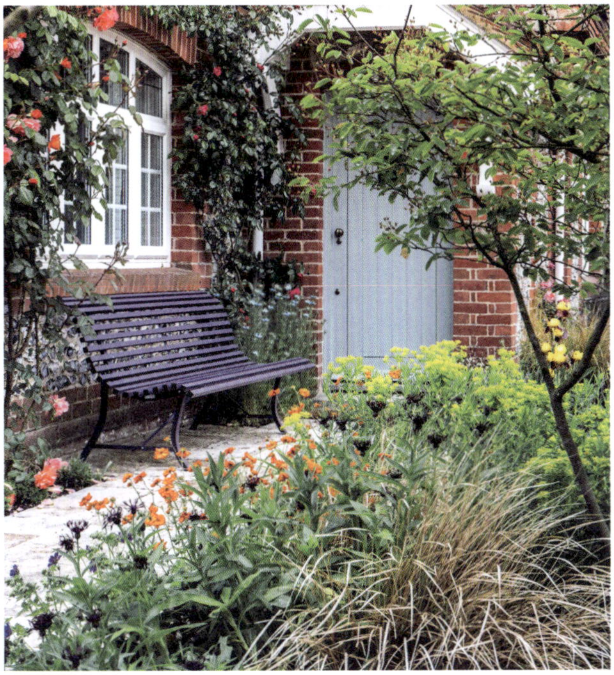

3

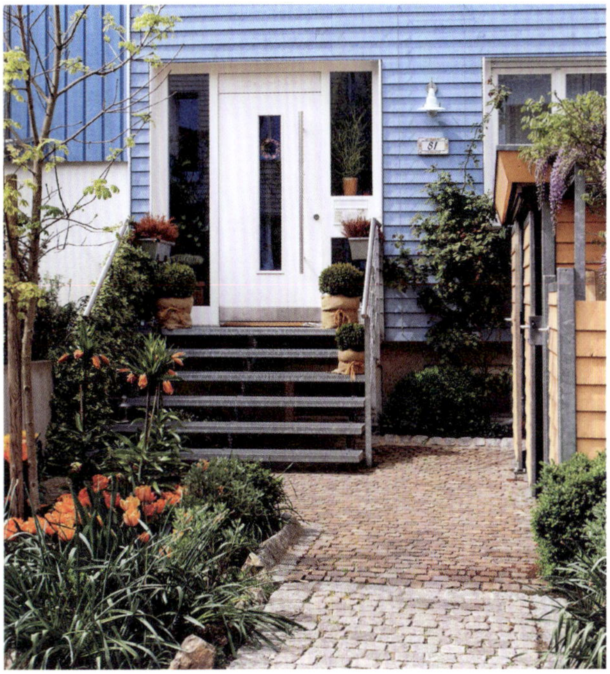

4

tion auch einige praktische Aspekte erfüllen. Mülltonnen, Fahrräder, Briefkasten und eventuell auch das Auto müssen hier Platz finden. Es gilt oft, mehrere Funktionen auf kleinstem Raum unterzubringen.
Beginnt hier unbedingt mit den funktionalen Gesichtspunkten: Wenn ihr einen Stellplatz im Vorgarten benötigt, sind er und der Hauseingang die beiden Hauptakteure im Vorgarten. Der Stellplatz sollte mindestens 5 m tief und 3 m breit sein. Ansonsten ist ein bequemes Aussteigen kaum möglich. Vom Stellplatz oder der Einfahrt sollte ein Weg, breit genug für eine Person mit Einkaufstaschen, zur Haustüre führen. Er muss aber keineswegs in gerader Linie verlaufen. Viel schöner ist es, wenn er eine Biegung macht, eine Aufweitung für eine Sitzbank hat oder durch Pflanzbeete aufgelockert wird.
Eine Bank im Vorgarten ist für mich ein echtes „Must-have". Ihr könnt sie für einen Plausch mit den Nachbarn nutzen, den Kindern beim Spielen zuschauen oder einfach die schweren Taschen vom Einkauf dort abstellen – auf jeden Fall wirkt der Garten so viel einladender.
Meist müssen auch die Mülltonnen im Vorgarten Platz finden. Ich empfehle euch auch hier, erstmal praktisch zu denken. Niemand möchte die schweren Tonnen über große Distanzen oder gar Niveauunterschiede ziehen. Und andererseits sollte der Weg vom Haus zur Mülltonne auch nicht zu weit sein. Am besten ist es, wenn der Müll in eine Box kommt, die bequem von der Einfahrt oder dem Weg zur Haustüre geöffnet werden kann. Es gibt schöne Fertigelemente, einige davon sogar mit Dachbegrünung. Günstiger aber sind Boxen Marke Eigenbau: Mit Lärchenholzleisten lassen sich optisch dezente Einhausungen einfach herstellen.
In einen Vorgarten gehört unbedingt ein schönes Pflanzbeet. Die meisten von uns gehen ja mindestens zweimal am Tag durch die Haustüre und damit durch den

1. Auto, Fahrräder, Hausbaum, Müll und Bank: In diesem Vorgarten hat alles seinen Platz. Am harmonischsten wirkt es, wenn Einfahrt und Zugang zum Haus aus demselben Material sind und als Einheit wahrgenommen werden.

2. Die Pflanzflächen lockern den Bereich des Vorgartens auf und bilden einen schönen Rahmen für die Sitzbank.

3. Eine Sitzbank vor dem Hauseingang ist praktisch und macht den Vorgarten einladend.

4. Ein Müll- oder Fahrradhäuschen im Vorgarten ist vor allem für Familien sinnvoll.

GEEIGNETE BÄUME FÜR SONNIGE BIS HALBSCHATTIGE VORGÄRTEN

PFLANZE	WUCHS-HÖHE IN M	BESONDERHEIT
Harlekinweide *Salix integra* 'Hakuro Nishiki'	bis zu 3 hoch und 1,50 breit	weiß gefärbte Blätter, die wie Blüten aussehen, sehr schnittverträglich
Kugel-Ahorn *Acer platanoides* 'Globosum'	bis zu 6 hoch und 5 breit	robuster, kugelförmiger Baum mit schöner Herbstfärbung
Kugel-Kirsche *Prunus fruticosa* 'Globosa'	bis zu 3 hoch und breit	kugelförmiger Baum, blüht von April bis Mai weiß
Kugel-Trompetenbaum *Catalpa bignonioides* 'Nana'	bis zu 3 hoch und breit	schöne, große Blätter, wirkt sehr repräsentativ, treibt etwas spät aus
Kugel-Sumpf-Eiche *Quercus palustris* 'Green Dwarf'	bis zu 2 hoch und 2 breit	langsam wachsender, wunderschöner Baum, nicht für kalkhaltige Böden geeignet

FÜR BAUHERREN

Beim Aushub müssen Ober- und Unterboden strikt getrennt voneinander gelagert werden. Der Oberboden besteht aus den oberen 30 bis 40 cm und ist der wertvolle Mutterboden, auf dem später eure Pflanzen wachsen können. Ihr erkennt ihn an der dunkleren Farbe im Vergleich zu den unteren Bodenschichten. Wird er durch Maschinen verdichtet, ist er so zerstört, dass ein Pflanzenwachstum nicht mehr möglich ist.

Vorgarten. Wie viel schöner beginnt doch der Tag, wenn ihr da jedes Mal eine Pflanze bewundern oder euch einfach an der schönen Gestaltung eures Vorgartenbereichs erfreuen könnt?
Wenn ihr genug Platz habt, plant auch einen kleinen Baum mit ein. Ich finde den Gedanken, dass ein Baum ein Haus bewacht und die Bewohner täglich begrüßt großartig. Ein Hausbaum zeigt schon von Weitem an: „**Hier** wohnen wir, das ist unser Zuhause". Da im Vorgartenbereich meist wenig Platz ist, eignen sich hierfür vor allem kleine Kugelbäume.

HANGGÄRTEN UND ERDBEWEGUNGEN

Auch wenn Hanggärten einen größeren Aufwand und mehr Kosten bedeuten, haben sie klare Vorteile: Die topographische Gestaltung macht sie spannend, und meist haben Hanggärten tolle Ausblicke zu bieten. Treppen und Mauern können interessante Effekte erzielen und den Garten zu etwas Besonderem machen. Aber natürlich ist die Planung eines Hanggartens anspruchsvoll. Ihr kommt um ein korrektes Höhenaufmaß nicht herum. Habt ihr nicht alle relevanten Höhen zur Verfügung, empfehle ich, einen Vermesser zu engagieren. Er kann euch auch Schnitte durchs Gelände erstellen, sodass ihr die zu bewegenden Erdmassen ermitteln könnt. Seid ihr noch in einer frühen Bauphase eures Hauses, plant mit eurem Architekten die Geländemodellierung des Gartens gleich mit. So lässt sich nicht nur das Beste aus dem Grundstück herausholen, ihr spart außerdem Kosten beim Bau. Denn dieselben Geräte, die die Baugrube ausheben, modellieren auch das Gelände. Erfolgt alles auf einmal, wird es deutlich günstiger.
Um Kosten und Nutzen abzuwägen, gilt beim Terrassieren eines Hanggartens: so wenig wie möglich und so viel wie nötig. Überlegt im Vorfeld wie viel ebene Fläche ihr in eurem Garten braucht. Eine Böschung lässt sich zwar bepflanzen, ist aber nur eingeschränkt nutzbar. Entscheidet vorab, wie groß die Ebenen für Terrasse, Rasen oder Sitzplatz sein sollten und terrassiert das Gelände entsprechend. Je steiler das Gelände verläuft und je mehr ebene Fläche ihr schaffen wollt, desto mehr Mauern und Treppen werdet ihr benötigen. Ich empfehle euch, die Mau-

ern möglichst niedrig zu halten (nicht höher als 1,20 m) und dafür übereinander zu stapeln. Dieses Variante ist statisch weniger aufwendig und außerdem wirken die Mauern nicht so massiv. Kleinere Mauern können zusätzlich bepflanzt oder als Sitzmäuerchen genutzt werden.
Braucht ihr weniger ebene Fläche im Garten, könnt ihr auch Böschungen einplanen. Achtet aber darauf, dass die Böschung nicht zu steil wird. Ohne technische Hilfsmittel darf eine Rasenböschung nicht steiler als 50 Prozent sein: Bei einem Höhenunterschied von 1 m muss die Böschung 2 m lang sein. Eine mit Stauden und Sträuchern bepflanzte Böschung darf etwas steiler sein, maximal 67 Prozent. Das bedeutet, bei 1 m Höhenunterschied liegt die Länge der Böschung bei etwa 1,50 m. Markiert euch in eurem Plan die Bereiche, in denen ihr eine Ebene schaffen und die ihr als Böschung oder Mauer ausbilden wollt.
Sobald ihr auf eurem Grundstück Veränderungen an der Topographie vornehmt, kann das auch Einfluss auf die Nachbargrundstücke haben. Ihr seid verpflichtet, den Geländeverlauf an der Grenze zu belassen oder wiederherzustellen. Nehmt ihr Aufschüttungen oder Abgrabungen in eurem Garten vor, müsst ihr an der Grenze zum Nachbarn möglicherweise Mauern errichten, um das Niveau abzustützen. Geländeveränderungen sind in der Regel genehmigungspflichtig, erkundigt euch vor der Detailplanung, was für euer Bauvorhaben gilt.

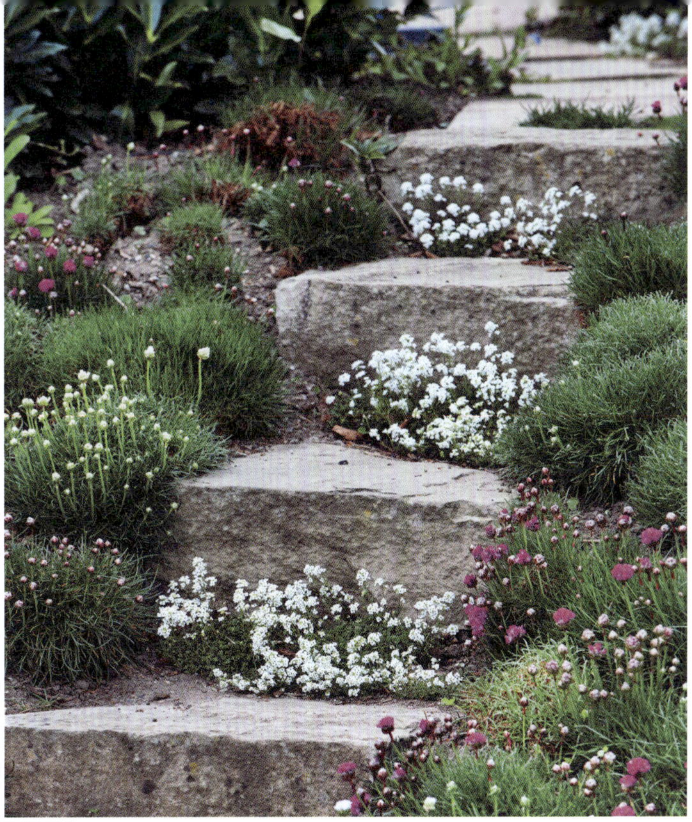

1

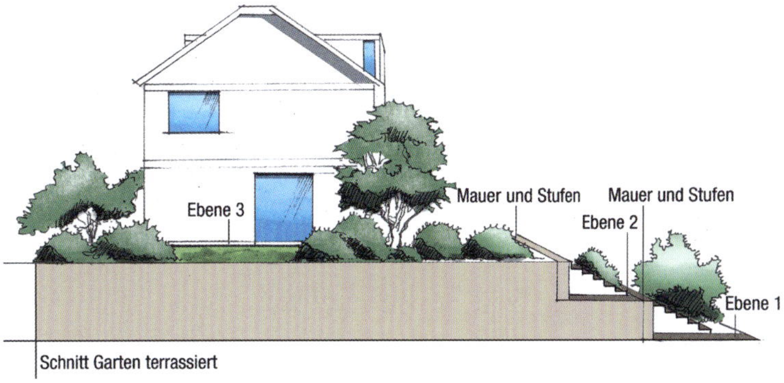

2

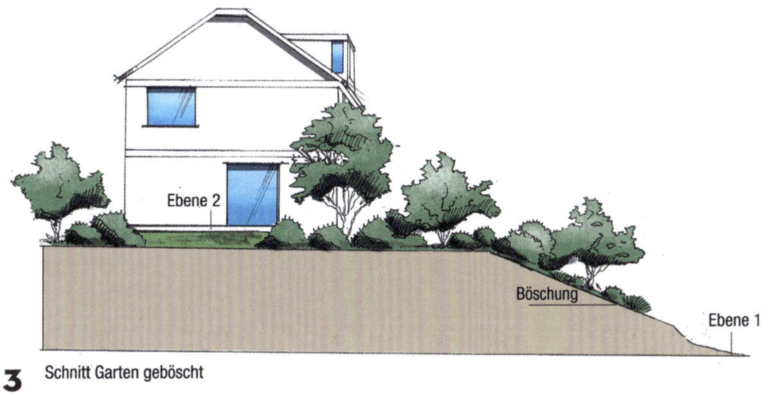

3

1. Je steiler das Gelände ist, desto mehr Mauern und Treppen braucht ihr. Doch auch Treppen können schön gestaltet sein.

2. In dieser Variante ist der Garten auf drei Ebenen terrassiert und benötigt deshalb einige Stufen und Mauern.

3. Bei dieser Variante ist der Garten geböscht. Das ist deutlich günstiger, bietet aber weniger nutzbare Fläche.

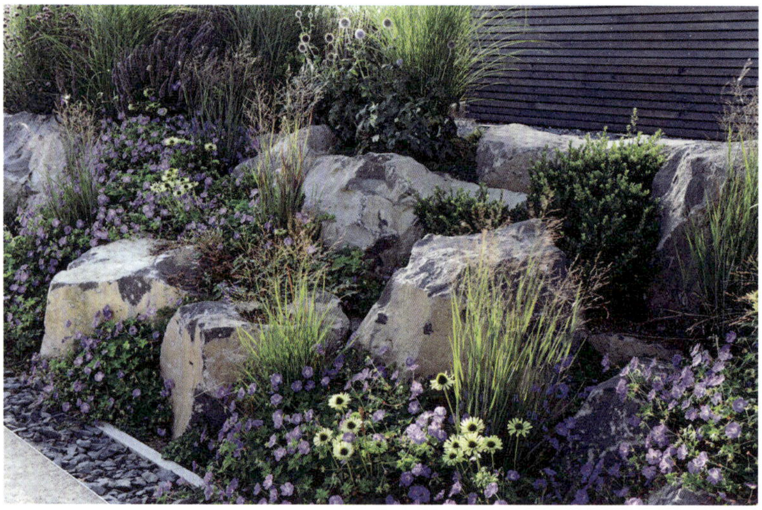

1

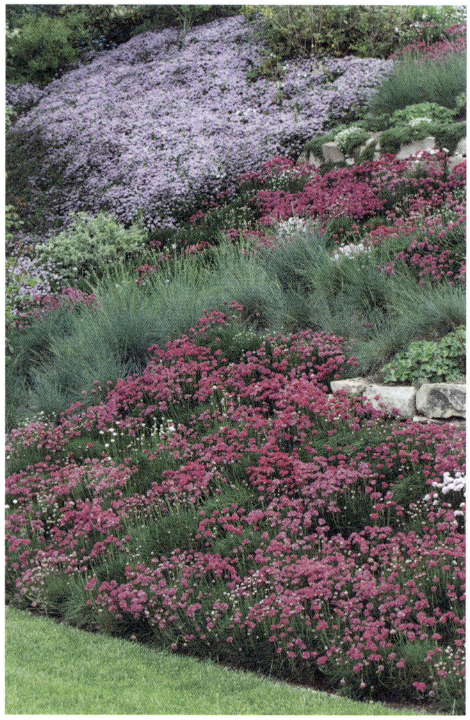

2

1. Statt Mauern können auch Findlinge einer Böschung Halt geben. Kombiniert mit passenden Pflanzen wirken sie natürlich.

2. Auf großen Böschungen könnt ihr euch mit Pflanzen austoben. Zum Spielen oder Sitzen eignen sie sich natürlich weniger.

JEDE MENGE ERDE

Den Aushub der Erde könnt ihr in Kubikmetern berechnen: Hat eine Fläche 10 m² und beträgt die mittlere Höhe der Abgrabung 2 m, ergeben sich 10 x 2 = 20 m³ Erde. Die ausgehobene und lockere Erde hat etwa ein Drittel mehr Volumen und braucht deshalb entsprechend mehr Platz beim Lagern auf der Baustelle.

Barrierefreiheit

Möchtet ihr einen barrierefreien Zugang zu eurem Haus haben, müssen sich alle anderen Planungen dem anpassen. Es dürfen keine Stufen oder Schwellen zu überwinden sein. Soll ein Rollstuhlfahrer ohne Hilfe Zugang haben, dürfen die Rampen nicht steiler als sechs Prozent sein. Auf 1 m Länge darf ein Weg nur 6 cm Steigung haben. Diese Umsetzung ist in steilen Gärten kaum möglich, vor allem wenn das Grundstück relativ klein und der Platz für Wege eingeschränkt ist. In diesem Fall muss die Steigung etwas steiler sein und der Rollstuhl muss durch einen Helfer geschoben werden.

WÄRMEPUMPEN

Wärmepumpen sind eine Herausforderung, da sie weder schön noch klein sind. Überlegt euch, aus welcher Perspektive euch die Wärmepumpe am meisten stört und versucht, diesen Blick zu unterbrechen. Zwar ist das direkte Pflanzen an der Pumpe aus technischen Gründen nicht möglich, aber ein Gehölz oder Gras außerhalb der Freihaltezone kann eine Verbesserung mit sich bringen. Könnt ihr den Standort der Pumpe noch bestimmen, wählt am besten einen Platz dicht neben einer der beiden seitlichen Hauswände – hier fällt sie am wenigsten auf.

SPRITZSCHUTZ

Überall dort, wo keine befestigten Flächen (Pflaster, Platten oder Kies) auf die Hausfassade treffen, braucht ihr einen Spritzschutz oder Sauberkeitsstreifen ums Haus. Dieser ca. 30 cm breite Streifen verhindert, dass die Fassade beschmutzt wird. Trifft der Regen am Haus direkt auf Erde, spritzt sie hoch und schadet auf Dauer Farbe und Putz. Habt ihr Lichtschächte am Haus, sollte die Breite des Spritzschutzes den Schächten angepasst werden. So ensteht eine einheitliche Linie ohne unruhige Kanten. Den Streifen befüllt ihr mit Kies oder Schotter.

ZUSAMMENFASSUNG: HABT IHR AN ALLES GEDACHT?

- [ ] Habt ihr euren Ist-Zustand, den Bestandsplan, erstellt?
- [ ] Habt ihr alle Wünsche in einer Funktionsskizze verortet?
- [ ] Habt ihr euren ersten maßstäblichen Plan gezeichnet?
- [ ] Wisst ihr, ob ihr einen Rasen haben möchtet und wenn ja, wie groß er sein soll?
- [ ] Terrasse, Kinderecke, Gartenschuppen & Co. – habt ihr alles drin, was euer Garten unbedingt braucht?
- [ ] Für Hanggärtner: Wisst ihr, wie ihr euren Garten terrassiert?
- [ ] Habt ihr euren Vorgarten geplant, haben das Auto, der Müll und eine Bank genug Platz?
- [ ] Rund oder eckig – wie habt ihr euch entschieden?

Und ab jetzt machen wir einen echten Traumgarten daraus! Im nächsten Kapitel zeige ich euch jede Menge Tricks, wie ihr das ganz Besondere aus eurem Garten macht ...

„Eines der schönsten Dinge in einem Garten ist die Erwartung.“

William Earl Jones

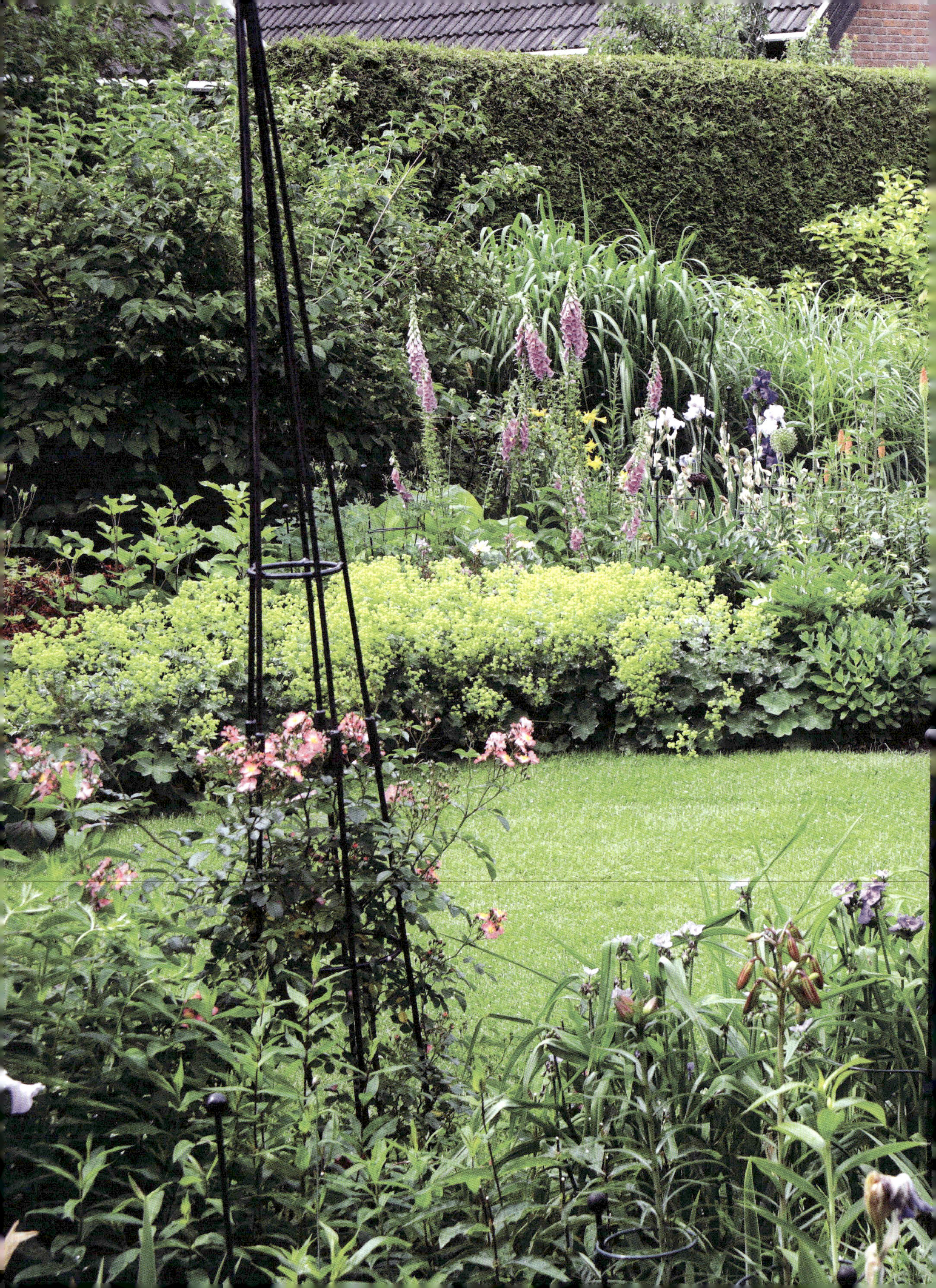

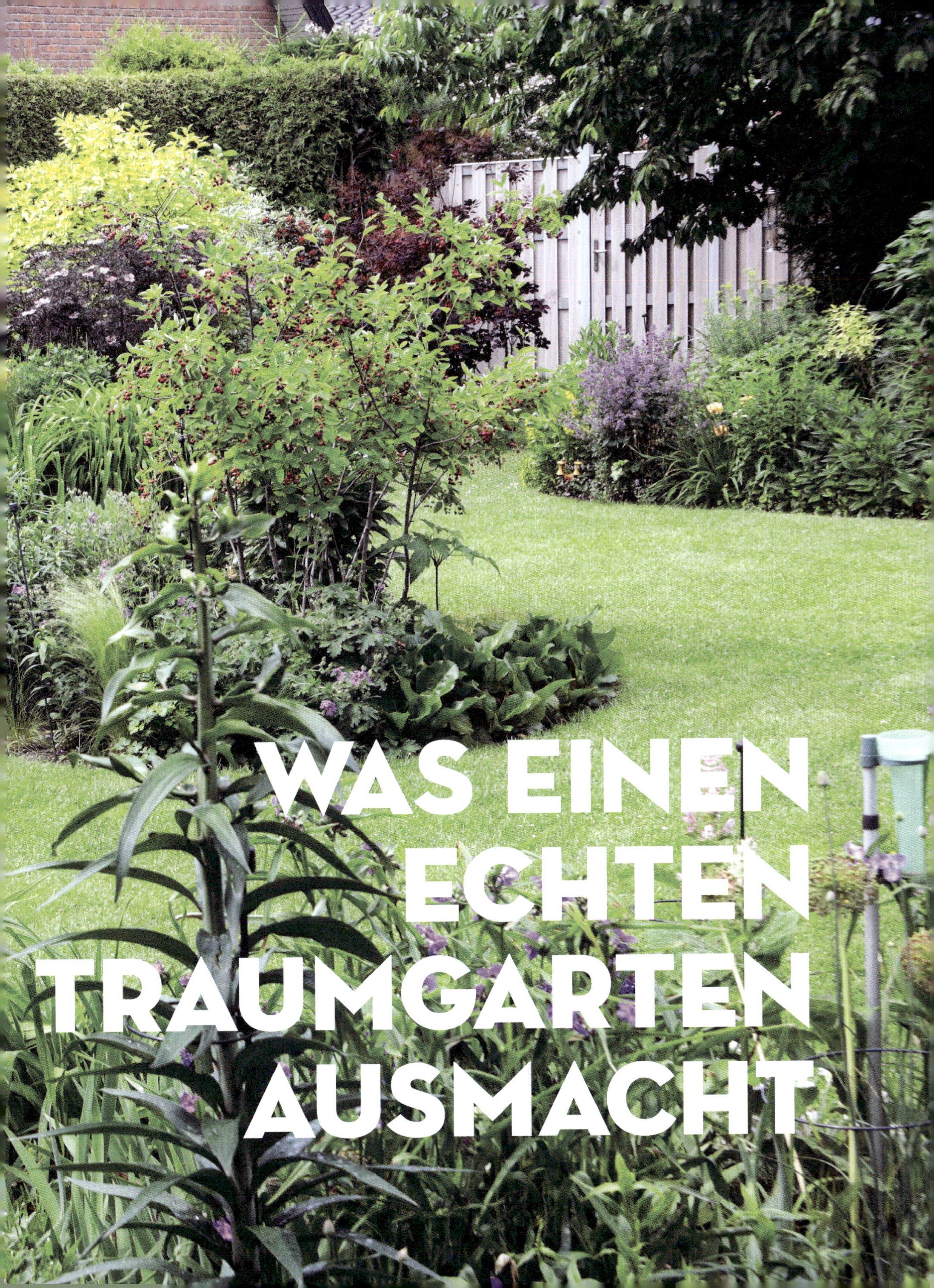

WAS EINEN ECHTEN TRAUMGARTEN AUSMACHT

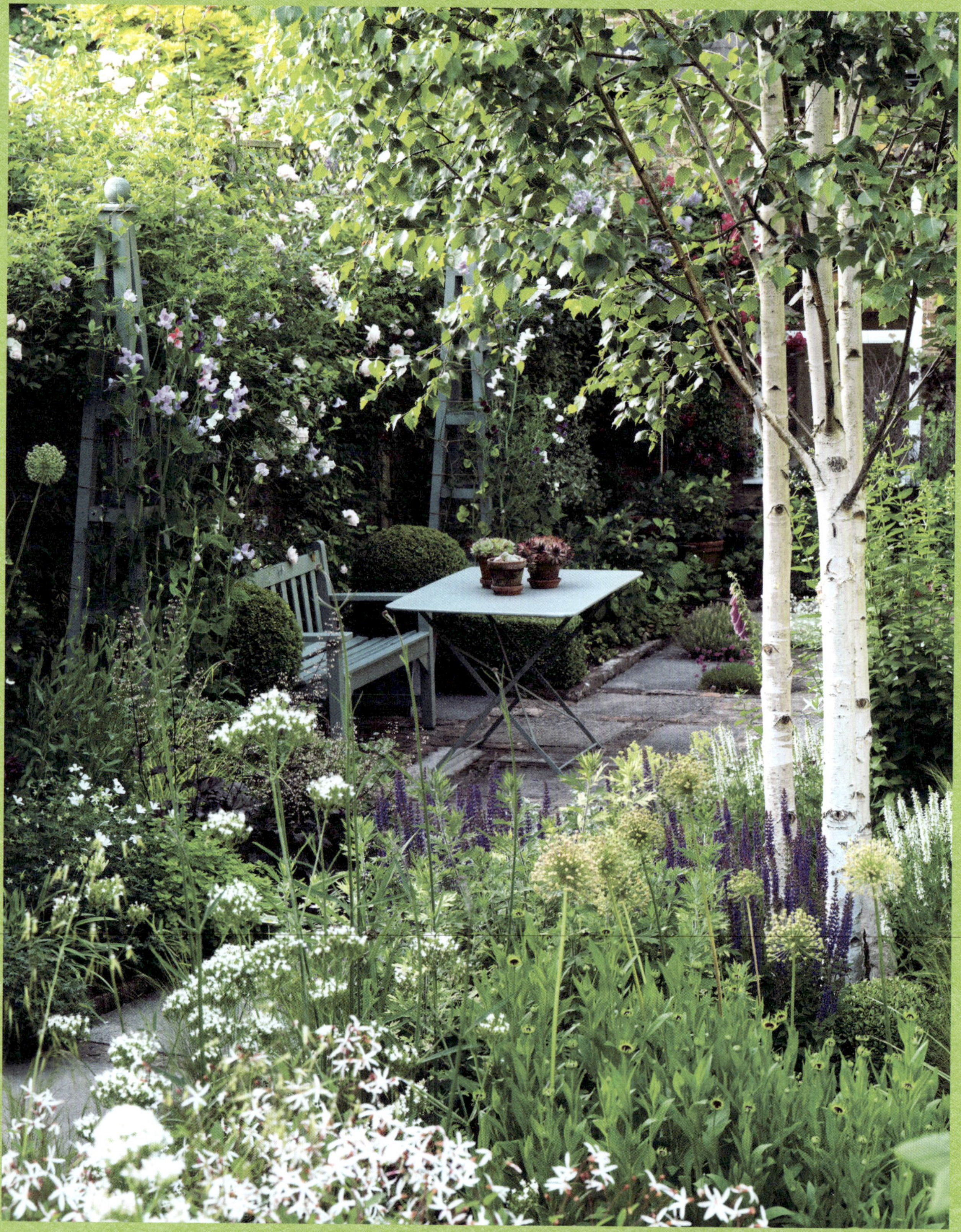

WER MÖCHTE HIER NICHT SOFORT PLATZ NEHMEN?

Dieser Garten strahlt Ruhe und Harmonie aus und trotzdem wirkt er wunderbar wild und natürlich. Hier ist nichts zufällig, auch wenn es so aussieht. Dieser Garten wurde liebevoll bis ins Detail geplant und das ist es, was ihn ausmacht.

Die fünf wichtigsten Gestaltungsregeln

„Der Zauber steckt immer im Detail" sagte bereits Theodor Fontane. Wahre Worte, denn die Details sind es, die einen Garten zu etwas ganz Besonderem machen und ihn in eine Wohlfühloase verwandeln.

Wenn ihr bis jetzt durchgehalten habt, dann habt ihr schon die Hälfte eurer Gartenplanung geschafft! Und ab jetzt wird alles leichter, spielerischer und weniger technisch. Denn ab jetzt widmen wir uns den „schönen" Seiten der Gartenplanung.
In diesem Kapitel dreht sich alles darum, was einen echten Traumgarten ausmacht. Denn, ob die Sitzbank hier oder dort landet, der Baum links oder rechts steht, die Terrasse diese oder jene Form hat – all das bestimmt, ob euer Garten wirklich etwas Besonderes wird oder nur irgendeine durchschnittliche Grünfläche bleibt.
Ich gebe euch Tipps an die Hand, wie ihr aus eurem Garten mit einfachen Mitteln echte Hingucker gestalten könnt. Denn ein Traumgarten lässst sich planen. Natürlich ist jeder Garten anders und die Voraussetzungen sind unterschiedlich. Anders als ein Haus ist ein Garten immer von der Umgebung beeinflusst, deshalb kann es keine Baukasten-Gärten oder Gärten von der Stange geben. Aber es gibt ein paar Tricks und Kniffe, die in jedem Garten umsetzbar sind und die das gewisse Etwas mit sich bringen.
Ganz wichtig an dieser Stelle ist auch nochmal euer Moodboard aus dem ersten Kapitel. Hängt es gut sichtbar auf, ihr werdet es immer wieder brauchen. Denn jetzt geht es darum, möglichst viel von der Atmosphäre und von den Details aus eurem Moodboard in euren Plan einzuarbeiten.
Vielleicht erinnert ihr euch an einen Garten, in dem ihr ward und in dem ihr euch sofort wohlgefühlt habt? Ein Garten, bei dem einfach alles passte und in dem ihr Stunden hättet verbringen können? Oft wissen wir nicht genau, **warum** wir uns irgendwo wohlfühlen – das Gefühl

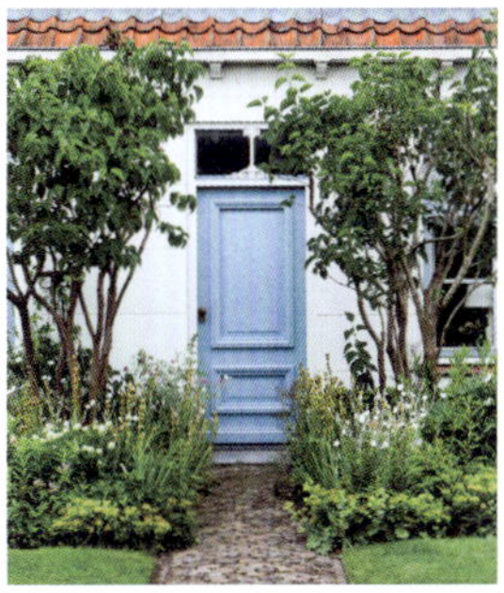

SYMMETRIE VOR DER TÜR

Ein einfacher Trick, mit großer Wirkung ist die Symmetrie. Dieser Eingang ist so einladend, weil er von zwei gleichen Bäumchen bewacht wird. Die spiegelgleiche Anordnung der Beete sorgt für Harmonie und Charme.

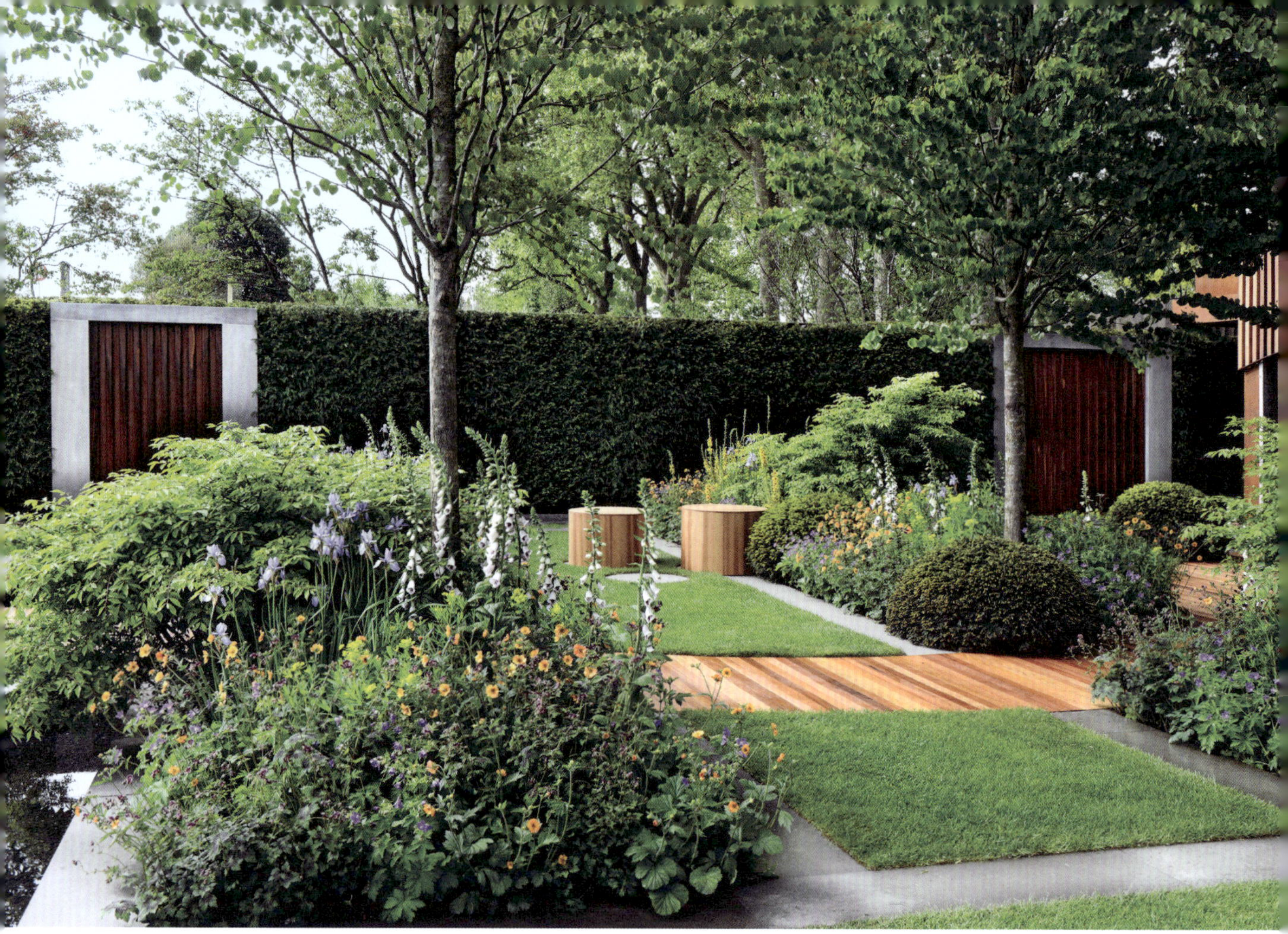

Dieser Garten ist stimmig, weil Bäume und Beete symmetrisch sind, aber auch Kontraste hervorblitzen.

ist einfach da. Diese Gärten wirken sehr harmonisch und stilsicher. Ein solcher Garten ist kein Zufallsprodukt, sondern Ergebnis einer guten Planung. Denn es sind die Details, auf die es hier ankommt. Und auch ihr könnt einen solchen Garten erschaffen, indem ihr bestimmte Gestaltungsregeln berücksichtigt. Die sind es nämlich, die uns das Gefühl von „hier passt einfach alles" geben.
Egal ob ihr euch einen Cottage-Garten, einen immergrünen Garten oder einen asiatisch inspirierten Garten wünscht: Es gibt ein paar Gestaltungsregeln, die gelten immer. Sie sind jahrhundertealt und wurden in den verschiedenen Epochen immer wieder berücksichtigt. Sie sind das Geheimnis eines schönen Gartens.

DO & DON'T

DO

Kombiniert das Gestaltungsprinzip Symmetrie mit dem Prinzip Kontrast, wenn ihr einen abwechslungsreichen Garten haben möchtet und mit dem Prinzip Räume, wenn ihr euch einen eher ordentlichen Garten wünscht.

DON'T

Symmetrie kombiniert mit Wiederholung kann schnell langweilig werden.

Die Entscheidung, ob es ein durchschnittlicher oder ein echter Traumgarten wird, fällt, bevor die erste Pflanze in die Erde kommt – sie fällt mit der Beachtung der Gestaltungsregeln. Ihr müsst aber keineswegs all diese Regeln in euren Garten übertragen! Lest sie euch in Ruhe durch, sucht euch zwei oder drei heraus und schaut, was am besten zu eurem Garten passt. Euer Moodboard gibt euch wertvolle Hinweise: Welche Gestaltungsregeln könnt ihr hier vielleicht schon erkennen?

Dieses Kapitel ist für mich das wichtigste im ganzen Buch, denn es bricht die komplizierte Gartenplanung auf ein paar essenzielle Kniffe herunter. Und das Schöne daran ist, ihr könnt all diese Gestaltungstipps auch in einem schon bestehenden oder älteren Garten umsetzen. Lasst uns also loslegen, mit den wichtigsten fünf Gestaltungsregeln für einen echten Traumgarten!

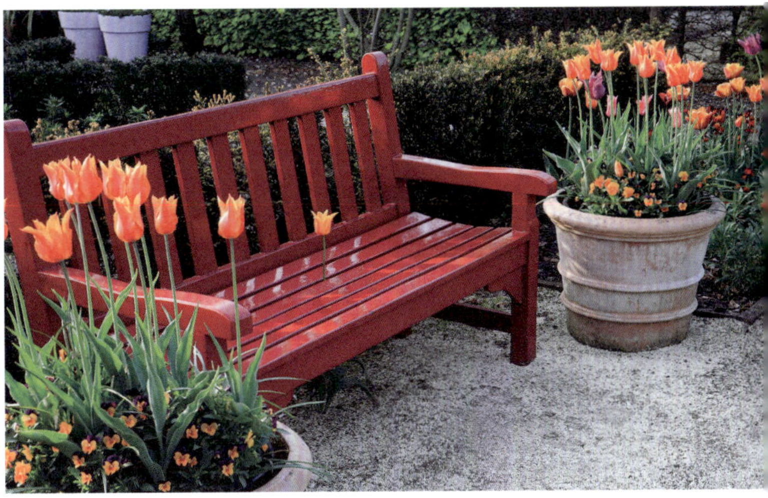

Symmetrie könnt ihr einfach umsetzen, indem ihr zum Beispiel eine Gartenbank rechts und links mit zwei gleichen Pflanzkübeln einrahmt.

SYMMETRIE

Das wahrscheinlich stärkste Gestaltungsprinzip ist die Symmetrie, wenn wir entlang einer Achse zwei identisch, sich spiegelnde Elemente sehen können. Auf den ersten Blick erscheint dieses Prinzip sehr künstlich, da wir es vor allem aus technischen Bereichen kennen. Wenn wir aber genauer hinschauen, sehen wir, dass ganz viele Bereiche der Natur symmetrisch sind. Das schönste Beispiel sind sicher Schmetterlinge, deren Flügel exakt spiegelgleich sind und uns unter anderem deshalb so in den Bann ziehen. Aber auch viele Pflanzen sind symmetrisch, denkt nur an die Blätter des Farns oder an die Blüte einer Sonnenblume.

Wir empfinden Symmetrie intuitiv als schön. Denn wir versuchen alles, was wir sehen, einer Ordnung zu unterwerfen. Das passiert vollkommen unbewusst, wir merken es gar nicht. Alles, was symmetrisch wirkt, übt auf uns eine Anziehungskraft aus. Und dieses Prinzip könnt ihr euch in eurem Garten ganz einfach zunutze machen! Keine Angst, ich meine damit nicht, dass ihr euren Garten wie einen Barockgarten in gleichgroße Beete einteilen sollt. Die Symmetrie steckt oft nur im Detail und oder in einer ganz subtilen Anordnung.

Symmetrie könnt ihr schaffen, indem ihr:

- rechts und links einer Sitzbank einen Baum pflanzt,
- rechts und links der Haustüre einen Pflanzkübel mit derselben Bepflanzung aufstellt,
- die Hecke rechts und links vom Gartentor auf gleicher Höhe haltet,
- rechts und links des Weges je eine Rose pflanzt oder sie an Obelisken hochranken lasst,
- Treppen und Wege symmetrisch in der Mitte im Garten anlegt.

WIEDERHOLUNG

Die Wiederholung ist mit der Symmetrie verwandt und ebenfalls ein ganz starkes Gestaltungsprinzip. Wir mögen es ein-

FÜR WEN PASST'S?

Das Gestaltungsprinzip Symmetrie ist passend, wenn euch klassische Rosengärten mit immergrünen Einfassungen gefallen, ihr Formgehölze liebt oder euer Moodboard schlichte moderne Gärten zeigt. Aber auch für einen klassischen Vorgarten mit Stauden und Gehölzen ist Symmetrie wunderbar geeignet. Hier bildet sie einen schönen Kontrast zu der lebendigen Bepflanzung.

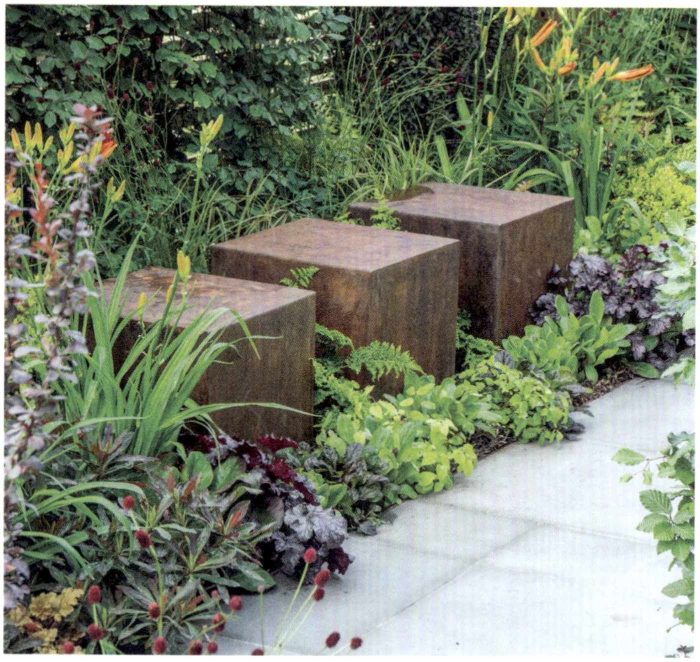

1

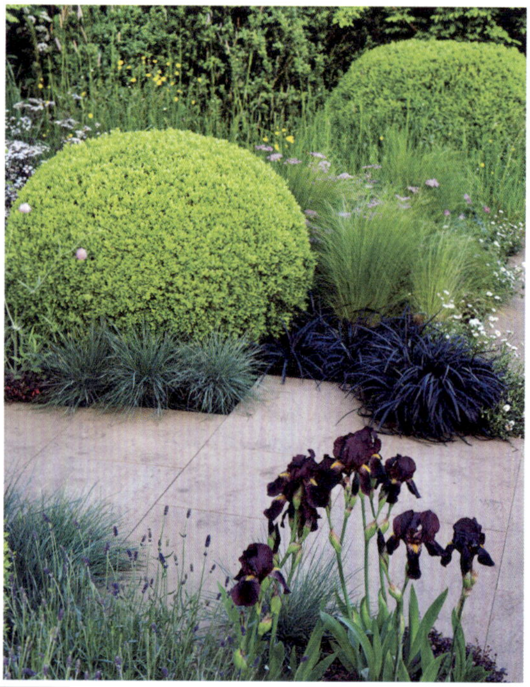

2

1. Die drei Sitzquader haben zusammen eine viel größere Wirkung als ein einzelnes Exemplar.

2. Auch mit wiederkehrenden Formen, wie diesen geschnittenen Kugeln, könnt ihr Wiederholung schaffen.

DO & DON'T

DO

Kombiniert das Gestaltungsprinzip Wiederholung mit dem Prinzip Kontrast, wenn ihr einen abwechslungsreichen Garten haben möchtet und mit dem Prinzip Perspektiven und Blickfänge wenn ihr euch einen eher ordentlichen Garten wünscht.

DON'T

Wiederholt bei Materialien nicht alles immer exakt gleich. So kann das Gartenhaus aus unbehandeltem Holz sein, der Holzzaun aber darf eine dezente Farbe habe. Dann ist die Grundstruktur wiederholt, aber der Garten wirkt nicht langweilig.

fach, wenn wir Dinge wiedererkennen. Wenn wir etwas betrachten, sucht unser Auge ganz automatisch nach ähnlichen Dingen in der Umgebung.
Wer genießt es nicht, durch eine Allee zu wandeln und die immer gleichen Bäume zu bewundern? Wir können gar nicht anders, als dieser Allee zu folgen und zu schauen, wohin sie führt. Eine Allee hat eine ganz andere Wirkung als ein einzelner Baum. Dieses Prinzip funktioniert auch hervorragend im Hausgarten und ihr könnt es mit ganz einfachen Mitteln umsetzen.
Ihr könnt in eurem Garten das Thema Wiederholung integrieren, indem ihr:

- Formen wie Kreis, Quadrat oder Rechteck wiederholt,
- nicht nur ein kleines Hochbeet anlegt, sondern drei,
- nicht nur ein Bäumchen an der Gartengrenze pflanzt, sondern mindestens drei,
- Materialien und Farben, die am Haus vorkommen, im Garten wiederholt (z. B. eine Holzterrasse, wenn der Wohnzimmerboden aus Holz ist, oder die gleiche Farbe für Zaun und Fensterläden).

Die drei Bäume bieten schon aus der Ferne einen tollen Effekt.

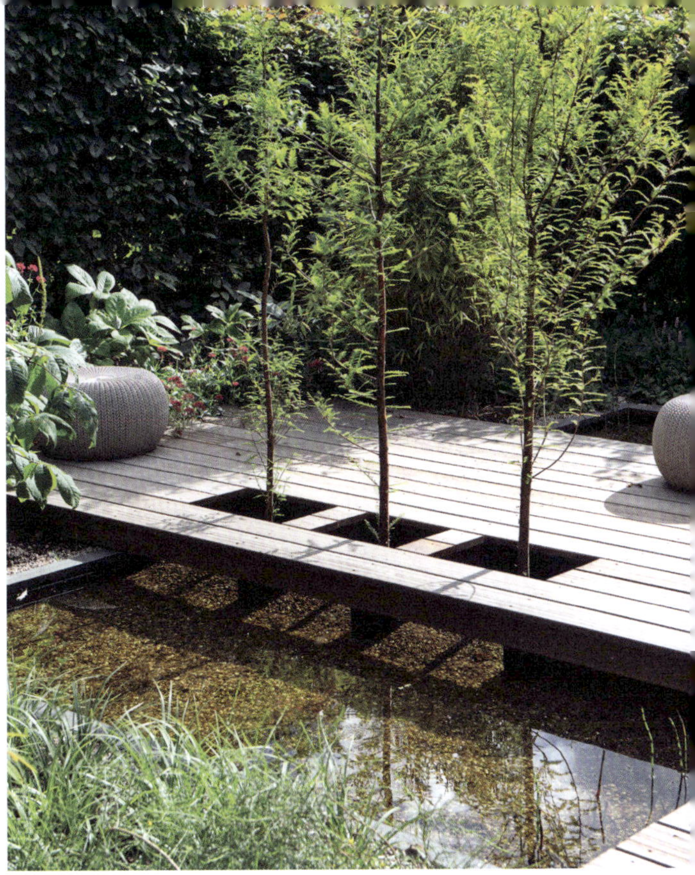

FÜR WEN PASST'S?

Wiederholung steht jedem Gartenstil! Schaut in eurem Moodboard nach: Wo entdeckt ihr überall Wiederholungen? Auch ein kunterbunter Garten lebt von Wiederholungen und sei es nur eine Pflanzenfarbe, die immer wieder auftaucht. Je kleiner euer Garten ist, desto wichtiger sind Wiederholungen. Sie sorgen für Ruhe und Harmonie.

Wiederholung kann ganz subtil sein: Hier gleichen sich die Strukturen von Bank und Wand.

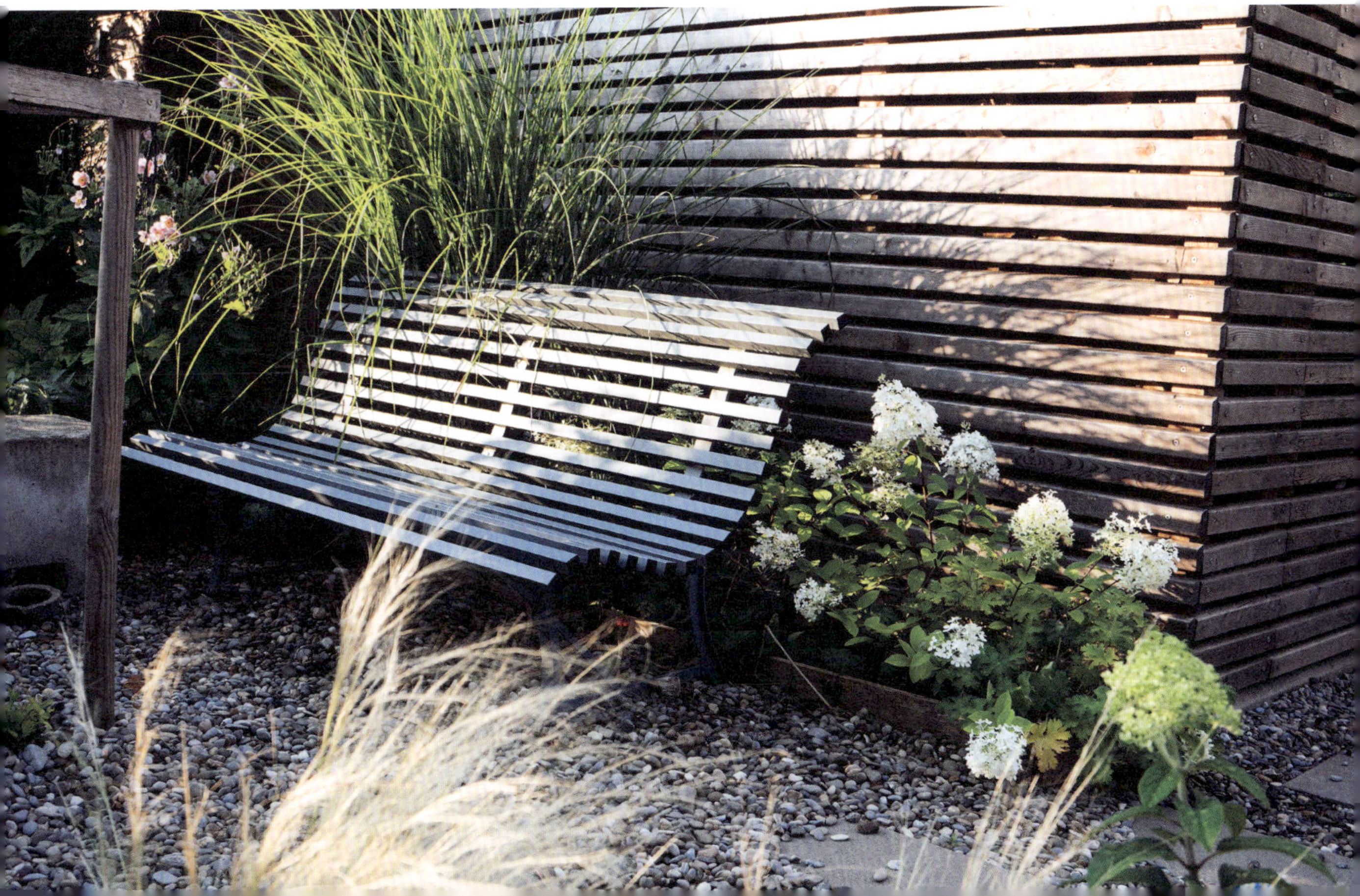

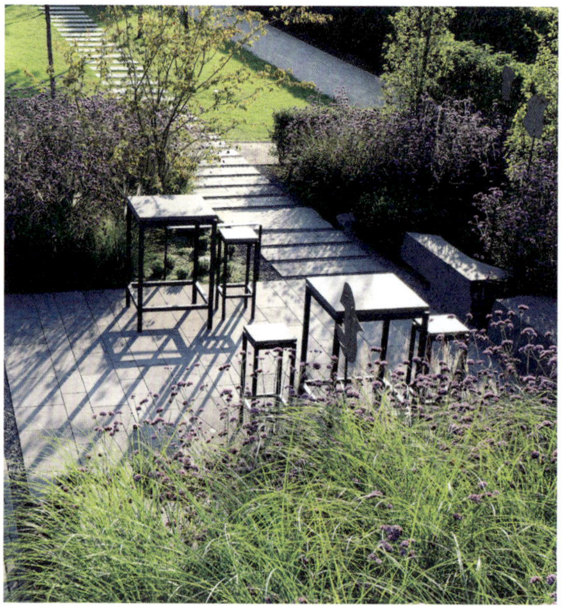
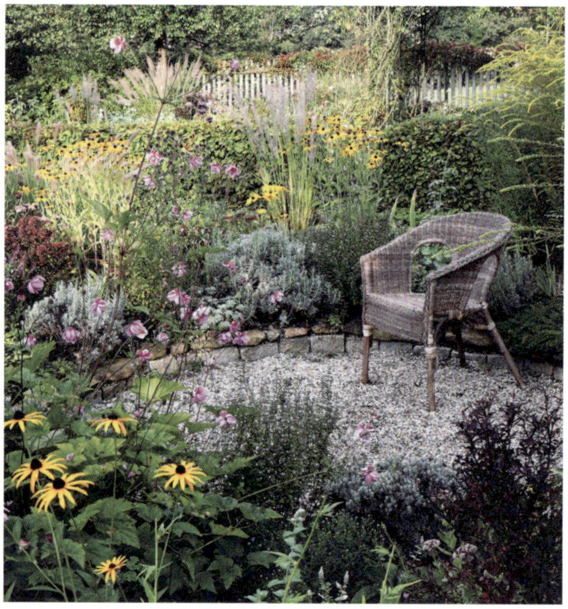

Unterschiedliche Räume lassen sich sowohl in modernen, zurückhaltenden als auch in wilderen und natürlich wirkenden Gärten gestalten.

Das Thema Wiederholung werden wir übrigens auch noch im nächsten Kapitel behandeln, wenn es um die Pflanzen geht. Denn auch da ist Wiederholung ein echter Gestaltungstrick.

RÄUME SCHAFFEN

Ein ganz wichtiges Gestaltungsprinzip ist Räume zu schaffen. Das ist **der** Trick, um den Garten größer wirken zu lassen. Das bedeutet nicht, dass ihr euren Garten in ausgezirkelte Flächen unterteilen sollt. Räume schaffen heißt, dass ihr Bereiche, beispielsweise einen Lesesitzplatz, mit einem Beet gegen den Rasen abgrenzt und so Geborgenheit schafft. Oder den Kinderbereich mit einem Rosenbogen von eurem Staudengarten abschirmt. Auf diese Weise schafft ihr Abwechslung und kreiert immer wieder neue Blickwinkel. Für den Betrachter wirkt der Garten größer, weil er nicht alles auf einmal überblicken kann.

Betrachtet euren Garten nicht nur als Boden ohne Decke. Natürlich gilt im Garten „the sky is the limit“. Aber wir suchen immer, auch wenn wir schon lange nicht mehr in Höhlen leben, instinktiv Schutz. Und diesen Schutz gibt uns ein Dach. Das wird natürlich im Garten kein echtes Dach sein. Aber ein gefühltes Dach – eine Pergola oder ein Sonnensegel tragen viel zu unserem Wohlbefinden bei. Pflanzt daher auch in kleinen Gärten mindestens einen Baum. Dadurch entsteht sofort ein Raumgefühl und wir empfinden Geborgenheit. Welche Bäume sich speziell für kleinere Gärten eignen, zeige ich euch ab Seite 125.

Räume im Garten schafft ihr, indem ihr
- einzelne Bereiche mit Beeten, Hecken, Spalieren oder Hochbeeten voneinander abgrenzt,
- Höhenunterschiede schafft,
- mit unterschiedlichen Belägen arbeitet,
- in jedem Garten mindestens einen Baum pflanzt,
- eine Pergola oder einen Rosenbogen einplant,
- mit Sonnensegeln arbeitet.

FÜR WEN PASST'S?

Ähnlich wie das Thema Wiederholung, ist das Prinzip „Räume schaffen“ für jeden Gartenstil geeignet. Auch hier gilt wieder: Je kleiner der Garten ist, umso wichtiger ist es, ihn in Räume zu unterteilen. Das schafft zum einen Ordnung, zum anderen erscheint er uns auf diese Weise größer.

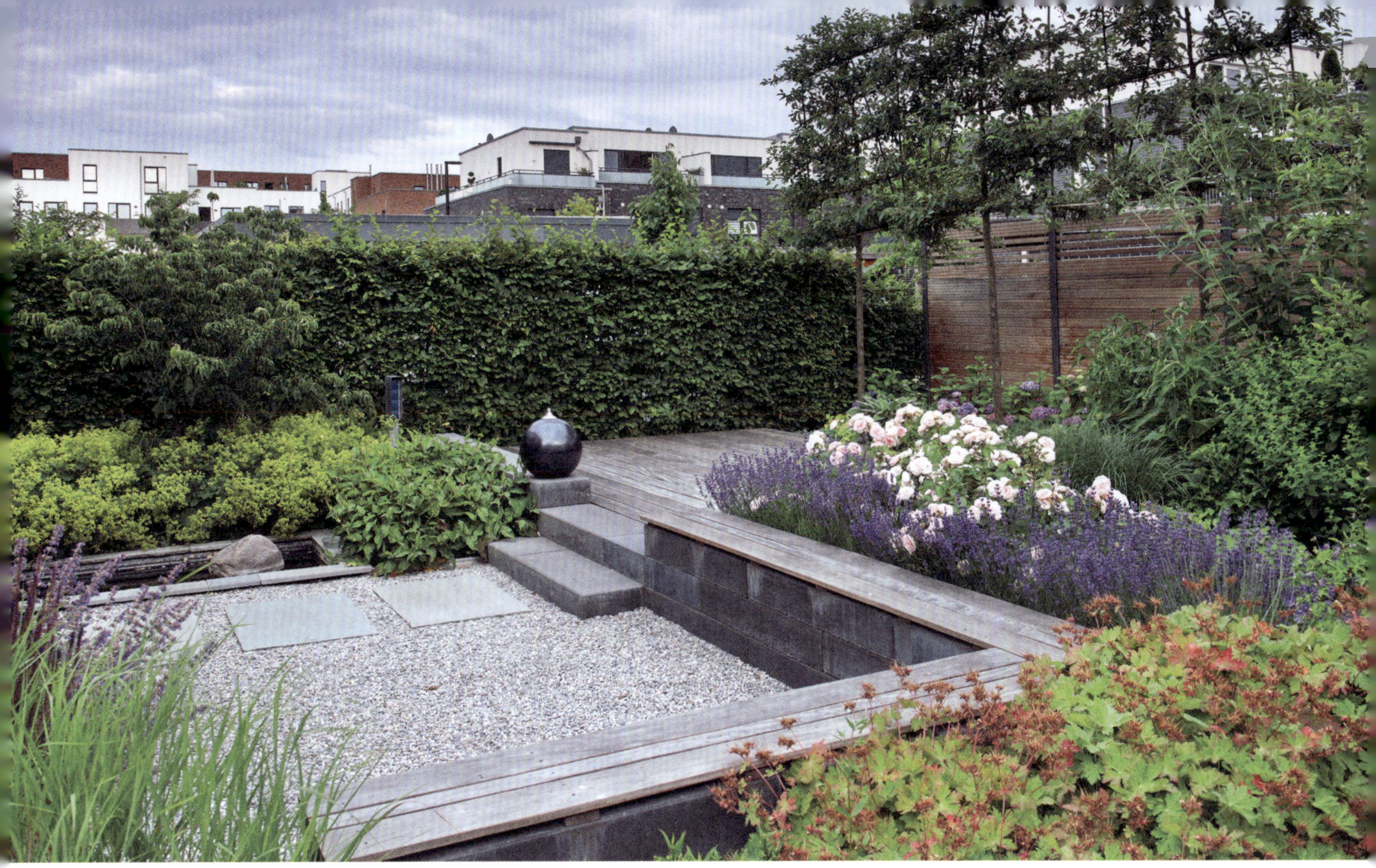

In kleinen Gärten sind Höhenunterschiede ein toller Trick, um Räume zu schaffen – so wirkt der Garten größer.

DO & DON'T

DO

Versucht das Prinzip „Räume schaffen" mit Blickfängen zu kombinieren. Auf diese Weise schafft ihr spannende Übergänge.

DON'T

Lasst kleine Gärten nicht „leer" stehen. Viele Menschen glauben, eine möglichst große Rasenfläche lässt den Garten größer wirken. Das ist aber ein Irrtum. Ein strukturierter Garten ist abwechslungsreicher und wirkt deshalb größer.

Bäume können uns ein Gefühl von einem „Dach" im Garten geben. Gleichzeitig sind sie so luftig, dass niemals ein Gefühl von Enge entsteht. Perfekt, um einen Garten zu gliedern.

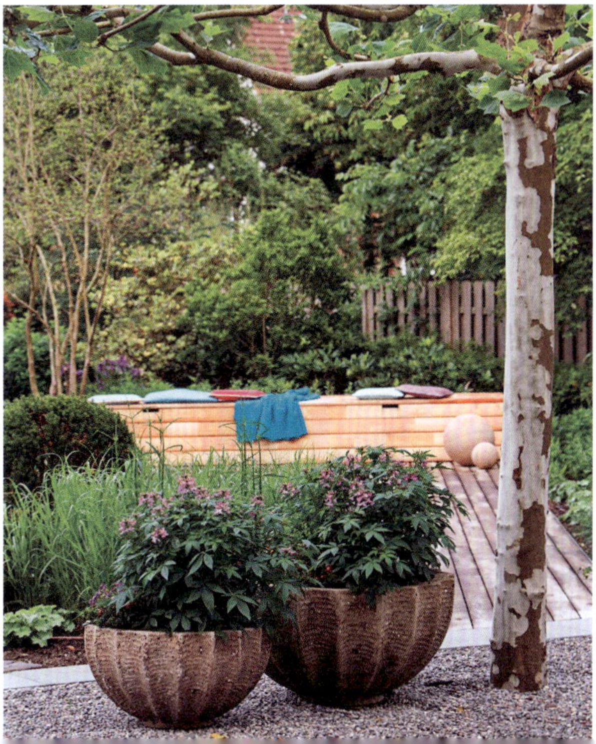

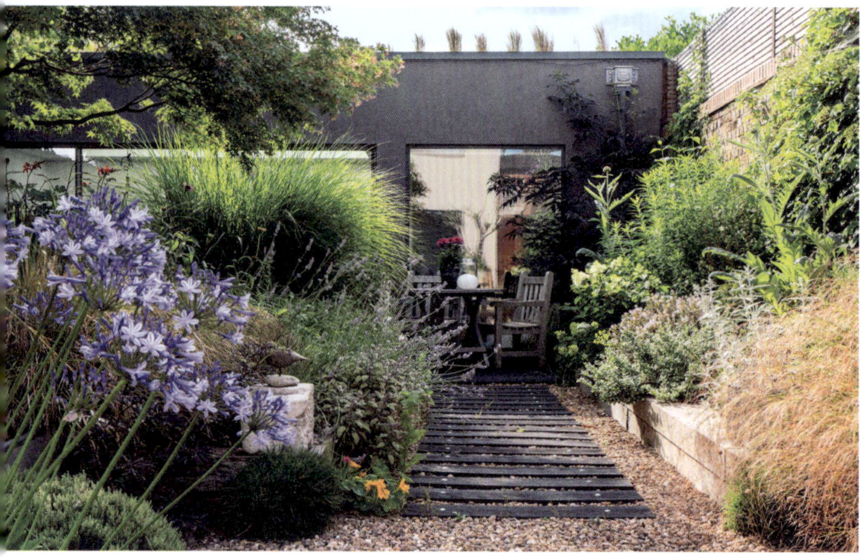

Die Terrasse fängt unseren Blick ein, Beete und Wege führen uns hin.

FÜR WEN PASST'S?

Dieses Prinzip eignet sich für alle Gärten – ein echter Supertrick! Schaut euch um, ob ihr euch aus der Umgebung außerhalb eures Gartens einen Blickfang „leihen" könnt. Vielleicht ist es die Aussicht auf einen Berg, eine schöne Baumgruppe oder einfach der Flieder des Nachbarn. Der Garten muss optisch nicht an der Grenze enden, ihr könnt die Umgebung miteinbeziehen.

1. Die Bepflanzung im Vordergrund verdeckt den Hintergrund nur leicht. So können wir trotzdem erahnen, was sich dahinter verbirgt und wir werden neugierig gemacht. Die rote Pergola setzt den perfekten Rahmen für das Bild der beiden Sessel.

2. Hier geben Vordergrund, Mittelgrund und Hintergrund dem Garten Perspektive.

3. Der geschwungene Weg bietet dem Auge immer wieder neue Perspektiven und Blickfänge.

PERSPEKTIVEN, BLICKFÄNGE UND IHR RAHMEN

Ein echter Traumgarten bietet immer wieder neue Blickwinkel und Bilder. Er führt das Auge geschickt an bestimmte Punkte im Garten und macht den Garten auf diese Weise spannend. Das kann ein Brunnen, ein Solitärbaum oder auch die Aussicht in die Landschaft sein. Den Blick führen wir dann auf dieses Bild zu, wenn wir dem Bild einen Rahmen geben. Ganz ähnlich wie bei einem echten Kunstwerk. Hermann Fürst von Pückler-Muskau schrieb schon 1833 in seinem Buch „Andeutungen über Landschaftsgärtnerei": „… ein Garten im großen Stil ist eben nur eine Bildergalerie, und Bilder verlangen ihren Rahmen." So kann der Brunnen von Pflanzkübeln eingerahmt sein, der Baum von Stauden und die Aussicht in die Landschaft von einem Fenster in der Hecke. Indem wir dem Blickfang einen Rahmen geben, grenzen wir ihn von der Umgebung ab und machen ihn damit umso deutlicher.

Perspektiven schaffet ihr, indem ihr den Garten in einen Vordergrund, einen Mittelgrund und einen Hintergrund einteilt. Auf diese Weise könnt ihr den Garten optisch vergrößern. Die einzelnen Bereiche trennt ihr entsprechend dem Prinzip „Räume schaffen", mit Gartenelementen wie Hecken, Zäunen oder Gehölzen ab. Der Blick wird dann ganz automatisch vom Vordergrund in den Hintergrund geführt. Wir möchten den Garten sofort betreten, um zu schauen, was sich im Hintergrund abspielt. Wird der Hintergrund durch Teile des Vordergrundes verdeckt, ist der Blick viel spannender, als wenn wir alles auf einmal sehen.

Perspektiven und Blickwinkel schafft ihr, indem ihr

- die schönsten Blicke in euren Garten durch Pflanzen, Hecken oder Kübel einrahmt,
- für einen Blickfang außerhalb eures Gartens ein Fenster in die Hecke schneidet oder sie an dieser Stelle niedriger wachsen lasst,
- einen Vorder-, Mittel- und Hintergrund in eurem Garten schafft und durch Pflanzen, Hecken oder Zaun voneinander trennt,
- Wege nicht gerade , sondern in einem Bogen verlaufen lasst.

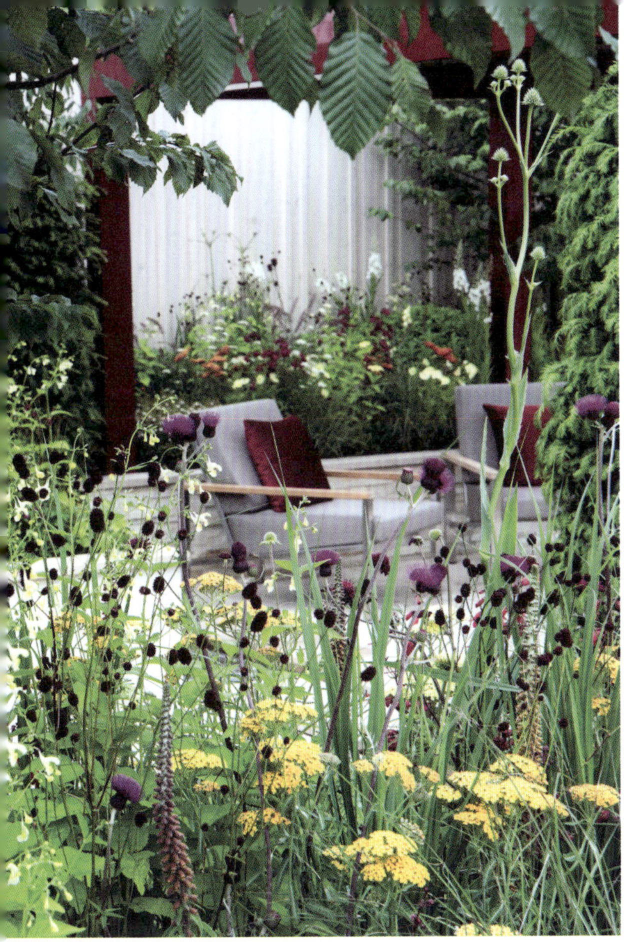

1

2

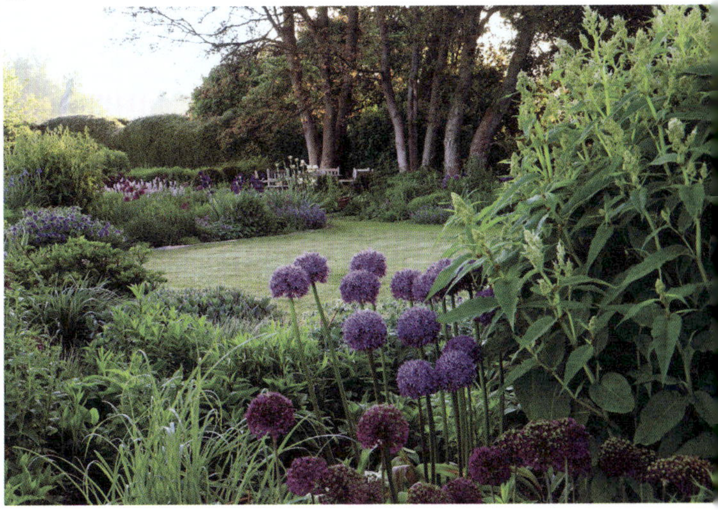

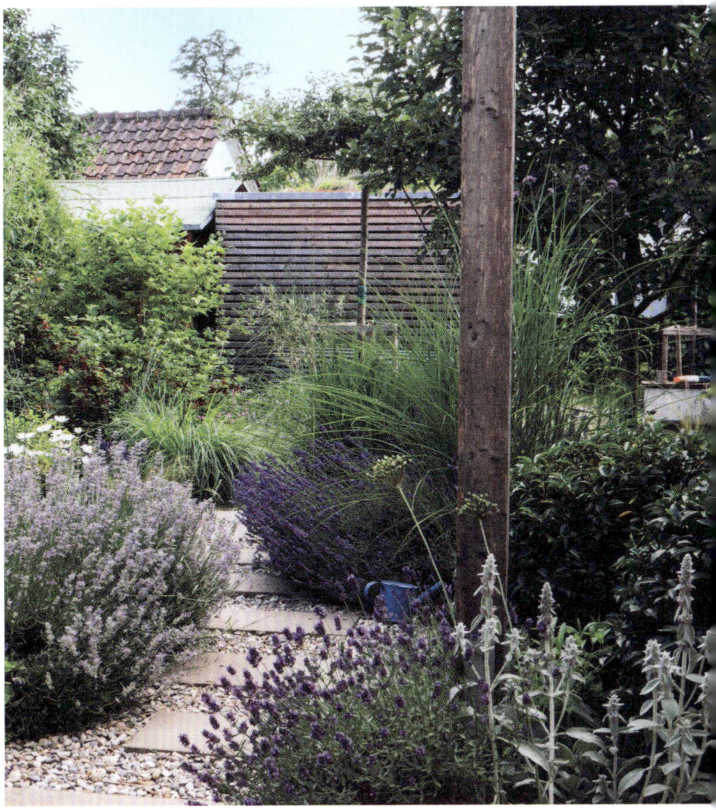

3

DO & DON'T

DO

Betrachtet euren Garten wie durch eine Kamera. Wo sind die schönsten Motive, was würde sich für ein Bild eignen? Macht genau daraus eure Blickfänge.

DON'T

Reiht nicht Blickfang an Blickfang – die Stars brauchen Platz um sich herum. Das Auge muss sich immer wieder ausruhen können, um die Highlights wirklich wahrnehmen zu können.

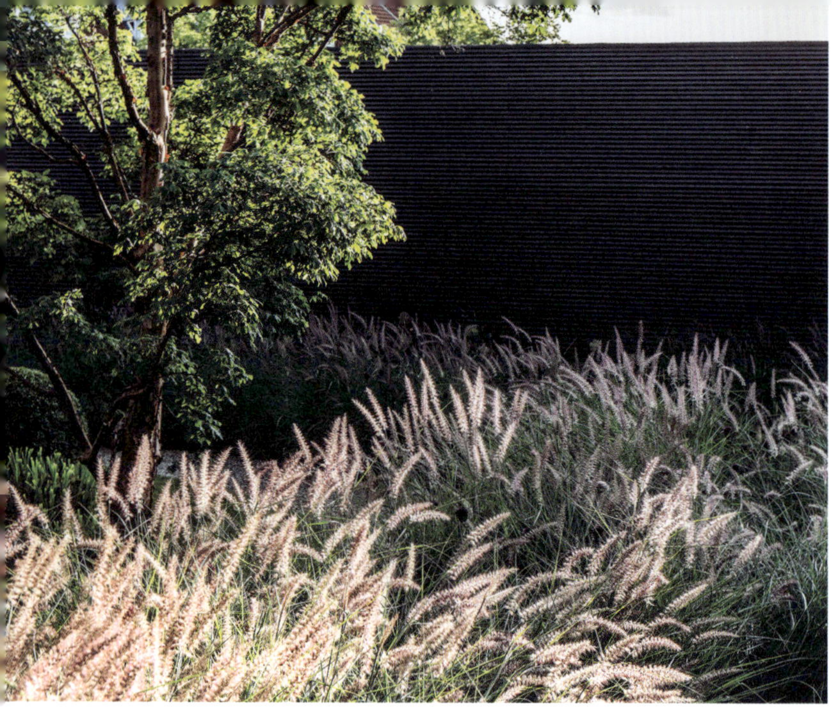

Perfekter Kontrast: helles, bewegtes Gras vor dunkler, starrer Wand

FÜR WEN PASST'S?

Je größer euer Garten ist, desto mutiger könnt ihr mit dem Thema Kontraste umgehen. Bei kleinen Gärten ist eher Vorsicht geboten, denn sie können schnell überladen wirken. Am besten ihr probiert dieses Prinzip erstmal im Kleinen aus, zum Beispiel mit einem Gras in einem eckigen Pflanzkübel.

KONTRASTE

Wiederholung macht den Garten harmonisch, Unterschiede aber machen ihn spannend. Hart und weich, hell und dunkel, starr und bewegt, all das sind spannende Gegensätze. Dieses Gestaltungsprinzip ist am schwierigsten umzusetzen und birgt die meisten Tücken. Denn ganz schnell kann das Gartenkonzept kippen und Harmonie ist nicht mehr zu erkennen.
Ich empfehle euch, zunächst nur vorsichtig dosierte Kontraste in eurem Garten aufzunehmen und erst einmal die anderen Gestaltungsprinzipien zu berücksichtigen. Denn Kontraste wirken nur dann stimmig, wenn sie in eine harmonische Umgebung eingebunden sind.
Kontraste lassen sich auch sehr gut über die Bepflanzung schaffen, womit wir uns im nächsten Kapitel beschäftigen werden.
Kleine Kontraste im Garten könnt ihr schaffen, indem ihr

- über eine harte Kante einer Mauer oder einem eckigen Pflanzkübel eine weiche Pflanze, zum Beispiel ein Gras, wachsen lasst,
- zwischen Formgehölzen luftige Pflanzen setzt, die sich im Wind bewegen,
- Kontraste in der Farbwahl setzt, zum Beispiel das Gartenhaus in einem hellen Ton streicht, wenn dahinter eine dunkle Hecke steht.

DO & DON'T

DO

Kombiniert die Kontraste stets mit einer ruhigen Umgebung, sonst wirkt der Garten schnell chaotisch.

DON'T

Habt ihr am Haus oder in der Umgebung sehr auffällige Details, braucht der Garten nicht auch noch viele Gegensätze. Dann ist es besser, den Garten als Ganzes in den Kontrast zur Umgebung zu setzen und bewusst einen Ruhepol zu schaffen. In einem Neubaugebiet mit sehr kleinen Grundstücken ist im Allgemeinen in der Umgebung schon viel los, in diesem Fall rate ich euch, Kontraste nur dezent zu setzen.

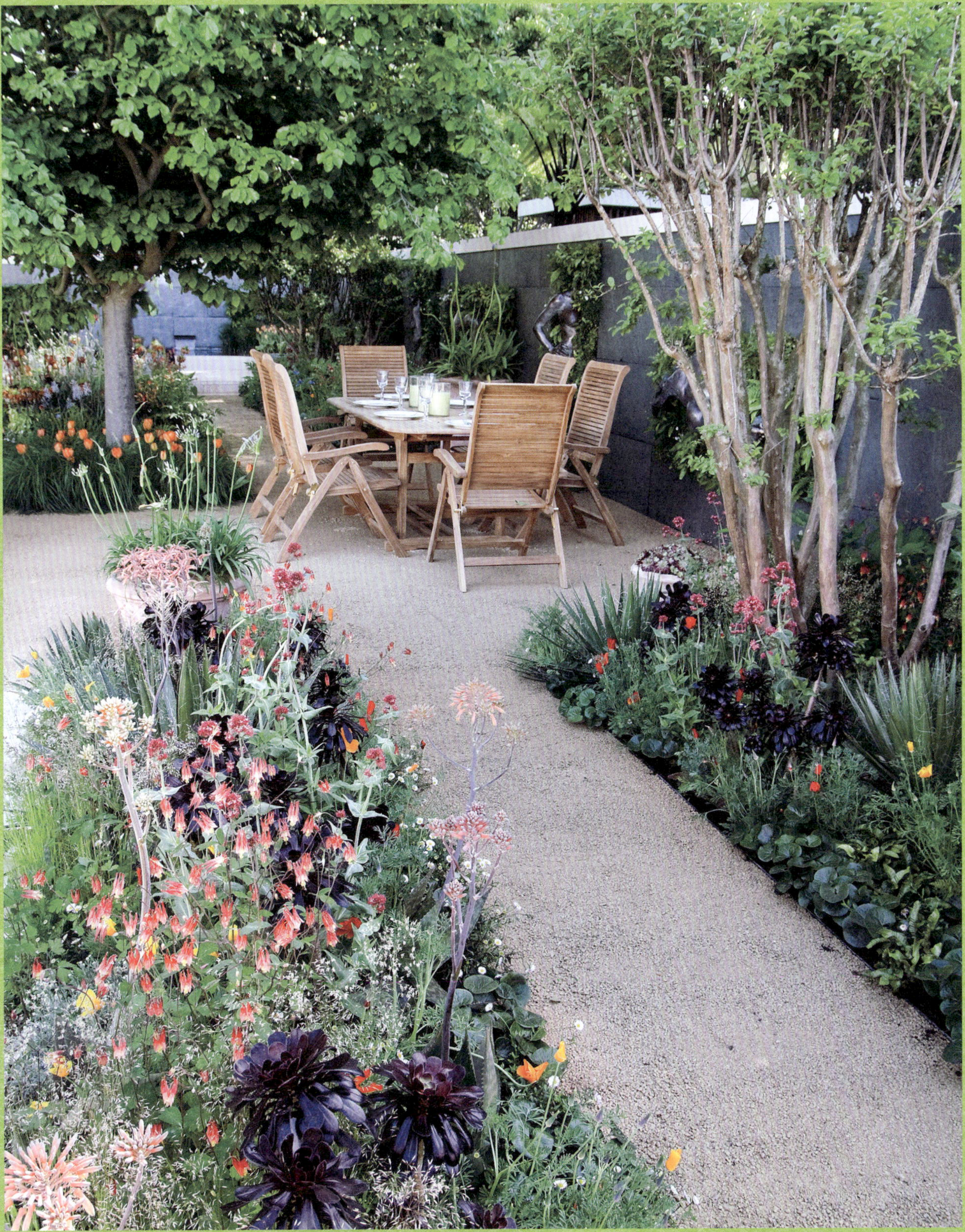

HELL UND DUNKEL, SCHLICHT UND BUNT

Dieser Garten ist spannend, weil er gekonnt mit Kontrasten spielt. Vor der dunklen Wand heben sich Möbel, der Weg und die Rinde der Bäume wunderbar ab. Der schlichte Weg bildet einen angenehmen Gegensatz zur lebendigen Bepflanzung.

Die Trickkiste – das Beste aus dem Garten herausholen

Ob „Handtuchgarten“ oder seltsame Grundstücksform, vielleicht hat euer Garten auf den ersten Blick nicht die ideale Voraussetzung, um in einen Traumgarten verwandelt zu werden. Mit diesen Tricks holt ihr dennoch das Optimale aus eurem Grundstück raus.

Glücklich ist, wer ein großes Grundstück hat und seine Gartenträume ungestört ausleben kann. Doch bei vielen Gartenbesitzern sieht die Realität anders aus. Vor allem in den Städten werden die Grundstücke immer kleiner und der Nachbar sitzt fast mit auf der Terrasse. Manchmal sind die Gärten durch Parkplätze, Wege oder Straße ungünstig geformt und eine schöne Planung erscheint schwierig. In diesen Fällen hilft ein Griff in die Trickkiste. Denn natürlich lässt sich selbst aus einem solchen Garten etwas machen!
Die folgenden Beispiele sind Orientierungen, die euch ein Gefühl für die Form eures Gartens geben sollen. Auch wenn euer Garten nicht exakt so wie in den Beispielen aussieht, könnt ihr etwas für euer Grundstück mitnehmen. Stellt euch am besten ans Fenster oder auf die Terrasse und schaut, welcher Form euer Grundstück am ehesten ähnelt.
Seid ihr noch in der Hausbauphase, könnt ihr auf den Plänen trotzdem schon sehen, welche Form euer Garten haben wird. Vielleicht könnt ihr sogar die Position des Hauses noch beeinflussen und eure Gartenform so definieren, wie es euch gefällt.

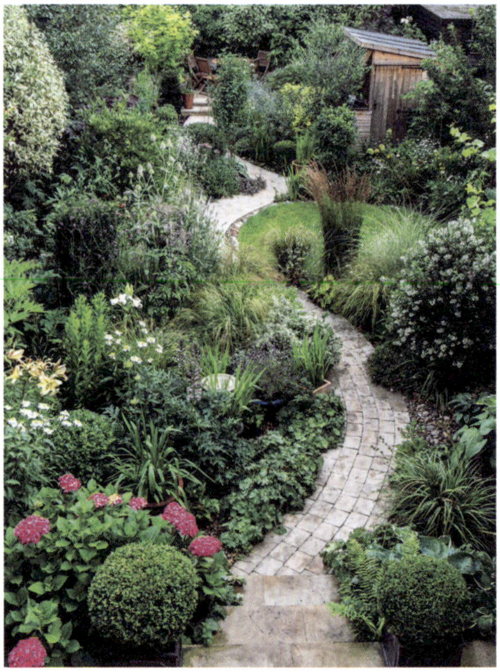

Ein geschwungener Weg macht den Garten spannend und vergrößert ihn optisch.

DER SCHMALE GARTEN

Der schmale Garten, auch „Handtuch“ genannt, ist wohl einer der am weitesten verbreiteten Gartentypen. Denn fast jedes Reihenhaus verfügt über einen solches „Handtuch“. Es gibt aber keinen Grund angesichts eines solchen Gartens den Kopf in den Sand zu stecken – mit ein paar Tricks lässt sich daraus ein spannender Außenraum herstellen.

Optische Hindernisse und Breite betonen

Das Wichtigste ist, dass ihr das Auge daran hindert, den Garten entlang der Grenze von vorne bis hinten auf den ersten Blick zu erfassen. Optische Hindernisse sind die Zaubertricks, die das vorbeugen. Das können Bäume, Sträucher, eine Pergola oder kleine Hecken sein. Hauptsache die Blickachse wird unterbrochen. Der zweite wichtige Punkt sind Elemente, die die Breite des Gartens betonen. Achtet deshalb darauf, dass die Fugen von Holz- oder Plattenbelägen parallel zum Haus verlaufen und nicht in Längsrichtung. Auf diese Weise wird das Auge automatisch entlang der Fugen geführt und der Blick geht in die Breite.

Für Schwung sorgen

Sehr gut funktionieren auch geschwungene Wege und Beete. Denn ein geschwungener Weg vergrößert den Garten optisch und führt das Auge ganz automatisch entlang seiner Schwünge, von der einen Gartenseite auf die andere. Wenn ihr den Weg in einem rechten Winkel anlegen möchtet, solltet ihr darauf achten, dass der Weg immer wieder unterbrochen wird – durch eine kleine Hecke, einen Platz oder, weil er um einen Baum herumgeführt werden muss.

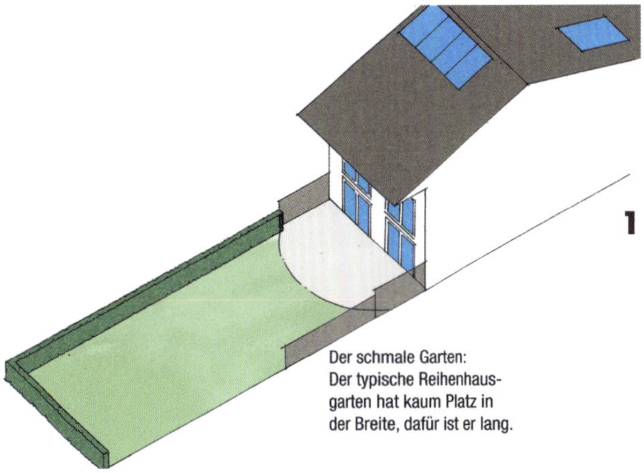

1

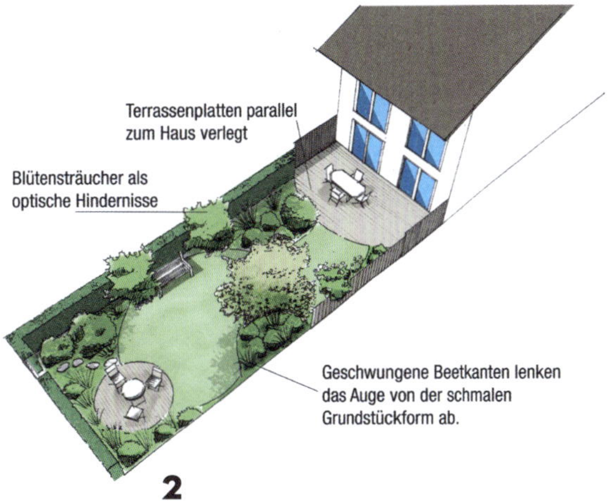

2

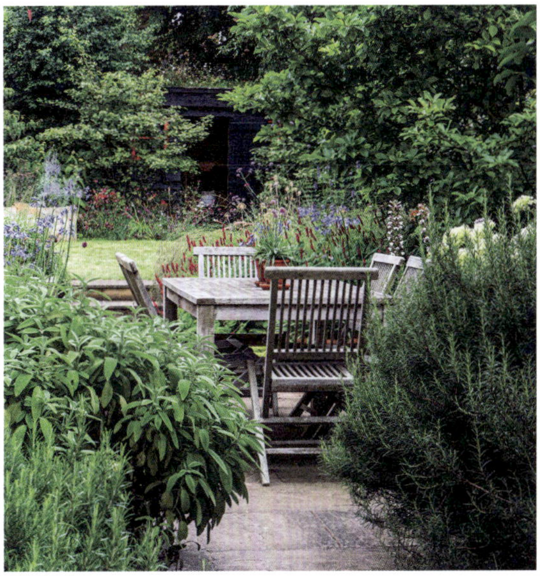

3

1. Der schmale Garten ist der typische Reihenhausgarten, auch „Handtuchgarten“ genannt. Er ist nur zwischen 5 und 8 m breit, punktet dafür aber in der Länge.

2. Mit ein paar Gestaltungstricks lässt sich auch aus einem schmalen Garten ein spannender Außenraum gestalten.

3. Die Verengung vor dem Sitzplatz sorgt für Spannung: Wir sehen nicht alles und sind umso neugieriger, was sich hinter den Pflanzen noch verbirgt.

DER BREITE GARTEN

Ein breiter Garten mit wenig Tiefe erscheint problematisch, weil beim Blick aus der Terrassentür schon sofort das Ende des Gartens ersichtlich ist und ein großer Teil des Gartens vom Haus aus gar nicht zu sehen ist. Dieser unsichtbare Teil wirkt oft wie ein toter Raum und wird nicht so richtig in das Konzept eingebunden.

Wenn ihr das Gefühl habt, von der Terrasse aus schon fast dem Nachbarn gegenüber die Hand geben zu können, könnt ihr eurem Grundstück zumindest optisch mehr Tiefe geben: Ist noch genug Platz zwischen Terrasse und Grenze, traut euch, eine starke Beetform in euren Garten zu integrieren. Optimal sind großzügige Kreise und Bögen. Sie führen das Auge automatisch weg von der Grenze und lassen es im Garten verweilen. Plant die Bögen möglichst großzügig, ansonsten ist die Wirkung einer starken Form dahin. Hier könnt ihr wieder den Gartenschlauch zuhilfe nehmen und in eurem Garten auslegen.

Die Höhe nutzen

Außerdem könnt ihr vertikale Elemente einplanen. Das können Säulenbäume sein oder ein Rosenobelisk. Sie bieten dem Auge genügend Halt, um den Blick im Garteninneren zu halten und lenken von der nahen Grundstückskante ab.

Aufteilung in Gartenräume

Ist der breite Garten nicht tief, so hat er doch einen großen Vorteil in der Breite. Hier könnt ihr euch richtig austoben. Um das Verhältnis zwischen Breite und geringer Tiefe auszugleichen, empfehle ich euch, den Garten optisch in zwei Gartenräume zu teilen. Auf diese Weise wirkt er spannender und ihr habt die Möglichkeit, die beiden Gartenteile mit unterschiedlichen Nutzungen zu belegen.

1. Ist der Garten eher breit, der Weg vom Haus zur Grenze aber kurz, kann der Garten schnell langweilig wirken.

2. Teilt ihr den Garten in zwei Gartenräume, könnt ihr ihm optisch mehr Tiefe geben und macht ihn dadurch interessanter.

1

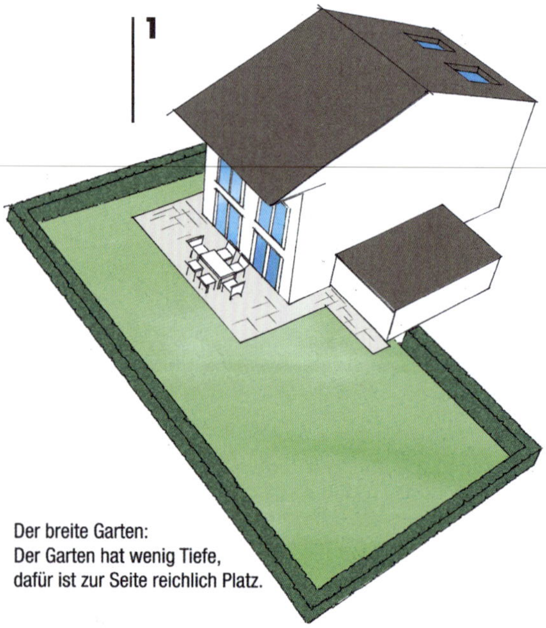

Der breite Garten:
Der Garten hat wenig Tiefe, dafür ist zur Seite reichlich Platz.

2

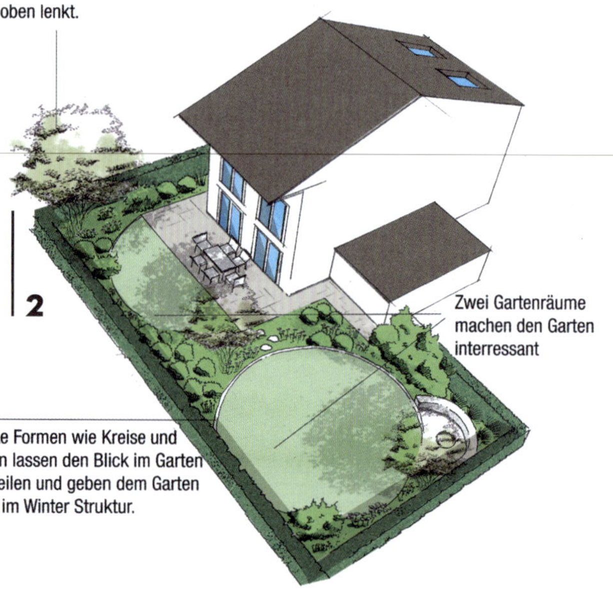

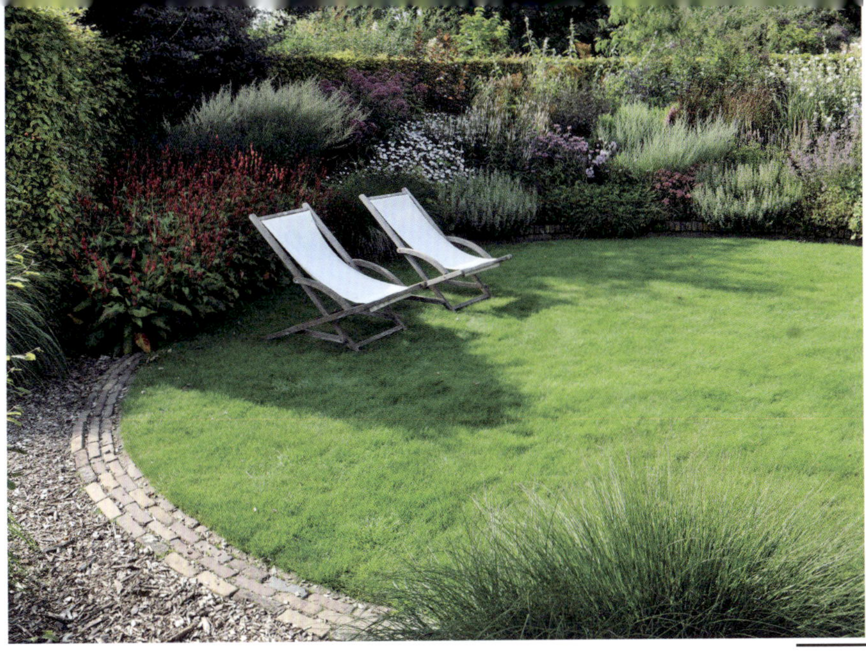

1

1. Ein Kreis als Rasenkante ist eine starke Form und definiert den Garten zu jeder Jahreszeit.

2. Quadratisch, praktisch, gut? Im Garten wirkt diese Form schnell reizlos.

3. Auflockerungen unterbrechen den Grundriss und machen den Garten spannender.

QUADRATISCHER GARTEN

Quadratisch, praktisch, gut ist selten die Grundlage für einen echten Traumgarten. Denn quadratisch bedeutet oft eben auch langweilig. Da quadratische Gärten in vielen Fällen zudem sehr klein sind, erscheint es doppelt schwierig, sie schön zu gestalten. Mit diesen Tricks könnt ihr das Quadrat auflösen und selbst in einen kleinen Garten Spannung bringen.

Optische Hindernisse

Plant Vor- und Rücksprünge in der Beetkante ein. So löst sich der Grundriss gestalterisch auf und ihr schafft spannende Details in eurem Garten. Wie im schmalen Garten ist es auch im quadratischen Garten wichtig, optische Hindernisse einzuplanen. Das kann ein Hochbeet, eine Sitzbank oder einfach ein Pflanzbeet sein, was in den Rasen ragt. Versucht den Rasen immer wieder zu unterbrechen.

Gartengrenzen auflockern

Abwechslung bringt zusätzlich eine schöne Grenzgestaltung. Ihr könnt den Übergang zwischen Rasen und Zaun oder Hecke unterbrechen, indem ihr vor dem Zaun ein kleines Pflanzbeet einplant. Ein Hochbeet oder Gräserbeet vor der Hecke

2

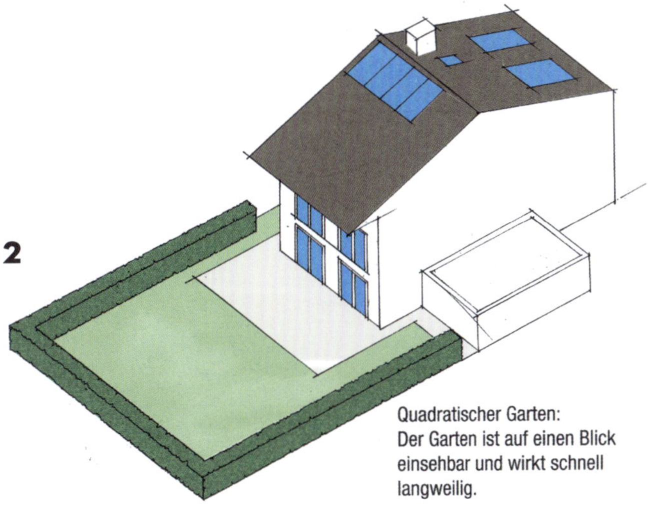

3

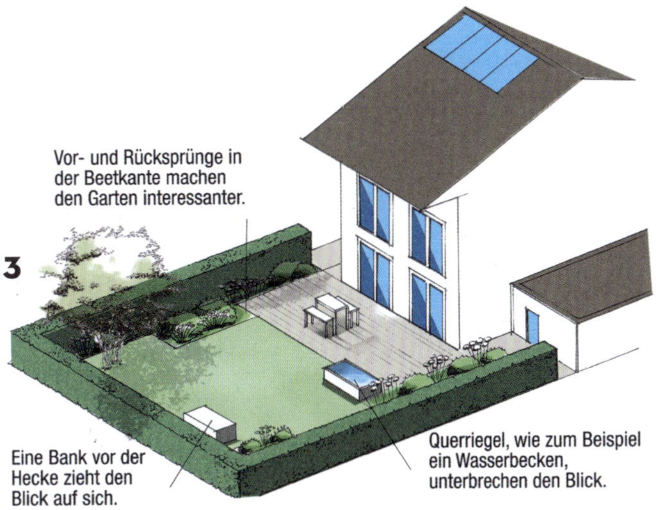

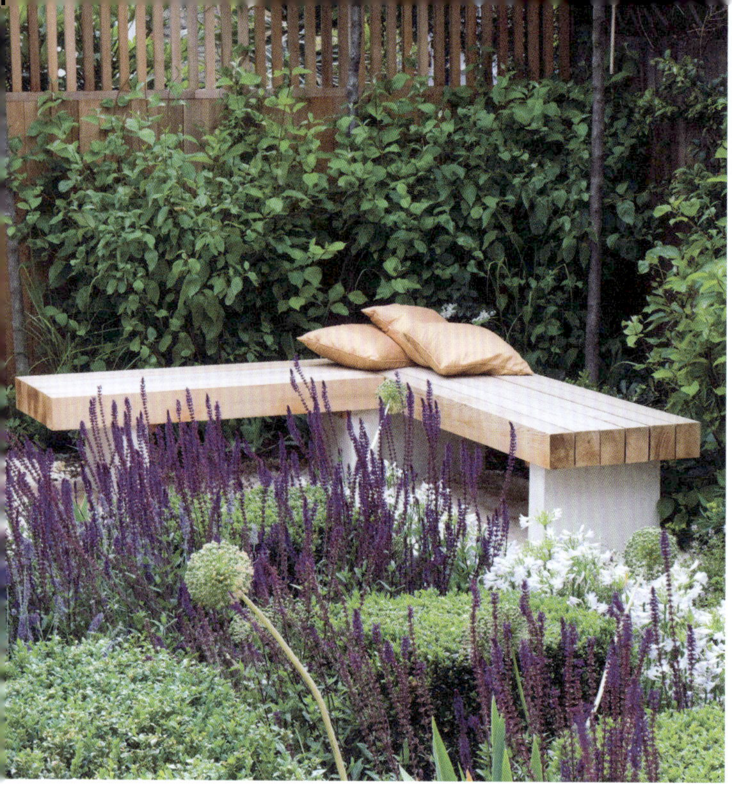

Die Sitzbank vor dem begrünten Sichtschutz unterbricht den Blick auf die Grenzgestaltung und hält ihn automatisch im Garten. Die Größe des Gartens spielt keine Rolle mehr.

Der mutig geschwungene Weg ist so dominant, dass wir die Grundstücksform nicht mehr wahrnehmen.

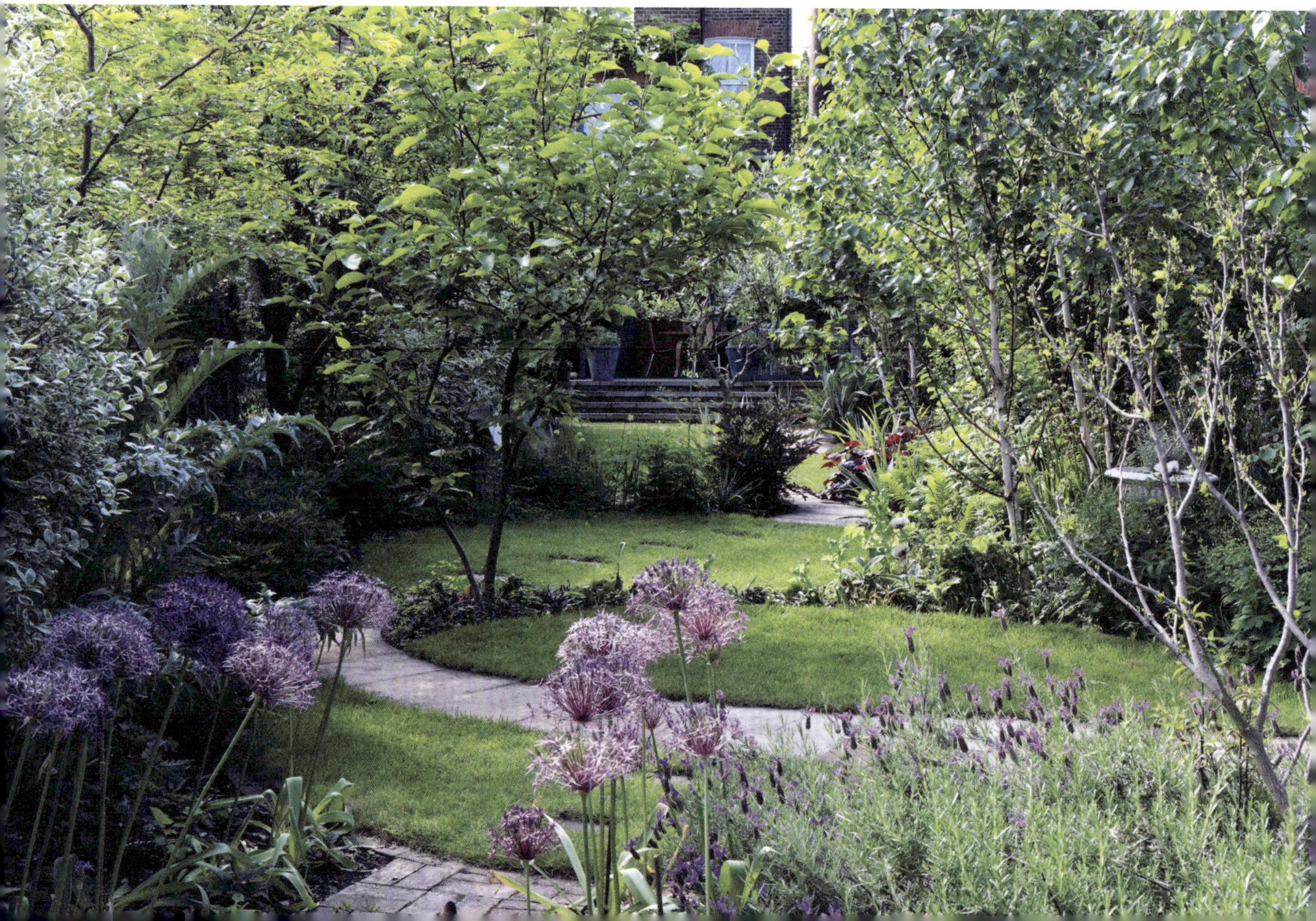

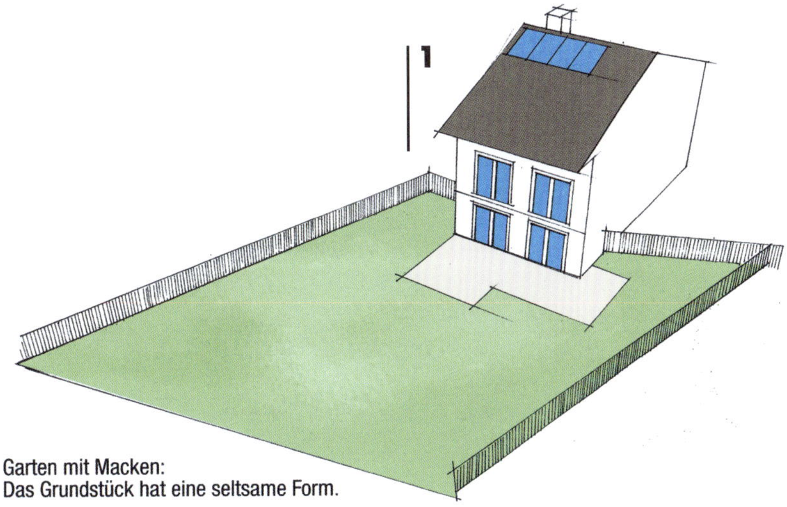

1. Durch Grundstücksteilungen oder Straßen entstehen manchmal Gartenecken, die sich schwer ins Konzept einbinden lassen.

2. Je interessanter die Formen und Elemente innerhalb des Gartens sind, desto weniger spielt der Grenzverlauf eine Rolle.

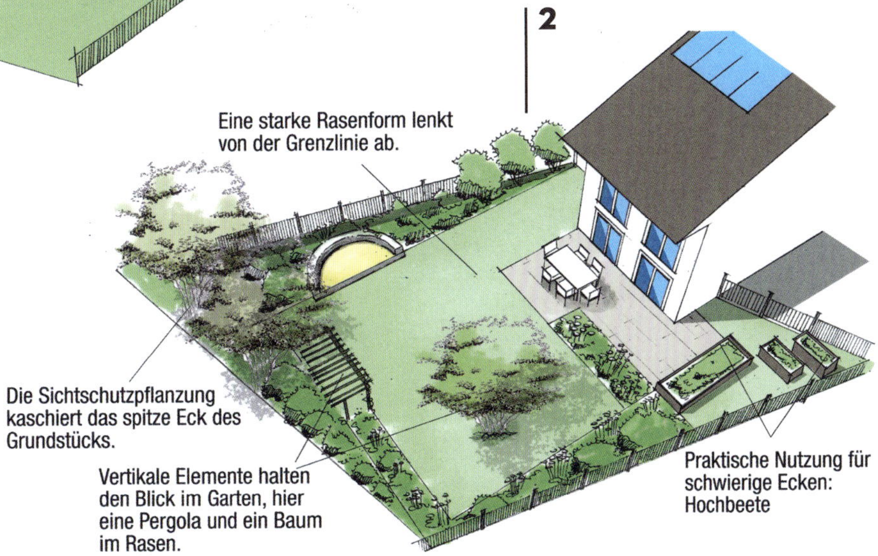

schafft einen interessanten Blickfang und lockert die strenge Gartenform etwas auf.

GRUNDSTÜCK MIT „MACKEN"

Vor allem in dicht besiedelten Wohngebieten entstehen manchmal etwas unförmige Grundstücke. Zum Beispiel, weil größere Grundstücke in kleinere Flächen umgewandelt wurden. Oft verläuft die Grenze dann schräg entlang des Hauses oder es entstehen kleine „Gartenzipfel", die den Garten unruhig erscheinen lassen. Das könnt ihr mit folgenden Tricks kaschieren: Legt eure Terrasse in der Flucht und parallel zur Hauskante an. Auch wenn die gegenüberliegende Grundstückslinie anders verläuft, sollten Haus und Terrasse immer parallel sein, um ein harmonisches Bild abzugeben.

Markante Rasenfläche

Gebt eurem Rasen wieder eine starke Form, eckig oder rund. So fällt die merkwürdig verlaufende Grundstücksgrenze gar nicht mehr ins Auge. Entlang der Grenze könnt ihr Beete schaffen, die die Linien optisch verwischen. Auf den ersten Blick wird die eigentliche Grundstücksform so nicht mehr wahrgenommen. Und wie im Beispiel des breiten Gartens helfen auch hier vertikale Elemente, wie Bäume oder ein Rosenbogen, um das Auge von der Grenze abzulenken.

Perfekte Gemüseecke

Ungünstige Ecken, die aus dem Grundstück entstehen, könnt ihr in eine Nutzfläche umwandeln. Wenn genug Sonne vorhanden ist, eignet sich der Bereich für Gemüse und Obst. Liegt der Gartenteil im Schatten, ist er vielleicht der richtige Ort für den Kompost oder den Gartenschuppen.

Terrassen und Wege – befestigte Flächen

Wenn ihr das grobe Gerüst eures Gartens geplant habt und wisst, wo Rasen, Beetflächen, Terrasse und Wege sein sollen, geht es darum, die befestigten Flächen im Detail zu planen. Geschmack, Größe eures Gartens und das Budget entscheiden mit.

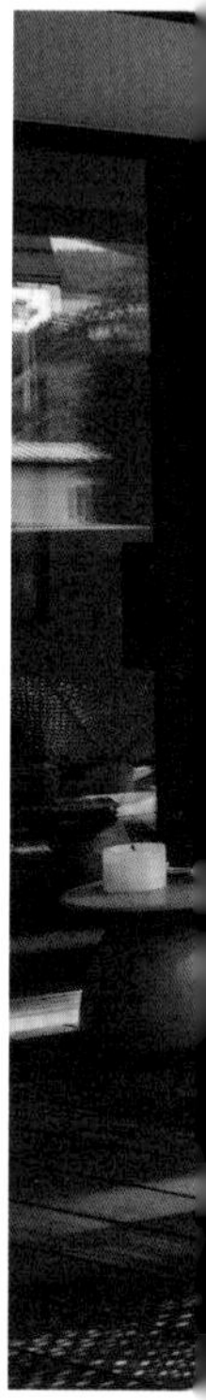

1

Die befestigten Flächen in einem Garten spielen natürlich eine große Rolle, was die praktische Gestaltung angeht: Ihr werdet euch meistens genau auf diesen Flächen aufhalten. In der optischen Gestaltung aber sollten sie nicht unbedingt die Nummer Eins spielen. Ein Garten wirkt stimmiger, wenn die befestigten Flächen optisch in den Hintergrund treten und die grünen Flächen die eigentlichen Stars sind. Ich rate euch deshalb zu eher zurückhaltenden Farbmustern bei Platten oder Pflaster. Versucht euch bei der Anzahl der verwendeten Materialien möglichst auf nur zwei verschiedene zu beschränken. Sonst besteht die Gefahr, dass der Garten überladen wirkt. Eine Kombination aus Natursteinplatten für die Terrasse und Pflaster für den Vorgarten wirkt stimmig. Kommen noch Betonplatten und eine Klinkermauer hinzu, scheint der Garten schnell stillos.

FARBEN UND ATMOSPHÄRE

Welcher Belag für euren Garten der richtige ist, hängt von eurem Moodboard ab. Vielleicht habt ihr dafür schon direkt Fotos mit Belägen ausgesucht? Auf jeden Fall habt ihr eine Atmosphäre gewählt, zu der ein bestimmter Belag besonders gut passt. Zu einem mediterranen Garten wirken helle, warmgetönte Platten stimmig, zu einem Bauerngarten Ziegelsteine und zu einem naturnahen Garten ein Terrassenbelag aus Holz. Mit einem hellen Belag könnt ihr dunkle Gartenbereiche freundlicher gestalten, dunklere Beläge fallen dagegen weniger auf. Liegt eure Terrasse in der vollen Sonne, rate ich euch jedoch von einem dunklen Belag ab. Dieser heizt sich im Sommer so auf, dass er kaum noch barfuß begehbar ist. Schaut auch, dass die Verbindung von Haus und Garten passt. Wenn ihr im Wohnzimmer einen Holzbelag habt, könnt ihr den Bereich außen optisch verlängern, indem ihr die Terrasse auch aus Holz gestaltet. Wand- oder Sockelfarbe sowie die Fensterrahmen geben Farbakzente. Achtet darauf, dass euer Belag damit harmoniert. Je auffallender euer Haus in der Außengestaltung ist, desto schlichter sollten die Materialien im Garten ausfallen.

VERLEGERICHTUNG UND GRÖSSEN

Fugenbild und Formate des Belags haben einen wichtigen Einfluss auf die Gestaltung: Soll der Garten

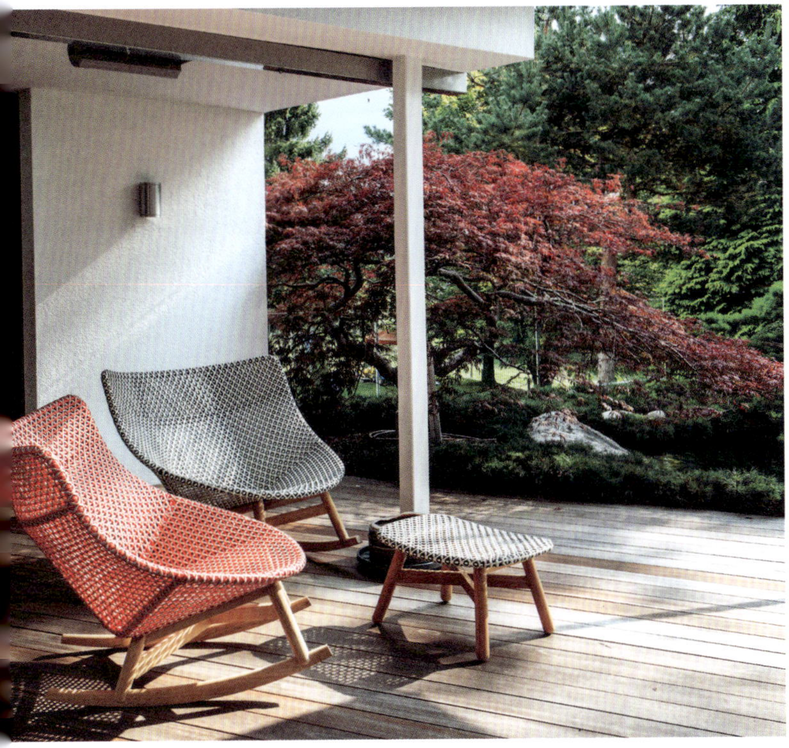

1. Die Fugen des Holzdecks führen vom Haus weg und machen die Terrasse so optisch länger.

2. Pflaster, Platten, Splitt und Mauer passen hier gut zusammen, weil sie in den gleichen Farbtönen gehalten sind.

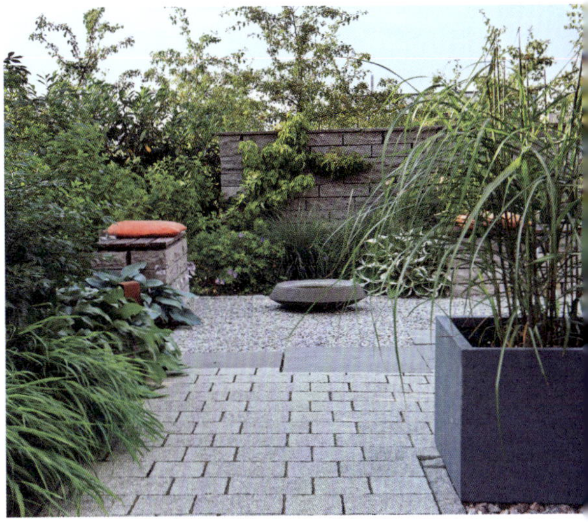

2

breiter wirken, ist ein Belag zu wählen, der parallel zum Haus verläuft. Ziehen sich die Fugen über die gesamte Breite der Terrasse, wird der Blick automatisch verlangsamt und der Garten erscheint breiter. Soll der Garten länger wirken, macht ein Belag Sinn, dessen Fugen weg vom Haus führen. Diese Optik ist dynamischer und zieht den Blick geradezu in den Garten.
Als Faustregel gilt: Je weniger Fugen im Belag, desto ruhiger wirkt die Fläche. Deshalb eignen sich große Terrassenplatten auch für kleine Gärten: Sie passen sich in ihrer Schlichtheit an. Anders sieht es bei den momentan angesagten Kreuzfugen aus: Sie betonen kleine Flächen sehr – verwendet sie deshalb nur auf ganz großen Terrassen und Sitzplätzen (ab 25 m²).

NACHHALTIGKEIT

Nur wenn ihr euch für Holz oder Stein aus eurer Region entscheidet, könnt ihr sicher sein, dass sowohl Abbau als auch Produktionsbedingungen nachhaltig sind. Diese Produkte sind in aller Regel deutlich teurer als Ware aus Fernost oder Südamerika. Aber jeder, der sich überlegt, wie aufwendig es ist, Natursteine aus den entlegensten Ecken der Welt zu uns transportieren, kann sich ausrechnen, dass diese Steine eigentlich viel teurer sein müssten, würden die Arbeiter gerecht bezahlt werden und der Abbau nachhaltig erfolgen. Überlegt euch, wie lange ihr Freude an euren Gartenplatten haben werdet und wie hoch der Preisunterschied zwischen den günstigen Platten vom anderen Ende der Welt und den teureren aus der Region in ein paar Jahren noch sein wird. Ist das Budget knapp, lassen sich vielleicht auch gebrauchte Platten auftreiben.

PLATTENBELÄGE

Platten wirken großzügig, da sie wenig Fugen haben und in großen Formaten angeboten werden. Sie passen zu einem eleganten, modernen Gartenstil. Da sie besonders eben sind, sind sie für Sitzplätze sehr gut geeignet. Sie sollten mindestens 40 × 40 cm groß sein, sonst liegen sie nicht fest. Werden die Platten nicht mit dem Auto befahren, reicht eine Dicke von 3 cm. Die Natursteine Granit, Gneis und Porphyr sind am stabilsten. Aber auch Muschelkalk oder Sandsteine können verwendet werden. Vorsicht bei Kalksteinen: Sie sind nur bedingt frosthart (eine Ausnahme ist Travertin). Gesägte Naturstein-

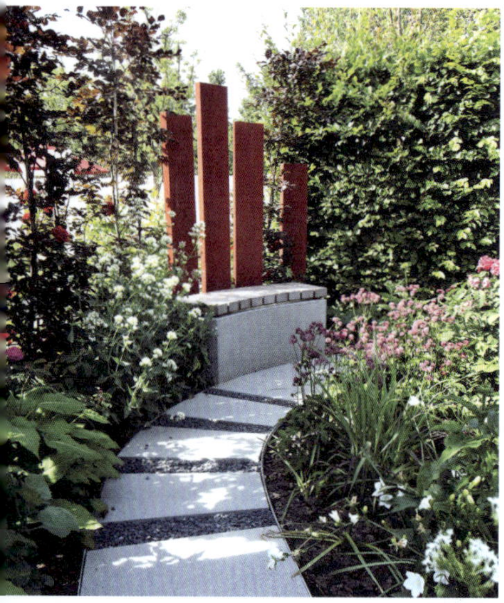

1

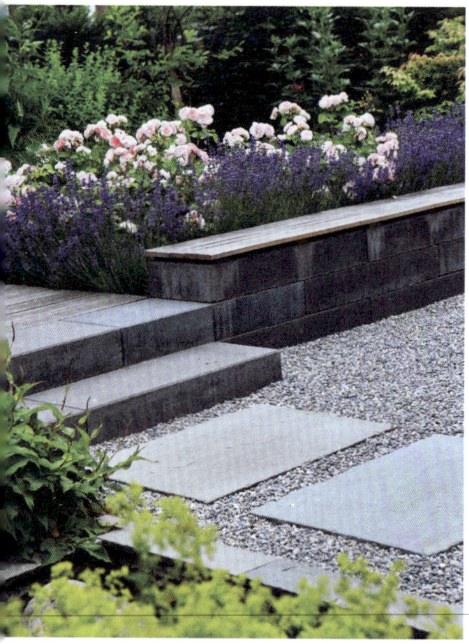

2

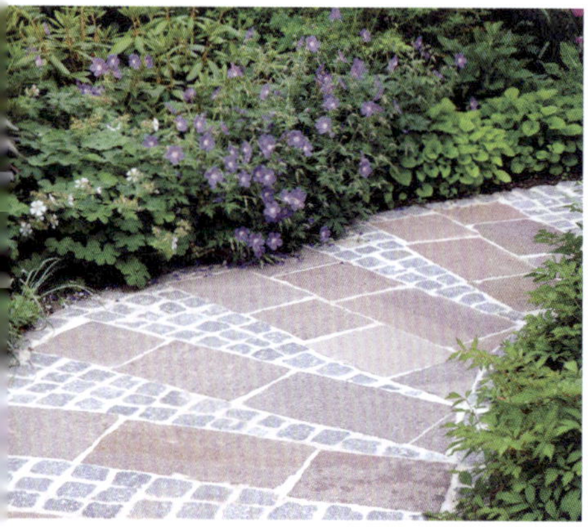

3

1. Mit Fugen aus Splitt lassen sich Platten auch auf gebogenen Wegen verlegen.

2. Große Platten passen vor allem zu einem modernen Garten mit geraden Flächen.

3. Auch das geht: Pflaster und Platten kombiniert. Achtet in dem Fall aber darauf, dass die Farben gut miteinander können.

platten eignen sich für Gartenmöbel am besten, da sie 100 Prozent eben sind, im Vergleich zu etwas rustikalen spaltrauen Natursteinen. Platten aus Beton können an Formen, Farben und Haltbarkeit mit Natursteinplatten durchaus mithalten. Allerdings werden sie im Laufe der Zeit etwas abgetragener. Die beim Naturstein gewollte Patina wirkt bei Betonsteinen schnell schäbig. Letztendlich ist es aber natürlich eine Frage des Preises: Ein Quadratmeter verlegte Natursteinplatten bedeutet im Allgemeinen mindestens die doppelten Kosten im Vergleich zu einem Quadratmeter verlegter Betonplatten.
Ein eher neueres Material sind Keramikplatten. Es gibt sie in unzähligen Farben und Mustern, da ist für jeden Geschmack etwas dabei. Achtet beim Kauf auf frostbeständiges Material. Manchmal werden Steingutfliesen angeboten, die allerdings nur für den Innenraum geeignet sind.

Nachteile

Große Platten eignen sich vor allem für große Flächen mit geraden Kanten. Habt ihr runde Sitz- oder Terrassenflächen oder sind eure Wege und Sitzflächen sehr kleinteilig, sind große Platten schwer zu verlegen. Zwar können die Platten auf die passende Größe zurechtgeschnitten werden, aber das ist zeitaufwendig. Außerdem verlieren die Platten an Stabilität, wenn sie zu klein verlegt werden.

PFLASTER UND KLINKER

Kleinere Pflaster oder Klinker eignen sich sehr gut für unruhige oder runde Formen von Sitzplätzen. Wegen ihrer geringen Größe könnt ihr sie den Randbedingungen besser anpassen. Auch kleinere Unebenheiten im Boden lassen sich mit einem Pflaster leichter ausgleichen. Während Platten auf Grund ihrer Größe schlecht auf Höhenunterschiede ausgerichtet werden können, ist das bei kleinerem Pflaster kein Problem. Die meisten Pflasterbeläge können je nach Untergrund sogar mit dem Auto befahren werden. Wie bei den Platten gibt es schönes Natursteinpflaster, aber auch edel wirkendes Betonpflaster. Die Pflegehinweise sind dieselben wie bei den Platten: Naturstein kann besser gereinigt werden und hält deshalb länger.
Eine Besonderheit bilden Klinkerbeläge. Sie kommen ursprünglich in Gegenden vor, in denen es keine Natursteinvorkommen gibt, zum Beispiel in Norddeutschland. Die

aus tonigem Material gebrannten Steine sollten mit der Umgebung harmonieren. Neue Klinker haben oft grelle Farben und passen nicht zu allen Häusern, schaut also zuerst, ob sie sich farblich eurer Nachbarschaft anpassen. Wenn ja, lassen sich mit Klinker ansprechende Wege und Terrassen bauen. Am attraktivsten sind gebrauchte Klinker, sie haben eine schöne Patina. Da Klinker sehr lange haltbar sind, lohnt sich durchaus eine Suche in den Kleinanzeigen. Gefallen euch Gartenstile wie Bauern- oder Cottage-Gärten bieten Pflasterbeläge oder Klinker einen perfekten Rahmen.

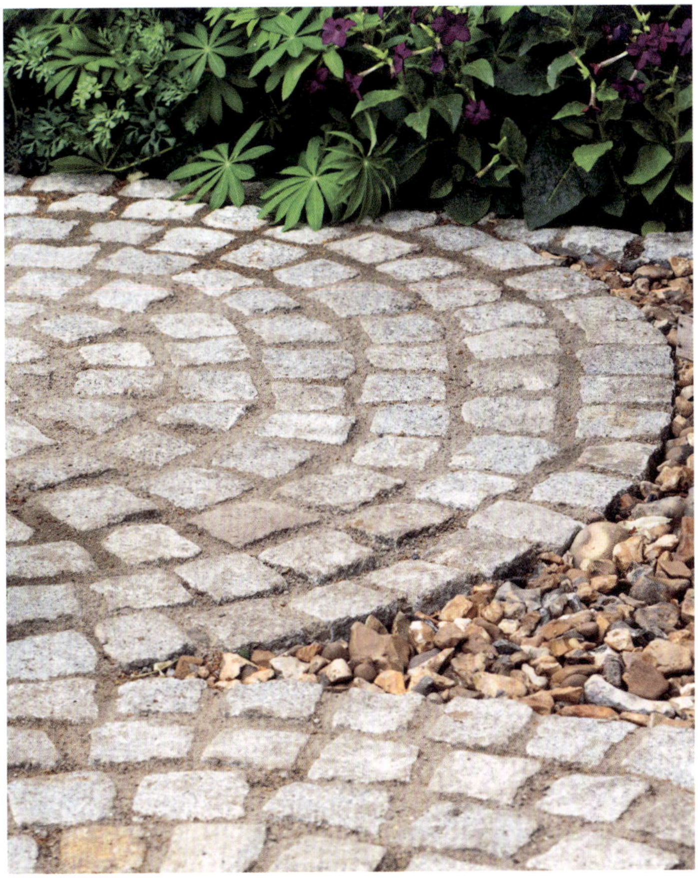

Mit Pflaster lassen sich Bögen und Rundungen am besten gestalten, das passt vor allem zu romantischen Gärten.

Nachteile

Da Pflastersteine und Klinker kleinteiliger sind, haben sie einen größeren Anteil an Fugen. Dort können sich Moos und Unkräuter ansammeln, die regelmäßig entfernt werden sollten. Die Oberfläche von Pflastersteinen ist nicht ganz eben, das heißt, eure Gartenmöbel stehen weniger gut als auf Platten. Im Vergleich zu großen Platten brauchen die Pflastersteine eine Randeinfassung zum umliegenden Gelände, da sie sonst mit der Zeit abrutschen können. Pflastersteine sind deutlich kleiner als Platten. Es dauert deshalb länger, einen Belag aus Pflaster herzustellen als aus Platten. Wenn ihr die Fläche selbst anlegt, müsst ihr mehr Zeit einplanen. Lasst ihr die Arbeit von einer Firma machen, müsst ihr mit höheren Kosten rechnen.

HOLZ

Holz ist vor allem für Terrassen ein beliebtes Material. Zwar lassen sich Wege auch aus Holz herstellen, sie sind aber etwas ungünstiger zu begehen. Das Holz wird bei Nässe oft sehr rutschig, wichtige Zugänge damit zu belegen, ist deshalb wenig sinnvoll. Eine Holzterrasse wirkt natürlich und passt sich gut der Bepflanzung und unterschiedlichen Farben am Haus an. Außerdem verstärken Holzdielen die Stimmung des Zimmers im Grünen, weil sie einen wohnlichen Charakter in den Garten bringen. Wer liebt es nicht, das Gefühl im Sommer barfuß über warme Dielen zu laufen? Anders als Steine werden Holzdielen nicht so heiß in der Sonne und können gut begangen werden. Holz ist leichter als Stein zu bearbeiten und kann schnell auf die gewünschte Größe gesägt werden. Entscheidet ihr euch für eine Holzterrasse, achtet darauf, dass das Holz „hinterlüftet" wird. Das bedeutet: Die Terrassendielen berühren nicht den Erdboden, sondern sind 15 cm über dem Gartenniveau angebracht. Dann kann die Luft unter die Terrasse strömen und die Dielen können nach einem Regen wieder gleichmäßig trocknen.

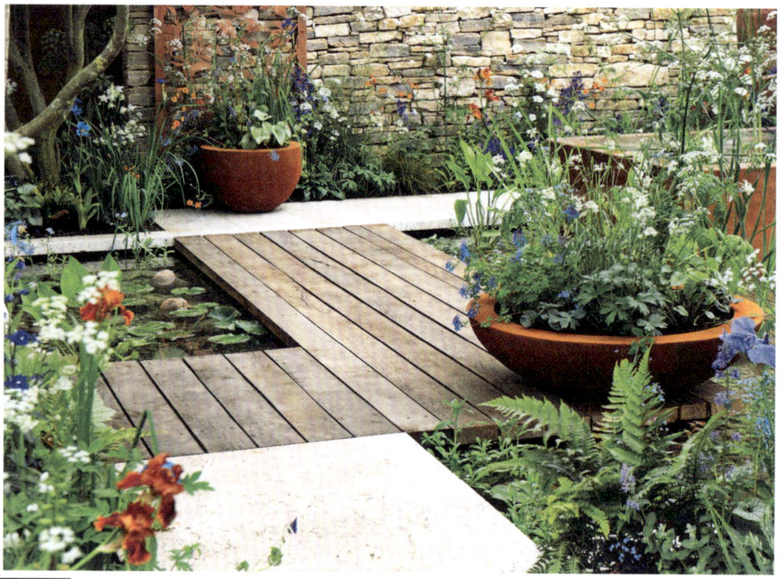

1

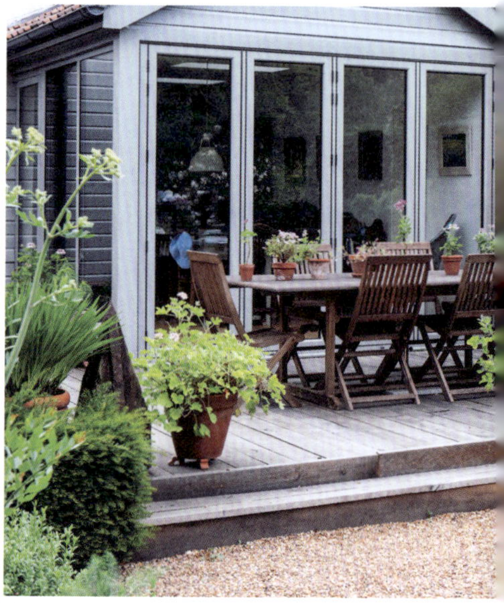

2

Nachteile

Holz ist kein dauerhaftes Material im Garten. Je nach Holzart müssen die Terrassendielen nach einiger Zeit (5 bis 25 Jahre, vorausgesetzt die Terrasse wurde fachgerecht verlegt) ausgetauscht werden. Für Nordseiten eignet sich Holz gar nicht, da hier schnell Moosbildung einsetzt und das Holz oft lange nass bleibt und schneller verrottet. Bei Holzterrassen kann es immer zu Rissbildung und damit zu gemeinen Spreißeln in den Fußsohlen kommen. Von den nicht tropischen Hölzern, bildet die Thermoesche nach meiner Erfahrung die wenigsten Risse aus. Das Eschenholz wird durch Erhitzung widerstandsfähiger gegen Pilze und Insekten gemacht und verzieht sich durch die Temperaturbehandlung später nicht mehr. Terrassen, die den ganzen Tag der vollen Sonne ausgesetzt sind, neigen erfahrungsgemäß zu stärkerer Rissbildung. Egal wie die Diele beim Kauf aussieht, spätestens nach einem Jahr ist die Farbe kaum noch zu erkennen. Denn alle Hölzer werden grau. Wollt ihr also die ursprüngliche Farbe erhalten, bleibt euch nichts anderes übrig, als die Terrasse jährlich zuerst mit einem Entgrauer und anschließend mit einem farbigen Öl zu streichen. Das ist mühsam und sicher nicht jedermanns Sache. Wenn euch also graues Holz so gar nicht gefällt, rate ich euch zu einem anderen Material.

KIES ODER SPLITT?

Kies wird aus Flüssen gewonnen und ist vom Wasser abgerundet. Durch die Rundung entstehen kaum Kratzer im Haus, sollte der Kies mal in die Wohnung geraten. Splitt ist gebrochenes Steinmaterial und hat deshalb jede Menge Ecken und Kanten. Sein Vorteil ist, dass sich die Steine so ineinander verzahnen, dass die befestigte Fläche sehr stabil ist.

Oder doch „Fake-Holz"?

Es scheint verlockend: sieht aus wie Holz und muss nie gepflegt werden. Die Hersteller WPC (Wood-Plastic-Composite) scheinen mit ihren Dielen aus einem Plastik-Holz-Gemisch alle Probleme des Holzes zu lösen. Spätestens wenn ihr eine solche WPC-Terrasse mit nackten Füßen betretet, werden ihr merken, dass das kein Holz ist. Es fühlt sich unangenehm an und wird an sonnigen Tagen so heiß, dass es barfuß nicht zu betreten ist. Wenn euch die Pflege für eine Holzterrasse zu aufwendig ist, dann entscheidet euch lieber für Steinplatten.

KIES ODER SPLITT

Kies und Splittbeläge werden relativ selten in Gärten verwendet, sind aber tolle Alternativen. Zum einen lassen sie sich wirklich jedem Gelände anpassen, zum

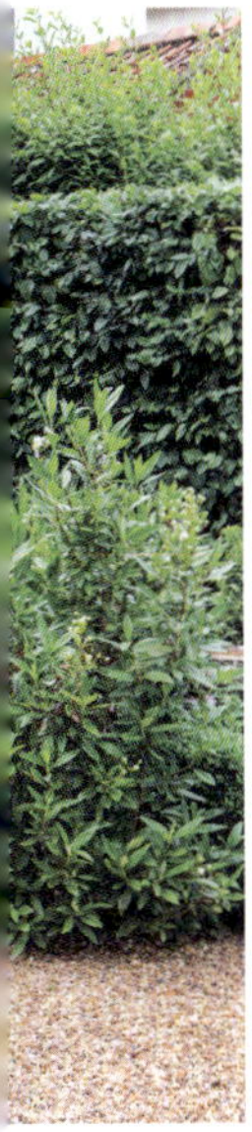

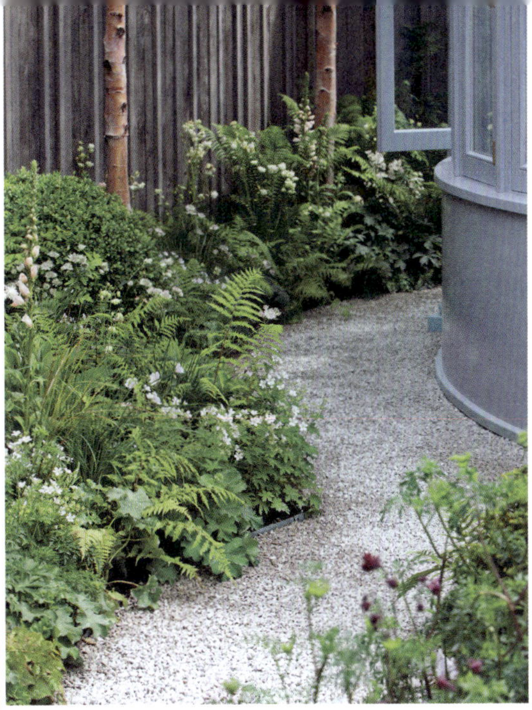

3

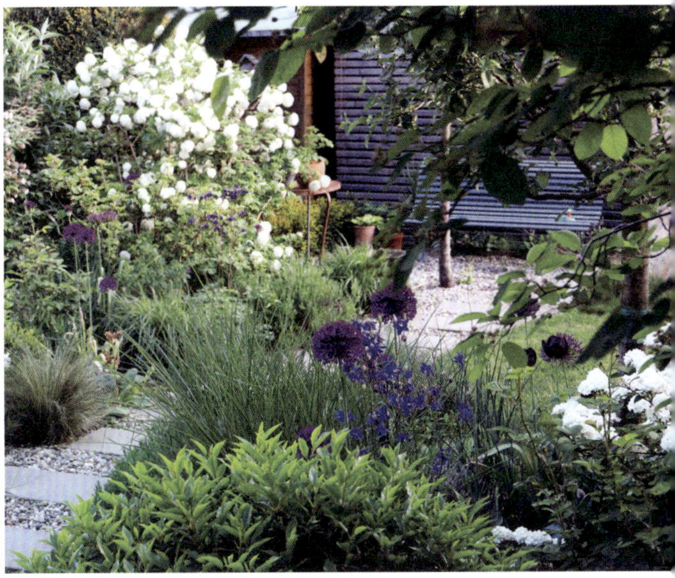

4

anderen sind die sogenannten Streudecken die kostengünstigste Variante bei der Belagsgestaltung. Trotzdem wirken sie mit der passenden Bepflanzung und schönen Gartenmöbeln alles andere als billig. Denken wir nur an die barocken Schlossgärten, dort wurden oft Streubeläge eingesetzt. Für naturnahe Gärten ist ein Kiesweg perfekt. Er rückt optisch in den Hintergrund und lässt die Bepflanzung des Gartens die Hauptrolle spielen. Gerade für Wege, die mitten durch einen Garten verlaufen, ist Kies eine gute Lösung. Mit großen Platten entsteht schnell ein „Autobahn-Charakter", ein Weg aus Kies wirkt lockerer und leichter. Kies und Splitt haben außerdem die Vorteile, dass sie sehr flexibel in der Randgestaltung sind, alle Formen von Wegen und Plätzen möglich sind und sie mit Wasserdurchlässigkeit punkten. Entwässerungseinrichtungen sind nicht nötig. Auch das spart nochmal Kosten.

Nachteile

Kiesbeläge rutschen oft seitlich ab und verschwinden in den angrenzenden Beeten. Dafür gibt es Lösungsmöglichkeiten: Kieswaben – wabenförmige Kunststoffplatten, die auf den Untergrund gelegt werden und mit einer Randbefestigung fixiert werden. In diese Waben wird der Kies eingefüllt und kann er nicht mehr wandern. Diese Waben gibt es in durchsichtigem Kunststoff, sodass sie unter dem Kies unsichtbar sind.
Durch Kiesbeläge kann Unkraut wachsen. Deshalb sollte unter den Kies ein wasserdurchlässiges Unkrautvlies. Das verhindert, dass von unten Unkraut kommt, lässt aber das Oberflächenwasser abfließen. Sind die Steine zu klein, können sie sich im Profil von Schuhen festhaken und werden dann in die Wohnung getragen, wo sie möglicherweise Kratzer verursachen. Deshalb solltet ihr für eine ausreichend große Größe der Steine sorgen. Ideal ist ein gewaschener Flusskies, Körnung 8/16: Der kleinste Stein ist nicht kleiner als 8 mm Durchmesser, der größte Stein nicht größer als 16 mm. Habt ihr kleine Kinder, solltet ihr damit leben können, dass der Kies nicht unbedingt da bleibt, wo er hingehört – die Steinchen sind ein fantastisches Material für kleine Bauarbeiter.

1. Auch für kleine Flächen super geeignet: Holzdielen im Garten

2. Holz bringt Wohnatmosphäre in den Garten, allerdings hält es nicht so lange wie Stein.

3. Kieswege lassen sich ganz einfach formen und sind wasserdurchlässig.

4. Kies kombiniert mit Schrittplatten macht das Gehen bequemer.

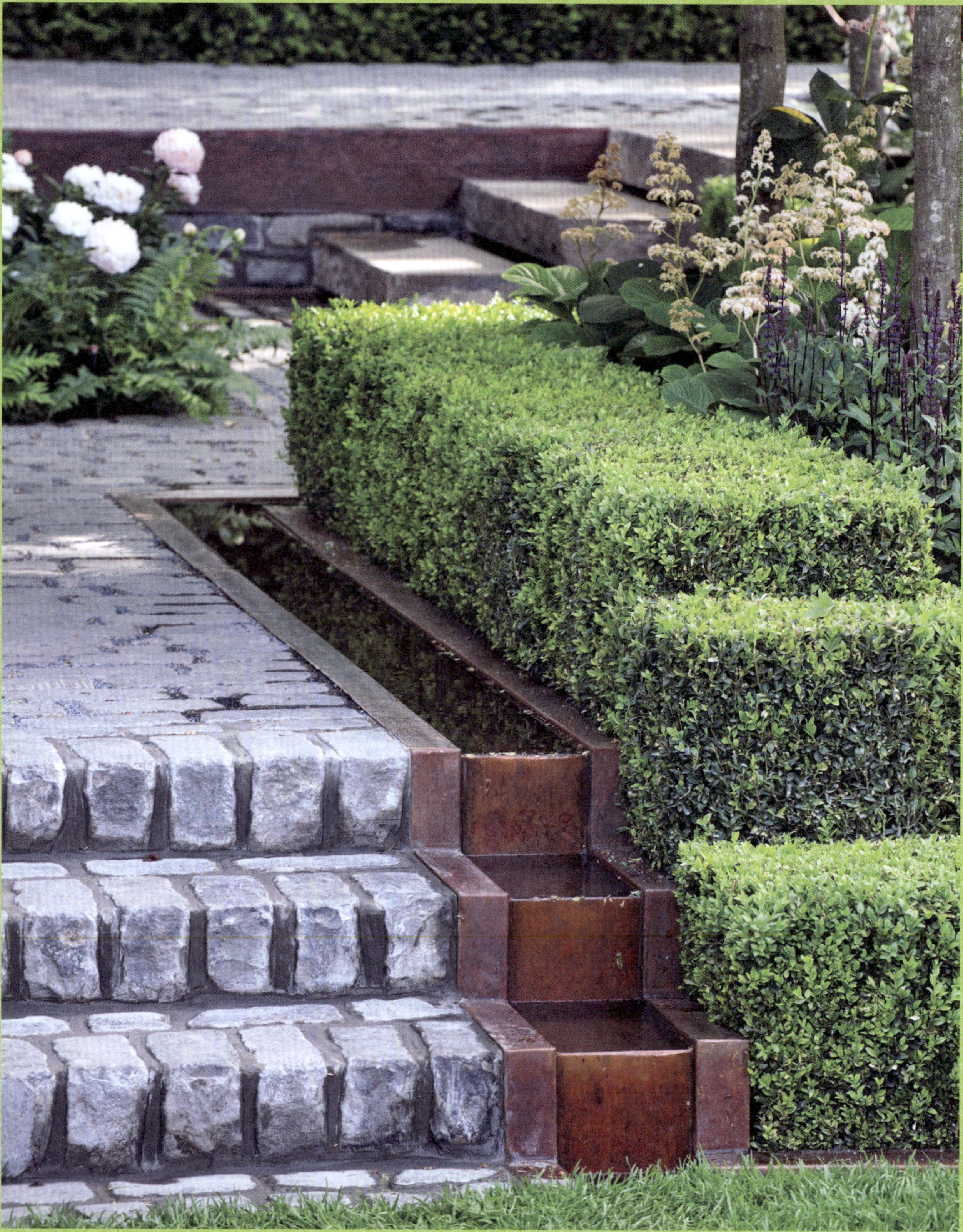

MIT HÖHEN GESTALTEN

Treppen sind nicht nur notwendige Mittel, um einen vorhanden Höhenunterschied zu überwinden. Mit der richtigen Planung könnt ihr sie zu wichtigen Gestaltungselementen in eurem Garten machen.

Höhenunterschiede meistern – Treppen und Mauern

Habt ihr einen Niveauunterschied im Garten, ist das eine gute Nachricht. Denn Mauern und Treppen sind nicht nur praktische Notwendigkeiten, sie können mit geschickter Planung zum Highlight eures Gartens werden!

Ein Hanggarten erscheint auf den ersten Blick komplizierter als ein topfebenes Grundstück. Aber es ist eine Herausforderung, die große Chancen bietet. Denn ein Hanggrundstück bringt ganz von alleine spannende Perspektiven mit sich. Der Gestaltungstrick „Räume schaffen“ ist hier sozusagen von vorneherein eingebaut und ihr könnt ihn wunderbar nutzen.

Die Schattenseiten eines Hanggartens sind natürlich die nicht nutzbaren steilen Flächen und die Mehrkosten, die ein solcher Garten mit sich bringt. Denn ohne Mauern und Treppen geht hier nichts. Mein bester Spartipp ist eine gute Planung: Zeichnet euch genau auf, wo Mauern und Treppen verlaufen sollen. Und holt euch ab einem Höhenunterschied von 1 m unbedingt fachliche Hilfe dazu. Das Bewegen von Erde und der Bau von Mauern und Treppen können Unsummen verschlingen, da ist eine professionelle Planung das A und O.

TREPPEN

Beginnt bei eurer Planung zuerst mit den benötigten Stufen. Legt fest, wo ihr Zugänge braucht und wie breit diese sein müssen. Habt ihr genug Platz, plant die Treppen großzügig. Je breiter die Stufen sind, desto flacher und einladender wirken sie. Wichtige Zugänge, wie die Stufen zum Haus, solltet ihr mindestens 1,20 m breit einplanen. Noch wichtiger als die Breite ist das sogenannte Schrittmaß. Alle Stufen müssen gleich hoch und tief sein, damit sie nicht zur Stolperfalle werden. Die Stufen im Garten haben idealerweise eine Höhe von 15 cm. Das bedeutet, ihr braucht drei Stufen um einen Höhenunterschied von 45 cm zu überbrücken. Habt ihr einen größeren Höhenunterschied, plant alle fünf bis sieben Stufen ein Podest zum Ausruhen ein. Die Treppen sind so viel angenehmer zu begehen und fügen sich besser ins Gelände ein. Hier kann auch ein Wechsel der Laufrichtung ein schönes Gestaltungselement sein.

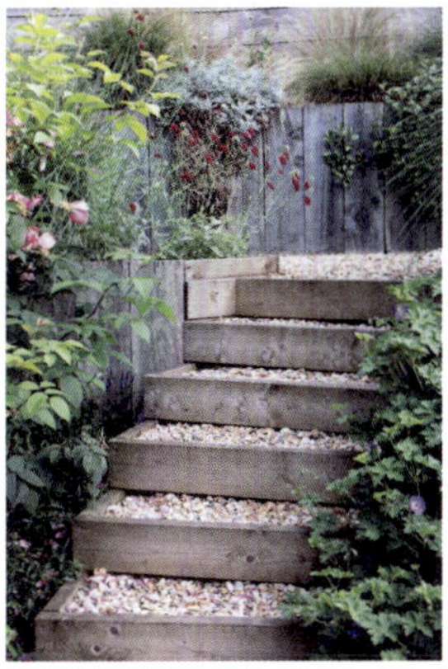

FÜR NATURGÄRTEN

Aus Holz und Splitt lassen sich attraktive Stufen gestalten. Sie passen vor allem zu natürlichen Gärten. Allerdings wird das Holz nicht dauerhaft halten. Nach ein paar Jahren wird das Holzgerüst ausgetauscht werden müssen.

Sitzstufen

Auch Sitzstufen können ein tolles Element für den Garten sein. Legt ihr ein Kissen darauf, lädt die Stufe sofort zum Sitzen oder Liegen ein. Die ideale Höhe für Sitzstufen sind 45 cm, also drei „normale" Stufen. Haltet ihr dieses Maß ein, könnt ihr Sitzstufen und Trittstufen kombinieren. Vor allem an Terrassen ist das ein schönes Detail.

Materialien für Stufen

Stufen können ähnlich wie Beläge aus unterschiedlichen Materialien sein. Naturstein, Beton, Klinker oder Holz – für jeden Geschmack und jedes Budget ist etwas dabei. Auch hier gilt: Es muss zum Gesamtbild passen. Schaut also, dass die Stufen mit den anderen Belagsflächen gut harmonieren. Betonstufen werden meist mit dem passenden Pflaster- oder Plattenmaterial angeboten. Holzstufen integrieren sich in fast jeden Garten, sind aber nicht dauerhaft haltbar und können im Winter ganz schön rutschig sein. Schön sind auch Stufen aus einer Stahlkante, die mit Pflaster oder Splitt ausgefüllt werden.

Handläufe

Bei mehr als vier Stufen können Handläufe nützlich sein. Darüber hinaus ist er vielerorts sogar Pflicht. Ist die eine Seite der Treppe zum Gelände hin offen, ist eine Absturzsicherung von 1 m Höhe oft unabdingbar. Schon ein Höhenunterschied von 50 cm sollte abgesichert sein. Achtet darauf, dass das Geländer optisch möglichst unauffällig ist. Stahl ist hier eine ästhetische Lösung.
Auch Glas ist ein optisch leichtes Material und kann für Handläufe und Absturzsicherungen gut eingesetzt werden.
Habt ihr kleine Kinder im Garten, solltet ihr das Geländer nicht mit Querstreben versehen, sondern vertikal ausfachen. So lädt es nicht zum Klettern ein. Der Abstand zwischen den Sprossen darf nicht mehr als 10 cm betragen, sodass es für ein Kind unmöglich ist, den Kopf zwischen die Stäbe zu stecken. Erkundigt euch hier bei den Landesbauordnungen nach den jeweiligen Bestimmungen.

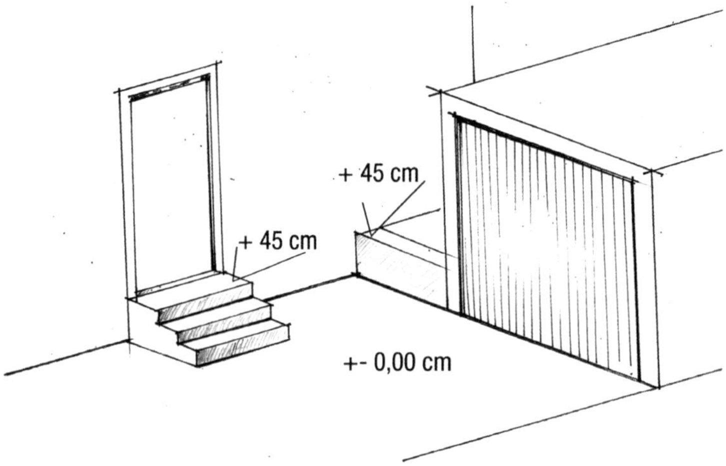

Das ideale Stufenmaß im Garten liegt bei 15 cm.

STUFEN BERECHNEN

Die Auftrittsfläche der Stufe sollte mindestens 30 cm betragen. Um auszurechnen, wie viele Stufen ihr für euren Garten braucht, könnt ihr diese Formel nutzen:

- x cm Höhenunterschied ÷ 15 cm = die Anzahl der benötigten Stufen
- In unserem Beispiel: 45 cm ÷ 15 cm = 3
- Wenn ihr jetzt die Auftrittstiefe der Stufen (30 cm) mit der Anzahl der Stufen multipliziert, wisst ihr, wie lang eure Treppe sein muss: 30 cm × Anzahl der Stufen = Länge der Treppe in cm

In unserem Beispiel: 30 cm × 3 = 90 cm

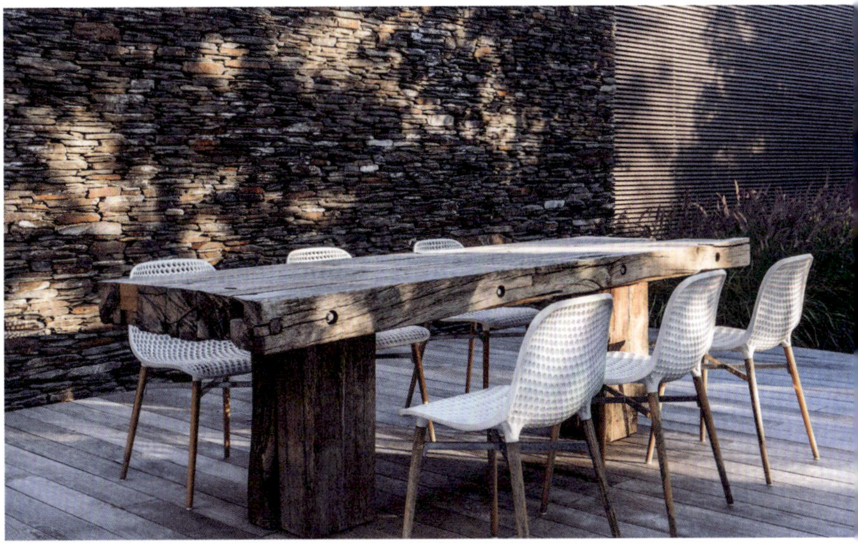

2

1

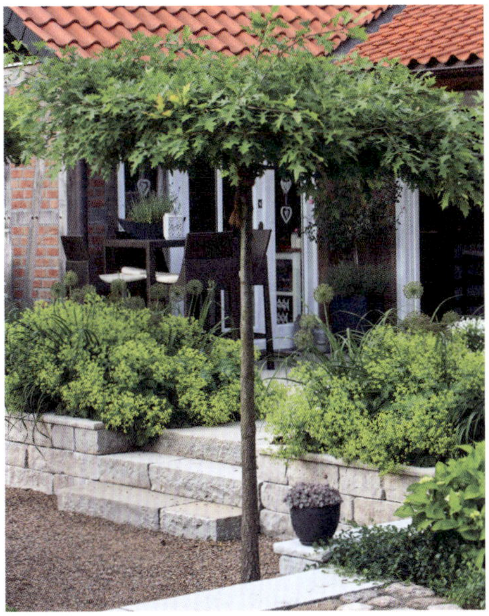

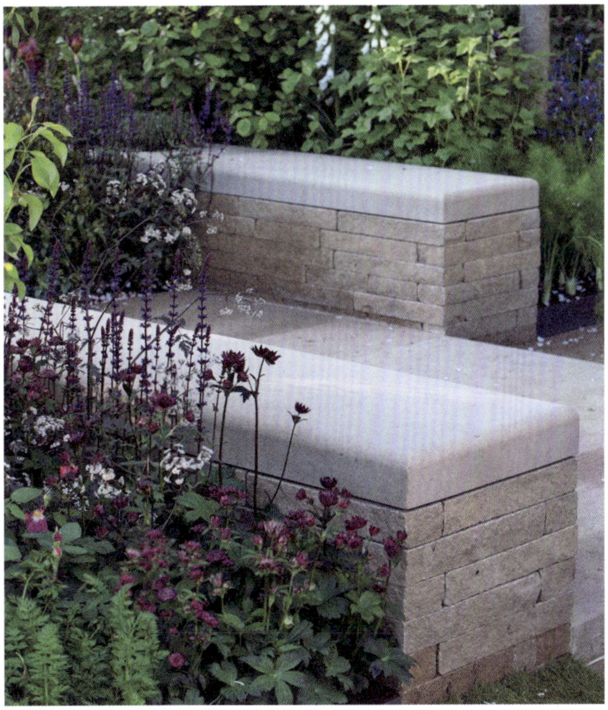

3

MAUERN

Bei den Mauern wird zwischen Stützmauern und frei stehenden Mauern unterschieden. Stützmauern sind notwendige Mauern, die das Gelände terrassieren und – wie der Name schon sagt – stützen. Freistehende Mauern sind Mauern, die als Abgrenzung oder Sitzgelegenheit dienen. Je höher sie sind, desto dicker müssen sie gebaut werden. Informiert euch deshalb bei allen Mauern rechtzeitig über statische Vorkehrungen.
Generell rate ich euch, ab einer Höhe von 1 m einen Fachmann zu

1. Eingerahmt von Beeten sind die Stufen hier wichtige Gestaltungselemente.

2. Eine handwerklich gut gebaute Mauer ist ein echtes Kunstwerk und kann zum Highlight des Gartens werden.

3. Der Kontrast aus weichen Pflanzen und harter Mauer ist besonders schön. Wenn ihr die Möglichkeit habt, Beete und Mauern zu kombinieren, bringt ihr Spannung in euren Garten.

MAUERN BAUEN

ART DER MAUER	HÖHE	WER KANN DAS?
Fertigteile aus Beton	Bis zu 2 m	Bau vom Profi
Gemauerte Mauer aus Natur oder Kunststein	Bis zu 2 m	Bau vom Profi
Geschichtete Mauer ohne Mörtel (Trockenmauer)	Bis zu 1,20 m	Selberbau möglich
Gabionen	Bis zu 2 m und höher in mehreren Lagen	Bau vom Profi
Palisaden, Stelen	Bis zu 1,80 m	Bau vom Profi, wenn über 1 m Höhe

beauftragen, denn hier geht Sicherheit vor. Eine falsch geplante und gebaute Mauer kann ins Rutschen kommen und große Schäden anrichten. Wie in Kapitel 2 (siehe S. 66) erwähnt, müssen Mauern vielerorts genehmigt werden – prüft, ob ihr eine Mauer bauen dürft, bevor ihr Steine bestellt.
Außerdem solltet ihr daran denken, dass Mauern auch die Grenzgestaltung zum Nachbarn mit beeinträchtigen können, besprecht deshalb vorab welche Konsequenzen der Mauerbau hat.

FÜR SELBSTBAUER

Denkt daran, eine Mauer braucht ein Betonfundament. Das Fundament muss frostfrei sein und braucht deshalb eine Tiefe von 80 cm. Die einzige Ausnahme ist die Trockenmauer, sie wird auf einer Schotterschicht aufgebaut.

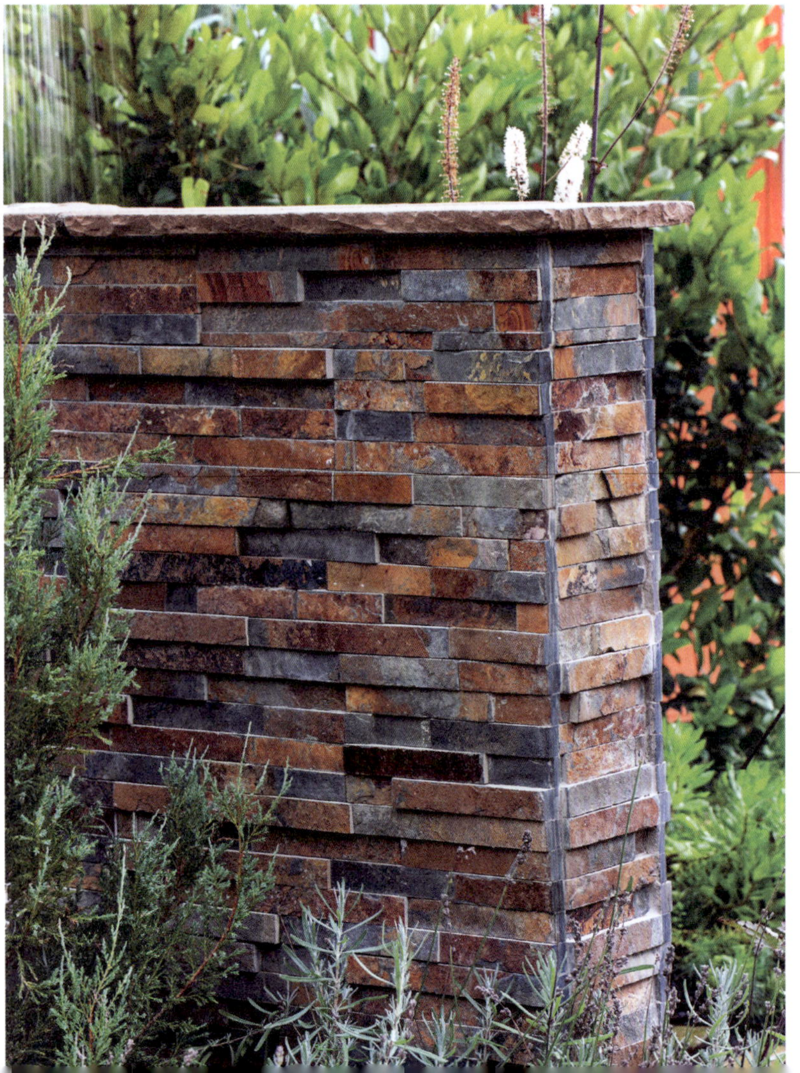

Kleinere Mauern könnt ihr mit etwas Geduld und handwerklichem Geschick auch selbst bauen.

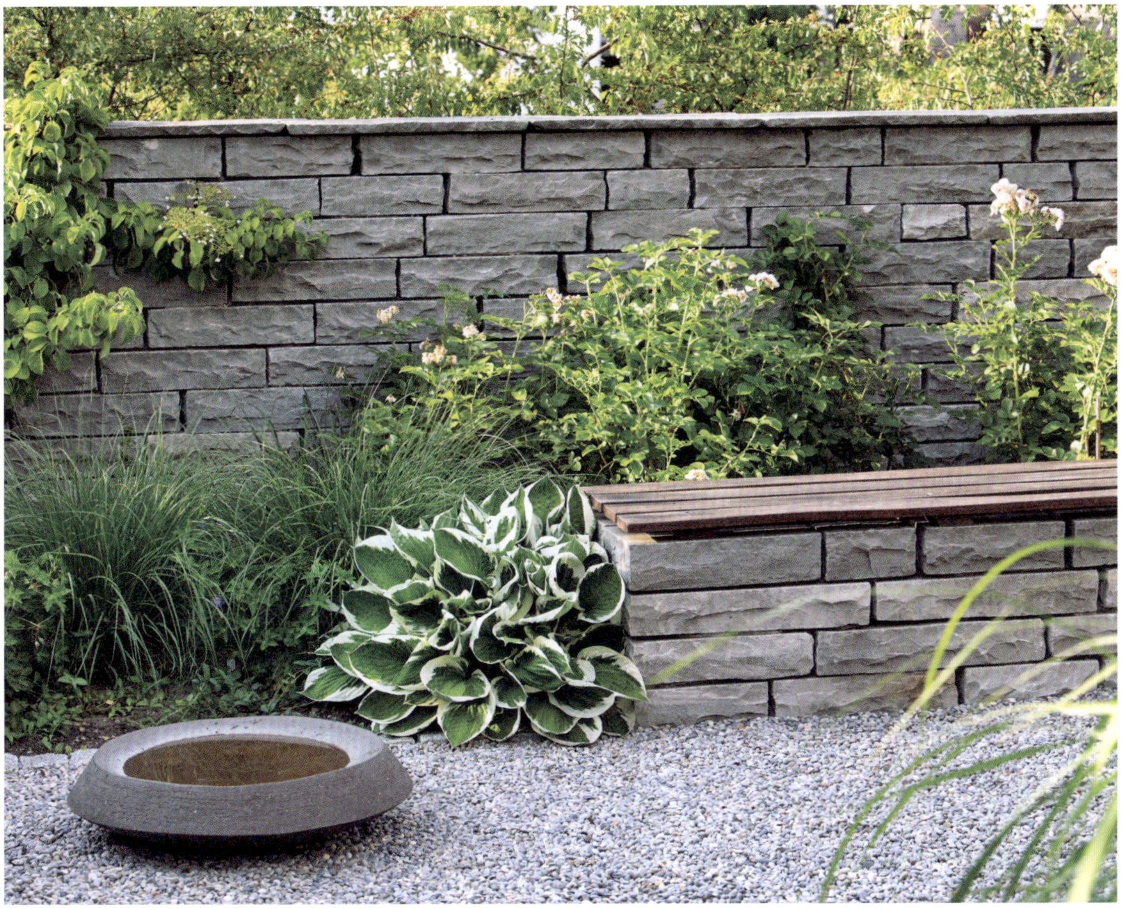

Mauern können auch eine Bank ersetzen. Mit einer Auflage aus Holz und ein paar Kissen entsteht so ein gemütlicher Sitzplatz. Die optimale Höhe der Sitzmauer sind 45 cm.

Materialien

Natursteinmauerwerk, Betonfertigteile oder Ziegel: Alles ist möglich. Das Wichtigste ist, dass die Mauer zum Haus und dem Rest des Gartens passt.

Natursteinmauern sehen auch noch nach Jahrzehnten gut aus, bei Betonmauern bilden sich oft nach einiger Zeit durch Feuchtigkeit und UV-Licht unterschiedliche Verfärbungen, die recht unschön aussehen. Holz kann im Fall von Mauern wirklich nur eine Übergangslösung sein, da es im Kontakt mit dem Gelände schnell verwittert.

Hell verputzte Mauern empfehle ich euch nur mit einer Abdeckung zu bauen. Das ist eine Platte aus Stahl oder einem Naturstein, die einen Überstand über die Mauer hat. So trifft das Regenwasser nicht auf die Mauer, sondern wird von der Abdeckung abgeleitet. Nur so sind verputze Mauern in unserem Klima über Jahre ansehnlich. Ansonsten wird der Putz nach kurzer Zeit vom Regen zerstört.

Welches Material ihr für welche Mauerhöhe einplanen könnt und ob ihr einen Profi braucht, seht ihr in der nebenstehenden Tabelle.

Gabionen – Fluch oder Segen?

Gabionen sind Drahtkörbe, die mit Steinen gefüllt werden. Meiner Meinung nach sind sie eher für funktionale und große Flächen als für einen Hausgarten geeignet. Sie wirken mit ihren Gittern und den groben Steinflächen sehr massiv. Nur wenn ihr einen sehr steilen Hang abzufangen habt und es wirklich keine andere technische Lösung gibt, sind Gabionen eine gute Wahl. Gibt es keine Alternative, lassen sie sich mit Pflanzen begrünen. Das mildert ihren groben Charakter etwas.

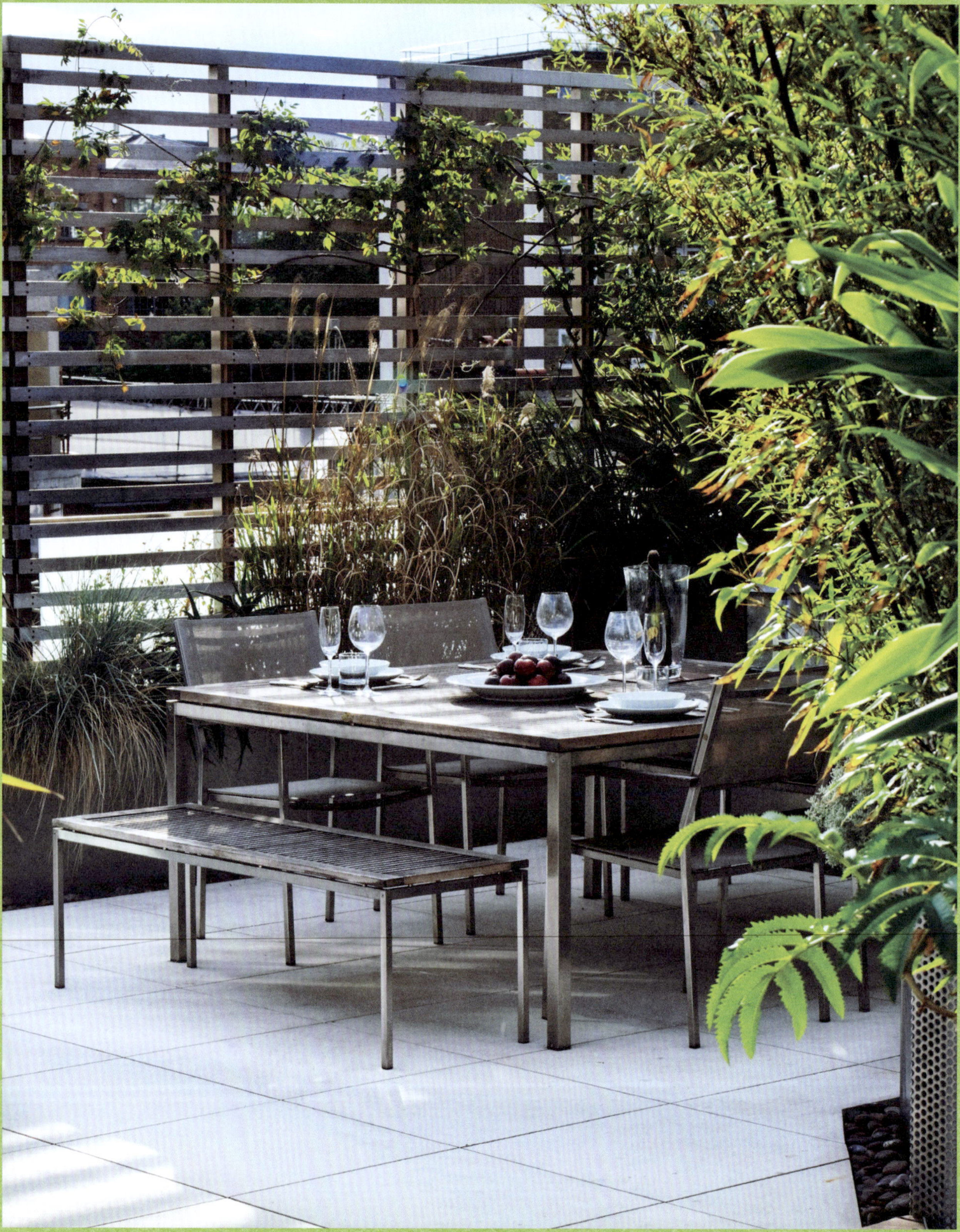

UNGESTÖRT GENIESSEN

Vor allem in stark verdichteten Wohngegenden ist Sichtschutz ein wichtiges Thema. Im Bereich von Terrasse und Essplatz möchte man gern ungestört sein. Eine begrünte Holzsichtschutzwand ist Schutz und Hingucker zugleich.

Grenzen und Sichtschutz

„Die Blumen machen den Garten, nicht der Zaun!" Dieses deutsche Sprichwort ist absolut wahr. Aber ein schöner Zaun hinter schönen Blumen kann ein echter Blickfang sein und schützt vor ungewollten Zuschauern.

Privatsphäre und Sichtschutz sind ein großer Wunsch fast aller Gartenbesitzer. Und das ist auch kein Wunder. So richtig wohlfühlen wir uns eben nur dann, wenn wir eine gewisse Sicherheit und Geborgenheit haben.
Sichtschutz im Garten bedeutet aber nicht nur, dass wir vor Blicken von außen geschützt werden. Sichtschutz bedeutet auch, dass wir auf eine „Wand" schauen – und das kann manchmal ganz schön einengen. Egal ob der Sichtschutz aus einer Hecke, einem Zaun oder einer Holzwand besteht, er hat eine große Auswirkung auf die Atmosphäre im Garten.

PRIVATSPHÄRE SCHAFFEN

In nach allen Seiten hin offenen Gärten, könnt ihr nur schwer einen kompletten Sichtschutz schaffen. Vor allem in den Städten sitzen die Nachbarn oft dicht an dicht. Den ganzen Garten einzuzäunen, macht selten Sinn und bietet in der Regel auch keinen kompletten Sichtschutz, da der Garten von den oberen Stockwerken immer noch einsehbar ist. In dem Fall ist es besser, durch Unterteilung innerhalb des Gartens dort für Sichtschutz zu sorgen, wo ihr sitzen, entspannen oder euch sonnen möchtet. Ein geschickt platzierter Baum oder ein kleines Sichtschutzelement können hier schon für einen abgeschirmten Bereich sorgen.
Erinnert euch an meinen Tipp aus Kapitel 3 (siehe S. 56): Wo findet ihr schon einen natürlichen Sichtschutz, wo würdet ihr gern sitzen? Oft lässt sich dieser dann mit einfachen Mitteln noch etwas weiter abschirmen.
Grundsätzlich gilt: Je näher ihr euch an dem Sichtschutzelement befindet, desto größer ist die Abschirmung. Je weiter ihr euch vom Sichtschutz entfernt, desto besser seid ihr von außen zu sehen. Deshalb ist es oft sinnvoller, den Sichtschutz direkt in die Terrasse zu integrieren, anstatt einen meterhohen Zaun an der Grundstücksgrenze einzuplanen.

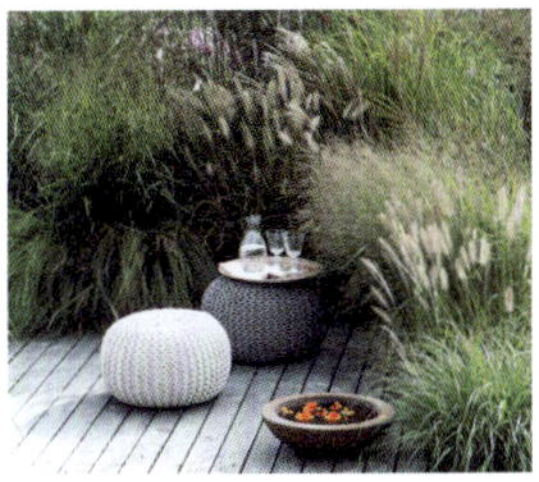

GRÄSER ALS SICHTSCHUTZ

Gräser wachsen sehr schnell und einige Arten werden sogar bis zu 1,70 m hoch. Da ist es verlockend, sie als Sichtschutz zu verwenden. Denkt daran, dass die hohen Gräser im späten Winter zurückgeschnitten werden müssen und es ein paar Monate dauert, bis sie wieder ihre volle Größe erreicht haben.

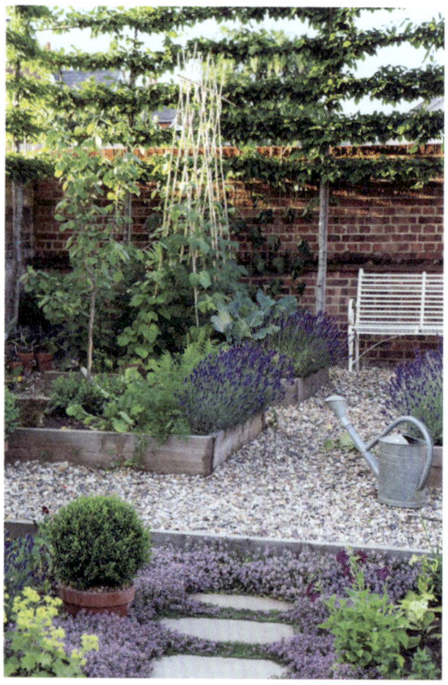

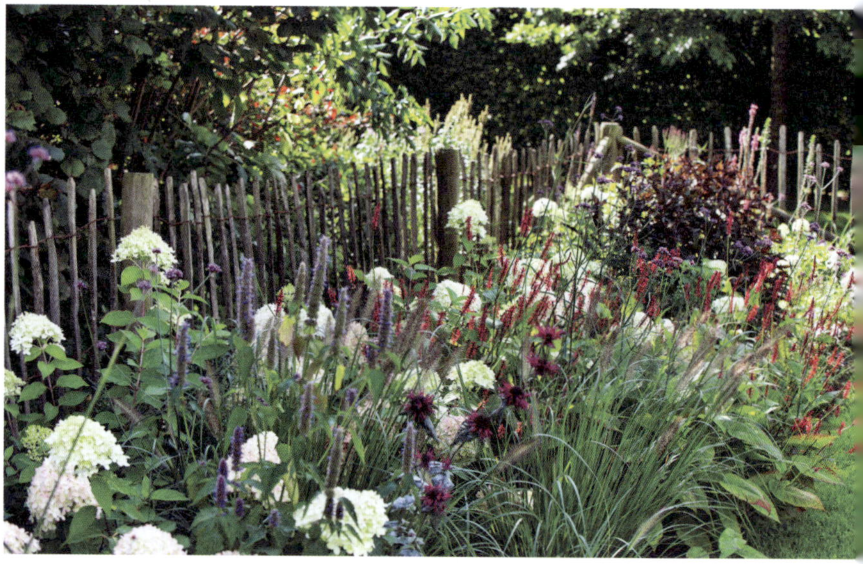

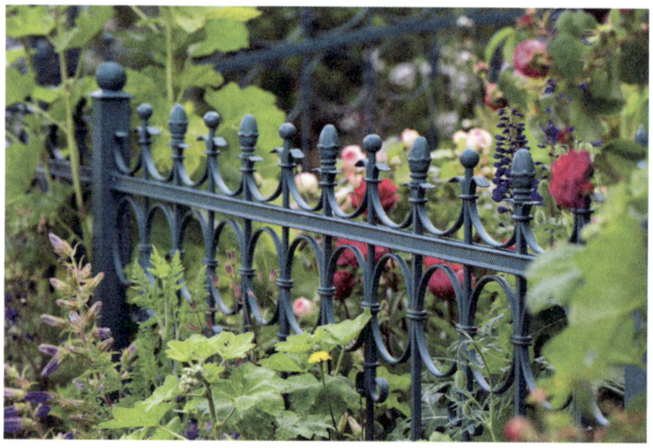

1

2

3

1. Eine Klinkermauer passt perfekt zum Küchengarten und bietet einen Rückenschutz für die Gartenbank.

2. Ein einfacher Staketenzaun passt zu einem ländlichen Garten. Sicherheit bringt so eine Konstruktion kaum.

3. Metallzäune sind sehr stabil und können je nach Ausführung ein ganz eigenes Gestaltungselement im Garten sein. Dunklere Töne passen gut zur Bepflanzung.

Die richtige Höhe

Welche Höhe der Sichtschutz haben sollte hängt davon ab, wer wie geschützt werden soll. Wenn wir stehen, brauchen wir einen Sichtschutz mit einer Höhe von 1,80 m, um vor fremden Blicken geschützt zu werden. Wenn wir sitzen, genügt 1,50 m. Für die Terrasse ist deshalb möglicherweise ein Sichtschutz mit einer Höhe von 1,50 m ausreichend, da ihr euch dort vor allem sitzend aufhaltet. Das testet ihr am besten wieder direkt in eurem Garten, indem ihr den Meterstab in die entsprechende Höhe haltet.

ZAUN, HECKE ODER BAUM?

Braucht ihr nur einen punktuellen Sichtschutz, könnt ihr mit einem Baum schon viel erreichen. Denkt aber daran, dass der Bereich um den Stamm kahl ist. Wenn ihr euch im unteren Bereich Sichtschutz wünscht, ist es vielleicht notwendig, den Baum zu unterpflanzen oder

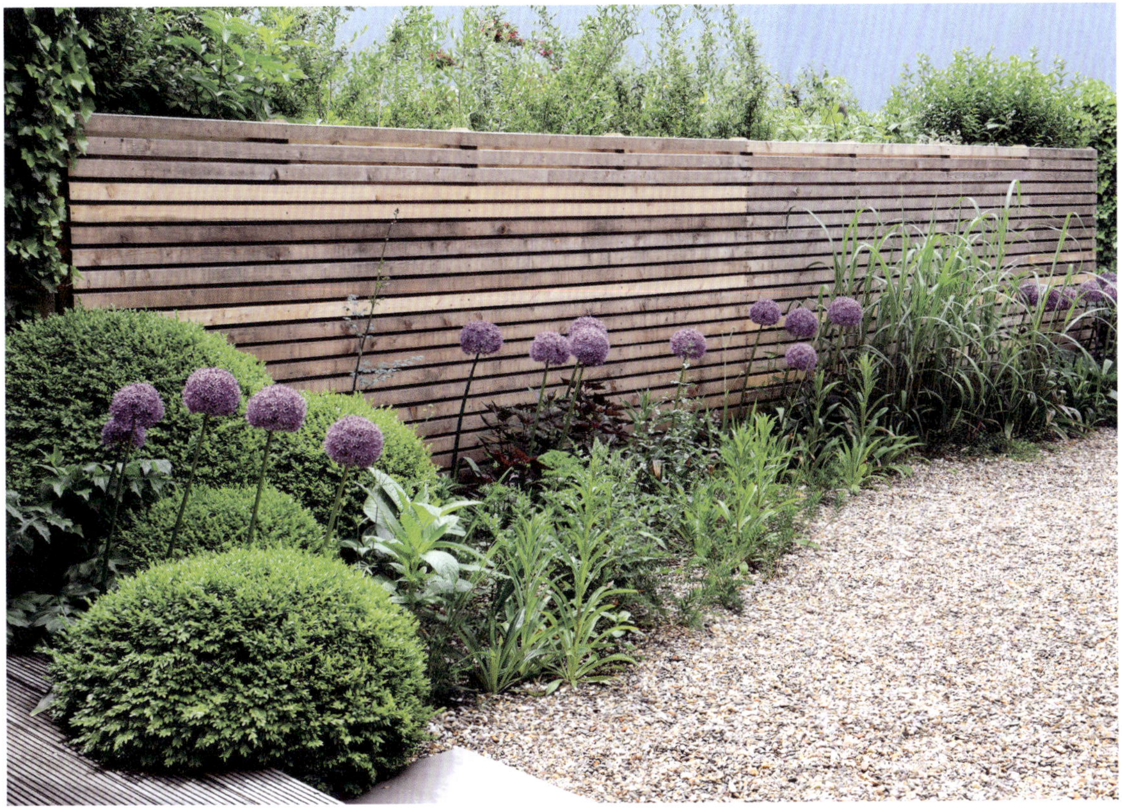

Horizontale Latten lassen den Zaun nicht so hoch wirken und eignen sich deshalb vor allem für schmale Gärten. Pflanzen lockern den Zaun zusätzlich auf.

NACHBAR-RECHT!

Zäune und Sichtschutzelemente betreffen eure Nachbarn unmittelbar. Erkundigt euch, wie hoch ihr eure Abgrenzung bauen dürft! Bedenkt bei der Planung einer Hecke, dass sie nicht nur höher, sondern auch breiter wird. In Deutschland gilt in vielen Bundesländer der Abstand von 50 cm zur Grenze: Ihr müsst mit dem Stamm der Pflanze also mindestens 50 cm von der Grenze wegbleiben.

eher einen Strauch, der unten verzweigt ist, zu wählen. Fragt euch an der Stelle auch, ob ihr einen immergrünen Sichtschutz braucht oder ob euch der Sichtschutz im Sommer reicht. Dann ist die Auswahl an geeigneten Gehölzen größer. Braucht ihr aber umfassenden Sichtschutz und geht es um Sicherheit von Kindern und Tieren, kommt ihr um eine Hecke oder einen Zaun nicht herum.

Zäune

Für Eltern von kleinen Kindern und Hundebesitzer sind Zäune eine echte Erleichterung. Auch mal ins Haus gehen zu können, ohne die Sorge haben zu müssen, das Kind rennt auf die Straße oder der Hund

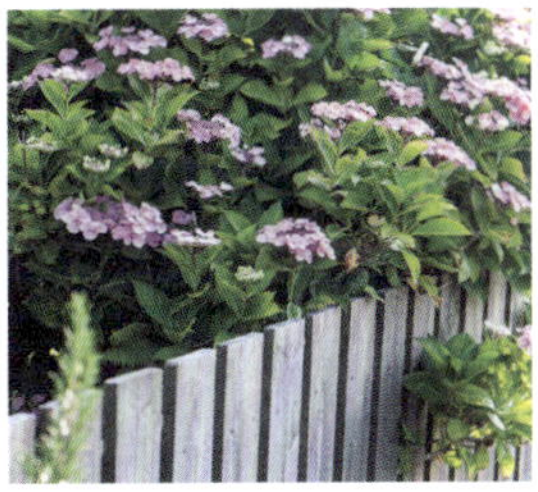

AUFGERICHTET

Die senkrechte Anordnung der Zaunlatten eignet sich vor allem für Zäune bis zu einer Höhe von 1,20 m. Sie lassen den Zaun höher wirken. Gute geeignet ist Lärchenholz.

DIE BESTEN HECKENPFLANZEN

IMMERGRÜNE, GESCHNITTENE HECKEN

- Bambus, *Fargesia* in Sorten: wuchert nicht
- Eibe, *Taxus baccata*: giftig
- Glanzmispel, *Photinia* 'Red Robin': windgefährdet
- Japanische Hülse, *Ilex crenata*: giftig
- Kirschlorbeer, *Prunus laurocerasus* 'Herbergii'
- Portugiesischer Kirschlorbeer, *Prunus lusitanica*

LAUBABWERFENDE, GESCHNITTENE HECKEN

- Hainbuche, *Carpinus betulus*
- Liguster, *Ligustrum vulgare* 'Atrovirens'
- Rot-Buche, *Fagus sylvatica*
- Spierstrauch, *Spiraea nipponica*

GEMISCHTE PFLANZUNG – FÜR VÖGEL

- Felsenbirne, *Amelanchier ovalis*
- Kornelkirsche, *Cornus mas*
- Prachtspiere, *Spiraea vanhouttei*
- Schneeball, *Viburnum opulus*
- Wildrosen, *Rosa canina, R. multiflora, R. rugosa*
- Zier-Apfel, *Malus floribunda*

HECKEN KALKULIEREN

Je nach Größe der Pflanzen braucht ihr für eine geschnittene Hecke 3 bis 4 Pflanzen pro Meter. Immergrüne Pflanzen werden mit einem Pflanztopf oder Ballen verkauft. Laubabwerfende Pflanzen könnt ihr zwischen Oktober und Februar auch als wurzelnackte Ware kaufen: Die Pflanzen werden ausgestochen und ohne Erde an den Wurzeln verkauft. Diese Variante ist deutlich günstiger. Freiwachsende Hecken brauchen deutlich mehr Platz, in dem Fall reichen euch 1 bis 2 Pflanzen pro Meter.

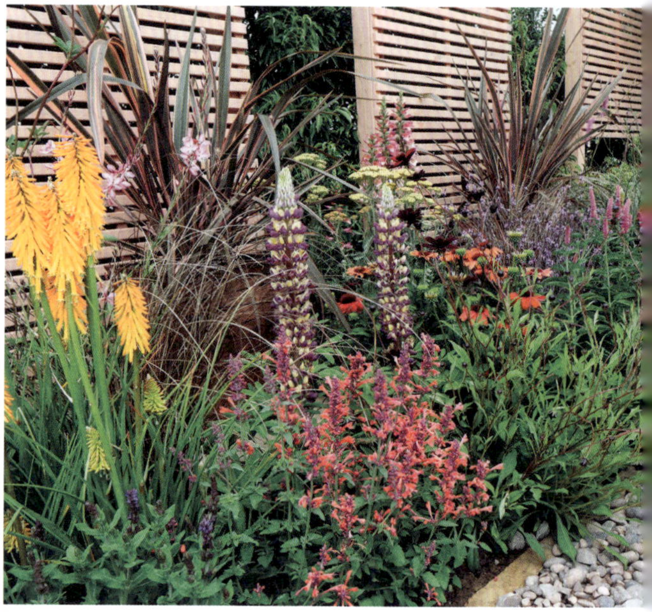

1

ist auf und davon, erleichtert das Leben ungemein. Wenn ihr offene Wasserflächen im Garten habt, müsst ihr euer Grundstück sogar umzäunen. Und ungebetenen Gästen (Mensch oder Tier) zeigt der Zaun: „Ihr müsst leider draußen bleiben".
Es gibt also gute Gründe, sich für einen Zaun zu entscheiden. Zäune werden aus Holz oder Metall angeboten. Was besser passt, hängt vom Bedarf, dem Geschmack und sicher auch von den Kosten ab. Ein Holzzaun ist günstiger, muss aber eventuell gestrichen werden und ist nicht so stabil wie ein Metallzaun. Bei den Metallzäunen empfehle ich euch eine dunkle Farbe – anthrazit oder schwarz. So fällt der Zaun viel weniger auf als in Grün und integriert sich besser in den Garten. Vorsicht bei den nostalgischen Zaunspitzen: So schön die alten schmiedeeisernen Zäune auch sind, die Spitzen sind für Kinder eine echte Gefahr.

Sichtschutzwände aus Holz

Holzsichtschutzwände haben den großen Vorteil, dass sie wenig Platz in der Tiefe brauchen und gleichzeitig relativ hoch gebaut werden können. Sie fügen sich harmonisch in die Umgebung ein und der natürliche Stoff Holz bringt immer eine wohnliche und natürliche Atmosphäre in den Garten.

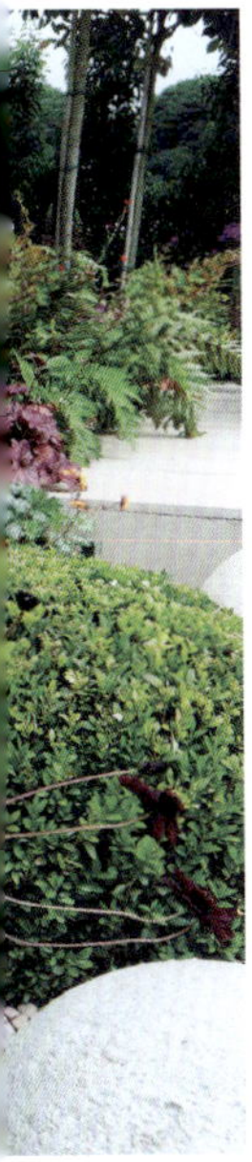

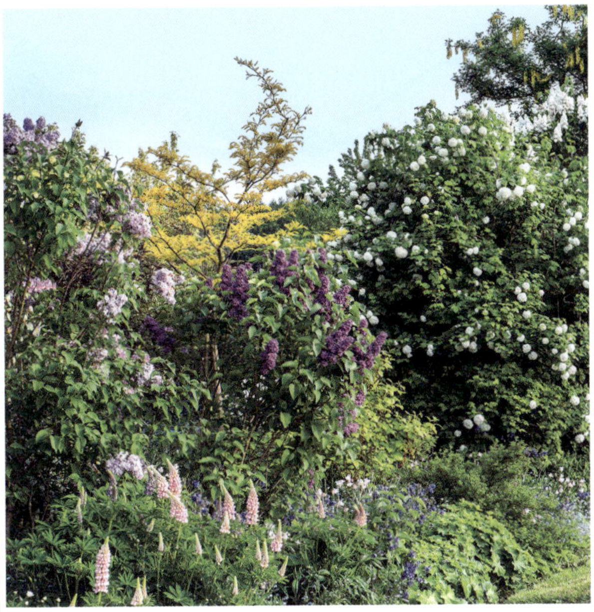

2

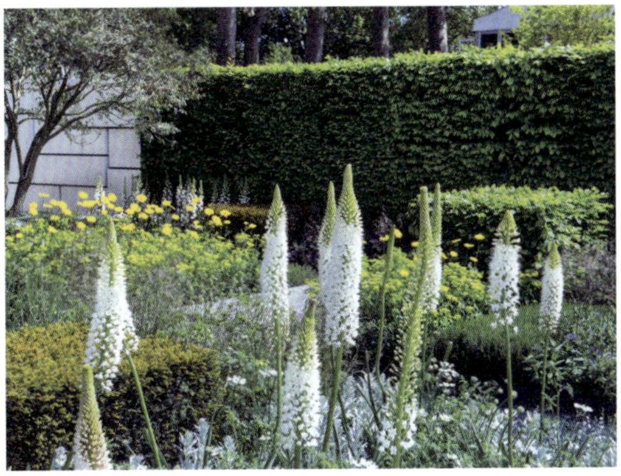

3

1. Hier wurden die Holzsichtschutzelemente durch Beete aufgelockert. Die Wände bilden den idealen Hintergrund für eine farbenfrohe Bepflanzung.

2. Gemischte Hecken bieten nicht nur einen farbenfrohen Sichtschutz, sie sind je nach Gehölzart auch für Vögel und Insekten wertvolle Nahrungsquellen.

3. Damit die Hecke so schön dicht wird, muss sie regelmäßig geschnitten werden. Gleich nach der Pflanzung sollte ein Viertel bis ein Drittel der Höhe weichen. Nur so verzweigen sich die Pflanzen schön. Später reichen zwei Schnitttermine im Jahr, um die Hecke dicht zu halten.

Es gibt im Handel viele Fertigelemente – wenige davon sind wirklich schön. Ich rate euch in diesem Fall zum Selbstbauen oder eine Firma zu beauftragen. Wichtig ist die Anordnung der Hölzer: Entscheidet ihr euch für eine horizontale Ausfachung der Sichtschutzwände, wirkt der Zaun nicht so hoch – das empfiehlt sich vor allem bei schmalen Gärten. Eine vertikale Ausfachung lässt den Zaun höher aber schmäler wirken, diese Variante ist deshalb besser für einen breiten Garten geeignet. Wie einen Zaun, müsst ihr die Holzsichtschutzwände regelmäßig streichen. Zumindest dann, wenn es euch stört, dass das Holz mit der Zeit grau wird.

Hecken

Hecken sind der klassische Sichtschutz. Sie lassen am wenigsten das Gefühl des „Eingesperrtseins“ aufkommen, was bei größeren Sichtschutzelementen immer eine Gefahr ist. Allerdings brauchen sie relativ viel Platz. 60 bis 80 cm Breite ist für eine dichte, streng geschnittene Hecke schon notwendig. Eine freiwachsende Hecke aus gemischten Gehölzen braucht mindestens 1,50 m Platz an Breite.

Bei Hecken stellt sich schnell die Frage: immergrüne oder laubabwerfende Pflanzen? Immergrün hat den Vorteil, dass auch im Winter alles blickdicht ist. Andererseits kann man an einer laubabwerfenden Hecke ganz wunderbar die Jahreszeiten erkennen und hat je nach Pflanze sogar noch Blüten. Die typischen immergrünen Hecken wie Thuja oder Kirschlorbeer bieten heimischen Tieren keine Nahrung. Wenn ihr Insekten und Vögel unterstützen möchtet, entscheidet euch am besten für eine gemischte Hecke. Sie blüht zu unterschiedlichen Zeiten und trägt zu unterschiedlichen Zeiten Früchte. So ist für die Tiere immer ein Angebot an Nahrung vorhanden.

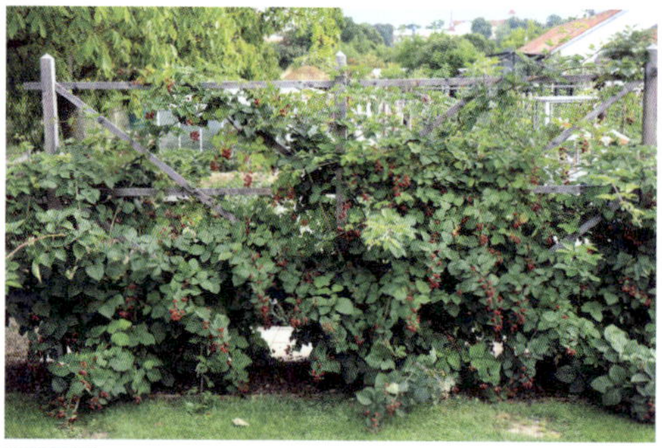

1

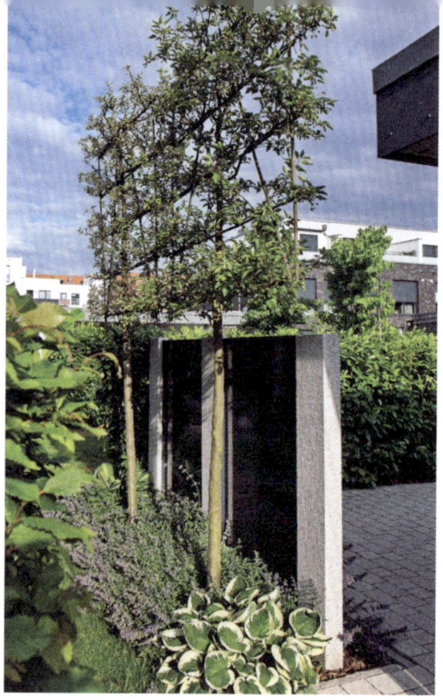

2

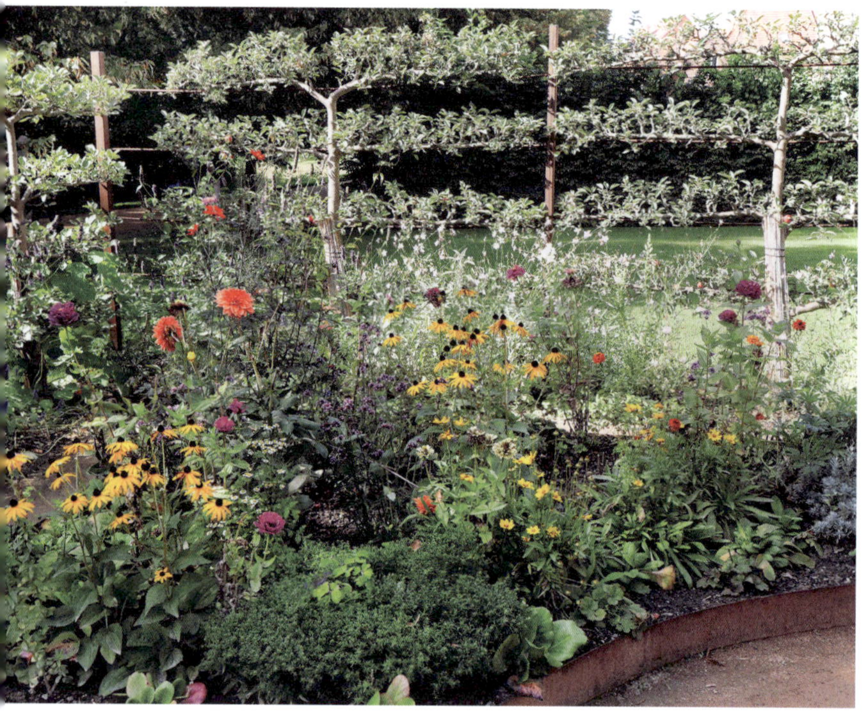

3

1. Bietet Sichtschutz und bringt Früchte: Eine Brombeerhecke als Raumteiler ist eine tolle Möglichkeit, zwei Fliegen mit einer Klappe zu schlagen.

2. Braucht ihr sehr hohen Sichtschutz, könnt ihr eine doppelte Grenze anlegen: Unten bildet eine Mauer den Sichtschutz und davor setzt ihr Hochstammspaliere. So schafft ihr viel Privatsphäre und habt trotzdem einen Blick nach draußen.

3. Schöner Raumteiler: Spalier aus Apfelbäumen

Im Gegensatz zu einem gebauten Sichtschutz haben Hecken natürlich den Nachteil, dass sie erst wachsen müssen. Möchtet ihr einen sofortigen Schutz, habt ihr auch die Möglichkeit, eine doppelte Hecke zu setzen und in der Mitte einen Maschendrahtzaun zu verankern. Mit der Zeit wird die Hecke den Zaun eingrünen und er wird gar nicht mehr zu sehen sein.

Spaliere

Wenn ihr euch weder für Hecke noch Zaun erwärmen könnt, sind Spaliere ein guter Kompromiss. Spaliere sind in einem Gerüst gezogene Formgehölze. Ihr könnt sie mit etwas Geduld ziehen oder fertige Elemente kaufen. Für Spaliere eignen sich Kletterpflanzen, Spalierobst, aber auch viele Laubgehölze wie Hainbuche, Amberbaum, Ahorn oder Kornelkirsche. Sogar immergrüne Sorten gibt es, zum Beispiel von der Glanzmispel.
Der große Vorteil von Spalieren ist, dass sie wirklich sehr schmal sind und ihr sie fast auf die Grenze setzen könnt.
Fertig gezogene Spaliere gibt es in verschiedenen Stammhöhen, sodass ihr je nach Bedarf genau dort Sichtschutz habt, wo ihr ihn braucht.

BEETE EINFASSEN

STAHLKANTEN

Stahlkanten fallen kaum auf und fügen sich in jedes Gartenkonzept ein. Sie werden mit Ankern im Boden befestigt und müssen nicht zwingend im rechten Winkel verlegt werden wie in einem formalen Garten. Auch geschwungene Kanten sind möglich. Wenn ihr Kinder habt: Achtet darauf, dass die Kanten abgerundet sind, so ist die Verletzungsgefahr bei einem Sturz an der Kante nicht so groß.

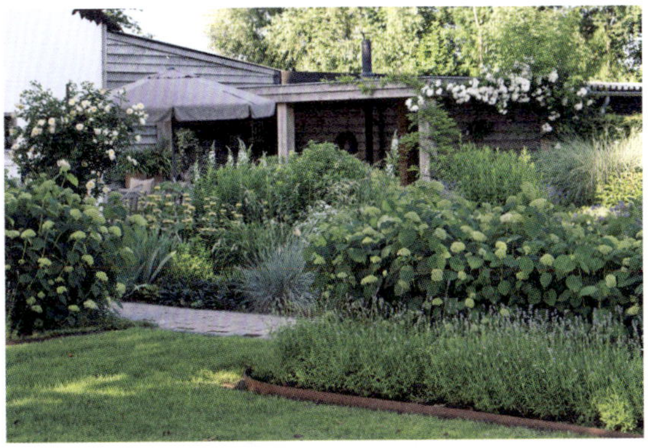

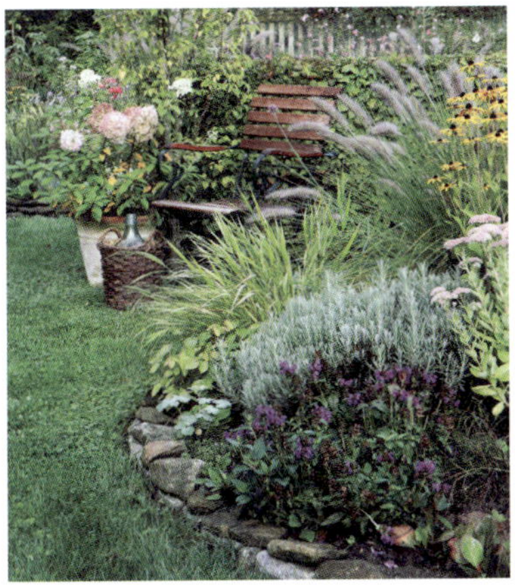

PFLASTERSTEINE

Kleinere Pflastersteine eignen sich für runde Beetkanten. Am besten setzt ihr sie in ein Mörtelbett. Erst wenn die Kante fertig ist, wird das Beet bepflanzt. Locker aufgesetzte Steine wie hier sind auch möglich, sie halten aber weder einem Fußball noch einem Rasenmäher Stand.

Eingefasste Beete machen deutlich weniger Arbeit als Beete, die ohne Grenze in den Rasen übergehen. Der Rasen kann nicht in die Beete wachsen und die Stauden breiten sich umgekehrt nicht im Rasen aus. Außerdem gibt eine bewusst gesetzte Kante den Beeten ganzjährig Struktur.

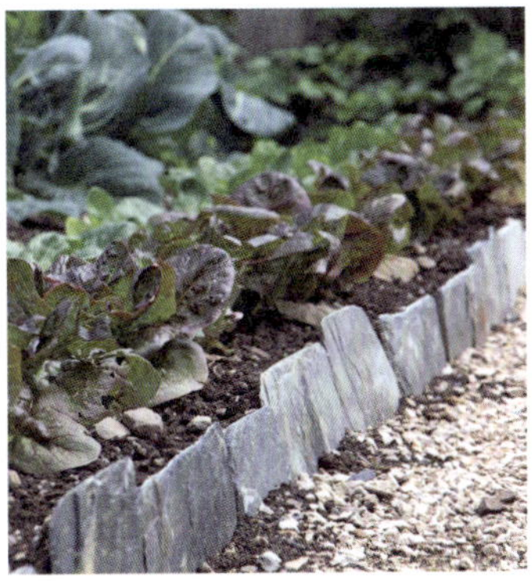

SCHIEFER

Mit Schieferplatten lassen sich leicht alle Beetformen realisieren, denn die Platten werden einfach in die Erde gesteckt. Die Einfassung mit Schiefer ist etwas aufwendig und als Mähkante nur bedingt geeignet. Im Gemüsegarten aber hat sie ihren ganz eigenen Charme. Schiefer gibt es im Natursteinhandel.

HOLZ

Gerade Beetkanten könnt ihr auch aus Holz gestalten, allerdings sind sie nicht dauerhaft wetterfest. Andererseits lassen sich solche Bretter auch rasch wieder austauschen, sollten sie verrotten. Günstig ist es auf jeden Fall!

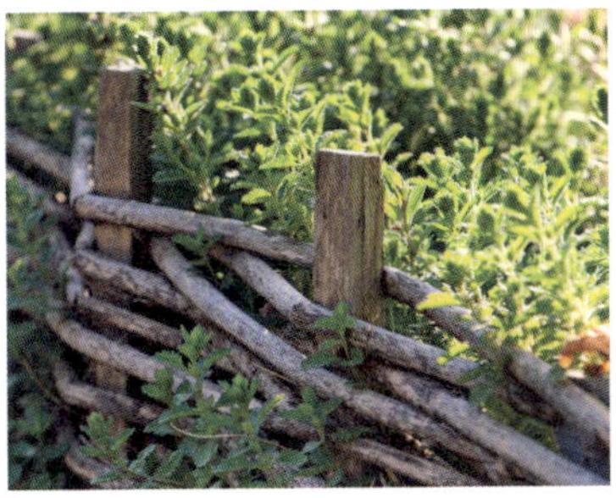

FLECHTZAUN

Flechtzäune sind besonders hübsch in romantischen Bauerngärten. Geeignetes Material sind Weide oder Hasel. Es gibt sie in verschiedenen Höhen fertig zu kaufen – sie werden einfach in die Erde gesteckt. Aber auch hier gilt: Flechtzäune sind kein Material für die Ewigkeit und müssen nach einiger Zeit ausgetauscht werden.

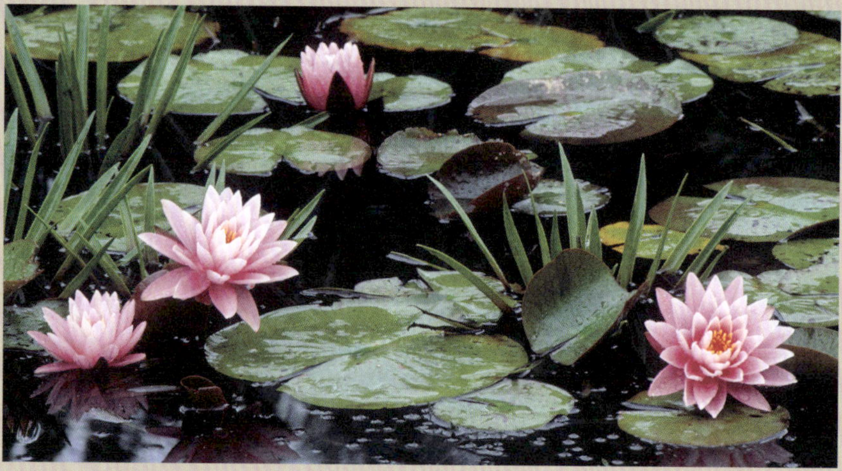

WASSER IST LEBEN!

Ein Teich bringt noch einmal einen ganz neuen Lebensraum in den Garten – mit der passenden Bepflanzung könnt ihr völlig neue Gartenbilder schaffen.

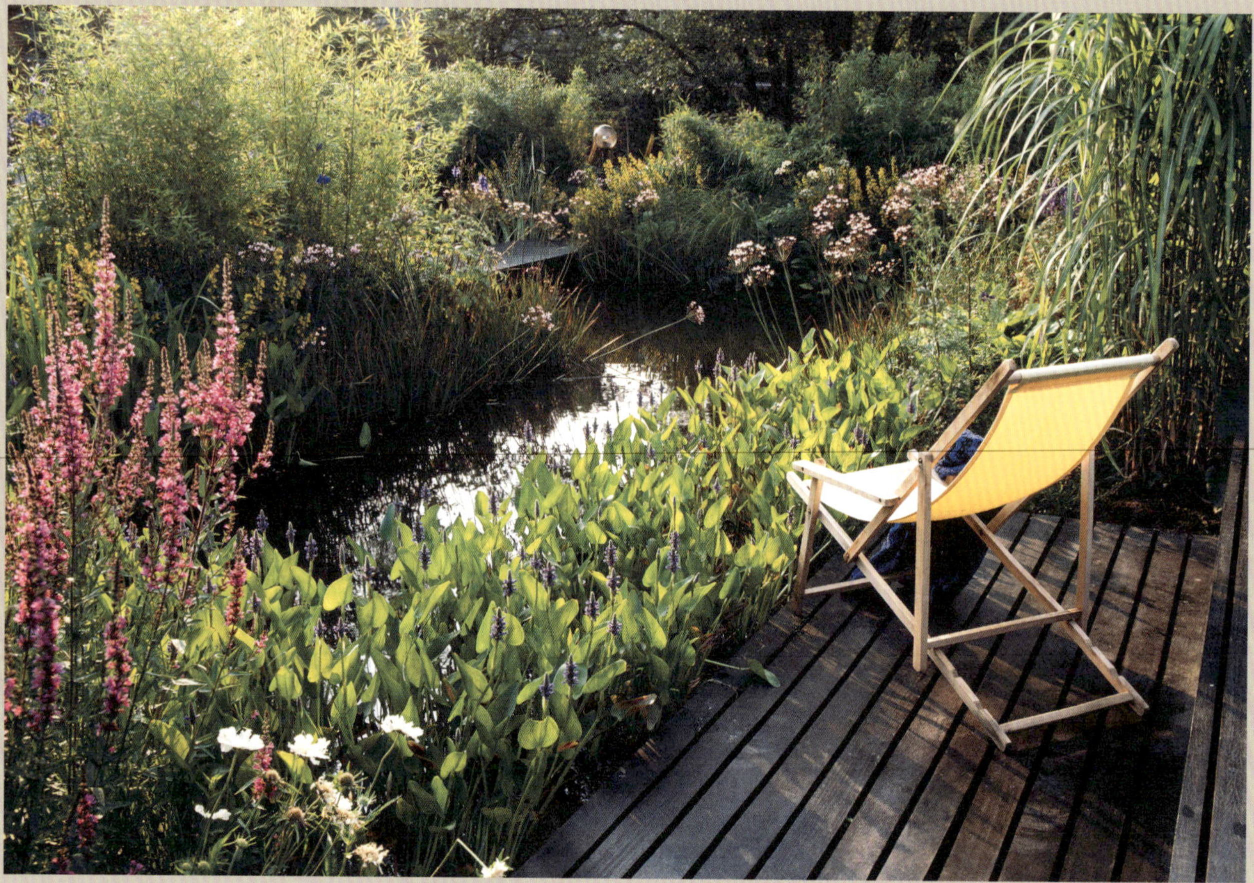

Perfekter Sommerplatz: In diesem Wasserbecken finden nicht nur Pflanzen den idealen Platz, hier kann man sich an heißen Tagen auch Abkühlung im eigenen Teich holen.

Wasser im Garten

Vor allem bewegtes Wasser kann einen ganz eigenen Reiz in euren Garten bringen und das selbst auf kleinstem Raum. Denn auch wenn ihr keinen Platz für einen Teich habt, könnt ihr mit Wasser gestalten.

Wasser sorgt für Lebendigkeit, ein entspannendes Plätschern und eine willkommene Kühlung im Sommer. Es kann sehr beruhigend sein, wenn neben uns etwas plätschert oder sprudelt. Ein kleiner Brunnen lenkt sogar von störenden Geräuschen aus der Umgebung ab. Aber auch stehendes Gewässer hat seinen besonderen Zauber. Eine glatte Teichfläche spiegelt uns den Himmel wider und lässt den Garten größer wirken. Pflanzen und Tiere im Wasser sorgen für Abwechslung im Garten und können einen wichtigen ökologischen Beitrag leisten.

WICHTIGES VORAB

Welche Art von Wasseranlage für euren Garten am besten ist, hängt von einigen Dingen ab: Der Größe des Grundstücks, der Zeit und der Lust, die ihr in die Pflege investieren wollt. Auch Aufwand und Kosten für den Bau spielen natürlich eine Rolle. Grundsätzlich rate ich euch von stehenden Wasseranlagen ab, wenn ihr euer Grundstück nicht mit einem Zaun sichern könnt oder wollt. Bei Unfällen werdet in der Regel ihr als Grundstücksbesitzer verantwortlich gemacht. In manchen Ländern ist es sogar gesetzlich vorgeschrieben, das Grundstück einzuzäunen, wenn eine Wasseranlage auf dem Grundstück ist.
Wenn ihr Kleinkinder habt, lasst euch mit einem Teich oder Wasserbecken noch ein wenig Zeit. Kinder unter drei Jahren können sogar in ganz flachen Gewässern ertrinken, da sie noch nicht den Impuls haben, sich selbst aus dem Wasser zu befreien.

GARTENTEICH MIT PVC-FOLIE

Das ist der Klassiker und er kann jeden Garten in eine tolle Oase verwandeln. Der Vorteil eines solchen Teichs ist, dass ihr ihn ganz nach euren Wünschen gestalten könnt. Alle Formen sind möglich. Klassische Gartenteiche werden in mehrere Zonen unterteilt und der Teich braucht ein flaches und stabiles Ufer, damit Pflanzen darauf wachsen können. Ein schöner Teich braucht deshalb mindestens 5 m Durchmesser.

STROM

Für alle Wasseranlagen braucht ihr einen Stromanschluss (220 Volt), damit ihr eine Wasserpumpe betreiben könnt. Die Pumpe kann entweder im Wasser selbst versteckt werden oder sie wird in einen externen Pumpenschacht gesetzt. Solarbetriebene Pumpen eignen sich nicht für eine dauerhafte Lösung.

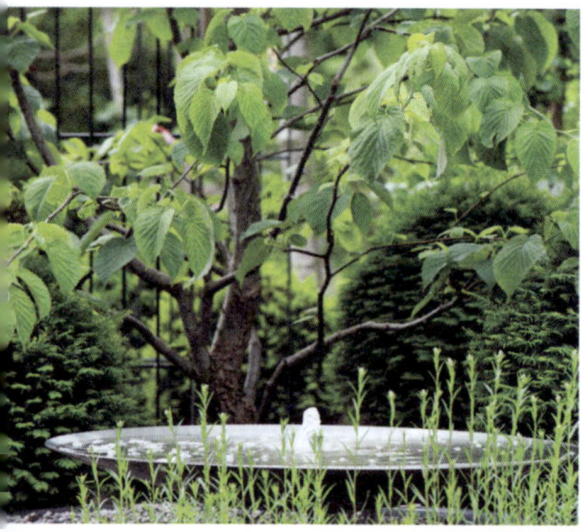

1

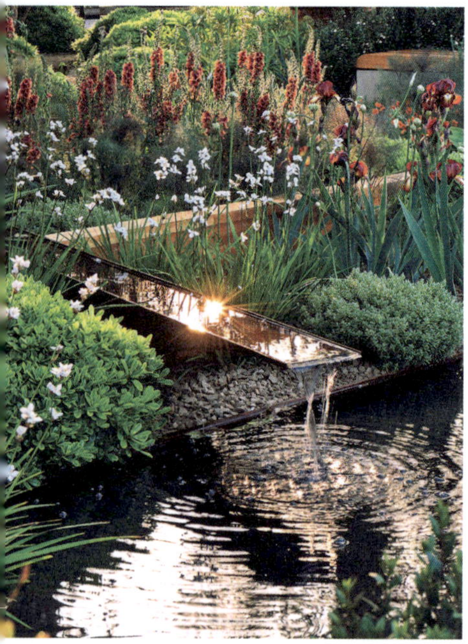

2

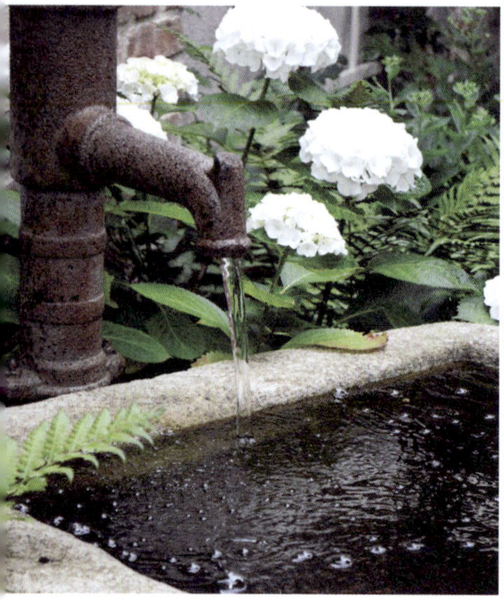

3

1. Eine Wasserschale findet selbst im kleinsten Garten noch Platz. Der Sprudler sorgt für angenehmes Plätschern.

2. Wasserbecken aus Cortenstahl: Die Bepflanzung bildet einen schönen Kontrast zu den Kanten des Metalls.

3. Auch ein gebrauchter Brunnen aus Naturstein lässt sich in kleinen Gärten integrieren.

Der Teich sollte weder ganztags in der vollen Sonne stehen noch von großen Bäumen umgeben sein. Liegt der Teich zu sonnig, kann er sich im Sommer stark erwärmen und es bilden sich extrem viele Algen. Habt ihr große Laubbäume um den Teich, fallen Blätter und Früchte ungehindert ins Wasser und ihr müsst den Teich regelmäßig säubern.

FERTIGE TEICHBECKEN

Ein Fertigbecken aus Kunststoff oder Stahl hat den Vorteil, dass es viel weniger Platz benötigt als ein klassischer Teich. Solltet ihr allerdings Pflanzen und Fische im Garten wollen, achtet darauf, dass das Becken mindestens 1,20 m tief ist. Denn nur wenn genügend Wasser im Becken ist, können Fische und Pflanzen überleben oder sogar den Winter überstehen.
Eine weitere Möglichkeit für ein gebautes Becken ist ein Betonbecken oder ein gemauertes Becken. Das kann von der Form so angepasst werden, dass es genau euren Wünschen entspricht. Zieht einen guten Fachbetrieb zurate, denn hierbei handelt es sich um eine anspruchsvolle technische Bauweise.

QUELLSTEIN

Habt ihr nur sehr begrenzt Platz im Garten, müsst ihr trotzdem nicht auf Wasser verzichten. Ein Quellstein oder eine Wasserschale hat sogar auf einer Terrasse Platz. Quellsteine könnt ihr relativ günstig selbst bauen. Von Findlingen, die durch eine Bohrung zum Quellstein umgewandelt werden, bis zu architektonischen Brunnenelementen aus Stahl könnt ihr das passende Material für euch auswählen.
Wichtig ist, dass ihr einen Standort wählt, den ihr gut einsehen könnt. Ideal ist es, wenn ihr die Wasserstelle auch von der Wohnung aus sehen könnt. Dann habt ihr auch etwas vom Wasser, wenn ihr nicht im Garten seid. Unbedingt braucht ihr einen Vorratsbehälter für das Wasser. Entweder befindet der sich unsichtbar unter dem Quellstein oder er wird oberirdisch angebracht und mit Holz, Stahl oder Naturstein verkleidet.
Wenn ihr den Quellstein auf Balkon oder Dachterrasse installieren wollt, lasst bitte vorher überprüfen, ob die statischen Voraussetzungen gegeben sind. Denn Stein und Wasser lassen einiges an Gewicht zusammenkommen.

ZUSAMMENFASSUNG: HABT IHR AN ALLES GEDACHT?

Habt ihr geschaut welche Gestaltungsregeln zu eurem Garten passen? Welche habt ihr verwendet?	☐
Lang und schmal, breit oder mit komischer Form – zu welcher Kategorie gehört euer Garten und habt ihr die Tricks für einen harmonischen Grundriss angewandt?	☐
Wege und Terrassen: Für welchen Belag habt ihr euch entschieden?	☐
Mauern und Treppen: Habt ihr die Niveauunterschiede eingeplant und das richtige Material gefunden?	☐
Bei Höhenunterschieden über 1 m: Habt ihr euch schon professionelle Hilfe geholt? Wisst ihr ob ihr eine Genehmigung braucht?	☐
Sichtschutz, Hecke oder Zaun: Wisst ihr schon was für euch am besten passt?	☐
Auch bei Gartengrenzen wichtig: Gibt es nachbarrechtliche Auflagen?	☐
Wie wollt ihr eure Beete einfassen, was passt zu eurem Plan?	☐
Teich, Fertigbecken oder Quellstein: Wünscht ihr euch für euren Garten ein Wasserelement? Wie viel Platz habt ihr dafür?	☐

Wenn ihr alles erledigt habt, seid ihr bereit für die Pflanzplanung!

„Ein Garten ist ein Gegenstand der Kunst allein."

Hermann Fürst von Pückler-Muskau

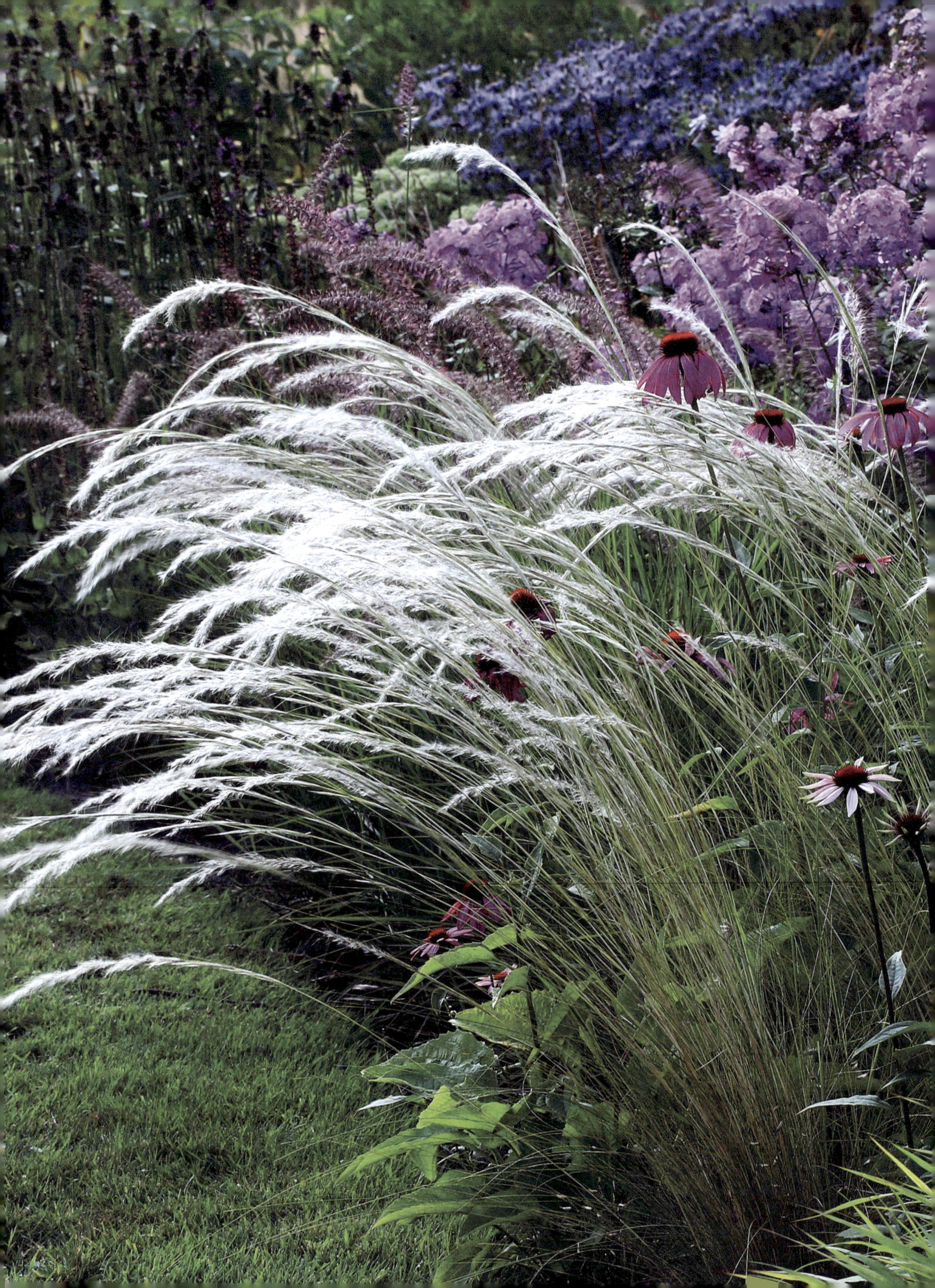

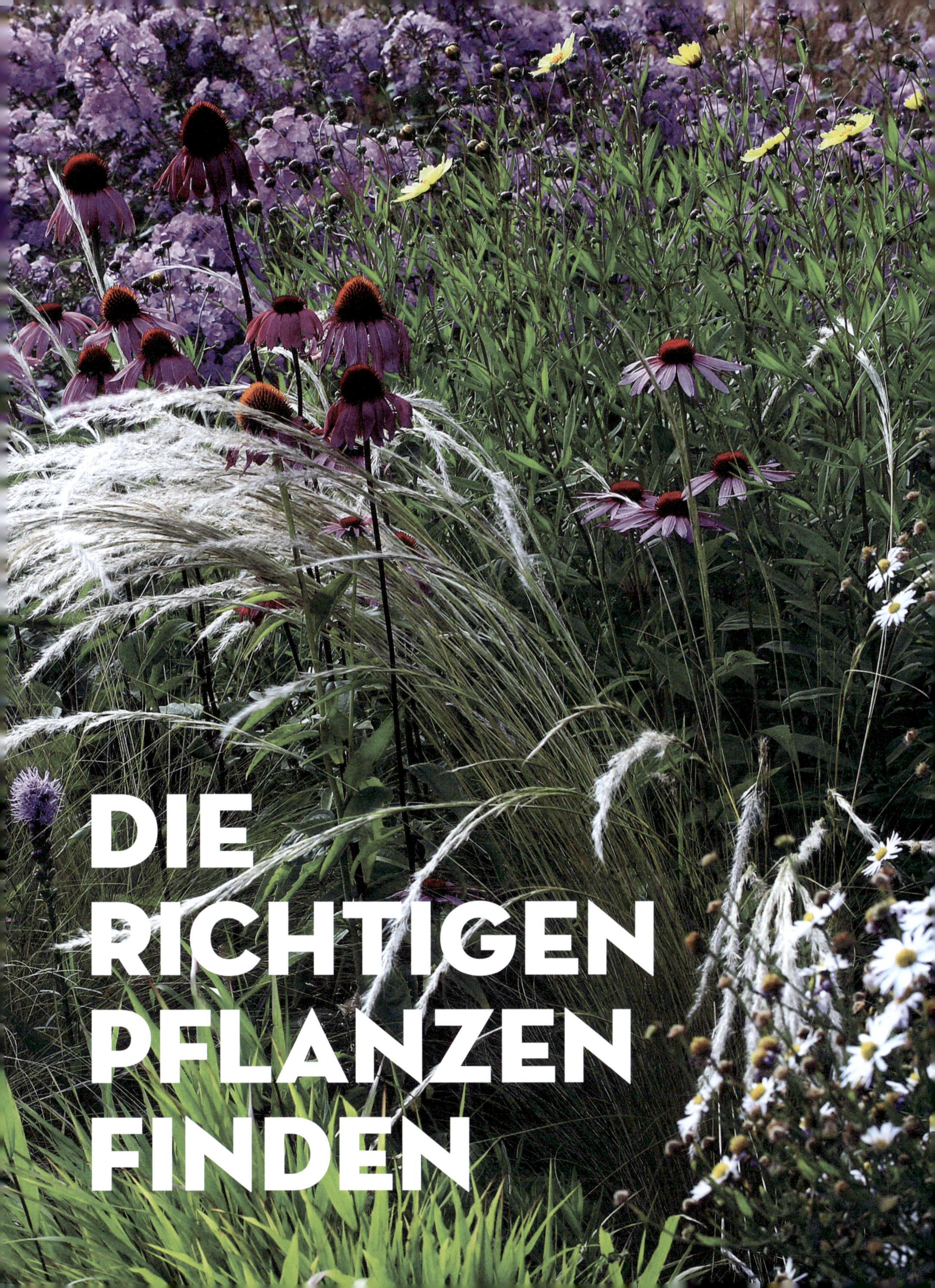

DIE RICHTIGEN PFLANZEN FINDEN

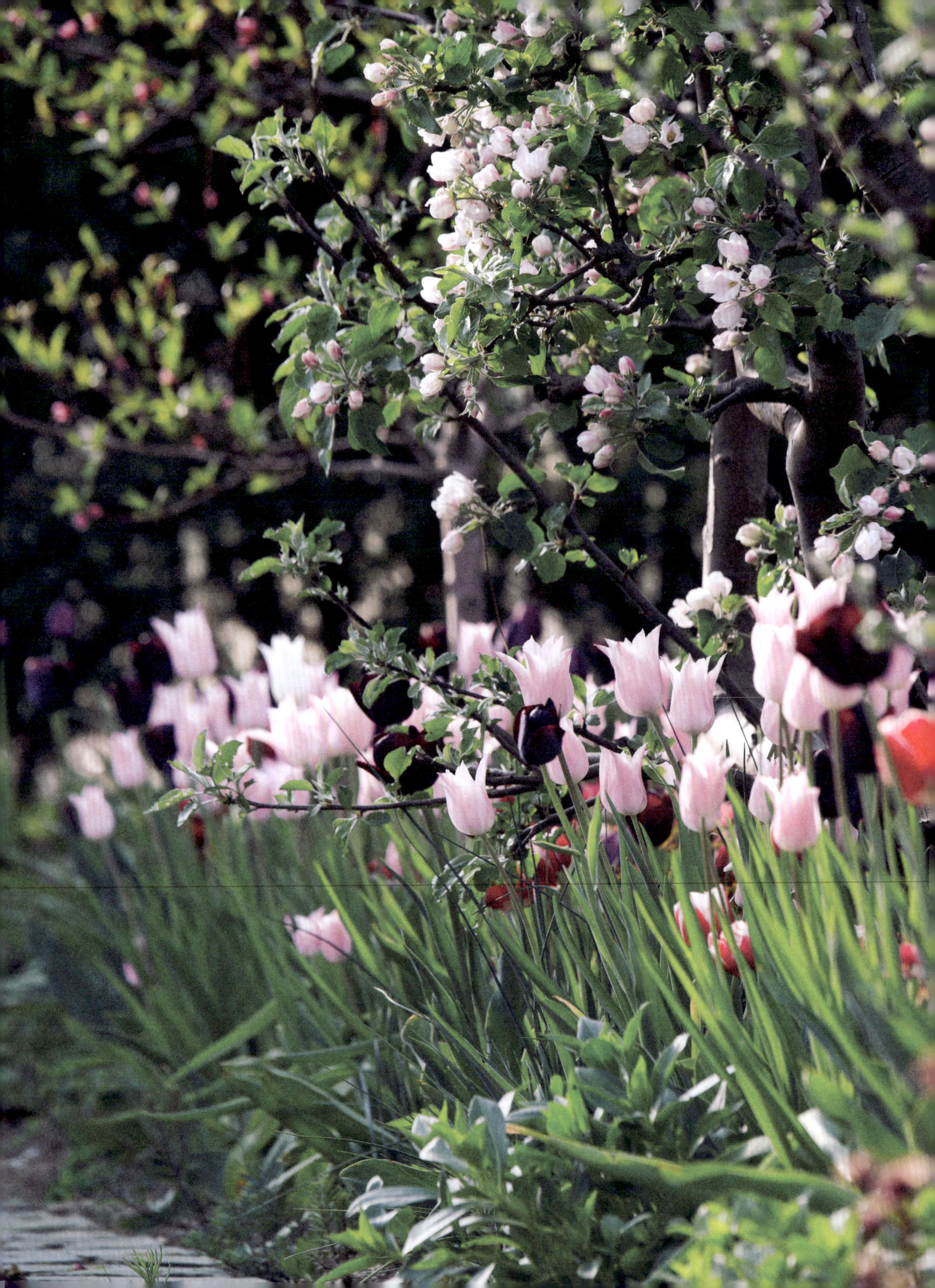

Traumgartenpflanzen

Endlich kommen wir zu den Pflanzen! Die Pflanzen sind sicherlich das Spannendste und zugleich Schönste in einem Garten. Denn: Gibt es etwas Befriedigenderes, als den Pflanzen, die wir selbst gesetzt haben, beim Wachsen zuzuschauen?

Neben all den wichtigen baulichen Strukturen sind natürlich die Pflanzen die eigentlichen Stars im Garten. Sie dominieren das Erscheinungsbild des Gartens das ganze Jahr über und bieten uns wohltuende Kontraste zu unserer meist zugebauten Umgebung. Pflanzen bereichern unseren Alltag, schenken uns Entspannung und Freude und sind nicht zuletzt ein wichtiger Beitrag zur Erhaltung der Lebensräume von Tieren.
Egal ob die Pflanzenpflege für euch ein schönes Hobby oder eher ein „Muss" ist, in beiden Fällen könnt ihr die richtigen Pflanzen für euch finden. Denn es gibt sie, die Pflanzen, die immer Aufmerksamkeit brauchen, und die, die auch zufrieden sind, wenn sie nicht dauernd intensivst gepflegt werden.
Eine richtig gute Pflanzplanung ist meiner Meinung nach das Schwierigste bei der Gartenplanung. Denn da gibt es 105 Möglichkeiten, aber keine klare Lösung. Von Standort über Farbe, von Größe zu Blütezeitpunkt sollte alles bedacht und abgewogen werden. Und nicht zuletzt sind Pflanzen ein lebender Baustoff. Sprich, die machen auch bei besten Bedingungen nicht immer das, was sie sollen. Ich möchte euch deshalb davon abraten, aufs Geratewohl in die Gärtnereien zu fahren und einzupacken, was euch gefällt. Eine schöne Bepflanzung ist niemals Zufall, auch wenn es so aussieht! Lest euch am besten erst das ganze Kapitel durch, macht dann euren Einkaufszettel und fahrt erst danach zum Pflanzen kaufen!

Ein Beet anzulegen, das Abwechslung und gleichzeitig Harmonie mit sich bringt, ist die hohe Kunst der Pflanzplanung.

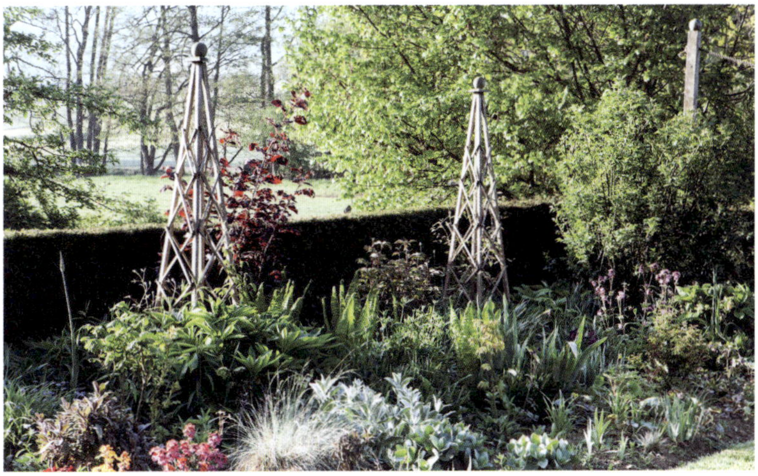

Der Standort

Den perfekten Standort haben wohl die wenigsten Gärtner, aber es gibt mit Sicherheit für jeden Boden und alle Lichtverhältnisse die passenden Pflanzen.

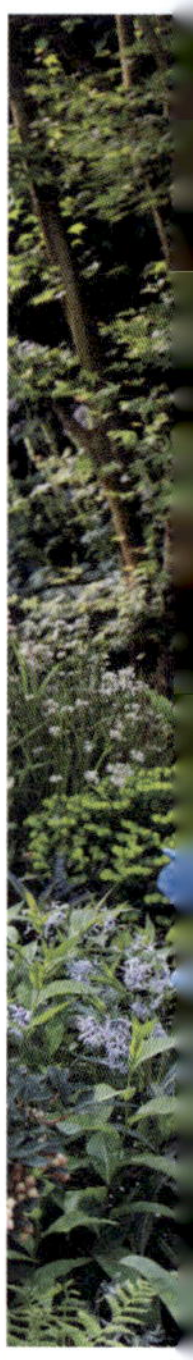

005 **PFLANZEN FÜR JEDEN BODEN** Hier findet ihr eine Liste mit kalkliebenden Pflanzen sowie Pflanzen, die einen sauren Boden mögen.

Der Standort eures Gartens bestimmt, welche Pflanzen in eurem Garten überhaupt wachsen können. Sonne und Schatten sind entscheidend, aber der Boden spielt eine ebenso wichtige Rolle. So wie eine lichthungrige Pflanze nicht im Schatten gedeiht, wächst eine trockenheitsempfindliche Pflanze kaum auf Sandboden. Beim Standort gilt die Regel: Macht das Beste aus dem, was ihr habt!

DER BODEN

Versucht erst gar nicht, ein Rhododendronbeet in kalkhaltiger Erde anzulegen. Auch wenn ihr für die unterschiedlichen Pflanzen Spezialerden in eurem Garten ausbringen könnt, wird immer wieder der Ursprungsboden die Oberhand gewinnen. Denn der Regen wäscht die oberflächige Bodenstruktur mit der Zeit ab. Ganz abgesehen davon, dass es ein großer Aufwand ist, die ganze Erde im Garten auszutauschen, ist eine solche Herangehensweise mit unserer ökologischen Verantwortung nicht vereinbar. Denn der Boden ist ein wichtiges Biotop, der in engem Austausch mit heimischen Tieren und Pflanzen funktioniert.
Wie findet ihr heraus, welche Bodenbeschaffenheit euer Garten hat? Wenn ihr es ganz genau wissen möchtet, könnt ihr von eurem Boden eine Probe nehmen und ihn in einem Labor untersuchen lassen. Diesen Aufwand würde ich aber nur dann betreiben, wenn ihr den Verdacht habt, dass der Boden Schadstoffe enthalten könnte. Ansonsten könnt ihr die Grundstruktur eures Bodens selbst bestimmen.

LICHT UND SCHATTEN

Bei den Pflanzen unterscheiden wir zwischen vollsonnig, absonnig, halbschattig und vollschattig.

VOLLSONNIG

Hier scheint von Sonnenaufgang bis Sonnenuntergang die Sonne.

ABSONNIG

Auf diesen Bereich scheint die Sonne nicht direkt, es ist aber dank Streulichteinfall hell.

HALBSCHATTIG

Hier scheint die Sonne ca. vier Stunden pro Tag.

VOLLSCHATTIG

Hierhin gelang kein Sonnenstrahl.

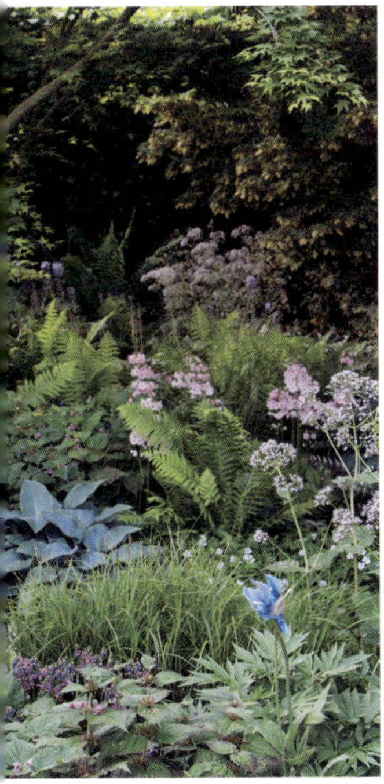

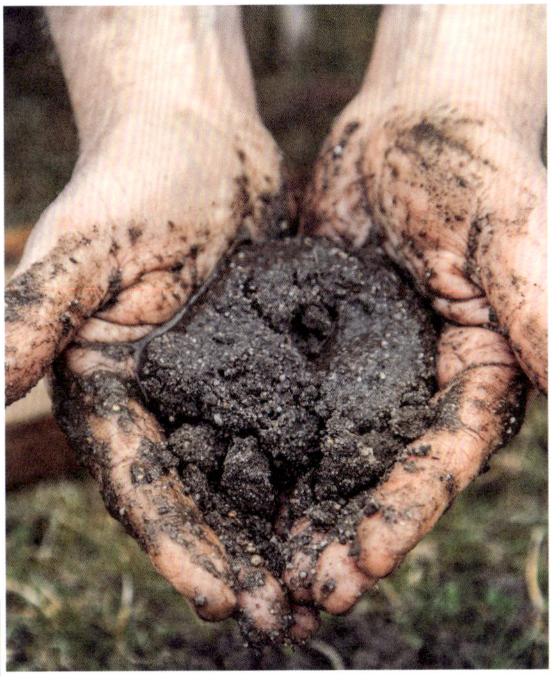

2

1. Auch für den Schatten gibt es die passenden Pflanzen: Funkien und Farne gehören dazu.

2. Bei sandigen Böden zerfällt der Erdklumpen, bei lehmigen (tonhaltigen) Böden bleibt er stabil.

3. Bauern-Hortensien fühlen sich im Halbschatten wohl, in der vollen Sonne ist es ihnen zu heiß.

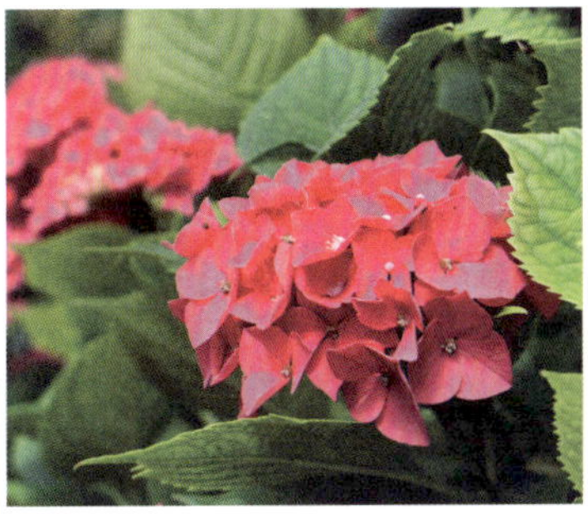

3

Einfache Bodenprobe

Nehmt eine Handvoll Erde aus eurem Garten und versucht, daraus eine Kugel (etwa walnussgroß) zu formen. Behält die Kugel ihre Form und hat schön glatte Ränder, ist der Boden tonhaltig. Fällt die Kugel auseinander, ist der Boden eher sandig. Tonhaltiger Boden bedeutet, dass die Gefahr der Trockenheit eher gering ist, dafür kann es in tonhaltigem Boden aber Staunässe geben. Das könnt ihr verhindern, indem ihr dem Boden etwas Sand beimischt.

Ist der Boden sehr sandig, entsteht zwar kaum Staunässe, aber der Boden kann das Wasser auch nicht speichern – er trocknet schnell aus. Hier könnt ihr zur Verbesserung Kompost in den Boden einarbeiten.

pH-Wert

Ein wichtiger Faktor ist der Säure- bzw. Kalkgehalt des Bodens, da es für beide Varianten unterschiedliche Pflanzengesellschaften gibt. Den pH-Wert könnt ihr mit speziellen Teststreifen aus dem Baumarkt messen. Aber auch hier könnt ihr euch mit etwas Küchen-Chemie helfen: Füllt in einen kleinen Becher etwas Essig und gebt ein paar Erdklumpen hinein. Sprudelt die Erde im Becher, ist der Boden kalkhaltig. Passiert nichts, ist der Boden neutral oder eher sauer. In guten Baumschulen und Gärtnereien ist auf den Pflanzetiketten angegeben, welche Bodenverhältnisse die Pflanzen brauchen. Die meisten bevorzugen einen neutralen oder eher kalkhaltigen Boden (pH-Wert zwischen 6 und 7).

Wenn ihr in einer kalkhaltigen Gegend wohnt und von einem Hortensiengarten träumt, müsst ihr nicht komplett auf die großen Blüten verzichten. Zwar mögen Hortensien eher einen sauren Boden, ihr könnt sie aber in einem Kübel pflanzen. Dort könnt ihr sie mit einer sauren Erde versorgen und im eigentlichen Garten standortgerechte Pflanzen setzen. Dasselbe gilt für Rhododendron (Ausnahme Inkarho-Hybriden).

DIE LICHTVERHÄLTNISSE

Ähnlich wie mit dem Boden ist es mit der Besonnung: In einem vollsonnigen Garten wachsen keine Bauern-Hortensien. Zumindest nicht so, dass sie gesund und vital aussehen. Umgekehrt wird aus einem schattigen Garten niemals ein Rosenparadies werden.

Schaut euren Garten über einen ganzen Tag an – wo ist wann Sonne und wo ist Schatten? Häuser, große Bäume oder Mauern können auch im Süden Schatten machen.

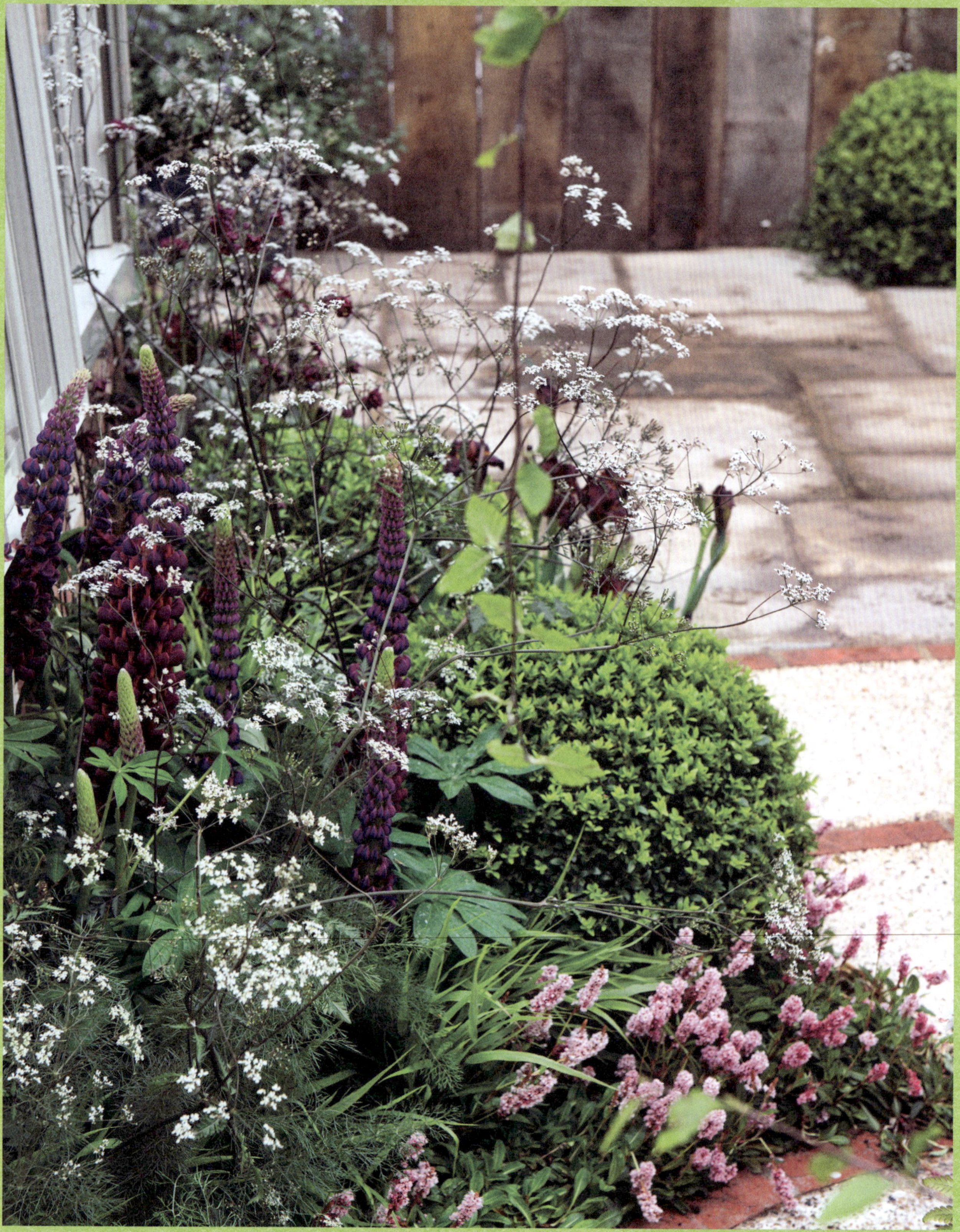

WAS PASST ZUSAMMEN?

Eine solche zauberhafte Bepflanzung kommt im Garten nicht zufällig vor. Sie ist das Ergebnis einer sorgfältigen Planung. Farben, Formen, Standort und Blütezeitpunkt sind die wichtigsten Kriterien bei der Planung.

Pflanzplanung – die Grundlagen

Wie finde ich die richtigen Pflanzen und was pflanze ich wie zusammen? Wenn ihr euch diese Fragen stellt, seid ihr in diesem Kapitel genau richtig!

Egal ob ihr nur ein kleines Beet oder den ganzen Garten bepflanzen wollt, der Planungsprozess ist immer derselbe. Allerdings sind Pflanzplanungen komplex und es gibt einiges zu Bedenken. Auf den folgenden Seiten zeige ich euch, worauf es bei der Bepflanzung ankommt. Wie ihr das Ganze in euren Plan übertragt, lest ihr auf Seite 146.

DEN RAHMEN FESTLEGEN

Grundvoraussetzung für eine schöne Bepflanzung, ist der Rahmen, also Größe und Form der Beete. Erst wenn der feststeht, könnt ihr euch an die eigentliche Pflanzplanung machen. Einfassung und Form der Beete sind das Gerüst einer Pflanzung. Pflanzen sind ein lebender Baustoff, der sich immer wieder ändert. Selbst in einem perfekt gepflegten Garten kann eine Pflanze komplett ausfallen oder über eine Saison hinweg kränkeln. Damit der Garten auch dann noch gut aussieht, muss die Form der Beete unbedingt passen. Grundsätzlich seid ihr völlig frei, was die Beetformen angeht. Wichtig ist aber, dass ihr Beete nicht schmäler als 50 cm plant, ansonsten können sich die Pflanzen kaum entfalten. Wenn ihr sehr große Beete habt, kann es sinnvoll sein, kleine Schrittplatten ins Beet zu legen, damit ihr das Beet zur Pflege betreten könnt. Welche Einfassungen sich für Beete eignen, könnt ihr auf Seite 109 nachlesen.

KLEINE FARBENLEHRE

Im Grunde könnt ihr die Farben für eure Pflanzen natürlich auswählen, wie ihr wollt. Besonders schöne Effekte lassen sich aber mit zwei ganz unterschiedlichen Ansätzen erzielen: Entweder das kontrastreiche Spiel mit Komplementärfarben oder die subtile, aber nicht weniger reizvolle Verwendung einer Ton-in-Ton-Bepflanzung.

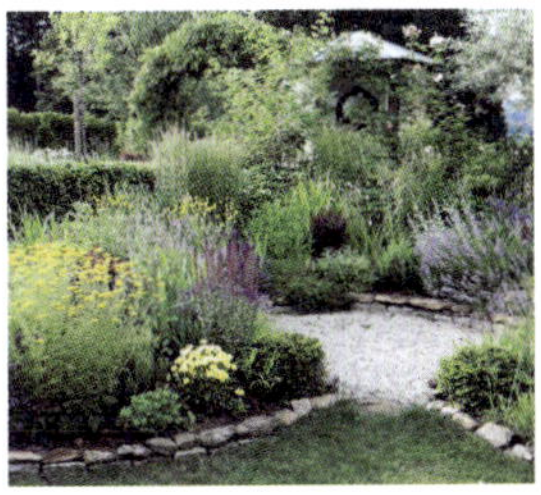

GUT EINGEFASST

Bevor ihr an die eigentliche Beetplanung geht, solltet ihr die Einfassung der Beete planen: Nur so könnt ihr das Beet vom restlichen Garten abgrenzen und habt es mit der Pflege später leichter.

1. Der Farbkreis ist eine gute Hilfe bei der Planung von Staudenbeeten.

2. Habt ihr das Gefühl, die Farbkombination wird zu unruhig, könnt ihr immer wieder weiße Pflanzen mit einfließen lassen: Sie geben jeder Pflanzung Ruhe. Weiß und Grüntöne neutralisieren starke Farbkombinationen und bilden gleichzeitig einen Kontrast für Ton-in-Ton-Zusammenstellungen.

3. Starke Kombi: Fetthenne und Wolfsmilch zeigen hier Komplementärfarben.

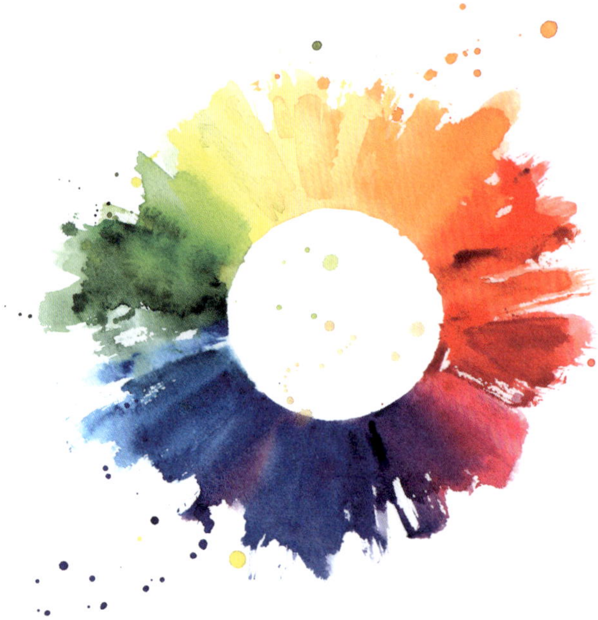

1

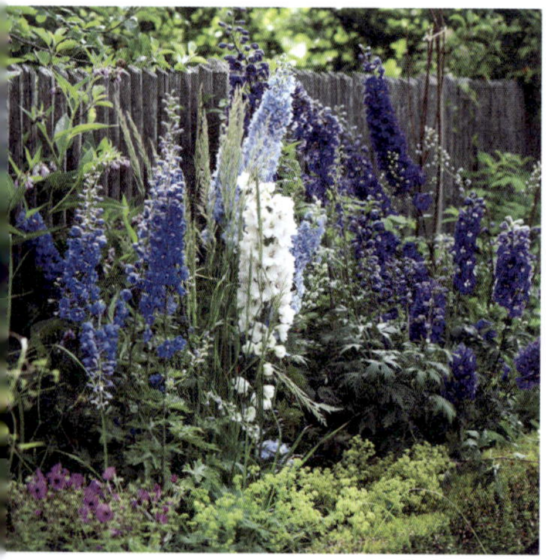

2

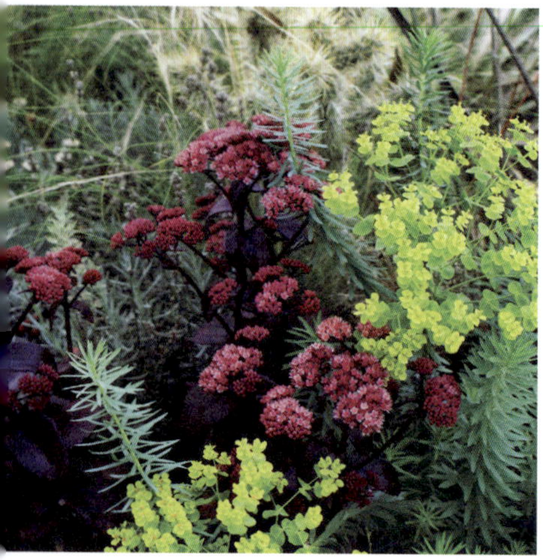

3

Der Farbkreis

Als Komplementärfarbe bezeichnet man die Farben, die sich im Farbkreis gegenüberstehen, siehe Abbildung oben. Also zum Beispiel Gelb und Blau. Setzt ihr diese Farbe zusammen ins Beet, schafft ihr automatisch echte Hingucker. Sonnenhut *(Rudbeckia)* zusammen mit Steppen-Salbei *(Salvia nemorosa)* ergibt zum Beispiel eine schöne Kombination aus komplementären Farben. Oder Lavendel kombiniert mit Frauenmantel *(Alchemilla)*.
Wenn ihr einen eher schlichten Ton im Garten bevorzugt, versucht, euch nur auf einer Seite des Farbkreises zu bewegen: zum Beispiel auf der Gelb-Orange-Rot-Seite oder auf der Blau-Violett-Pink-Seite. Auch mit dieser Methode lassen wirklich spektakuläre Beete erschaffen – nur eben zarter und dezenter. Für die Gelb-Rot-Variante eignen sich Schafgarbe *(Achillea)*, Fetthenne *(Sedum telephium)*, Mohn *(Papaver)* und die verschiedenen Sonnenhut-Sorten *(Rudbeckia)*. Für die Blau-Violett-Variante sind zum Beispiel Lavendel, Steppen-Salbei *(Salvia nemorosa)*, Zier-Lauch *(Allium)*, Purpur-Sonnenhut *(Echinacea)* und Phlox geeignet.
Seid ihr unsicher in der Farbgestaltung, könnt ihr euch die Pflanzen in der Gärtnerei auch nebeneinanderstellen. Oder ihr macht euch nochmal ein extra Farben-Moodboard für die Beete. Versucht aber, dem Perfektionismus keine Chance zu geben und geht spielerisch an die Sache heran. Gefällt euch eine Farbkombination am Ende doch nicht, könnt ihr sie wieder ändern. Da ihr ja die Form des Gartens schon angelegt habt, ist eine kleine Lücke im Beet kein Problem. Das Gestalten mit Pflanzen erfordert etwas Erfahrung und auch die schönsten Gärten haben hier und da einen Einschnitt im Beet.

Über den Gartenzaun schauen

Denkt bei der Farbwahl auch an die Umgebung, vielleicht hat euer Nachbar einen Baum oder Strauch, den auch ihr euch in eurem Garten vorstellen könnt. Bezieht die Farbe in eure Überlegungen mit ein: Was sieht besonders schön dazu aus? Vielleicht könnt ihr von eurem Garten aus in die Landschaft schauen? Wenn sich die Bäume am Horizont im Herbst rötlich und gelb verfärben, ist es besonders reizvoll, wenn ihr dieses Farbspiel mit in euren Garten aufnehmt und auch ein paar Sträucher mit schöner Herbstfärbung pflanzt.

WIE VIEL ZEIT HABT IHR FÜR DIE PFLEGE?

Das Thema Zeit ist in Sachen Pflanzplanung ein ganz wichtiger Aspekt. Wenn ihr jetzt schon wisst, dass ihr wenig Zeit für euren Garten haben werdet, solltet ihr die Beete dementsprechend planen. Es macht keinen Spaß zu sehen, dass man mit der Gartenarbeit nicht hinterherkommt und die Pflanzen Jahr für Jahr mehr verkümmern. Schaut deshalb an dieser Stelle nochmal auf Seite 18 (Entscheidungshilfen). Was habt ihr euch notiert, wie viel Zeit möchtet ihr bei der Pflege eures Gartens wöchentlich verbringen?

WIE SOLL DER GARTEN IM WINTER AUSSEHEN?

Wir leben in einer Region, in der wir in der Regel vier Monate haben, in denen kaum etwas blüht. Von November bis März ist bei uns schließlich nicht gerade „Blumenwetter". Trotzdem wird es immer wichtiger, dass der Garten auch in diesen Monaten gut aussieht und Hingucker zu bieten hat. Denn wir erleben den Garten ja nicht nur, wenn wir **im** Garten sind, sondern auch wenn wir **auf** den Garten schauen, von der Wohnung aus. In unseren modernen Wohnungen werden die Fensterflächen immer größer und dadurch wird der Blick immer mehr in den Garten gelenkt. Deshalb ist es wichtig, dass wir uns Gedanken machen, wie der Garten im Winter aussehen soll. Gibt es zum Beispiel Stellen, an denen ihr euch fürs ganze Jahr einen grünen Sichtschutz wünscht?

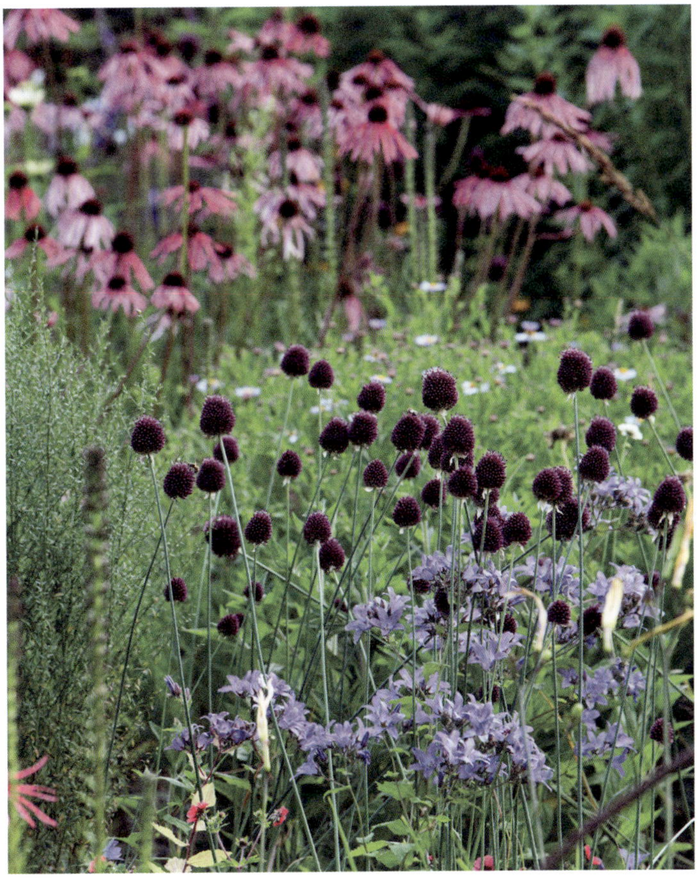

Purpur-Sonnenhut, Kugel-Lauch und Glockenblume bilden eine zarte Ton-in-Ton-Farbkombination.

Als Faustregel gilt: Je kleiner der Garten, desto mehr immergrüne Pflanzen sollte er enthalten. Denn in einem kleinen Garten könnt ihr fast jeden Winkel sehen, trostlose Beete fallen besonders auf. Ich empfehle euch, hier mindestens ein Viertel der Pflanzen aus Immergrünen auszuwählen.
Und: Je näher am Haus, umso größer sollte der Anteil der immergrünen Pflanzen oder der Bäume und Sträucher sein. Denn viele Pflanzen verschwinden über den Winter komplett im Boden. Und der Anblick von brauner Erde vor dem Fenster ist nicht besonders angenehm über vier Monate hinweg.

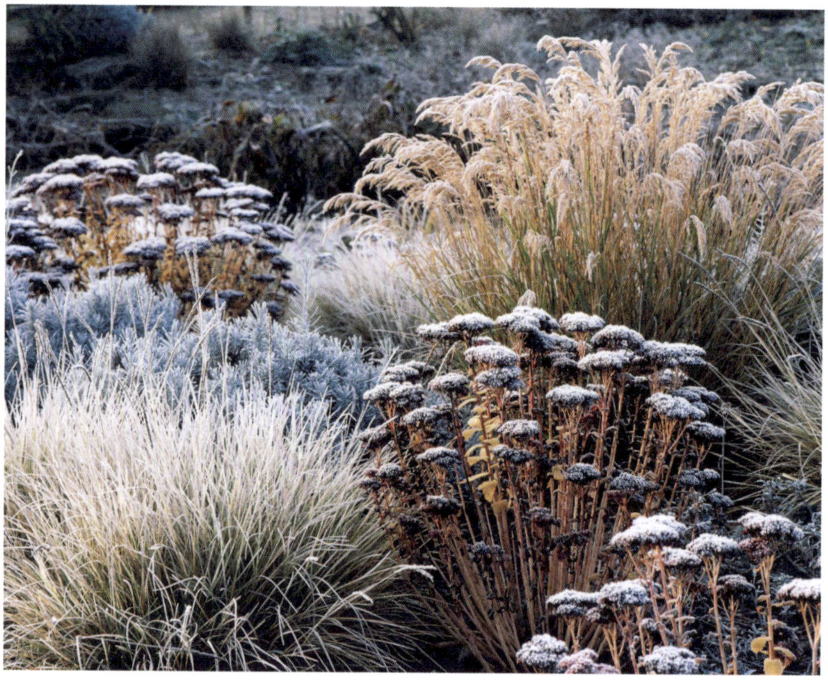

Viele Pflanzen sind auch im Winter attraktiv. Gräser und Fetthenne werden deshalb erst im Frühjahr zurückgeschnitten.

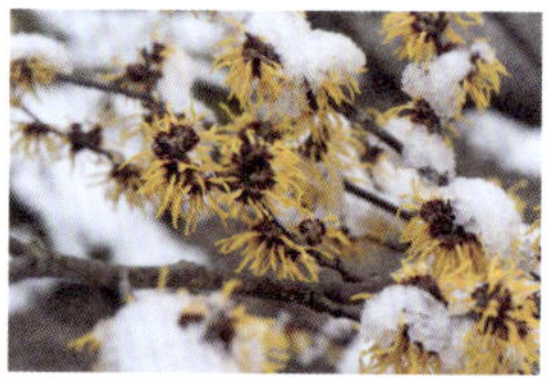

Zaubernuss

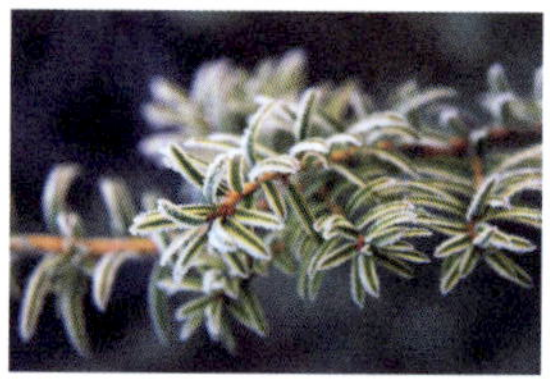

Eibe

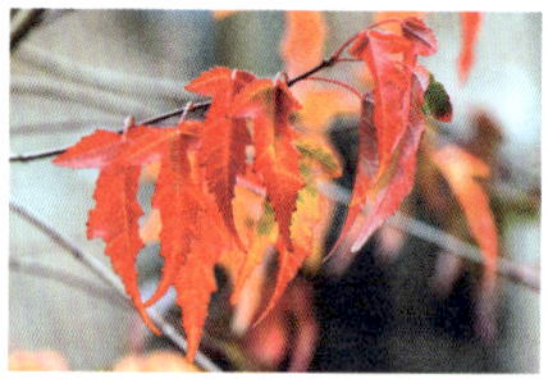

Feuer-Ahorn

FAVORITEN SUCHEN

Macht euch zuerst eine Liste der Pflanzen, die euch wirklich gefallen. Sinnvoll ist es, wenn ihr euch hier schon eure Standortverhältnisse (Boden und Licht) vergegenwärtigt. Am Ende des Kapitels findet ihr meine besten Pflanzempfehlungen, aber auch das Internet, Bildbände oder andere Gärten bieten hier eine tolle Inspirationsquelle. Und natürlich ist es mal wieder an der Zeit, euer Moodboard herauszuholen: Welche Pflanzen sind zu sehen? Gefällt euch eine Pflanze ganz besonders, obwohl sie nicht perfekt zu eurem Standort passt, notiert sie euch trotzdem – meist findet sich eine gute Alternative.
Unterteilt werden die Pflanzen in Gehölze, Stauden, Zwiebelblumen und einjährige Pflanzen:

- **Gehölze:** Bäume und Sträucher
- **Stauden:** Krautige (weiche) Pflanzen, deren obere Teile in der Regel im Herbst absterben und im Frühjahr aus derselben Pflanze wieder austreiben.
- **Einjährige Pflanzen:** Krautige Pflanzen, die nach der Samenbildung absterben. Einige können sich aber durch Aussamen verbreiten und es kommen neue Pflanzen an anderer Stelle wieder.
- **Zwiebelpflanzen:** In der Regel mehrjährige Pflanzen, die im Herbst als Zwiebeln in den Boden gesetzt werden

BÄUME UND STRÄUCHER

Beginnt bei eurer Pflanzplanung immer mit den größeren Gehölzen. Denn sie dominieren den Garten am meisten und natürlich benötigen sie auch den meisten Platz. Ge-

GRÜN IM WINTER

WINTERGRÜN

Blätter der Pflanze bleiben so lange an der Pflanze, bis die neuen Blätter im Frühjahr austreiben. In kalten Wintern können die Blätter auch mal braun werden, z. B. Woll-Ziest (*Stachys byzantina* 'Silver Carpet').

IMMERGRÜN

Die Pflanze behält ihre Blätter dauerhaft, auch im Winter, z. B. Eibe *(Taxus)*.

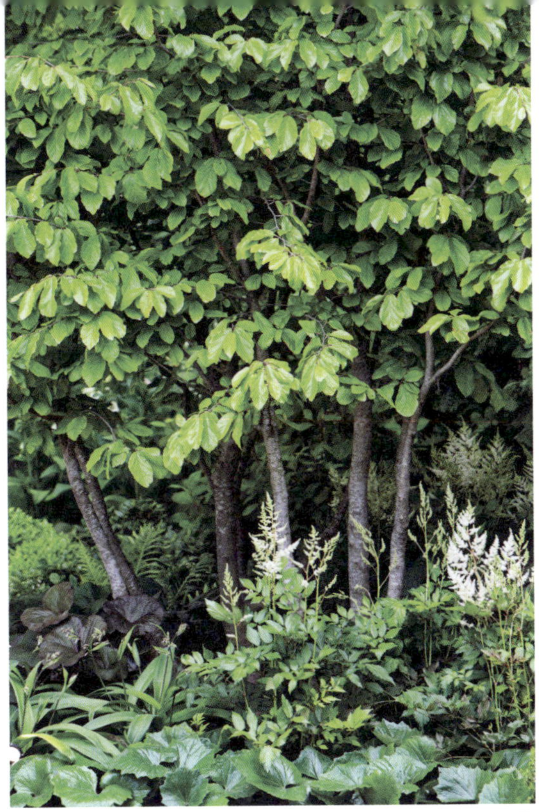

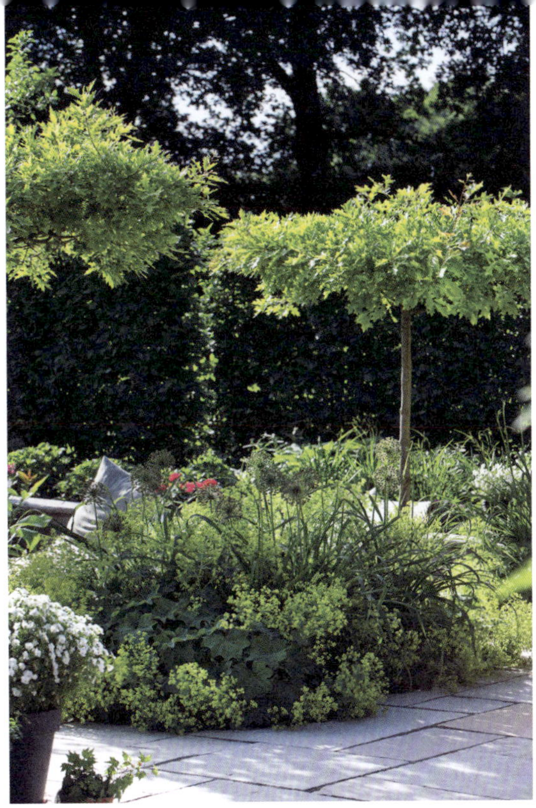

1. Mehrstämmige Gehölze sind ein ganz besonderer Hingucker im Beet.

2. Natürliche Schattenspender: Dachförmige Bäume können vor Sonne schützen.

hölze geben dem Garten nicht nur ganzjährig Struktur, wenn ihr sie richtig platziert, spenden sie euch Schatten oder bieten Sichtschutz. Bedenkt bei den Gehölzen bitte schon von Anfang an die Endhöhe. Selbst wenn es ein paar Jahre dauert, bis sie ausgewachsen sind: Große Bäume wie Buche oder Eiche sind für einen durchschnittlichen Garten viel zu groß. Andererseits möchte ich euch ermutigen, auch in einem kleinen Garten, mindestens einen Baum zu pflanzen. Ein Baum stärkt die Raumwirkung in jedem Garten und es gibt einige zierliche Arten, die für kleine Gärten geeignet sind.
Überlegt bei der Auswahl der Gehölze zuallererst, was sie in eurem Garten verbessern oder beitragen sollen. Wünscht ihr euch frisches Obst, sind Obstbäume oder Beerensträucher gefragt. Wünscht ihr euch Schatten, macht es Sinn, einen eher breitkronigen Baum auszusuchen, zum Beispiel Feuer-Ahorn *(Acer tataricum* subspc. *ginnala).* Habt ihr wenig Platz oder benötigt ihr vor den Fenstern Sichtschutz, ist ein säulenförmiger Baum besser, zum Beispiel die Säulen-Zierkirsche (*Prunus serrulata* 'Amanogawa'). Achtet beim Einplanen der Bäume darauf, dass ihr um die Gehölze herumlaufen könnt, und sie keinen Weg versperren. Vor allem Obstbäume sollten gut zugänglich sein, damit ihr bequem ernten könnt. Denkt daran, dass Bäume je nach Art weit um den Stamm herum ihr Wurzeln ausbreiten können. Flachwurzler wie Platane oder Birke haben deshalb in Haus-Nähe oder in direkter Nachbarschaft von Leitungen nichts zu suchen.

BÄUME FÜR KLEINE GÄRTEN

Je kleiner der Garten, desto passender müssen die Bäume sein. Und umso mehr sollten sie zu bieten haben: Blüte, Herbstfärbung, Früchte, schöner Wuchs – mindestens zwei dieser Eigenschaften sollte ein Baum oder Strauch für einen kleinen Garten haben. Denn in kleinen Gärten fallen die Details umso mehr auf.

Blumen-Hartriegel – *Cornus kousa:* Der Chinesische Blumen-Hartriegel hat sensationelle Blüten im Juni/Juli und eine tolle Blattfärbung im Herbst. Der große Strauch lässt im Winter seine Blätter fallen, wirkt aber auch ohne Laub schön, da er eine interessante Wuchsform hat. Standort: Sonne bis maximal Halbschatten. Größe: 2 bis 3 m breit und 3 bis 5 m hoch.

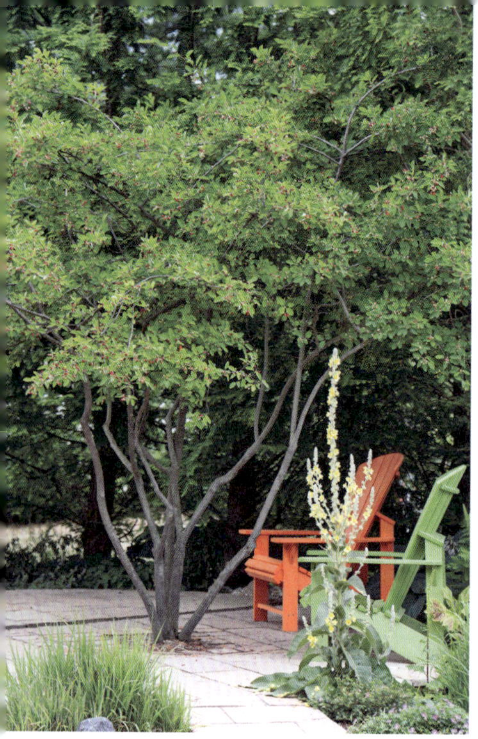

Felsenbirne

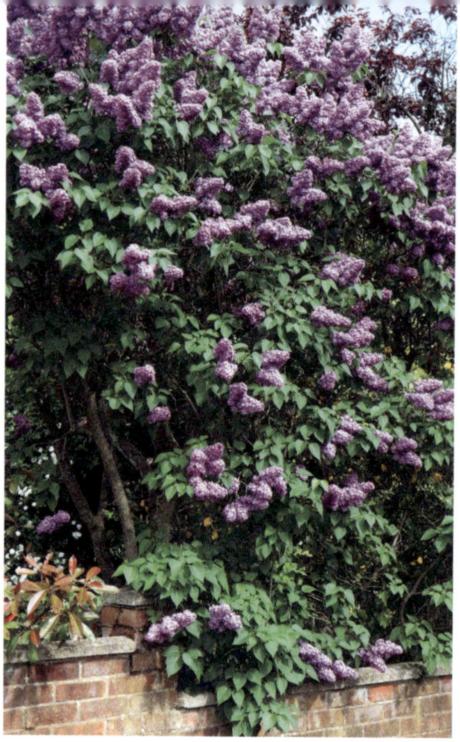

Flieder

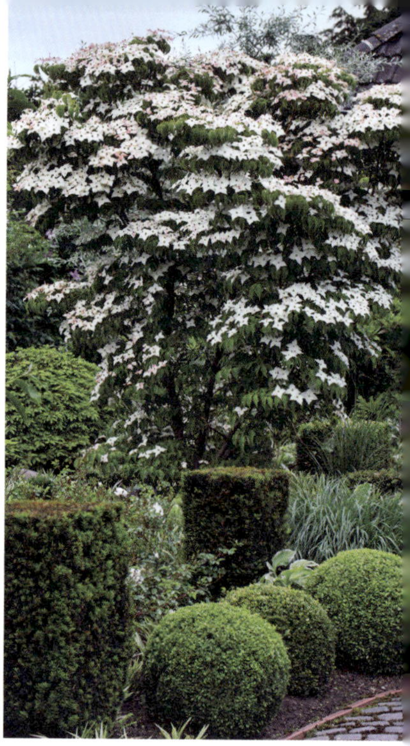

Chinesischer Blumen-Hartriegel

BÄUME

DO

Bäume gibt es mittlerweile in vielerlei Wuchsarten. Als mehrstämmiges Exemplar, als gewöhnlicher Hochstamm oder dachförmig gezogen. Erwägt, ob vielleicht eines dieser besonderen Exemplare in euren Garten passt. Gerade wenn ihr wenig Platz habt, kann ein so erzogener Baum ein besonderer Hingucker sein.

DON'T

Pflanzt keine Birken oder Linden in die Nähe von Terrassen oder Parkplätzen! Die Pollen verteilen sich im Frühjahr überall. Außerdem sind diese Bäume beliebt bei Blattläusen. Die Läuse scheiden einen zuckerhaltigen Kot aus, der schwer zu entfernen ist.

Echter Rotdorn – *Crataegus laevigata* 'Paul's Scarlet': Ein beeindruckender Baum, zum Beispiel vor dem Hauseingang oder als Hofbaum. Der Echte Rotdorn zeigt im Mai eine Krone voller pinkfarbener, gefüllter Blüten. Er kann sehr gut geschnitten und in Form gehalten werden. An sich ist er eher unkompliziert, braucht aber genügend Wasser. Standort: Sonne bis Halbschatten. Größe: 1,50 bis 2,50 m breit und bis zu 6 m hoch.

Kupfer-Felsenbirne – *Amelanchier lamarckii:* Tolle weiße Blüten im April, dunkle Früchte, ein schöner Wuchs und eine sensationelle Herbstfärbung. Das Schöne an der Felsenbirne ist, dass sie absolut pflegeleicht ist und gut geschnitten werden kann. Sie hat aber einen so schönen natürlichen Wuchs, dass sie auch ohne Schnitt auskommt. Einziger Haken: Die Früchte können starke Flecken auf Stoff hinterlassen. Standort: Sonne bis maximal Halbschatten. Größe: 2 bis 3 m breit und 3 bis 4 m hoch.

Harlekin-Weide – *Salix integra* 'Hakuro Nishiki': Dieser außergewöhnliche Kleinbaum wächst als Kugel auf dem Stamm, mit grün-weiß bis rosa gesprenkelten Blättern. Er wächst mit seinem Stamm nicht weiter, nur die Krone wird breiter – ein tolles Stämmchen, das wunderbar in Form geschnitten werden kann. Standort: Sonne bis maximal Halbschatten. Größe: 0,80 bis 1,20 m breit und 1 bis 3 m hoch.

Japanischer Ahorn – *Acer japonicum* 'Vitifolium': Dieser kleine Ahorn hat große schöne Blätter, die im Sommer sattgrün sind. Im Herbst färben sie sich leuchtend orange und rot. Er hat einen schönen breiten Wuchs und wächst relativ schnell. Schneiden solltet ihr ihn möglichst nicht. Standort: halbschattig. Größe: 2 bis 3 m breit und 2 bis 3,50 m hoch.

ZIERGEHÖLZE FÜR VERSCHIEDENE STANDORTE

PFLANZE	WUCHSHÖHE	BESONDERHEIT	BLÜTEZEIT
SONNE			
BLAUGLOCKENBAUM *Paulownia tomentosa*	8–15 m	Blüht lila in Glockenform, schöner Wuchs	April–Mai
FEUER-AHORN *Acer tataricum* subspc. *ginnala*	5–6 m	Tolle Herbstfärbung, wenig trockenheitsverträglich	Mai, unscheinbar
FLIEDER *Syringa*	2–5 m	Lila, weiße oder pinke Blüten, starker Duft; Sämlinge entfernen!	Mai
KORNELKIRSCHE *Cornus mas*	3–5 m	Eines der ersten Blütengehölze im Frühjahr, schöner Wuchs	März
NELKEN-KIRSCHE *Prunus serrulata*	4–7 m	Wunderschöne rosa Blüten	April
ÖLWEIDE *Elaeagnus angustifolia*	6–8 m	Winterharter Olivenbaum-Ersatz: Die Blätter ähneln der Olive	Mai–Juni, unscheinbar
SCHNEEBALL *Viburnum*	1–3 m, je nach Sorte	Große weiße Blüten, wenig trockenheitsverträglich	Mai–Juni
SOMMERFLIEDER *Buddleja davidii*	2–4 m	Schöne lila, weiße oder pinke Blüten	Juli–Oktober
WILDROSEN-ARTEN *Rosa* spec., z. B. *R. canina*	1–2 m, je nach Sorte	Dauerblüher, viele Arten duften	Juni–Oktober
SCHATTEN			
BIRKENBLÄTTRIGER SPIERSTRAUCH *Spiraea betulifolia*	0,50–1 m	Viele weiße Blüten, sehr gut schnittverträglich, pflegeleicht	Juni
EISENHUTBLÄTTRIGER AHORN *Acer japonicum* 'Aconitifolium'	2–4 m	Feuerrote Blätter im Herbst, wenig trockenheitsverträglich	unscheinbar
FLÜGEL-SPINDELSTRAUCH *Euonymus alatus*	2–3 m	Leuchtend rote Herbstfärbung, rote kleine Früchte, stark giftig	unscheinbar
HAINBUCHE *Carpinus betulus*	2–4 m, je nach Sorte	Schnittverträglich, pflegeleicht, auch in Säulenform erhältlich	unscheinbar
HORTENSIE *Hydrangea*	1–2 m, je nach Sorte	Schöne große Blüten, die bis in den Herbst attraktiv sind	Juli
RHODODENDRON *Rhododendron*	1–4 m, je nach Sorte	Immergrüner Strauch mit schönen großen Blüten, nur für saure Böden	Mai
STERN-MAGNOLIE *Magnolia stellata*	1,50–2 m	Sternförmige, große, weiße Blüten	April
ZIMT-AHORN *Acer griseum*	5–8 m	Schöne Herbstfärbung; rote Rindenfärbung, vor allem im Winter	unscheinbar

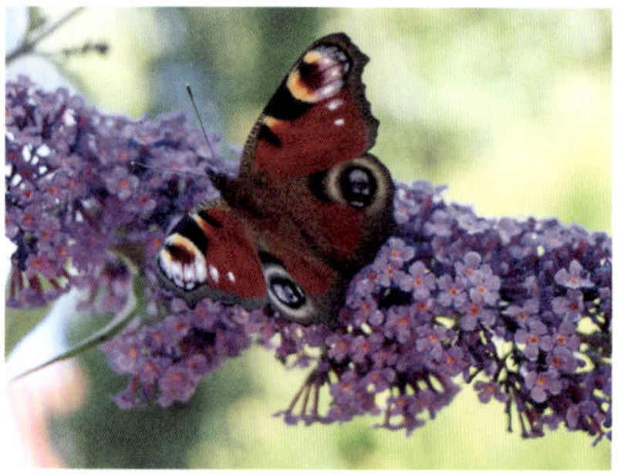

Schmetterlingsstrauch

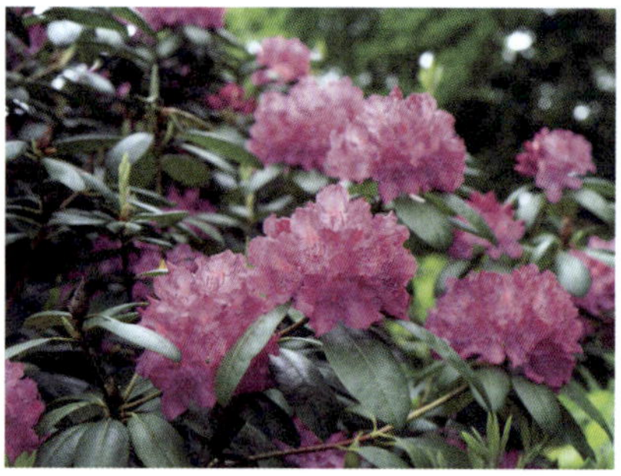

Rhododendron

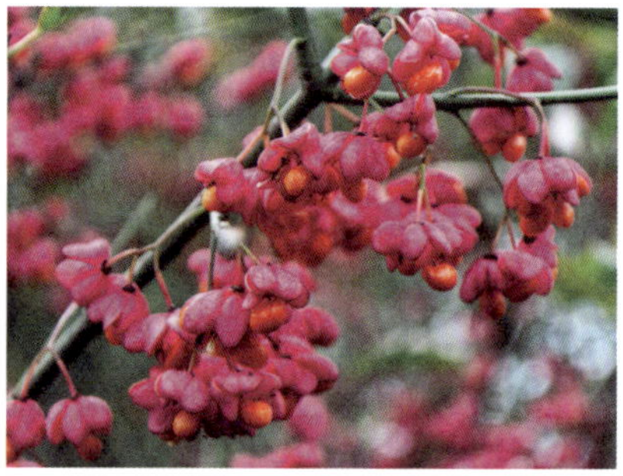

Flügel-Spindelstrauch

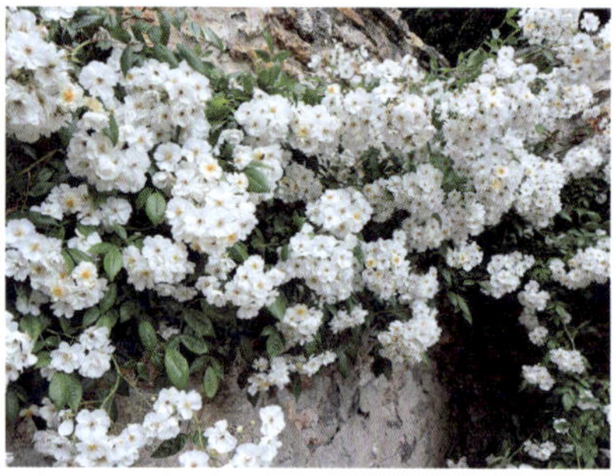

Kletterrose 'Lykkefund'

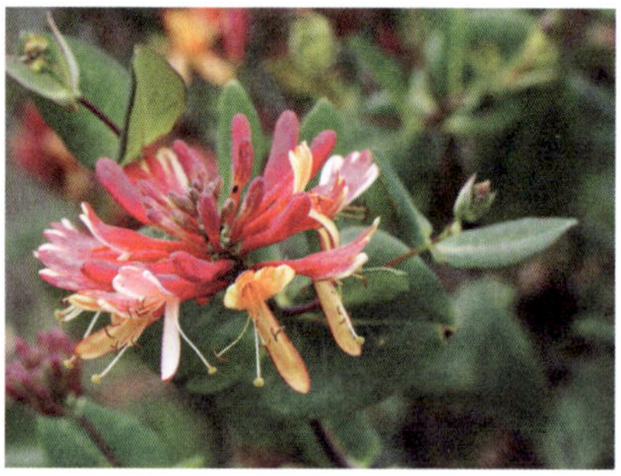

Geißblatt 'Goldflame'

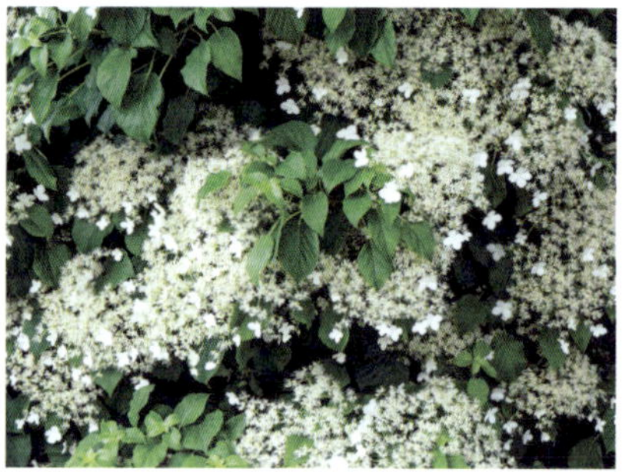

Kletter-Hortensie

KLETTERGEHÖLZE FÜR SONNE UND SCHATTEN

PFLANZE	HÖHE	BESONDERHEIT	BLÜTEZEIT
SONNE			
BLAUREGEN *Wisteria*	Bis zu 8 m	Spektakuläre, duftende, lila Blüten	Mai–Juni
GEISSBLATT *Lonicera brownii* 'Dropmore Scarlet'	3–4 m	Orange bis rote duftende Blüten, Bienenweide, kleine rote Früchte (nicht genießbar)	Juni–September
KLETTERROSE *Rosa* 'Lykkefund'	Bis zu 5 m hoch	Halbgefüllte weiße Blüten, kaum Stacheln, viele Hagebutten	Juni–Juli
KLETTERROSE *Rosa* 'New Dawn'	2,50–3,50 m	Langblühende, hellrosa, duftende historische Rose	Juni–Oktober
HALBSCHATTEN UND SCHATTEN			
EFEU *Hedera helix*	3–15 m	Immergrün, stark wachsend, Vorsicht bei Fassaden: Efeu kann in den Putz eindringen	September–Oktober
GEISSBLATT *Lonicera heckrottii* 'Goldflame'	Bis zu 6 m	Gelb blühend, mit süßlichem Duft, nur für Halbschatten	Juni–September
KLETTER-HORTENSIE *Hydrangea petiolaris*	3–6 m	Große weiße Blüten, braucht sauren Boden	Juni–Juli
WALDREBE *Clematis montana*	Bis zu 3 m	Unzählige rosa oder weiße Blüten im Frühjahr, pflegeleicht, schnellwüchsig	April–Mai

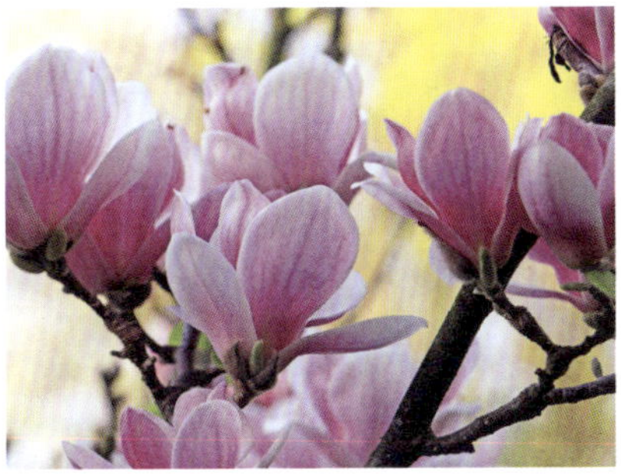
Tulpen-Magnolie

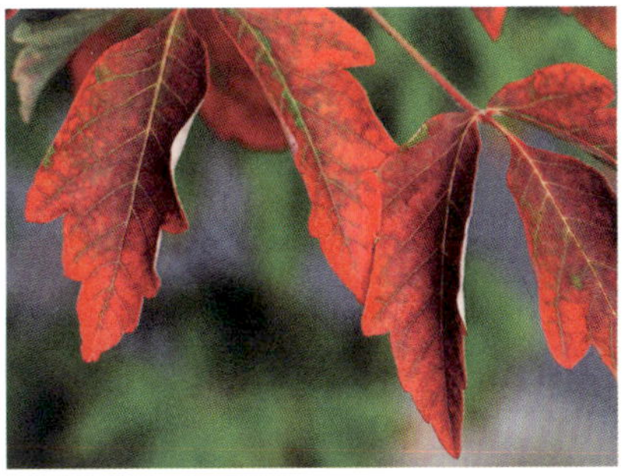
Zimt-Ahorn

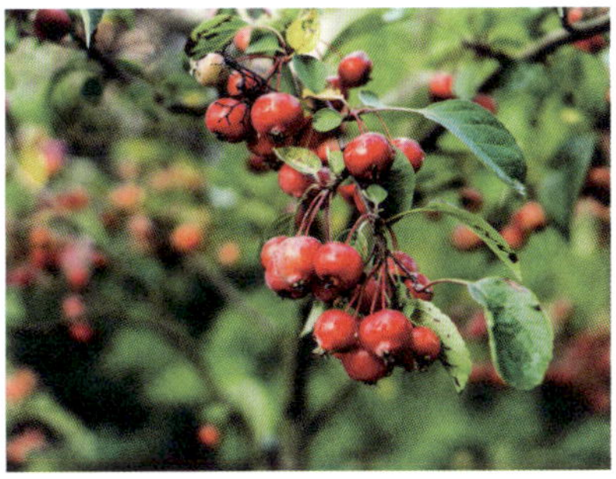
Kleinfruchtiger Zier-Apfel

Kleinfruchtiger Zier-Apfel – *Malus toringo sargentii* 'Veredlung': Dieser kleine Zier-Apfel blüht wunderschön weiß im April/Mai und verschönert den Garten im Herbst mit tollen roten, kleinen Früchten. Diese Früchte halten lange und die Vögel freuen sich über die Nahrungsquelle. Standort: Sonne bis maximal Halbschatten. Größe: 2 bis 4,50 m breit und 2,50 bis 5 m hoch.

Sumpf-Eiche – *Quercus palustris* 'Dwarf': Diese Eiche wächst als kugelförmiger Kleinbaum. Außer ihrer tollen Wuchsform hat sie eine wunderschöne Herbstfärbung zu bieten. Sie wächst ausgesprochen kompakt und bildet im Herbst kleine Früchte. Standort: Sonne bis Halbschatten, eher saurer Boden. Größe: 1,50 bis 2 m breit und 2 bis 3 m hoch.

Tulpen-Magnolie – *Magnolia soulangiana:* Die Magnolie hat einen wunderschön malerischen Wuchs, wenn sie nicht geschnitten wird. Für mich ist sie die schönste aller Magnolien-Arten: mit tulpengroßen Blüten von Mitte April bis Mai und einem breiten, malerischen Wuchs, der auch im unbelaubten Zustand toll wirkt. Standort: Sonne bis Halbschatten. Größe: 2,50 bis 3,50 m breit und 3 bis 5 m hoch.

Abstand halten!

Die Länder haben unterschiedliche Regelungen. Angaben dazu, wie weit Bäume von der Grundstücksgrenze entfernt sein müssen, erhaltet ihr von eurer Gemeinde.

DIE BEETPLANUNG

Habt ihr die wichtigsten Gehölze festgelegt, könnt ihr mit der eigentlichen Beetplanung beginnen. Auch hier lassen sich natürlich Bäume miteinbeziehen, im Beet sind aber meist Sträucher passender. Sträucher stellen nach den Bäumen die mittlere Pflanzebene und können sehr gut mit Stauden kombiniert werden.

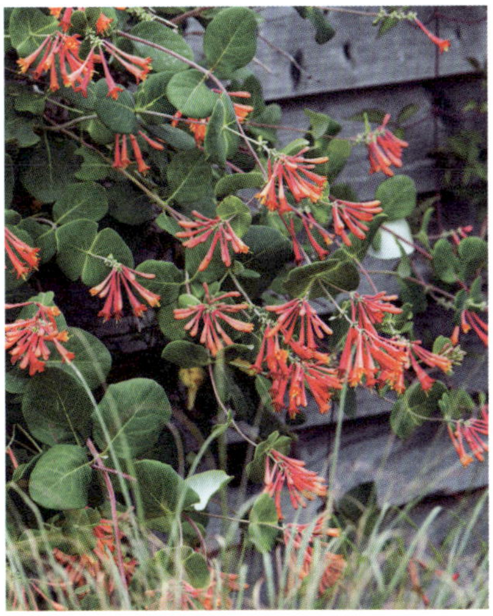
Geißblatt 'Dropmore Scarlet'

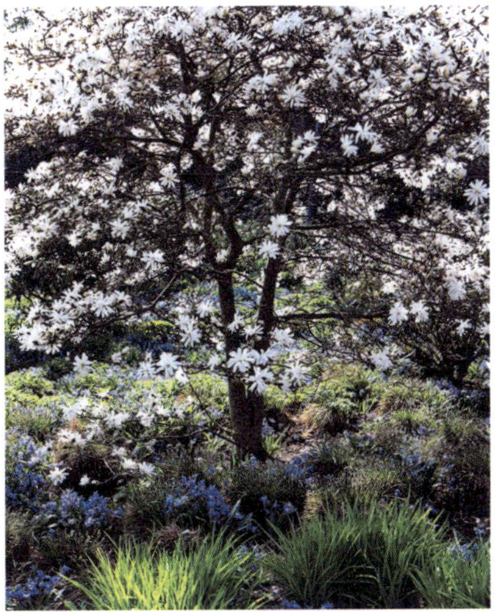
Stern-Magnolie

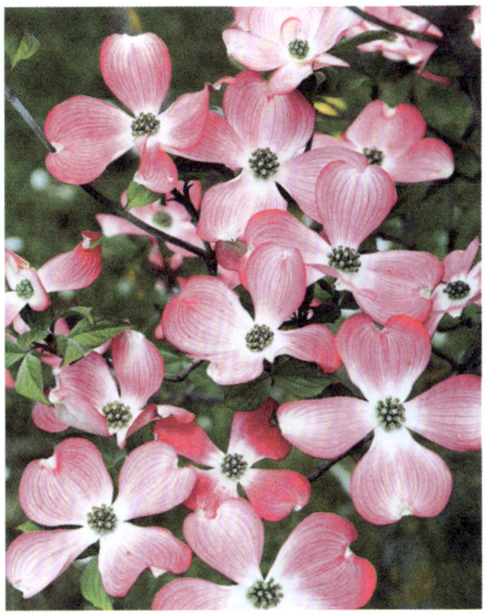
Blumen-Hartriegel

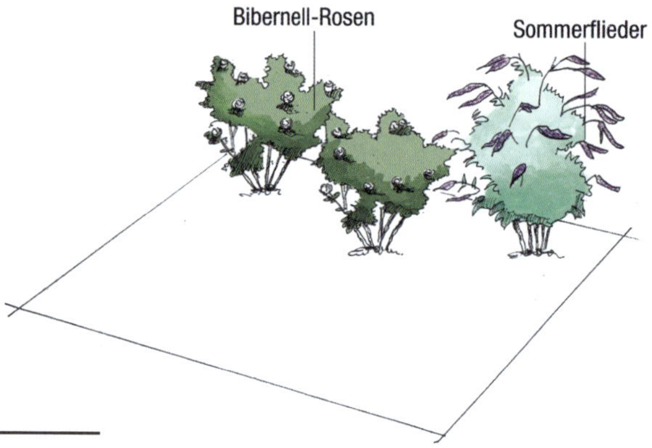

1

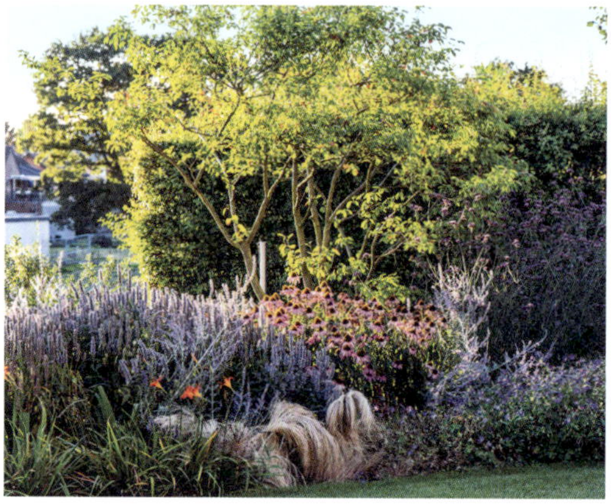

Wichtig ist die Höhenstaffelung: Gehölze kommen nach hinten, kleinere Pflanzen nach vorne.

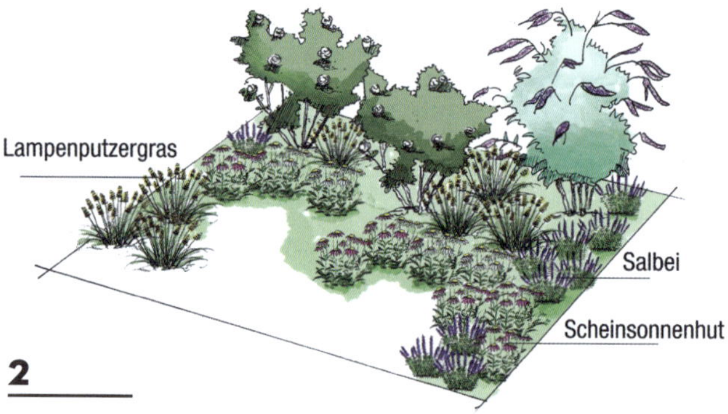

2

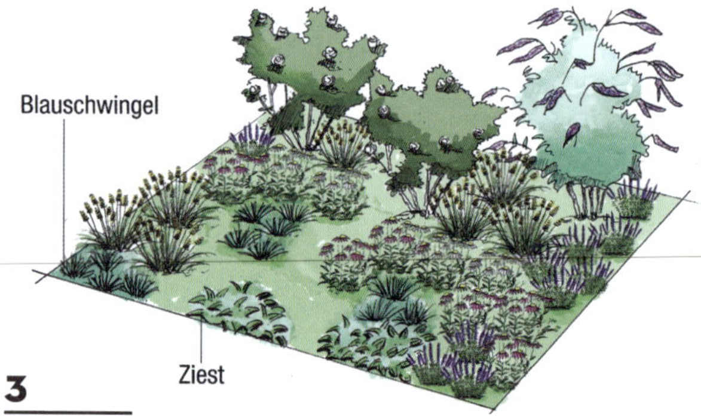

3

1. Die Leitpflanzen, Sommerflieder und Bibernellrosen, werden gesetzt.

2. Dann kommen die Begleitpflanzen, Salbei, Lampenputzergras und Scheinsonnenhut, ins Beet.

3. Zum Schluss werden die Füllpflanzen, Blauschwingel und Ziest, gesetzt.

Bei der Beetplanung unterscheiden wir Leitpflanzen, Begleitpflanzen und Füllpflanzen. Diese Einteilung ist wichtig, um bei der Planung und später vor allem bei der Pflege den Überblick zu behalten. Die Pflanzen haben alle ihren eigenen Charakter: Es gibt die Platzhirsche, die gern alles für sich haben möchten, und es gibt die „Mauerblümchen", die gehegt und gepflegt werden müssen, damit sie nicht verschwinden. Alle haben ihre eigene Aufgabe und zusammen ergeben sie ein wunderbares Team. Wichtig ist nur, dass ihr die Pflanzen wie bei einer guten Personalplanung ihrem Charakter entsprechend einplant.
Meine Kriterien für die Pflanzenauswahl sind Pflegeleichtigkeit und die „Performance" der Pflanze übers ganze Jahr hinweg. Ich bevorzuge Pflanzen, die möglichst das ganze Jahr hindurch gut aussehen. Weil ich das für den Hausgarten als wichtigstes Kriterium betrachte.

Leitpflanzen

Leitpflanzen sind Gehölze oder große Stauden, die das Beet schon von Ferne dominieren. Wenn ihr in einem Beet Sträucher und Stauden mischen möchtet, sind die Sträucher am größten und auffälligsten. Sie übernehmen deshalb hier die Leitfunktion und werden als Erstes ausgesucht und gepflanzt. Alle anderen Pflanzen müssen sich in Farbe und Form dieser Leitpflanze anpassen. Der „Boss" Leitpflanze sucht sich Mitarbeiter, die zu ihm passen.
Plant ihr ein reines Staudenbeet, sind große Stauden die Leitpflanzen. Typische Leitstauden sind zum Bei-

LEITPFLANZEN – STAUDEN UND GRÄSER

PFLANZE	WUCHSHÖHE	BESONDERHEIT	BEGLEIT-PFLANZEN	BLÜTEZEIT
SONNE				
CHINASCHILF *Miscanthus sinensis*	Bis zu 170 cm, je nach Sorte	Großes elegantes Gras, das auch im Winter für Struktur sorgt	Rosen, hohe Stauden	August-Oktober
GARTEN-SANDROHR *Calamagrostis x acutiflora*	120–170 cm	Straff aufrechtes Gras in einem warmen Gelbton	Astern	Juli–August
GOLDGARBE *Achillea filipendulina* 'Parker'	100–120 cm	Große gelbe Blüten, stark duftend, hitzeverträglich	Storch-schnabel	Juni-September
PFINGSTROSE *Paeonia*	50–80 cm	Große Blüten, zieht im Winter ein, in den Hintergrund pflanzen	Frauen-mantel	Mai–Juni
PHLOX *Phlox paniculata*	80–100 cm	Große Sorten- und Farbvielfalt, wenig trockenheitsverträglich	Gräser	August
RAUBLATT-ASTER *Aster novae-angliae*	110–150 cm	Zahlreiche Blüten (rosa, pink, lila – je nach Sorte) im Spätsommer	Gräser	September-Oktober
WITWENBLUME *Knautia macedonica*	60–100 cm	Langblühend, pink, Insektenweide, trockenheitsverträglich	Gräser, Salbei	Juli-September
SCHATTEN				
ASTILBE *Astilbe Arendsii*-Hybriden	60–100 cm	Große Rispenblüten in Weiß- oder Rosatönen, tolle Fernwirkung	Farne	Juni-August
BLAUBLATT-FUNKIE *Hosta sieboldiana*	30–50 cm	Schöne große Blätter mit Musterung, je nach Sorte	Anemone	Juni–Juli
JAPAN-ANEMONE *Anemone japonica*-Hybriden	60–120 cm	Weiße oder rosa Blüten, Bienenweide	Gräser	August-Oktober
LANZEN-SILBERKERZE *Cimicifuga racemosa*	Blüten bis zu 180 cm	Weiße, fackelartige Blüten	Farne und Gräser	Juli-September
SCHAUBLATT *Rodgersia pinnata* 'Chocolate Wings'	50–80 cm	Rosa- bis rotblühend in großen Rispen, mit großen gefiederten Blättern	Anemone	Juni–Juli

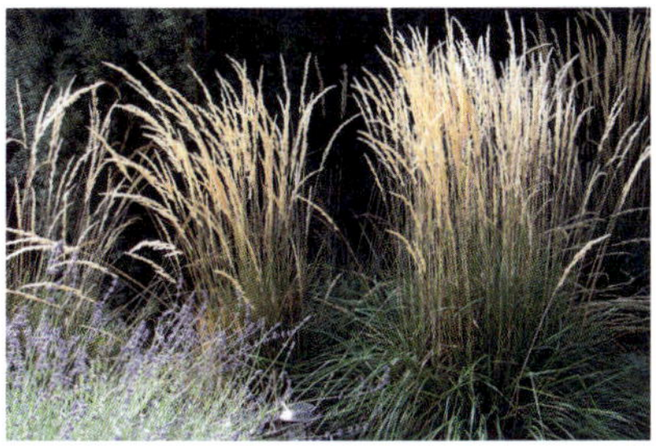

Garten-Sandrohr

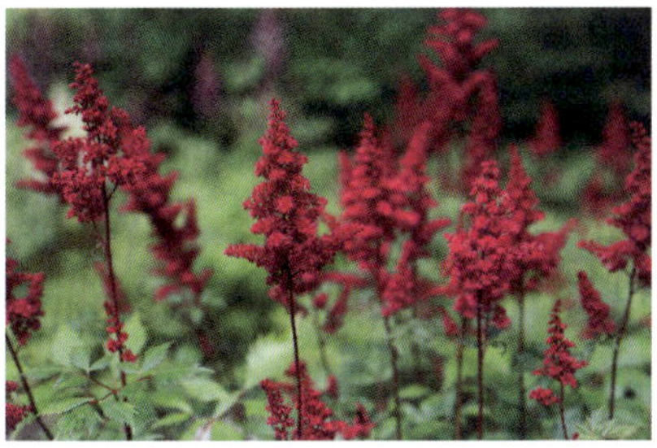

Astilbe

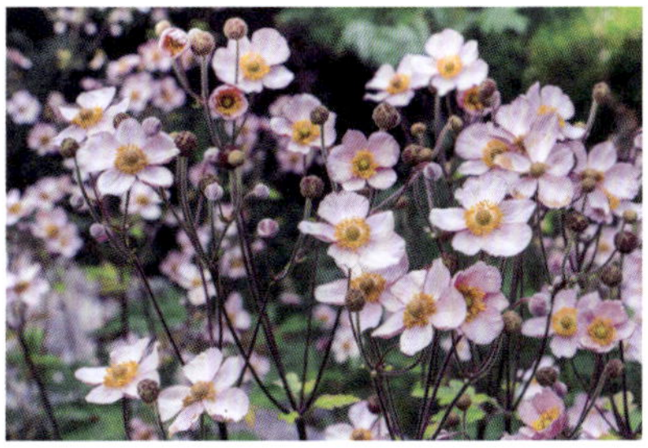

Japan-Anemone

BEGLEITSTAUDEN FÜR SONNIGE STANDORTE

PFLANZE	WUCHS-HÖHE	BESONDERHEIT	BLÜTEZEIT
FETTHENNE *Sedum telephium*	50–70 cm	Schöne rötliche Blüten, Blütenstände sehen auch im Winter attraktiv aus	August
GELBER SONNENHUT *Rudbeckia fulgida sullivantii* 'Goldsturm'	70–90 cm	Gelbe Blüten, Bienenweide, trockenheitsverträglich, passt zu Astern und Garten-Sandrohr	Juli–September
LAVENDEL *Lavandula*	40–60 cm	Duftende Blüten, trockenheitsverträglich, schön neben Skabiosen oder Federgras	Juni
SCHEINSONNENHUT *Echinacea*	70–90 cm	Schöne große Blüten in Weiß oder Pink, Bienenweide, passt zu Witwenblumen und Gräsern	Juli–September
STEPPEN-SALBEI *Salvia nemorosa*	40–60 cm	Blaue Blüten im Frühsommer, nach Rückschnitt zweite Blüte, perfekt neben Pfingstrosen	Juni, Nachblüte August
STORCHSCHNABEL 'Rozanne' *Geranium wallichianum* 'Rozanne®'	40–50 cm	Tiefblaue Blüten bis zum ersten Frost, passt gut zu Rosen	Juni–Oktober

BEGLEITSTAUDEN FÜR HALBSCHATTIGE UND SCHATTIGE STANDORTE

PFLANZE	WUCHS-HÖHE	BESONDERHEIT	BLÜTEZEIT
BERGWALD-STORCHSCHNABEL *Geranium nodosum* 'Simon'	30–50 cm	Rosa-lila Blüten, reichblühend, Insektenweide, unter Gehölzen	Juni–Oktober
ELFENBLUME *Epimedium*	30–40 cm	Blüht gelb bis rot, teilweise wintergrüne Blätter, ideal zur Begrünung unter Bäumen	April–Mai
GEFLECKTES LUNGENKRAUT *Pulmonaria officinalis*	30–35 cm	Blüht in verschiedenen Farben, weiß-grün gemusterte Blätter	März–Mai
GOLDNESSEL *Lamium galeobdolon*	20–30 cm	Gelbe Blüten, teppichartiger Wuchs, schön unter Gehölzen, breitet sich stark aus	Mai–Juni
PURPURGLÖCKCHEN *Heuchera*	20–50 cm	Schöne große Blätter, weiße oder rote Blüten, wintergrün, nur für Halbschatten	Juni–August
SCHNECKEN-KNÖTERICH *Bistorta affinis* 'Darjeeling Red'	10–20 cm	Rosa Blüten, die nach und nach aufgehen, nur für Halbschatten	Juli–September

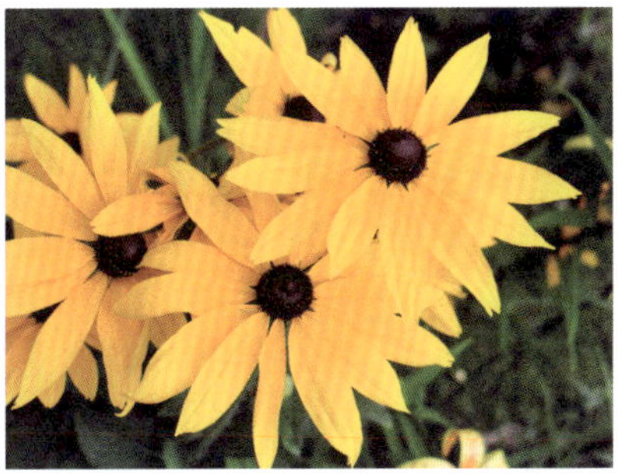
Gelber Sonnenhut 'Goldsturm'

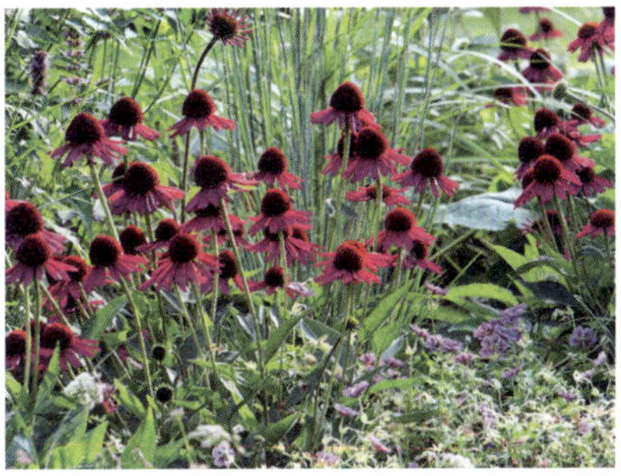
Scheinsonnenhut

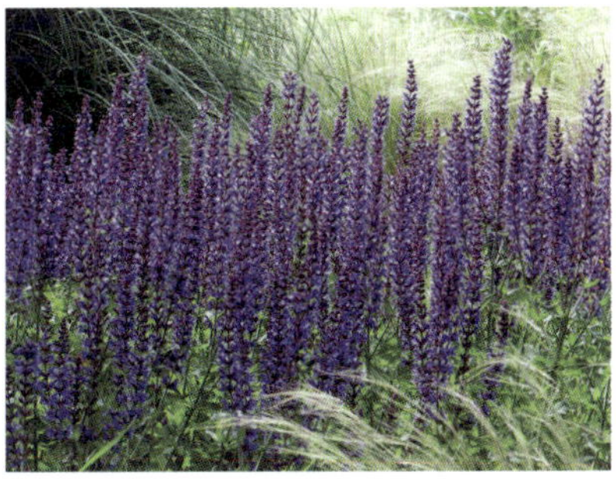
Steppen-Salbei

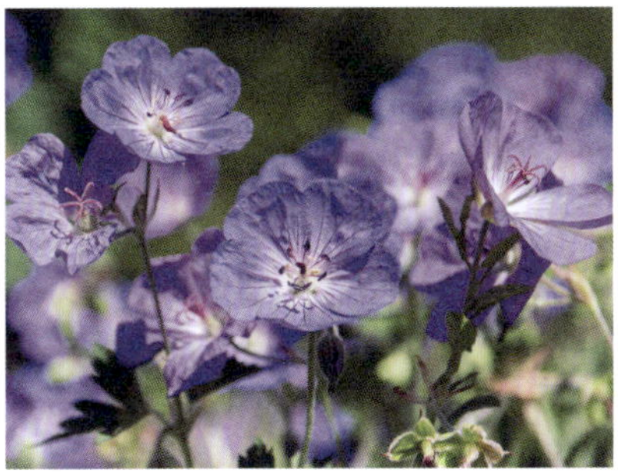
Storchschnabel 'Rozanne®'

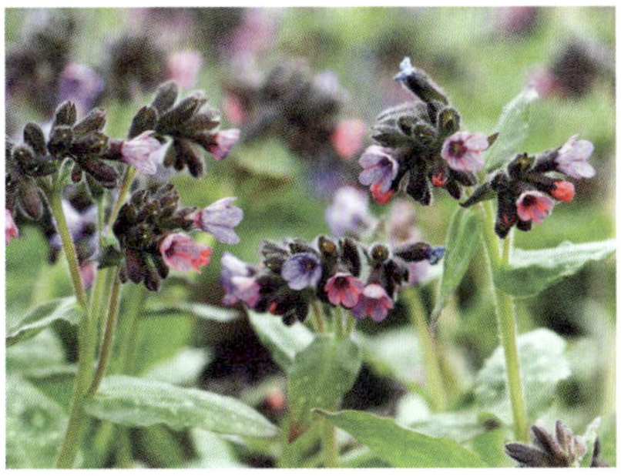
Geflecktes Lungenkraut

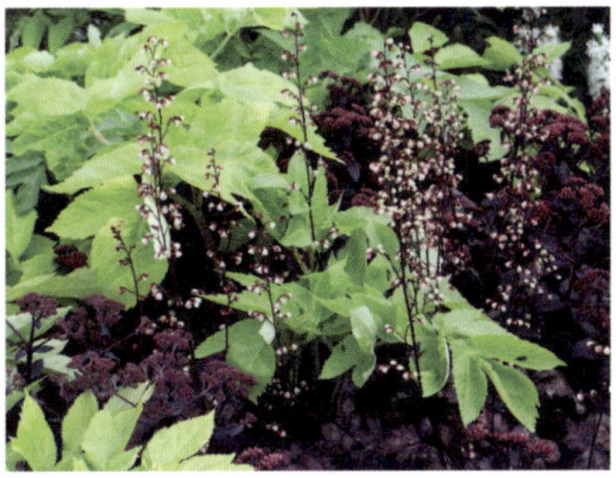
Purpurglöckchen

spiel Astern, Rittersporn oder hohe Gräsern wie Chinaschilf. In einem Rosenbeet sind die Rosen die Chefs, im Hortensienbeet die Hortensien. Leitpflanzen werden je nach Größe einzeln oder in Dreiergruppen gesetzt. In **kleinen Beeten** (bis zu 5 m^2) empfehle ich euch **nur zwei unterschiedliche** Leitpflanzen zu setzen, in größeren Beete können es auch fünf sein.

Begleitpflanzen

Die Begleiter unterstützen die Leitpflanzen, setzen sie in Szene und blühen dann, wenn die Leitpflanzen noch in der Vorbereitung sind oder schon verblüht sind. Die perfekte Begleitpflanze für Rosen ist zum Beispiel Storchschnabel. Er blüht schon früher als die Rosen, begrünt den oft kahlen „Fuß" der Rosen und bleibt deutlich kleiner als die großen Stars.
Begleitpflanzen werden in größeren Gruppen gesetzt, von fünf bis etwa elf Stück, je nach Beetgröße. Sobald ihr wisst, welche Leitpflanzen ihr haben möchtet, könnt ihr euch die entsprechenden Begleiter suchen. Empfehlenswerte Begleiter sind zum Beispiel Lavendel, Salbei, Storchschnabel, Perlkörbchen oder kleinere Gräser wie das Lampenputzergras. Je nach Beetgröße könnt ihr drei bis sieben unterschiedliche Begleiter ins Beet pflanzen.

Wichtig: Die Begleiter müssen sich am selben Standort wie die Leitpflanzen wohlfühlen. Das gilt nicht nur für die Besonnung, auch der Boden muss passen. Hortensien und Lavendel sind zum Beispiel keine guten Partner, da sie ganz unterschiedliche Ansprüche an Boden und Besonnung haben.

Füllpflanzen

Die Füllpflanzen werden oft auch Bodendecker genannt, aber keine Angst, das hat nichts mit einer tristen Friedhofsbepflanzung zu tun. Es gibt eine große Zahl schöner Bodendecker und sie werden überall dort eingesetzt, wo noch Lücken im Beet sind. Ich rate euch, die Beete komplett zu bepflanzen und keinen Rindenmulch oder andere Mulchmaterialien zu verwenden. Zum einen sind komplett bepflanzte Beete attraktiver, zum anderen machen sie weniger Arbeit. Denn ist das Beet vollständig bepflanzt, hält sich der Unkrautwuchs in Grenzen und im Herbst verschwinden fallende Blätter aus der Umgebung in den Pflanzen, während ihr sie aus dem Mulch herausharken müsst.
Bei den Füllpflanzen bietet es sich vor allem im vorderen Bereich der Beete an, immergrüne Vertreter zu wählen. So sehen eure Beete selbst im Winter schön aus und die Lücken der Begleitstauden zu dieser Jahreszeit

GRÄSER FÜR SONNIGE STANDORTE

PFLANZE	WUCHS-HÖHE	BESONDERHEIT	BEGLEIT-PFLANZEN	BLÜTE-ZEIT
ALTLAS-SCHWINGEL *Festuca meirei*	40-50 cm	Grau-grünes, immergrünes Gras, nur für trockene Böden	Lavendel	Mai-Juni
KUPFER-HIRSE *Panicum virgatum*	30-50 cm	Rötliches Gras, vor allem im Herbst ein Hingucker	Fetthenne	Juli-September
LAMPENPUTZERGRAS *Pennisetum alopecuroides*	60-80 cm	Schöne walzenfömige Blüten, die auch im Winter attraktiv sind; samt sich leicht aus	Witwen-blume	August-Oktober
MEXIKANISCHES FEDERGRAS *Stipa tenuissima*	30-50 cm	Leichtes, gelb-grünes Gras, etwas frostempfindlich	Zier-Salbei	Juli-August

GRÄSER FÜR HALBSCHATTIGE UND SCHATTIGE STANDORTE

PFLANZE	WUCHS-HÖHE	BESONDERHEIT	BEGLEIT-PFLANZEN	BLÜTEZEIT
HERBST-KOPFGRAS *Sesleria autumnalis*	30–45 cm	Hellgrüne Halme, auch im Winter attraktiv, nur für Halbschatten	Purpurglöckchen	März-Mai
JAPANGRAS *Hakonechloa*	40–60 cm	Breite, sattgrüne Halme	Funkien, Japan-Anemone	August-Oktober
JAPAN-SEGGE *Carex*	15–40 cm, je nach Sorte	Immergrünes Gras, perfekt für schattige Vorgärten	Farne, Funkien	Juni-August
PFEIFENGRAS *Molinia*	60–100 cm	Straff aufrechtes Gras mit rötlicher Färbung, nur auf saurem Boden	Rhododendron, Hortensien	August-Oktober
RASEN-SCHMIELE *Deschampsia cespitosa*	40–90 cm	Lockeres Gras mit hellgelben Blütenähren	Hortensien	Juni-August

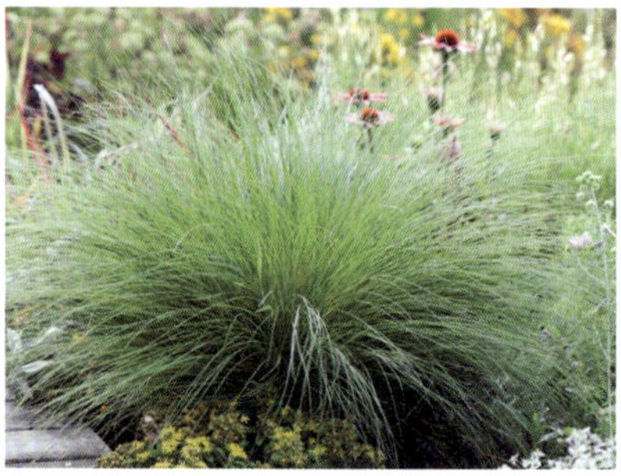

Atlas-Schwingel

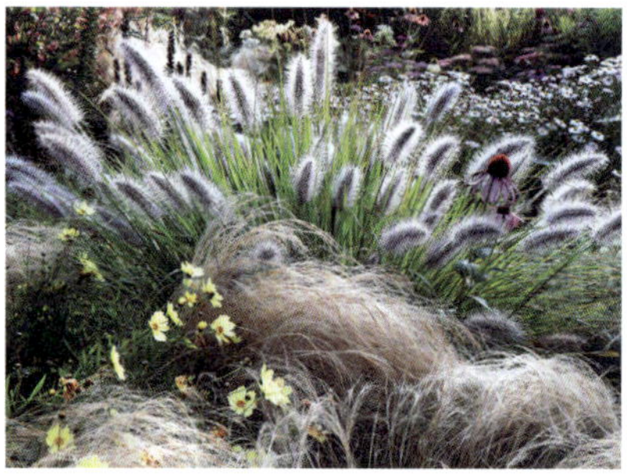

Lampenputzergras

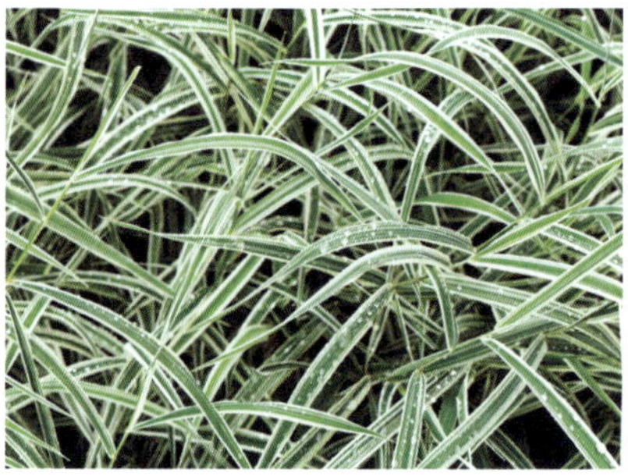

Japan-Segge

fallen nicht so auf. Tolle Füller sind zum Beispiel Vergissmeinnicht, Frauenmantel, Thymian, Immergrün oder das kleine Japangras. Die Füllpflanzen wirken am besten in Massen, setzt sie deshalb in größeren Gruppen: je nach Beetgröße sieben bis 15 Stück. Je weniger unterschiedliche Füllpflanzen ihr setzt, desto ruhiger wirkt die Pflanzung (siehe auch S. 146).

EINJÄHRIGE SOMMERBLUMEN

Einjährige Pflanzen könnt ihr im ersten Jahr, wenn die Stauden noch nicht groß genug sind, als Blickfang nutzen. Mit ihnen lässt sich die Blühsaison einfach verlängern oder Lücken im Beet füllen. Egal ob in Töpfen oder direkt im Beet, mixt hier einfach, wie es euch gefällt. Während ich euch bei den Stauden wirklich ans

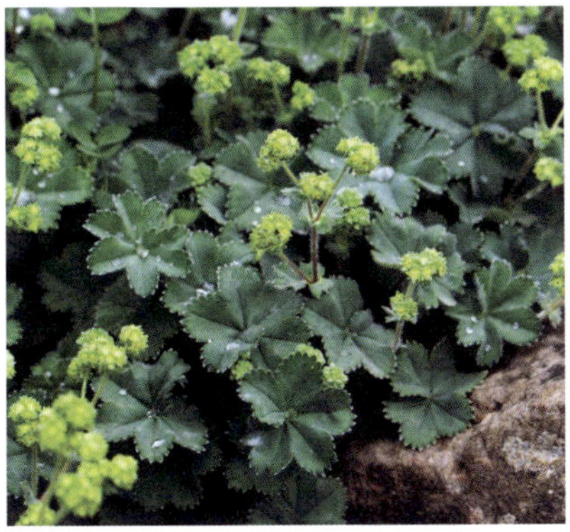

Kleiner Frauenmantel

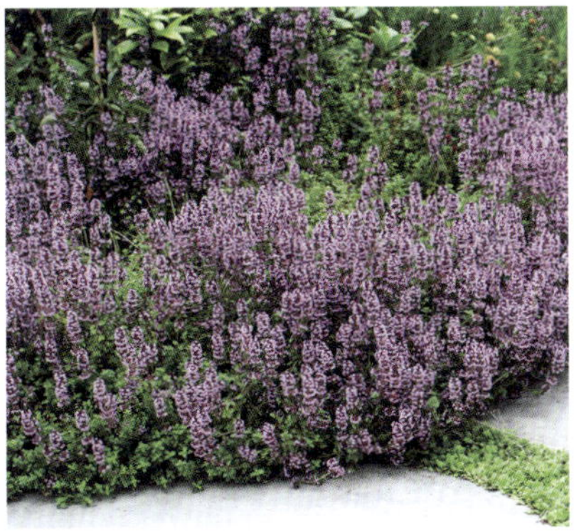

Sand-Thymian

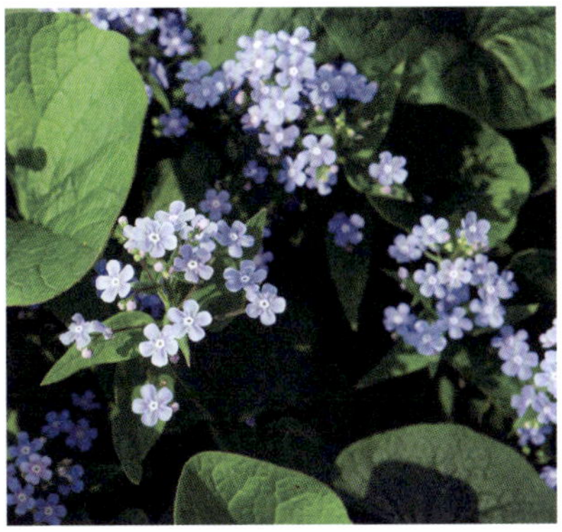

Kaukasusvergissmeinnicht

FÜLLSTAUDEN

PFLANZE	WUCHSHÖHE	BESONDERHEIT	BLÜTEZEIT
SONNE			
BLUT-STORCHSCHNABEL *Geranium sanguineum*	20–40 cm	Pinkfarbene schöne Blüten, wächst auch unter Gehölzen	Juni–August
KLEINER FRAUENMANTEL *Alchemilla erythropoda*	10–30 cm	Kleine, hellgelbe Blüten; passt besonders schön zu Pfingstrosen	Juni–Juli
SAND-THYMIAN *Thymus serpyllum*	Bis zu 20 cm	Schöner Bodendecker für durchlässige Böden, Bienenweide	Juni–August
WOLL-ZIEST *Stachys byzantina* 'Silver Carpet'	15–20 cm	Blüht nicht, hat aber schöne, grau behaarte Blätter, auch im Winter, Staunässe vermeiden	–
SCHATTEN			
HASELWURZ *Asarum europaeum*	5–10 cm	Wunderschöne, glänzende, immergrüne Blätter; ideal unter Gehölzen, giftig	unscheinbar
KAUKASUSVERGISSMEINNICHT *Brunnera macrophylla*	30 cm	Blauer Blütenteppich, sät sich gern aus	März–Mai
WALDSTEINIE *Waldsteinia ternata*	10–15 cm	Wintergrün, gelb blühend, leicht rötliche Herbstfärbung	April–Mai

ZWIEBELN IN DIE 2.REIHE

Nach der Blüte werden die Blätter von Tulpen und Zier-Lauch gelb. Lasst sie stehen, bis die Blätter vollständig vertrocknet sind. Dann könnt ihr die verblühten Blüten und die Blätter abschneiden. Entfernt ihr die Blätter zu früh, führt dies zu einer Schwächung der Pflanze und sie kommt im nächsten Jahr nicht wieder. Deshalb ist es sinnvoll, Tulpen und Zier-Lauch in den Mittelgrund oder Hintergrund eines Beetes zu setzen: Hier fallen die gelben Blätter nicht so auf und werden von den anderen Pflanzen verdeckt.

Herz legen möchte, **immer** einen Plan zu machen, könnt ihr die Einjährigen auch spontan im Beet verteilen. Setzt oder sät sie genau in die Lücken. Das könnt ihr sogar noch in den Folgejahren machen, wenn ihr das Gefühl habt, es fehlt etwas im Garten.

Alle Einjährigen können sich selbst aussäen, abgesehen vom Patagonischen Eisenkraut, aber nicht sehr stark. Generell säen sich Einjährige nur im offenen Boden aus. Haben die Stauden das Beet schon gefüllt, haben die Samen der Einjährigen kaum Chancen sich durchzusetzen. Wenn ihr Spaß am Pflanzen aufziehen und etwas Geduld habt, könnt ihr die einjährigen Blumen selbst säen. Aber nicht direkt ins Beet, sondern in kleine Töpfe. Erst wenn sie etwas kräftiger sind, setzt ihr sie ins Beet, sonst sind die kleinen Pflänzchen sofort Schneckenfutter! Muss es bei euch eher schnell gehen, findet ihr auf Wochenmärkten und in Gärtnereien schöne Exemplare. Alle genannten Einjährigen wachsen in der Sonne und im lichten Schatten. Im Schatten bilden Einjährige jedoch kaum Blüten aus. Ausnahme: Vergissmeinnicht *(Myosotis sylvatica)*. Das neigt allerdings zum Wuchern, ich kann es euch deshalb nur für einen Wildgarten empfehlen.

ZWIEBELPFLANZEN

Die Frühjahrszwiebeln werden im Herbst in den Boden gesteckt – am besten im November. Dann ist die Gefahr eines Wärmeeinbruchs nicht mehr so hoch und die Pflanzen treiben nicht schon versehentlich im Oktober aus.

Ganz wichtig bei den Frühjahrszwiebeln ist, dass ihr nicht kleckert, sondern klotzt! Setzt die Zwiebeln immer in Gruppen. Je kleiner die Zwiebeln, desto mehr solltet ihr pro Quadratmeter ins Beet setzen. Lasst euch nicht von den Angaben

EINJÄHRIGE SOMMERBLUMEN

PFLANZE	WUCHSHÖHE	BESONDERHEIT	STANDORT	BLÜTEZEIT
BECHERMALVE *Lavatera trimestris*	50–120 cm	Rosa oder weiße Blüten, samt sich etwas aus	Sonne	Juli–Oktober
KLATSCHMOHN *Papaver rhoeas*	50–60 cm	Blüht rot, Bienenweide, sät sich selbst aus	Sonne	Mai–Juni
PATAGONISCHES EISENKRAUT *Verbena bonariensis*	40–100 cm (je nach Sorte)	Hohe Blütenstängel, blüht lila, samt sich stark aus	Sonne	Juli–Oktober
RINGELBLUME *Calendula officinalis*	30–40 cm	blüht orange-gelb, Heilpflanze, essbar, samt sich aus	Sonne, lichter Schatten	Juli–September
SCHMUCKKÖRBCHEN *Cosmos bipinnatus*	50–70 cm	Blüht in Weiß und Pastelltönen; Spitzen regelmäßig abschneiden für neue Blüten, samt sich kaum aus	Sonne	Juni–Oktober

ZWIEBELPFLANZEN VON FRÜHLING BIS SOMMER

PFLANZE	BESONDERHEIT	BLÜTEZEIT
ELFEN-KROKUS *Crocus tommasinianus*	Blüht in Pastelltönen, vermehrt sich mit der Zeit, giftig	Februar–März
NARZISSE *Narcissus*	Blühen je nach Sorte in Weiß bis Sattgelb, sehr pflegeleicht, kommen zuverlässig im nächsten Jahr wieder	März–Mai, je nach Sorte
SCHNEEGLÖCKCHEN *Galanthus*	Blüht weiß; einzige Zwiebelpflanze, die besser anwächst, wenn sie nicht als Zwiebel, sondern direkt im Frühjahr ins Beet gesetzt wird	Januar– Februar
TULPE *Tulipa*	Unzählige Sorten und Farben, einige Sorten kommen wieder, andere müssen jedes Jahr neu gepflanzt werden, einfach ausprobieren	April–Juni, je nach Sorte
WINTERLING *Eranthis hyemalis*	Gelbe Blüten; braucht nährstoffreichen, lockeren Boden, am besten unter Gehölzen, vermehrt sich mit der Zeit	Januar– Februar
ZIER-LAUCH-ARTEN *Allium*	Blütenkugeln in Weiß oder in Lila-pink. Empfehlenswert: Iran-Lauch: *Allium aflatunense* 'Purple Sensation' (Mai–Juni), Kugel-Lauch: *Allium sphaerocephalon* (Juli), besonders schön zu Gräsern	Mai–Juli, je nach Sorte

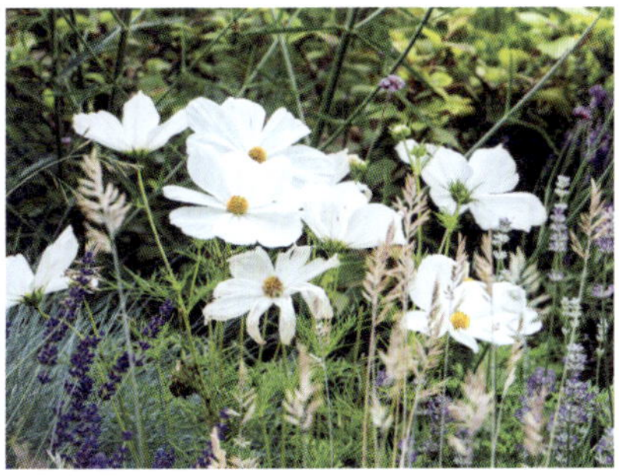

Schmuckkörbchen

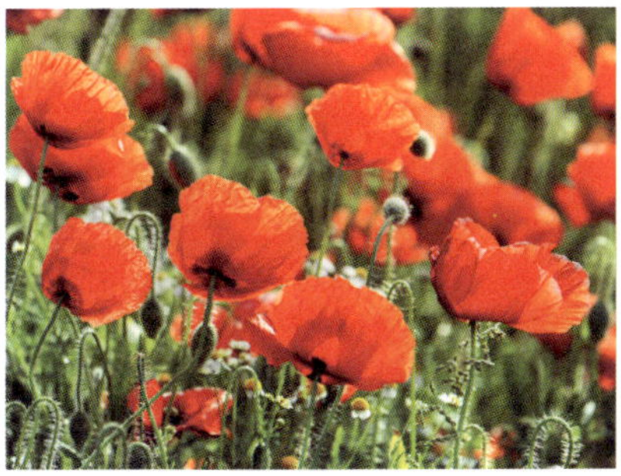

Klatschmohn

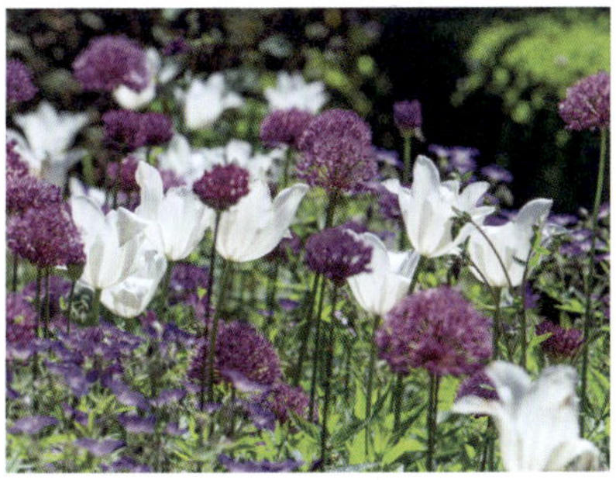

Tulpen mit Zier-Lauch

auf der Packung irritieren, sondern pflanzt von Krokussen, Blausternen und Schneeglöckchen Gruppen mit mindestens 50 Zwiebeln. Dann habt ihr im Frühjahr einen echten Blütenteppich, der sich mit der Zeit immer mehr ausbreitet.

Für Narzissen, Tulpen und Zierlauch gelten kleinere Mengen. Diese Zwiebeln pflanzt ihr am besten immer in Gruppen von fünf bis 15 Stück, und zwar alle so tief, dass die darüber liegende Erdschicht der doppelten Zwiebelhöhe entspricht.

Ihr könnt auch kunterbunt pflanzen: Schneeglöckchen-, Krokus- und Narzissenzwiebeln in einen Eimer geben, mischen und über dem Beet auswerfen. An der Stelle, an der die Zwiebeln im Beet gelandet sind, pflanzt ihr sie ein. So erhaltet ihr ein schönes natürliches Ergebnis.

Nach der Blüte im Frühling ziehen die Pflanzen wieder ein. Je nach Standort und Sorte kommen viele wieder. Ihr müsst sie nicht mehr ausgraben. Vor allem bei den Tulpen gibt es aber Sorten, die wenig zuverlässig wiederkommen. Hier gilt das Prinzip „trial and error", da es jeweils von lokalen Faktoren abhängt.

Alle Zwiebelblumen freuen sich über eine Düngung mit Hornmehl beim Austrieb. Gibt es in eurer Gegend Wühlmäuse, empfehle ich euch, die Zwiebeln mit Hühnerdraht zu schützen (oben offen lassen!) oder in Plastiktöpfen ins Beet zu setzen. So fressen euch die Nagetiere nicht alles weg.

Immergrüne Pflanzen

Diese Pflanzen bleiben auch im Winter grün. Für den Vorgarten, aber auch für Gartenwinkel, in denen ihr euch ganzjährig Sichtschutz wünscht, sind diese Stauden und Gehölze perfekt geeignet.

GEHÖLZE

PFLANZE	WUCHS-HÖHE	BESONDERHEIT	BLÜTE-ZEIT
BAMBUS *Fargesia*	0,50–10 m, je nach Sorte	Schnell wachsender Sichtschutz, anspruchslos, einzige nicht wuchernde Bambus-Gattung, Sonne	–
BERBERITZE *Berberis* spec.	0,50–3 m, je nach Sorte	Als Beeteinfassung oder Formgehölz, Sonne und Schatten, je nach Sorte	Mai
EIBE *Taxus baccata*	2–4 m	Sehr schnittverträglich, für Hecken und Formgehölze geeignet, Sonne und Schatten, giftig	–
OSMANTHUS *Osmanthus burkwoodii*	2–3 m	Duftende, weiße Blüten; schnittverträglich, frostempfindlich, Sonne	April–Mai
PORTUGIESISCHER KIRSCHLORBEER *Prunus lusitanica*	2–4 m	Besonders geeignet für immergrüne Hecken, Sonne bis Halbschatten	Juni, unbedeutend
RHODODENDRON *Rhododendron* spec.	1–4 m	Tolle große Blüten, nur für sauren Boden (Ausnahme Inkarho®-Hybriden); Sonne und Schatten, je nach Sorte	Mai–Juni
STECHPALME *Ilex*	1–6 m	Je nach Sorte geeignet als Hecke, Formgehölz oder frei wachsendes Gehölz, Sonne und Schatten (giftig)	Juli–August

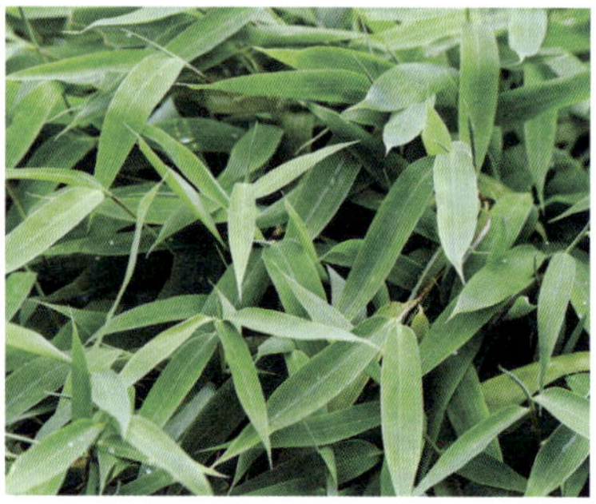

Bambus

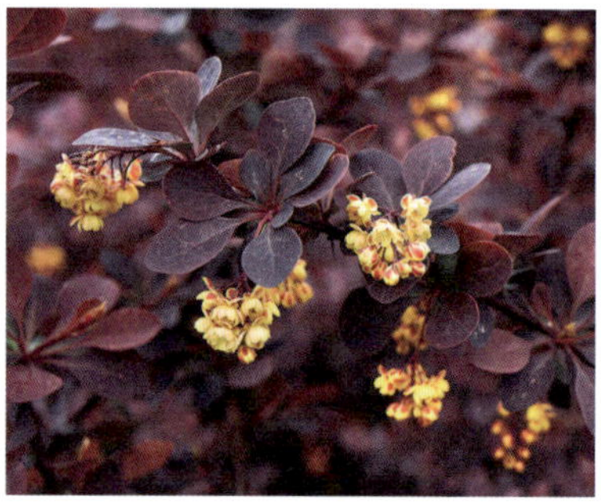

Rote Hecken-Berberitze

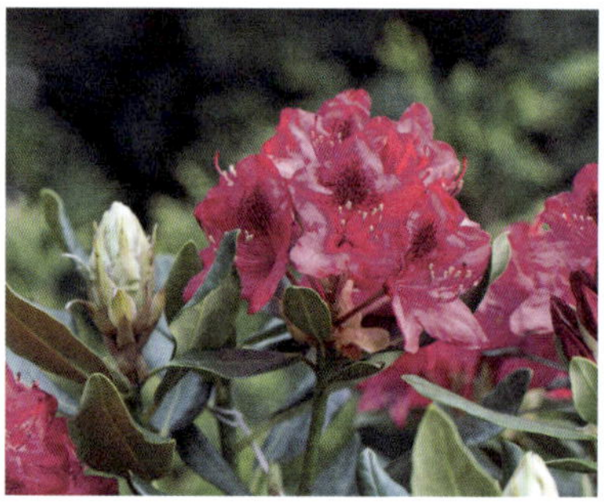

Rhododendron

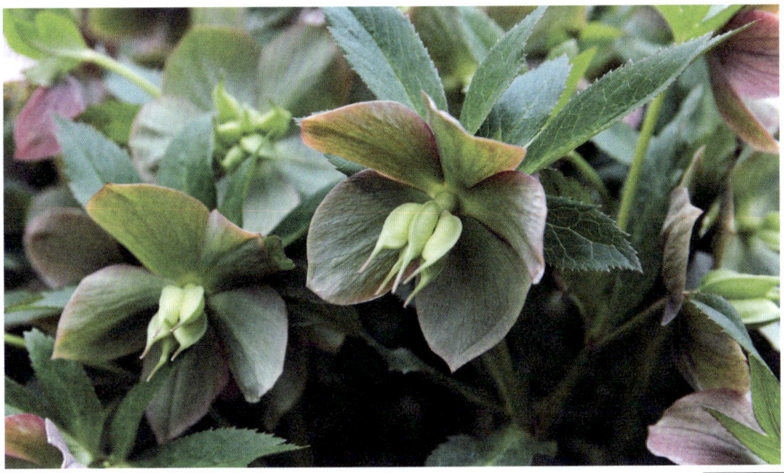

1

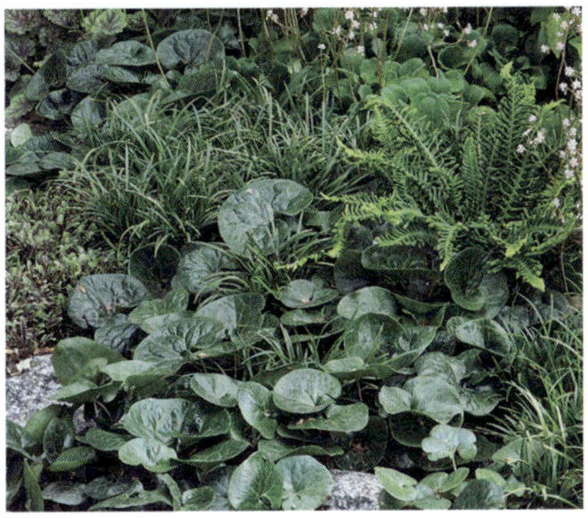

2

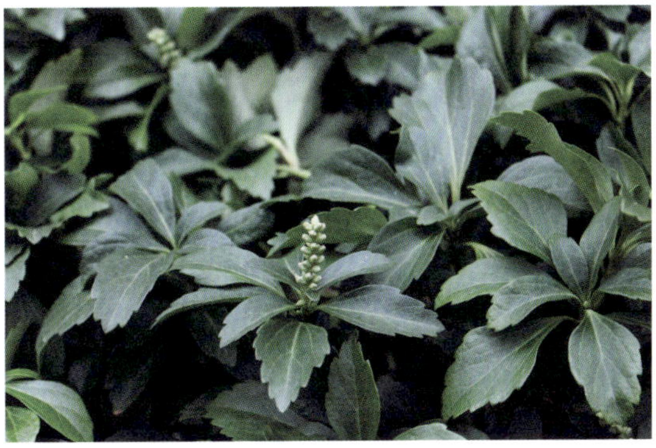

3

1. Christrose - auch verblüht noch attraktiv

2. Haselwurz

3. Dickmännchen

IMMERGRÜNE STAUDEN

PFLANZE	WUCHS-HÖHE	BESONDERHEIT	BLÜTE-ZEIT
BERGENIE *Bergenia cordifolia*	20–30 cm	Schön unter Gehölzen, zusammen mit Gräsern, Sonne bis Halbschatten	April–Mai
CHRISTROSE *Helleborus niger*	20–30 cm	Wunderschöne große, weißen Blüten, Halbschatten bis Schatten	Januar–März
DICKMÄNNCHEN *Pachysandra terminalis*	20–30 cm	Teppichartiger Wuchs, Halbschatten bis Schatten	April–Mai
HASELWURZ *Asarum europaeum*	5–10 cm	Teppichartiger Wuchs, toller Bodendecker, giftig, Schatten	-
MANDELBLÄTTRIGE PURPUR-WOLFSMILCH *Euphorbia amygdaloides* 'Purpurea'	30–40 cm	Immergrüne, sehr pflegeleichte und trockenheitsverträgliche Pflanze, ideal unter Gehölzen	April

Insekten- und Vogelnährpflanzen

Diese Pflanzen helfen Vögeln, Bienen, Schmetterlingen und Hummeln Nahrung zu finden. Das wird immer wichtiger, da die Artenvielfalt in den Gärten und auf landwirtschaftlichen Flächen stark abnimmt. Es ist also an uns, etwas für den Artenschutz zu tun! All diese Pflanzen sind Sonnenliebhaber.

GEHÖLZE MIT MEHRWERT

PFLANZE	WUCHS-HÖHE	BESONDERHEIT	BLÜTEZEIT	NUTZEN FÜR
FELSENBIRNE *Amelanchier ovalis*	Bis zu 5 m	Tolle weiße Blüte, schöne Herbstfärbung, essbare Früchte	April–Mai	Vögel
KORNELKIRSCHE *Cornus mas*	Bis zu 7 m	Schöner Wuchs, hellgelbe Blüten im Frühjahr, essbare Früchte	März–April	Vögel, Insekten
LAVENDEL *Lavandula angustifolia*	Bis zu 0,60 m	Duftend, trockenheitsverträglich	Juni–Juli	Insekten
SOMMERFLIEDER, SCHMETTERLINGSSTRAUCH *Buddleja davidii*	Bis zu 4 m	Schmetterlingsmagnet, lila, pinke oder weiße Blüten, trockenheitsverträglich	Juli–September	Insekten, vor allem Schmetterlinge
VOGELBEERE, EBERESCHE *Sorbus aucuparia*	Bis zu 12 m	Tolle Herbstfärbung, leuchtend rote Früchte, aber ungenießbar	Mai–Juni, unangenehmer Geruch	Vögel
VOGELKIRSCHE *Prunus avium*	Bis zu 15 m	Essbare Wildkirschen, nur für großen Gärten	April–Mai	Vögel, Bienen
Wildrosen: APFELROSE, HUNDSROSE, VIELBLÜTIGE ROSE *Rosa rugosa, R. canina, R. multiflora*	Bis zu 2 m	Viele duftende Sorten, blühen in Weiß, Gelb, Pink, Rosa, je nach Sorte	Juni–Juli	Vögel, Insekten
Alle Obstbäume und Beerensträucher	Bis zu 5 m	Am besten mehrere Arten in unmittelbarer Nähe pflanzen, dann können sie sich gegenseitig befruchten	April–Juni	Bienen

STAUDEN MIT MEHRWERT FÜR INSEKTEN

PFLANZE	WUCHS-HÖHE	BESONDERHEIT	BLÜTEZEIT
AKELEI *Aquilegia vulgaris*	Bis zu 60 cm	Lockere Blüten in Pastellfarben; wandert durch den Garten, wuchert aber nicht	April–Juni
FETTHENNE *Sedum telephium*	Bis zu 60 cm	Rosa bis violette Blüten, passt gut zu Gräsern	August–Oktober
KATZENMINZE *Nepeta faassenii*	Bis zu 40 cm	Blaue Blüten, schöner Rosenbegleiter; nach der Blüte zurückschneiden, dann blüht sie nochmal	Mai–August
PHLOX *Phlox*	Bis zu 70 cm	Blüht je nach Sorte in vielen Farben, braucht einen nährstoffreichen Boden	Juni–August
PURPUR-SONNENHUT *Echinacea purpurea*	Bis zu 70 cm	Große weiße oder purpurfarbene Blüten, Fruchtstand auch im Winter schön	Juli–September
SAND-THYMIAN *Thymus serpyllum*	Bis zu 20 cm	Sandiger Boden, verträgt keine Staunässe, essbar	Juni–August
SCHÖNASTER *Kalimeris incisa*	Bis zu 70 cm	Wächst auch unter Bäumen, blüht weiß bis hellviolett	Juni–September
STEPPEN-SALBEI *Salvia nemorosa*	Bis zu 40 cm	Lange Blütezeit, blaue bis violette Blüten, Nachblüte möglich	Mai–September

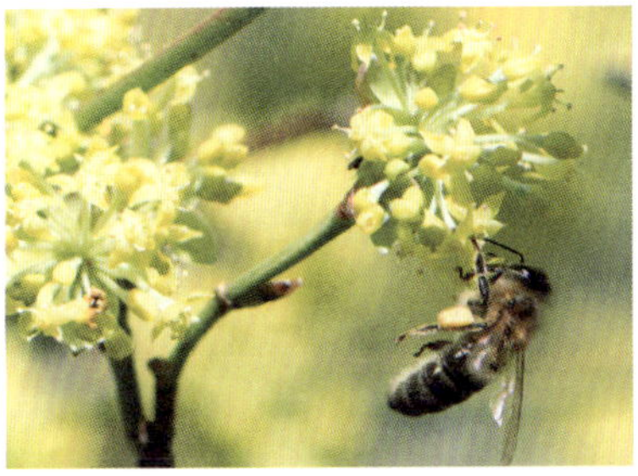
Kornelkirsche

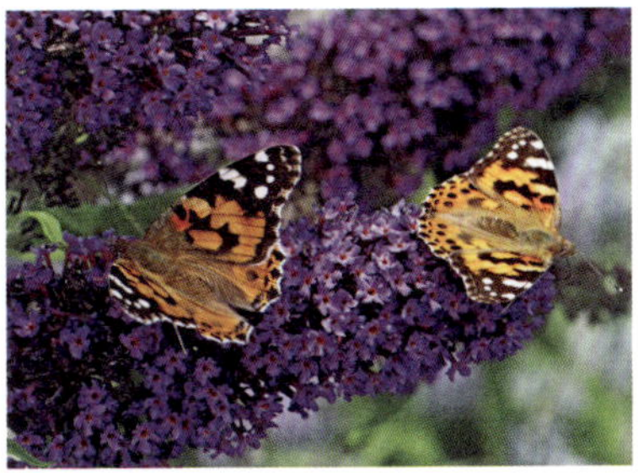
Sommerflieder

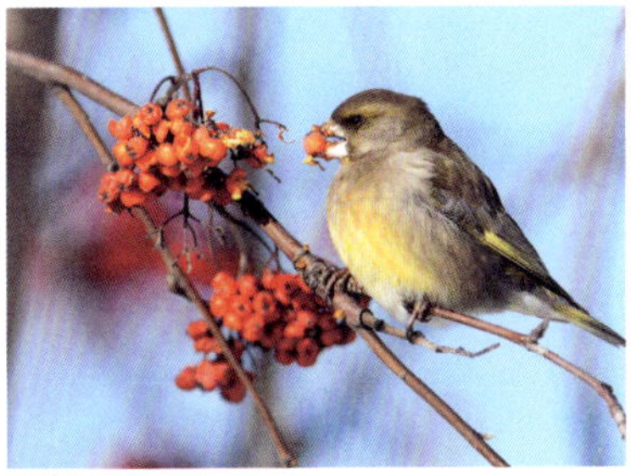
Vogelbeere

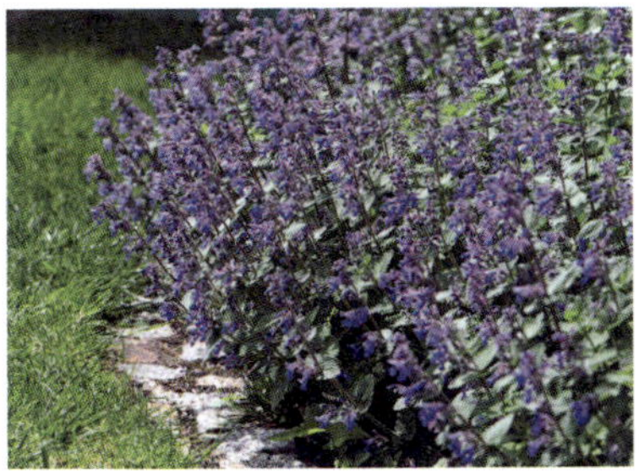
Katzenminze

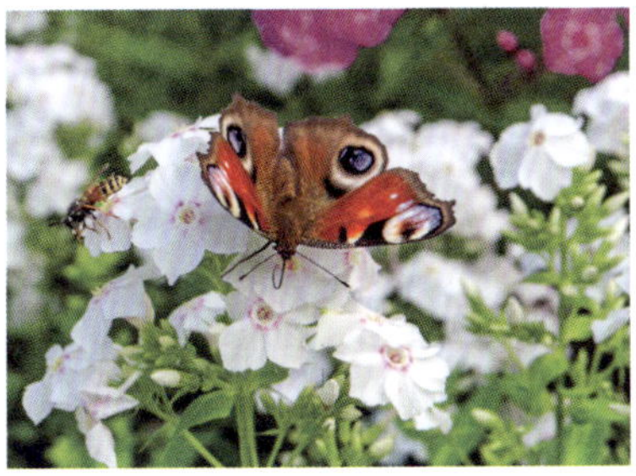
Phlox

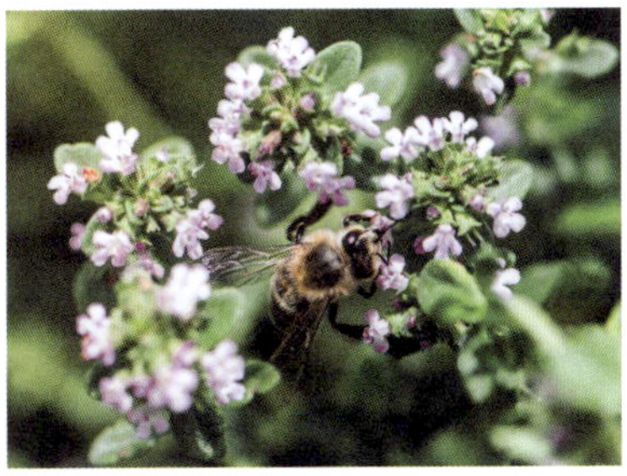
Sand-Thymian

Pflanzempfehlungen für Sonne und Schatten

Es gibt unzählige Pflanzen und immer wieder Neues auszuprobieren ist ein wunderschönes Hobby. Doch gerade wenn ihr am Anfang eurer Gartenerfahrung steht, ist es hilfreich, erstmal mit bewährten Kombinationen zu planen.

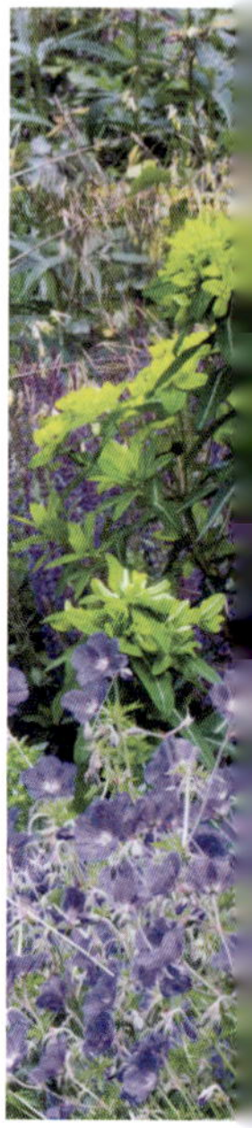

1

KOMBINATIONEN FÜR SONNIGE STANDORTE

Ein stilvoller Mix für einen sonnigen Platz besteht aus Chinaschilf (*Miscanthus sinensis* 'Gracillimus') und der weißen Rose 'Schneewittchen' als Leitpflanzen. Weißer Scheinsonnenhut (*Echinacea purpurea* 'Alba'), Storchschnabel (*Geranium*-Hybride 'Rozanne®'), Steppen-Salbei *(Salvia nemorosa)* und Wolfsmilch *(Euphorbia amygdaloides* ssp. *robbiae)* als Begleitstauden. Frauenmantel *(Alchemilla epipsila)* und Blut-Storchschnabel (*Geranium sanguineum* 'Apfelblüte') kommen als Füllstauden hinzu. Wollt ihr dieses Beet mit Einjährigen vervollständigen, passen Patagonisches Eisenkraut *(Verbena bonariensis)* und Schmuckkörbchen *(Cosmos bipinnatus)* dazu. Im Frühjahr bringen Blaustern *(Scilla siberica)*, Tulpen und Zierlauch (*Allium aflatunense* 'Purple Sensation') vor der Staudenblüte Farbe ins Beet.

Farbenfroher geht es in dieser Kombination zu: Federborstengras *(Pennisetum alopecuroides)* und Pfingstrose (*Paeonia lactiflora*-Hybride 'Claire de Lune') als Leitstauden. Lupine (*Lupinus polyphyllus*-Hybride 'Kronleuchter'), Hohe Fetthenne (*Sedum telephium*-Hybride 'Matrona') und Akelei *(Aquilegia vulgaris)* als Begleitstauden. Füller: Woll-Ziest (*Stachys byzantina* 'Silver Carpet') und Kissen-Aster *(Aster dumosus)*.

KOMBINATION FÜR SCHATTIGE STANDORTE

Der Goldschuppenfarn *(Dryopteris affinis)* ist zusammen mit Astilbe (*Astilbe arendsii*-Hybride) ein tolles Leitpflanzenduo für schattige Beete. Passende Begleiter sind Japan-Berggras *(Hakonechloa macra)*, Japan-Anemone *(Anemone hupehensis* var. *japonica)* und Blaublatt-Funkie (*Hosta sieboldiana* 'Elegans'). Als Füllstauden bringen Kaukasusvergissmeinnicht (*Brunnera macrophylla*, Achtung: Gefahr von Selbstaussaat) und Elfenblume (*Epimedium × warleyense* 'Orangekönigin') im Frühjahr zarte Farben ins Beet.
Im halbschattigen Bereich wachsen als Begleiter Perlkörbchen *(Heuchera)*, Bergenie *(Bergenia)*, Glockenblume (*Campanula lactiflora* 'Superba') und Kerzen-Knöterich (*Bistorta amplexicaulis* 'Atropurpureum').
Für Einjährige sind schattige Bereiche schwierig. Einzig die Ringelblume *(Calendula officinalis)* blüht auch im lichten Schatten. Zwiebelpflanzen wachsen allenfalls im Halbschatten. Geeignet sind: Balkon-Windröschen *(Anemone blanda)*, Elfen-Krokus *(Crocus tommasinianus)*, Winterling *(Eranthis hyemalis)* und Trompeten-Narzisse (*Narcissus* 'Arctic Gold'). Viele Schattenbeete sind aber im Frühjahr eher sonnig, da die großen Bäume noch keine Blätter haben und keinen Schatten werfen können.

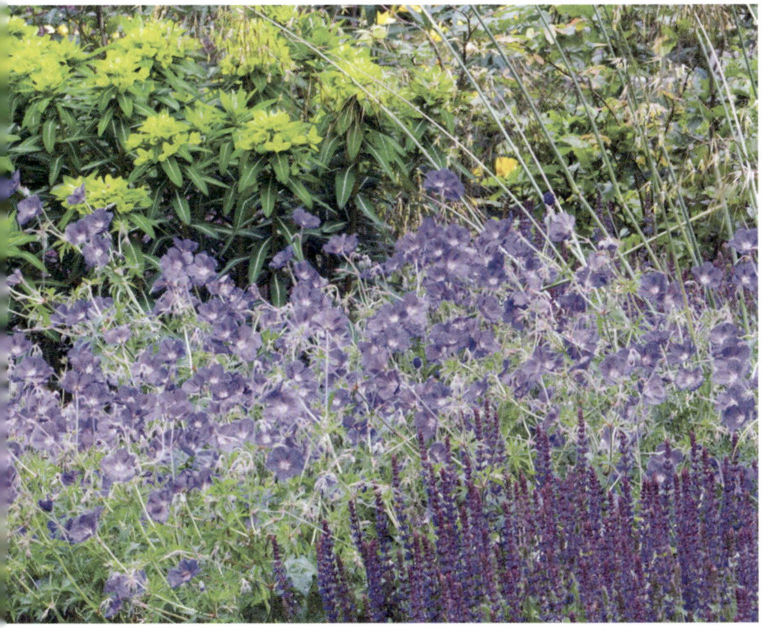

2

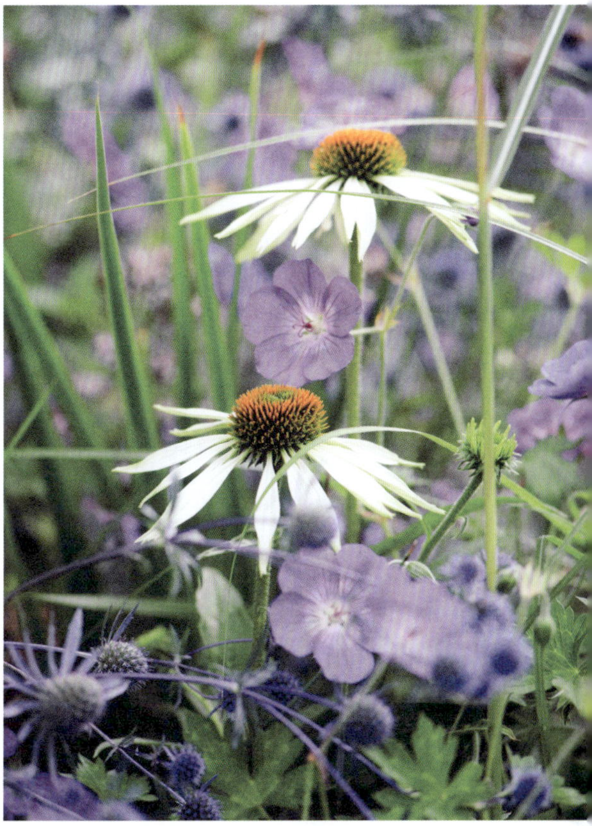

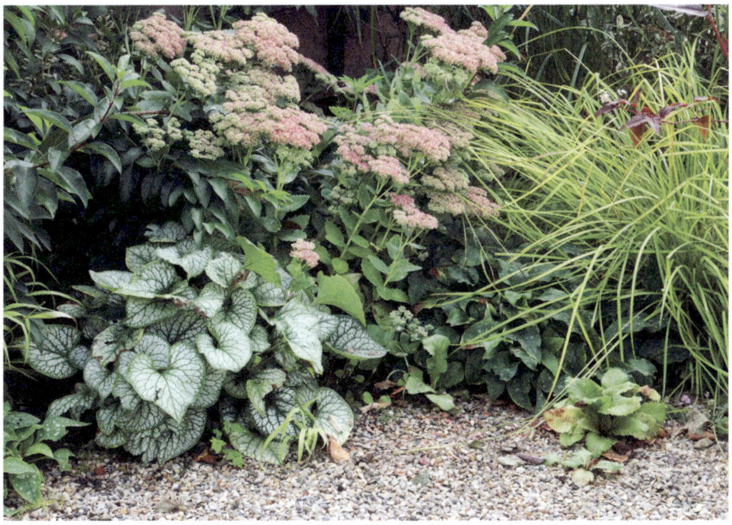

3

4

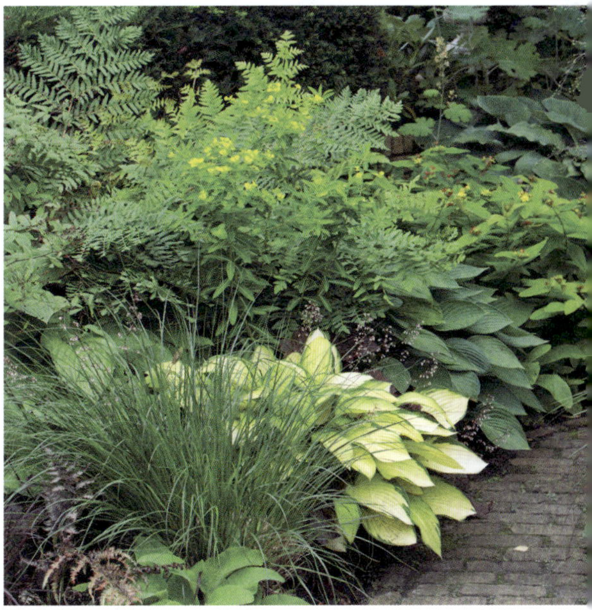

1. Sonniges Staudenbeet mit Wolfsmilch, Storchschnabel und Steppen-Salbei

2. Kombination für die Sonne: Weißer Scheinsonnenhut mit lila Storchschnabel

3. Staudenbeet im Halbschatten

4. Pflanzenkombination für den Schatten mit Funkien und Farnen

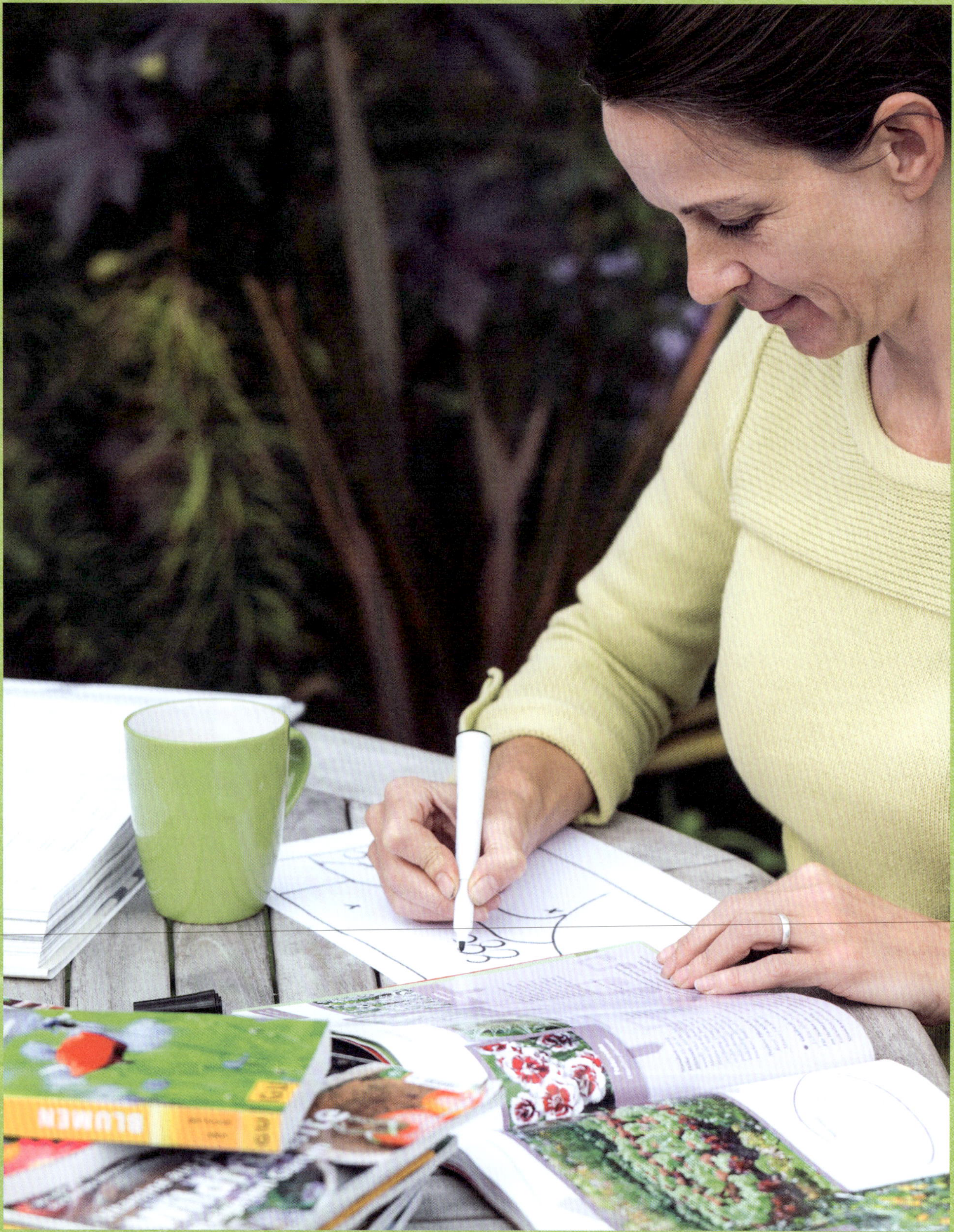

PLANUNG IST ALLES!

Plant eure Beete unbedingt von Anfang an mit einer maßstäblichen Zeichnung. Die Mühe lohnt sich, denn nur, wenn ihr die Pflanzen einzeichnet, könnt ihr Menge, Farben und Blütezeit abschätzen.

Pflanzplanung – die Praxis

Jetzt geht es darum, die Pflanzplanung in euren Garten zu übertragen. Je sorgfältiger ihr diesen Schritt macht, desto leichter habt ihr es später bei der Umsetzung.

Falls euch jetzt der Kopf schwirrt, vor lauter Pflanzen, Farben und Regeln, kann ich euch beruhigen: Am Anfang scheint jede Pflanzplanung das reinste Chaos zu sein. Sobald ihr aber eure Beete auf dem Papier plant, kommt Klarheit in die Sache.

Nehmt euch hierfür Zirkel, Lineal, einen Bleistift und am besten ein paar Buntstifte zuhilfe. Die Umrisse eurer Beete habt ihr ja schon gezeichnet. Arbeitet wieder im Maßstab 1 : 100, so könnt ihr die Pflanzgrößen am besten in den Plan übertragen. Ab jetzt ist es hilfreich, mit Millimeterpapier zu arbeiten, dann könnt ihr die Größe der Fläche besser abschätzen.

SO GEHT'S

In diesem Schritt zeichnet ihr alle Gehölze und Stauden in den Plan. Einjährige und Zwiebelpflanzen müssen nicht auf den Plan, die verteilt ihr am besten später direkt im Beet. Wichtig ist, dass ihr die Pflanzen in **Endgröße** einzeichnet, so wie sie im ausgewachsenen Zustand sein werden. Die Pflanzgrößen könnt ihr bei der Beschreibung der Pflanzen in den Pflanzkatalogen oder auf den Etiketten entnehmen. Bei Bäumen und Sträuchern steht meist direkt, wie hoch und breit sie werden. Bei den Stauden ist oft der Pflanzabstand angegeben. Steht dort zum Beispiel Pflanzabstand 30 cm, wird die Pflanze ca. 30 cm breit und ihr zeichnet einen Kreis mit 0,3 cm (= 3 mm) Durchmesser in euren Plan ein.

Beginnt mit den Leitpflanzen, dann kommen die Begleitpflanzen und ist dann noch Platz im Beet, sind die Füllpflanzen dran. Schreibt in jeden Kreis am besten gleich den Namen oder ein Kürzel der jeweiligen Pflanze. So verliert ihr nicht den Überblick. Sinnvoll ist auch, wenn ihr die Kreise mit der entsprechenden Farbe ausmalt. So seht ihr direkt, ob die Farben miteinander harmonieren.

PFLANZEN WIEDERHOLEN

Erinnert euch an das Gestaltungsprinzip Wiederholung. Lasst es in euren Pflanzungen mit einfließen! Wenn die gleichen Pflanzen immer wieder auftauchen, ist die Gesamtwirkung des Gartens umso schöner. Und im Übrigen habt ihr so auch weniger Arbeit mit eurem Garten, da ihr euch nicht um so viele unterschiedliche Bedürfnisse kümmern müsst.

Schritt für Schritt zum fertigen Beet

Ihr habt eure Lieblingspflanzen ausgesucht und kennt die Standortbedingungen in eurem Garten. Aber woher wisst ihr nun, wie viele Pflanzen ihr für eure Beete braucht? Ich zeige es euch in drei Schritten.

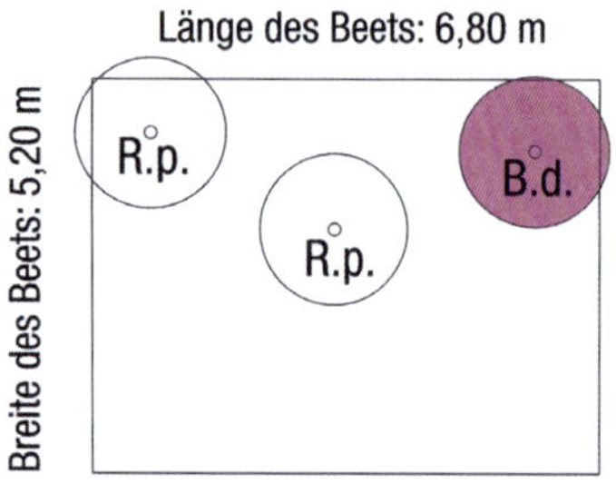

1

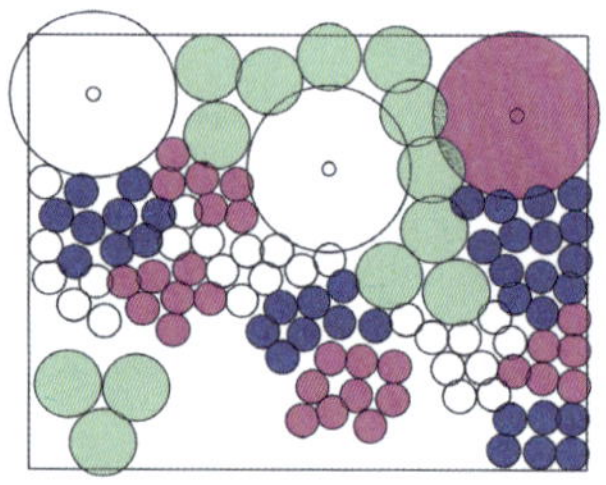

2

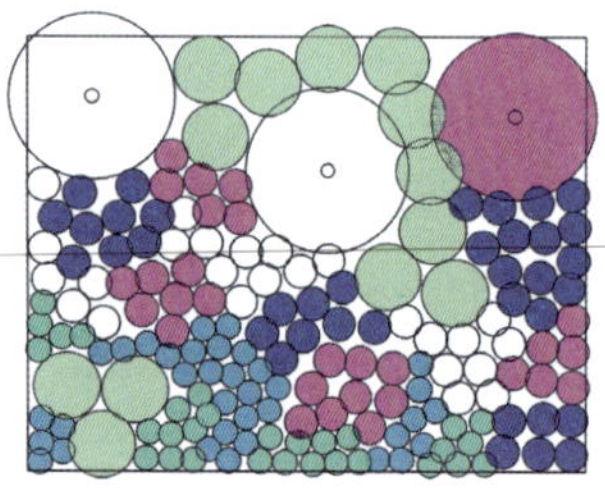

3

1. Leitpflanzen: In diesem Beet (siehe auch S. 130) sind Sommerflieder *(Buddleja)* und die trockenheitsverträgliche Bibernell-Rose *(Rosa pimpinellifolia)* die Leitpflanzen. Bei der Beetgröße sind drei Leitpflanzen ausreichend. Sie werden direkt in der maßstäblichen Größe auf den Plan gezeichnet. So seht ihr, wie groß sie im ausgewachsenen Zustand sein werden. Am besten schraffiert ihr die Kreise gleich mit den richtigen Farben.

2. Begleitpflanzen: Im nächsten Schritt kommen die Begleitpflanzen: Lampenputzergras, Steppen-Salbei und Scheinsonnenhut in zwei verschiedenen Farben. Hier sind es vier unterschiedliche Begleiter. Die Begleitstauden werden in Gruppen von mindestens vier Exemplaren gesetzt. Achtet auf die richtige Größe beim Einzeichnen. Der Salbei wird ca. 40 cm breit, deshalb wird er mit 4 mm Durchmesser in den Plan gezeichnet. Die Kreise sind dabei eine gute Hilfe, um die Menge später abschätzen zu können. Pflanzen wachsen aber natürlich nicht ganz rund. Deshalb dürfen sich die Kreise auch mal überlappen – die Pflanzen passen sich ihren Nachbarn im Wuchs an.

3. Füllstauden: Zum Schluss kommen die Füllstauden. Da die Begleitstauden im Winter einziehen, wurden hier der immergrüne Blauschwingel *(Festuca cinerea)* und der wintergrüne Woll-Ziest (*Stachys byzantina* 'Silver Carpet') gewählt. Jetzt geht es ans Zählen der Pflanzen. Wenn ihr alles maßstäblich eingezeichnet habt, wisst ihr genau wie viele Pflanzen ihr braucht. Macht euch dazu eine Einkaufsliste: Schreibt den Namen der Pflanze auf und dahinter die Stückzahlen, die ihr benötigt.

R.p. Bibernell-Rose *(Rosa pimpinellifolia)*
B.d. Sommerflieder *(Buddleja davidii* 'Pink Panther'*)*

- Lampenputzergras *(Pennisetum alopecuroides* 'Hameln'*)*
- Steppen-Salbei *(Salvia nemorosa* 'Caradonna'*)*
- Scheinsonnenhut weiß *(Echinacea purpurea* 'Alba'*)*
- Scheinsonnenhut pink *(Echinacea purpurea)*
- Blauschwingel *(Festuca cinerea* 'Elijah Blue'*)*
- Woll-Ziest *(Stachys byzantina* 'Silver Carpet'*)*

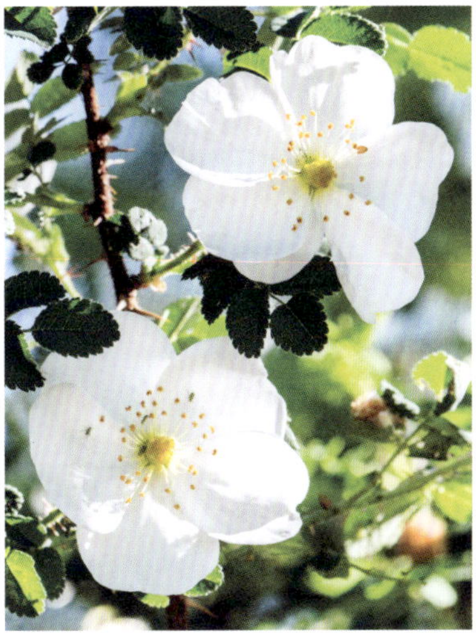

Bibernell-Rose

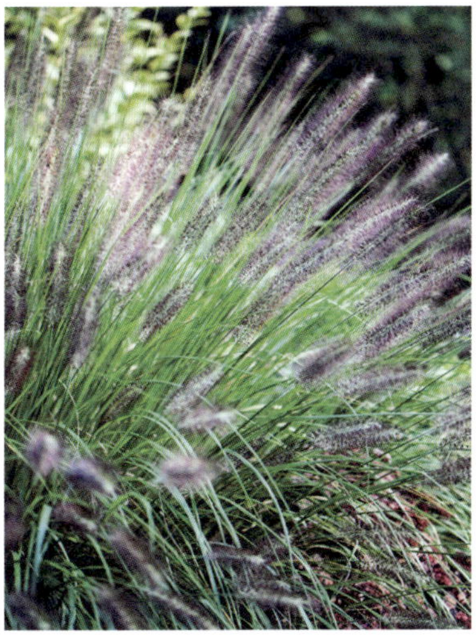

Lampenputzergras

EINKAUFSLISTE

PFLANZE	STÜCK-ZAHL	BLÜTEZEIT
LEITPFLANZEN		
BIBERNELL-ROSE *Rosa pimpinellifolia*	2	Mai-Juni
SOMMERFLIEDER *Buddleja davidii* 'Pink Panther'	1	Juli-Oktober
BEGLEITPFLANZEN		
LAMPENPUTZERGRAS *Pennisetum alopecuroides* 'Hameln'	13	Juli-Oktober
SCHEINSONNENHUT (PINK) *Echinacea purpurea*	28	Juli-September
SCHEINSONNENHUT (WEISS) *Echinacea purpurea* 'Alba'	25	Juli-September
STEPPEN-SALBEI *Salvia nemorosa* 'Caradonna'	37	Juli-September
FÜLLPFLANZEN		
BLAUSCHWINGEL *Festuca* cinerea 'Elijah Blue'	35	Juni-Juli
WOLL-ZIEST *Stachys byzantina* 'Silver Carpet'	30	Juni-Juli

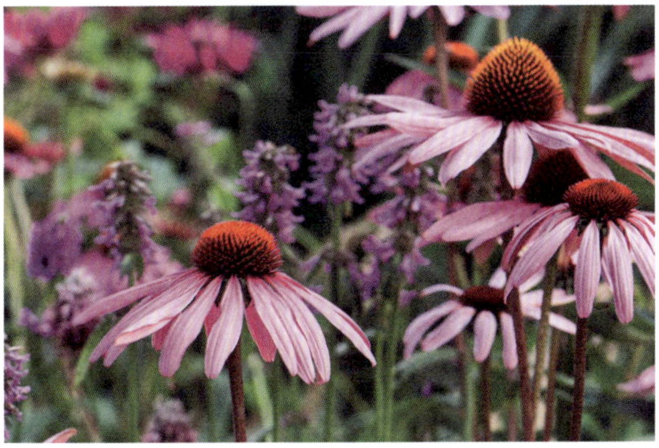

Scheinsonnenhut

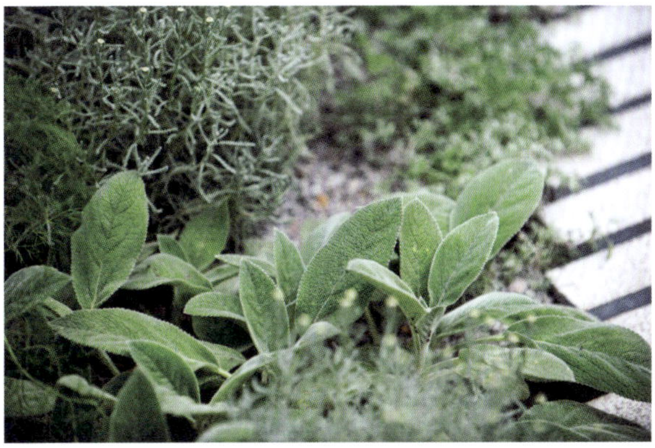

Woll-Ziest

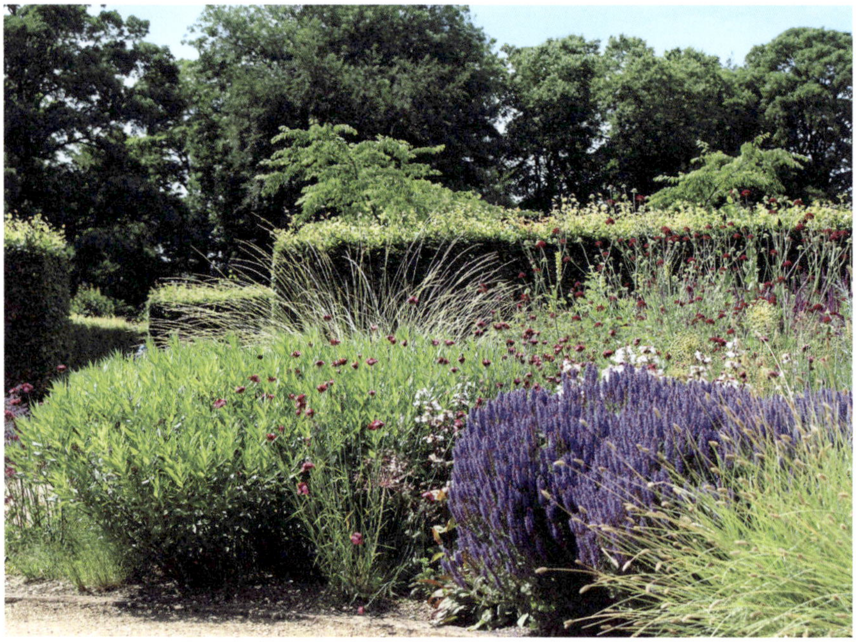

1

006 **DAS BLÜHT IM WINTER** Eine Liste empfehlenswerter Winterblüher für euren Garten findet ihr hier.

1. Je höher die Pflanze ist, umso weiter hinten im Beet sollte sie stehen, damit sie nichts verdeckt.

2. Spätsommeridyll im Garten: Lampenputzergras, Sonnenhut und Patagonisches Eisenkraut stehen in voller Blüte.

3. Die Lenzrose läutet schon im März die Blühsaison ein. Ihre Verwandte, die Christrose blüht, bereits im Dezember.

4. Mai und Juni: Mohn und Akelei sind jetzt die Stars.

HÖHENSTRUKTUREN BEACHTEN

Denkt beim Einplanen der Pflanzen auch an die unterschiedlichen Wuchshöhen. Leitpflanzen sind in der Regel höher als die Begleitstauden, sie kommen deshalb eher hinten ins Beet, damit sie die anderen Pflanzen nicht verdecken. Füllpflanzen setzt ihr ganz nach vorne, um den meist etwas „kahlen Fuß" der höheren Stauden zu kaschieren und das Beet einzufassen. So bekommen alle genug Licht ab, und ihr könnt auch die Blüte der niederen Stauden sehen.
Bei einem Beet, das ihr von allen Seiten sehen könnt, kommen die hohen Pflanzen eher in die Mitte, zu den Rändern hin werden die Pflanzen kleiner.

BLÜTEZEITPUNKT

Am schönsten ist es natürlich, wenn euer Garten in jedem Monat etwas Blühendes zu bieten hat. Auch wenn wir das in unseren Breiten nicht ganz hinbekommen, können wir uns von Februar bis November tatsächlich über Blüten freuen.
Mit Schneeglöckchen *(Galanthus)*, Winterlingen *(Eranthis)* und Krokussen *(Crocus)* fängt das Gartenjahr im Januar oder Februar an, mit den Astern *(Aster)*, dem Storchschnabel 'Rozanne®' *(Geranium)* und den Herbst-Anemonen *(Anemone japonica)* endet die Blütezeit je nach Temperatur meist Ende Oktober/Anfang November. Ausnahmen sind die Winterblüher wie Christrose *(Helleborus)*, Duft-Schneeball (*Viburnum* × *bodnantense* 'Dawn') oder Zaubernuss *(Hamamelis)* die ab Dezember oder Januar schon anfangen zu blühen und deshalb eine ganz besondere Rolle im Garten haben. Pflanzt diese Arten am besten an eine Stelle, an der ihr sie auch im Winter genießen könnt, zum Beispiel an den Hauseingang oder vor ein Fenster.

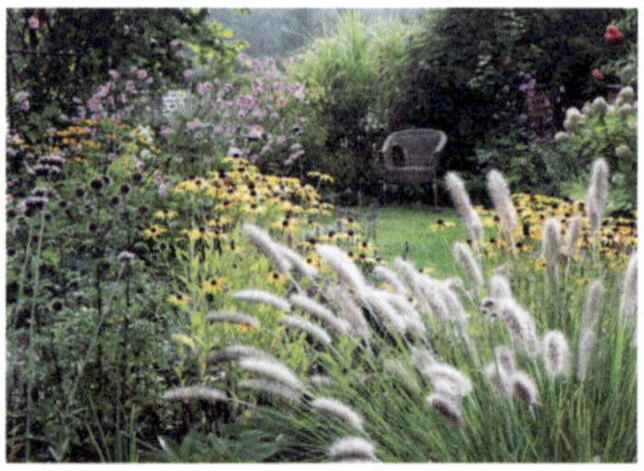

2

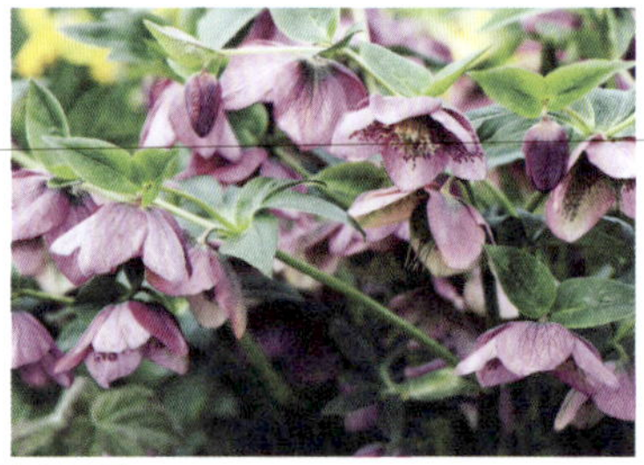

3

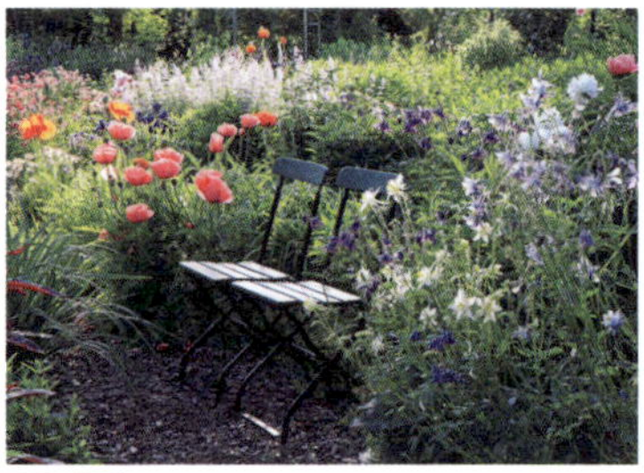

4

Verlasst euch beim Blütezeitpunkt nicht auf den Handel! Wenn ihr im Supermarkt blühende Hortensien ab März kaufen könnt, heißt dies nicht, dass sie im Folgejahr im März bei euch auch blühen werden. Die Pflanzen werden in beheizten Gewächshäusern gezogen und blühen deshalb schon viel früher.

Blütezeitkalender

Damit ihr einen Überblick behaltet, wann was im Garten blüht, empfehle ich euch, einen Blütezeitkalender anzufertigen. Tragt die Blütezeit eurer Pflanzen am besten gleich mit der richtigen Farbe ein, dann habt ihr auch hier schon den Überblick.

007 **BLÜTEZEITKALENDER** Hier könnt ihr euch eine Vorlage herunterladen.

BLÜTEZEITKALENDER

PFLANZE	FEB	MRZ	APR	MAI	JUN	JUL	AUG	SEPT	OKT	NOV
KROKUS *Crocus tommasinianus*										
FRÜHLINGSANEMONE *Anemone blanda*										
BERGENIE *Bergenia cordifolia*										
ELFENBLUME *Epimedium pinnatum* ssp. *colchicum*										
FELSENBIRNE *Amelanchier lamarckii*										
ZIER-LAUCH *Allium aflatunense* 'Purple Sensation'										
WALD-ERDBEERE *Fragaria vesca*										
SCHNEEBALL *Viburnum opulus* 'Roseum'										
KATZENMINZE *Nepeta* x faassenii										
JAPAN-ANEMONE *Anemone hupehensis*-Hybride										
RAUBLATT-ASTER *Aster novae-angliae* 'Violetta'										
CHRISTROSE *Helleborus niger* 'Praecox'										
DUFT-SCHNEEBALL *Viburnum* x *bodnantense* 'Dawn'										

GARTENTAGEBUCH SCHREIBEN

Ein Gartentagebuch zu führen ist eine schöne Art, die Jahreszeiten bewusst zu erleben. Außerdem könnt ihr hier festhalten, was ihr im nächsten Jahr vielleicht ändern wollt. Manchmal entdecken wir im Frühjahr eine Lücke im Beet, die sich leicht mit ein paar Zwiebelblumen schließen lassen würde. Bis aber im Herbst wieder Zwiebelzeit ist, haben wir die Lücke wieder vergessen. Dokumentieren lohnt sich!

FERN- UND NAHWIRKUNG

Betrachtet eure Beete immer von nah und von fern. Große Blüten und Blätter sind wichtig, damit das Beet schon von Weitem ins Auge fällt. Diese „Großblüher" könnt ihr auch von der Terrasse oder aus den Fenstern eurer Wohnung sehen. Besonders schön sind übrigens weiße Blüten, denn die leuchten geradezu, wenn es am Abend zu dämmern beginnt.

Blütenwunder

Auffallende Blüten haben neben Rosen, Schneeball und Hortensien zum Beispiel diese Stauden: Purpur-Sonnenhut *(Echinacea)*, Prachtspiere *(Astilbe)*, Schwertlilie *(Iris)*, Mohn *(Papaver)*, Stockrose (*Alcea,* zweijährige Sommerblume) und natürlich die Pfingstrose *(Paeonia)*. Diese Hingucker im Beet wirken am besten neben Pflanzen mit kleineren Blüten – so entsteht ein abwechslungsreiches Bild.

Große Blüten wie hier die weißen Pfingstrosen leuchten schon von Weitem.

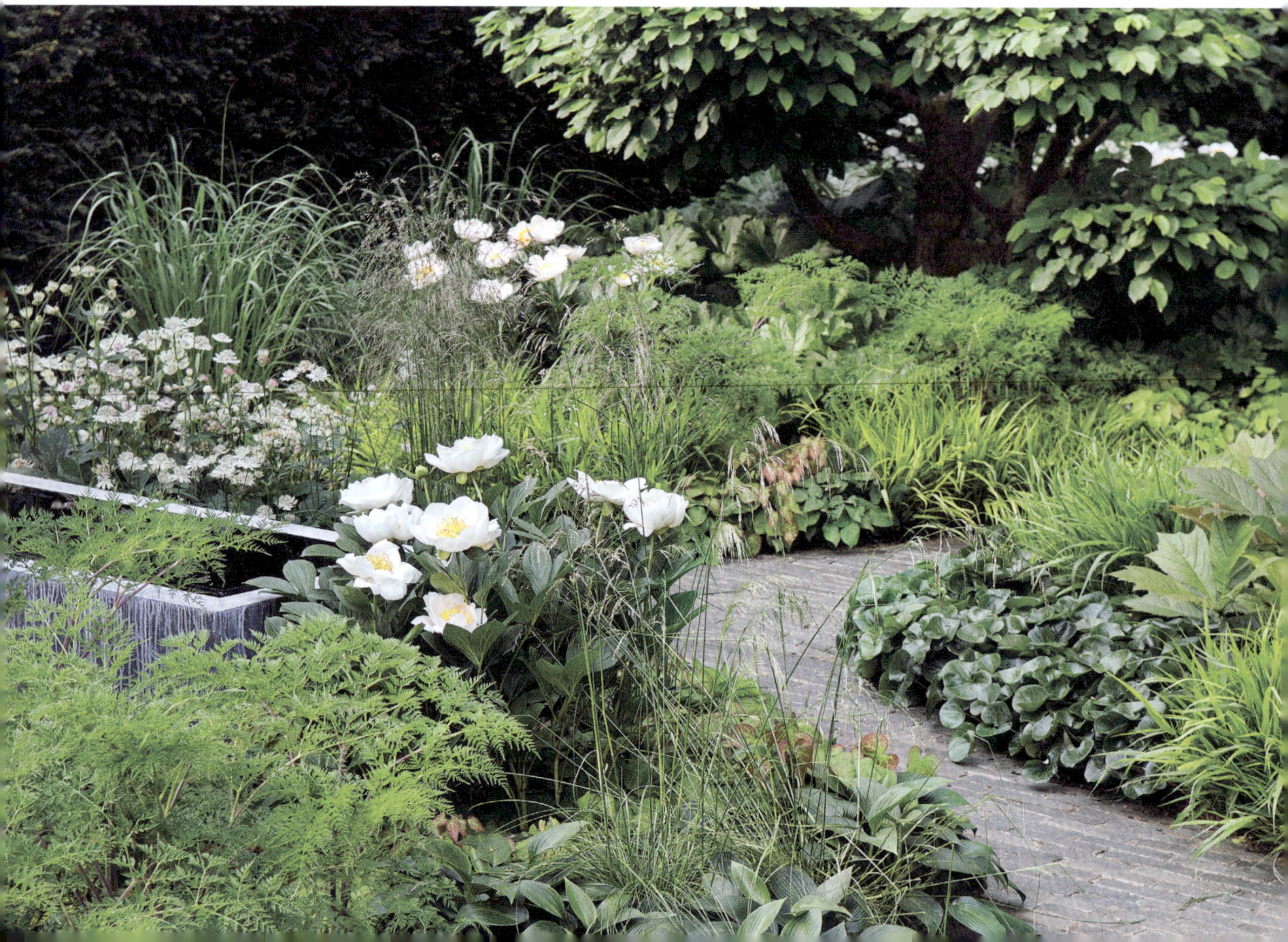

1

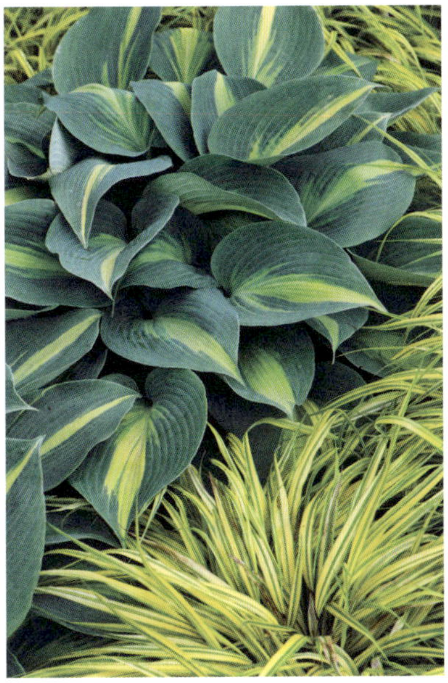

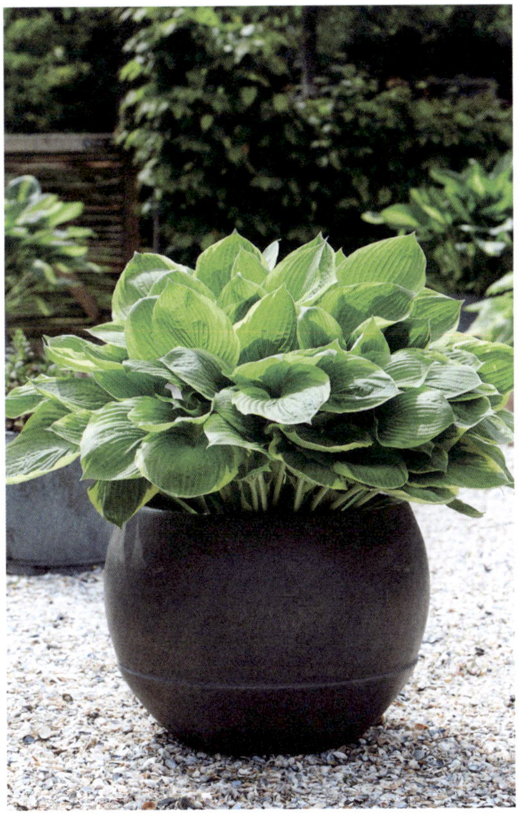

2

3

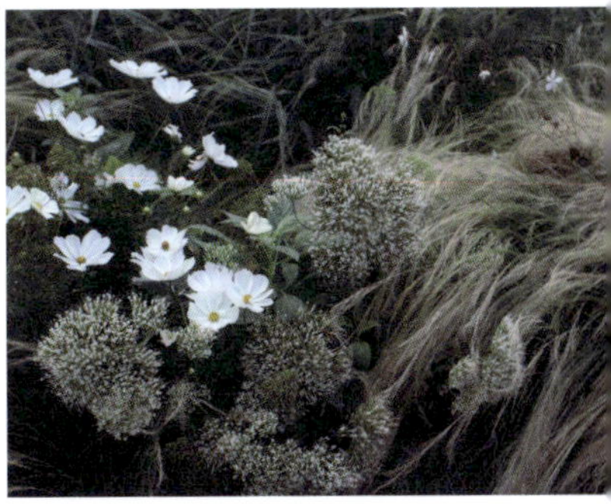

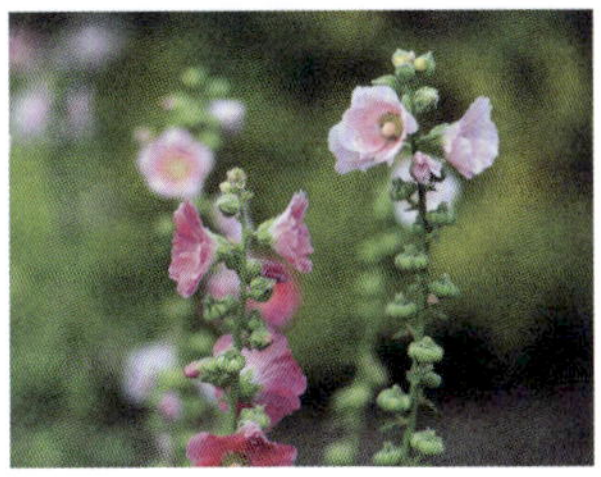

4

Pflanzen mit kleineren Blüten sind zum Beispiel Astern *(Aster)*, Salbei *(Salvia)*, Frauenmantel *(Alchemilla)*, Anemone *(Anemone)*, Witwenblume *(Knautia)* und Glockenblume *(Campanula)*. Diese Stauden sind zwar aus der Distanz nicht ganz so spektakulär, bieten euch aber dafür aus der Nähe ein besonders schönes Bild, weil ihr alle Details der kleinen Blüten erkennen könnt und sie wie ein Blütenmeer über dem Beet schweben.

Blattschmuckpflanzen

Ähnlich wie mit Blüten könnt ihr mit großen Blättern tolle Effekte erzielen. Das bietet sich vor allem für schattigere Beete an. Denn viele Schattenliebhaber sind Stauden mit großen Blättern, sie werden deshalb auch Blattschmuckstauden genannt. Zu ihnen gehören Farne, Perlkörbchen, auch Purpurglöckchen genannt, *(Heuchera)*, Schaublatt *(Rodgersia)* und Silberkerze *(Cimicifuga)*. Diese Stauden changieren in verschiedenen Grüntönen und bringen vor allem durch unterschiedliche Blattstrukturen Spannung ins Beet. Eine Besonderheit ist die Funkie *(Hosta)*. Diese Staude hat zwar wunderschöne große Blätter, aber leider gehört sie auch zur absoluten Lieblingsspeise von Schnecken. Ich empfehle euch deshalb, Funkien nur im Topf zu pflanzen oder die Art *Hosta sieboldiana* zu verwenden. Die Erfahrung zeigt, dass Schnecken diese Art eher verschonen.

1. Es müssen gar nicht immer Blüten sein: Funkien und Gräser sind zusammen eine wunderschöne Schattenkombination.

2. Funkien im Topf – die schneckensichere Variante

3. Betrachtet noch einmal eure Beetkombination und schaut, ob ihr große Blüten oder Blätter und im Kontrast dazu ein paar kleinere Blüten verwendet habt.

4. Die großen Blüten der Stockrose leuchten aus der Ferne.

Pflanzen für besondere Standorte

Egal ob ihr besonders trockene Böden habt, eine Mauer kaschieren möchtet oder die Fläche unter Bäumen begrünen wollt: Auch für schwierige Standorte gibt es die passenden Pflanzen.

Wenn ihr einen bestehenden Garten umgestalten wollt, sind die Voraussetzungen für eine schöne Bepflanzung nicht immer ideal. Hier hilft ein Blick in die Natur: Wir können einige Pflanzengruppen, die sich auf besondere Standorte spezialisiert haben, in unsere Gärten übertragen.

BEPFLANZUNG UNTER BÄUMEN

PFLANZE	WUCHSHÖHE	BESONDERHEIT	BLÜTEZEIT
BLUT-STORCHSCHNABEL *Geranium sanguineum* 'Apfelblüte'	20–30 cm	Staude mit hellrosa Blüten, in milden Wintern wintergrün	Juni
EFEU *Hedera helix*	Bis zu 5 m, wenn kletternd	Bodendecker oder Kletterpflanze, begrünt auch trockene, dunkle Flächen	September–Oktober
ELFENBLUME *Epimedium* spec.	15–40 cm, je nach Sorte	Staude, schöner Bodendecker, einige Sorten sind wintergrün	April–Mai
GOLDNESSEL *Lamium galeobdolon* 'Florentinum'	20–30 cm	Staude, blüht gelb, silbrig-grüne Blätter sind wintergrün. Achtung, ausbreitungsstark!	Mai–Juni
WALD-ASTER *Aster divaricatus*	40–60 cm	Staude mit weißen strahlenförmigen Blüten	August–September

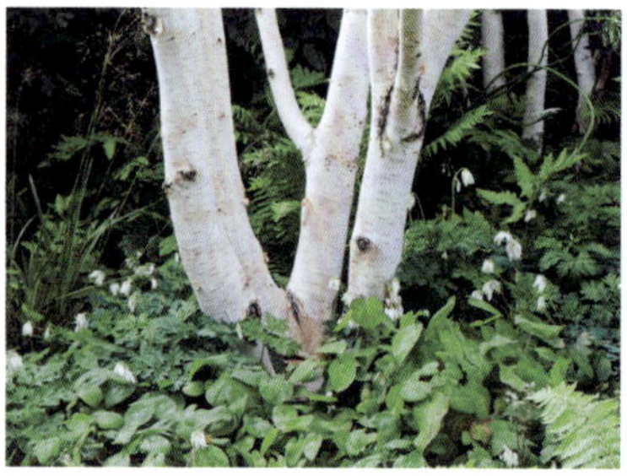

Elfenblumen unter Birken

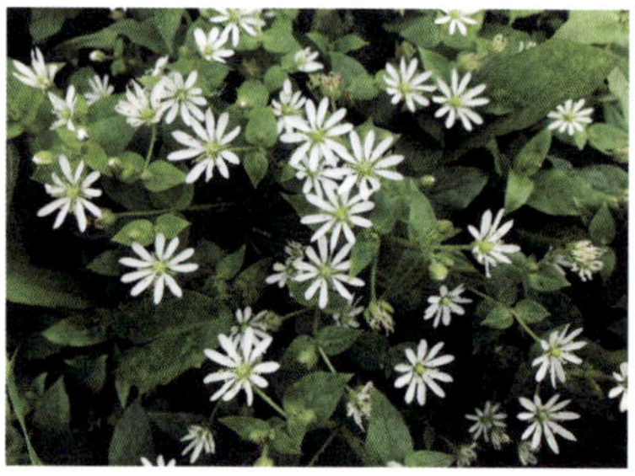

Wald-Aster

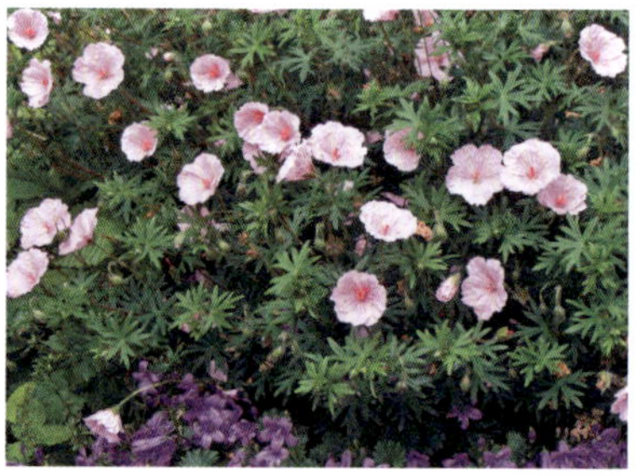

Blut-Storchschnabel 'Apfelblüte'

GEHÖLZE UND IMMERGRÜNE FÜR BÖSCHUNGEN

PFLANZE	WUCHSHÖHE	BESONDERHEIT	BLÜTEZEIT
EFEU *Hedera helix*	Ohne Klettermöglichkeit, kriechend	Klettergehölz, begrünt auch trockene, dunkle Flächen	September-Oktober
KLEINES IMMERGRÜN *Vinca minor*	10–12 cm	Halbstrauch, blau oder weiß blühend, immergrün, bildet große Flächen	April–Mai
LAVENDEL *Lavandula* spec.	25–50 cm	Nur für sonnige Böschungen!	Juni–Juli
ROTER HARTRIEGEL *Cornus sanguinea*	Bis 5 m	Schöner Strauch, im Winter blutrote Zweige, blüht weiß, schwarze Früchte nicht essbar!	Mai–Juni
WEIN-ROSE *Rosa rubiginosa*	2,50–3,50 m	Wildrose, duftende, rosa Blüten und Hagebutten im Winter	Juni–Juli

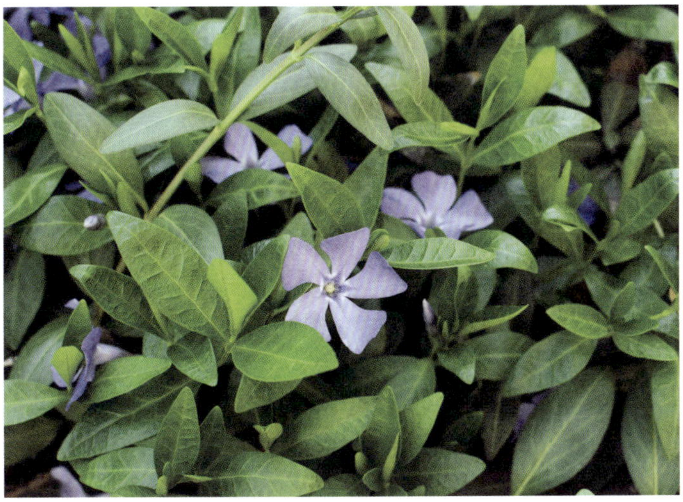

Kleines Immergrün: dankbarer Bodendecker für Böschungen, aber auch zur Begrünung von Mauern geeignet

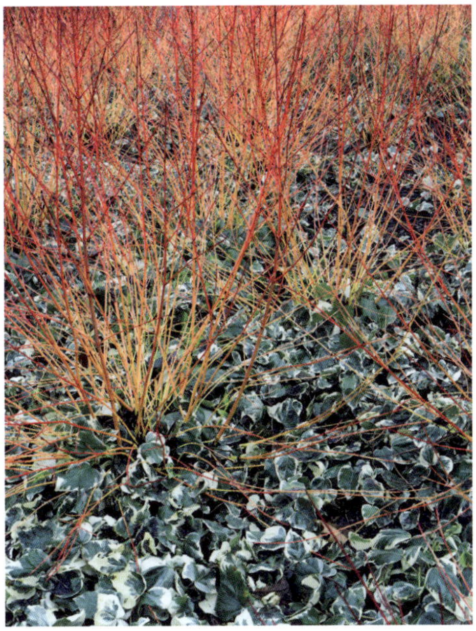

Roter Hartriegel und Efeu – gute Kombination für Böschungen

PFLANZEN FÜR MAUERN UND HITZE

Habt ihr notwendige, aber optisch nicht ansprechende Mauern in eurem Garten, könnt ihr euch natürlich aus der Pflanzenwelt Hilfe holen. Entweder lasst ihr eure Wände mit Kletterpflanzen bewachsen oder ihr wählt Pflanzen, die nach unten wachsen und über der Mauer hängen. Bis auf Efeu brauchen die Kletterpflanzen allerdings eine Rankhilfe. Die könnt ihr aus Stahlseilen oder Holz leicht selbst herstellen. Hängende Pflanzen sind eher für niedrigere Mauern geeignet, da sie große Wände nicht ganz abdecken können.

Auch für Bereiche, die im Sommer sehr trocken und heiß sind, gibt es Blütengehölze, Stauden und Gräser, die robust, hitzeverträglich und wunderschön sind. Ideal für Südhänge! Diese Pflanzen müsst ihr auch an heißen Sommertagen nicht gießen, wenn sie im Beet wachsen. Topfpflanzen dagegen müssen immer gegossen werden, da sie kaum Wasser speichern können.

PFLANZEN FÜR MAUERN

PFLANZE	WUCHSHÖHE	LICHT	BESONDERHEIT	BLÜTEZEIT
DUFTWICKE *Lathyrus odoratus*	50–150 cm	Sonne	Einjährige Kletterpflanze in Rosa, Lila oder Weiß. Aussaat im Frühjahr direkt ins Beet, benötigt Rankhilfe	Juni–September
HÄNGEPOLSTER-GLOCKENBLUME *Campanula poscharskyana* 'Blauranke'	15–20 cm	Sonne bis Halbschatten	Wintergrüne, hängende Pflanze mit blauen Glockenblüten	Juni–September
KLEINES IMMERGRÜN *Vinca minor*	10–12 cm	Halbschatten bis Schatten	Halbstrauch, hängt ohne Hilfe über Mauerkronen hinunter, blüht weiß oder lila	April–Mai
WALDREBE *Clematis montana*	Bis zu 3 m	Halbschatten	Klettergehölz mit unzähligen rosa oder weißen Blüten, braucht Kletterhilfe	April–Mai
WILDER WEIN *Parthenocissus tricuspidata*	1–1,20 m	Sonne	Stark wachsendes Klettergehölz, braucht keine Kletterhilfe, blüht unscheinbar, ist aber wertvolle Bienenweide	Juni–Juli

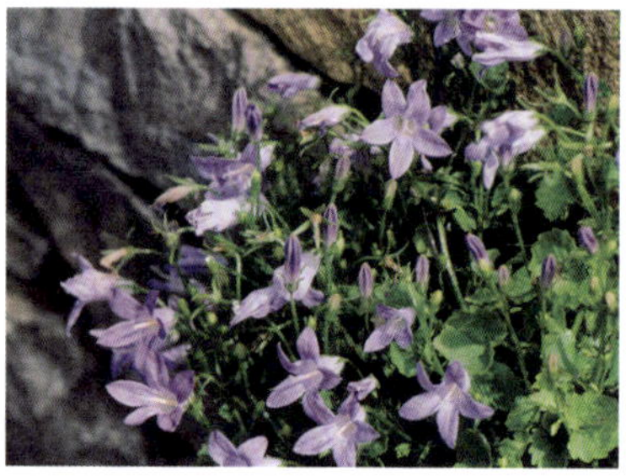
Hängepolster-Glockenblume

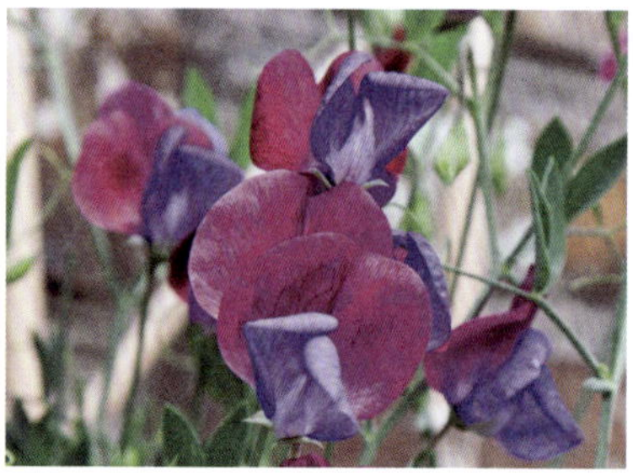
Duftwicke

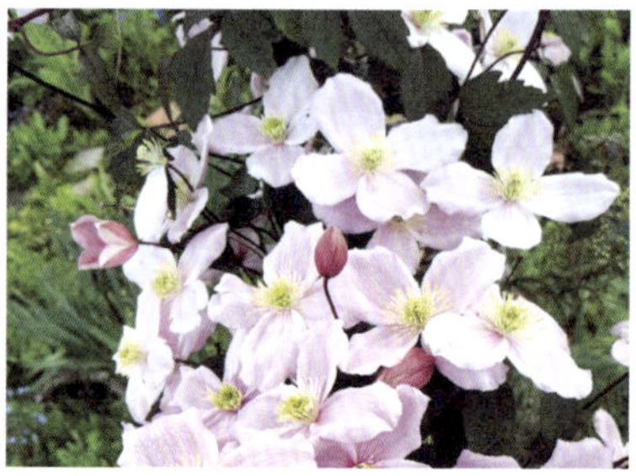
Waldrebe

PFLANZEN FÜR SEHR HEISSE, TROCKENE PLÄTZE

PFLANZE	WUCHSHÖHE	BESONDERHEIT	BLÜTEZEIT
BERG-LAUCH *Allium millenium*	30–40 cm	Blüht lila, wird als Pflanze, nicht als Zwiebel gesetzt	Juli–September
FLIEDER *Syringa vulgaris*	3–4 m	Gehölz mit duftenden Blüten in Weiß, Pink oder Lila	Mai–Juni
LAVENDEL *Lavandula* spec.	25–50 cm	Absolut trockenheitsverträglich und pflegeleicht, duftende Blüten	Juni–Juli
MEXIKANISCHES FEDERGRAS *Stipa tenuissima*	30–50 cm	Leichtes, gelb-grünes Gras, etwas frostempfindlich	Juli–August
PRACHT-STORCHSCHNABEL *Geranium magnificum*	50–60 cm	Staude, blau blühend, schöne, rote Herbstfärbung, breitet sich gern aus	Juni–Juli
SCHAFGARBE, GOLDGARBE *Achillea filipendulina*	80–100 cm	Staude, blüht hellgelb, als Schnittblume geeignet	Juni–September
SOMMERFLIEDER *Buddleja davidii*	Bis zu 4 m	Schmetterlingsmagnet, Gehölz mit lila, pink oder weißen Blüten	Juli–September
WOLL-ZIEST *Stachys byzantina* 'Silver Carpet'	15–20 cm	Staude, blüht nicht, hat aber schöne, grau behaarte Blätter, die auch im Winter bleiben	-

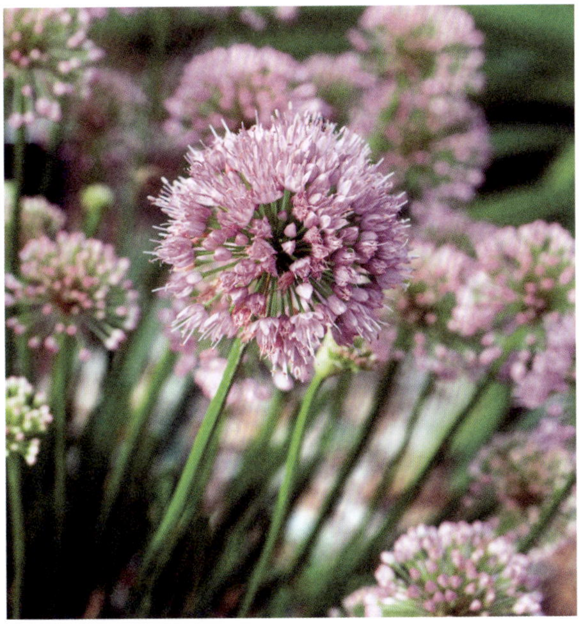

Berg-Lauch blüht bis in den Spätsommer.

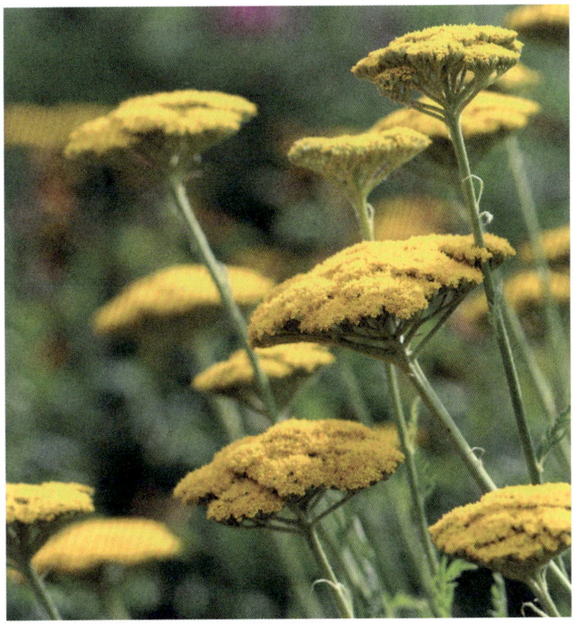

Schafgarben lieben sonnige, heiße, trockene Plätze.

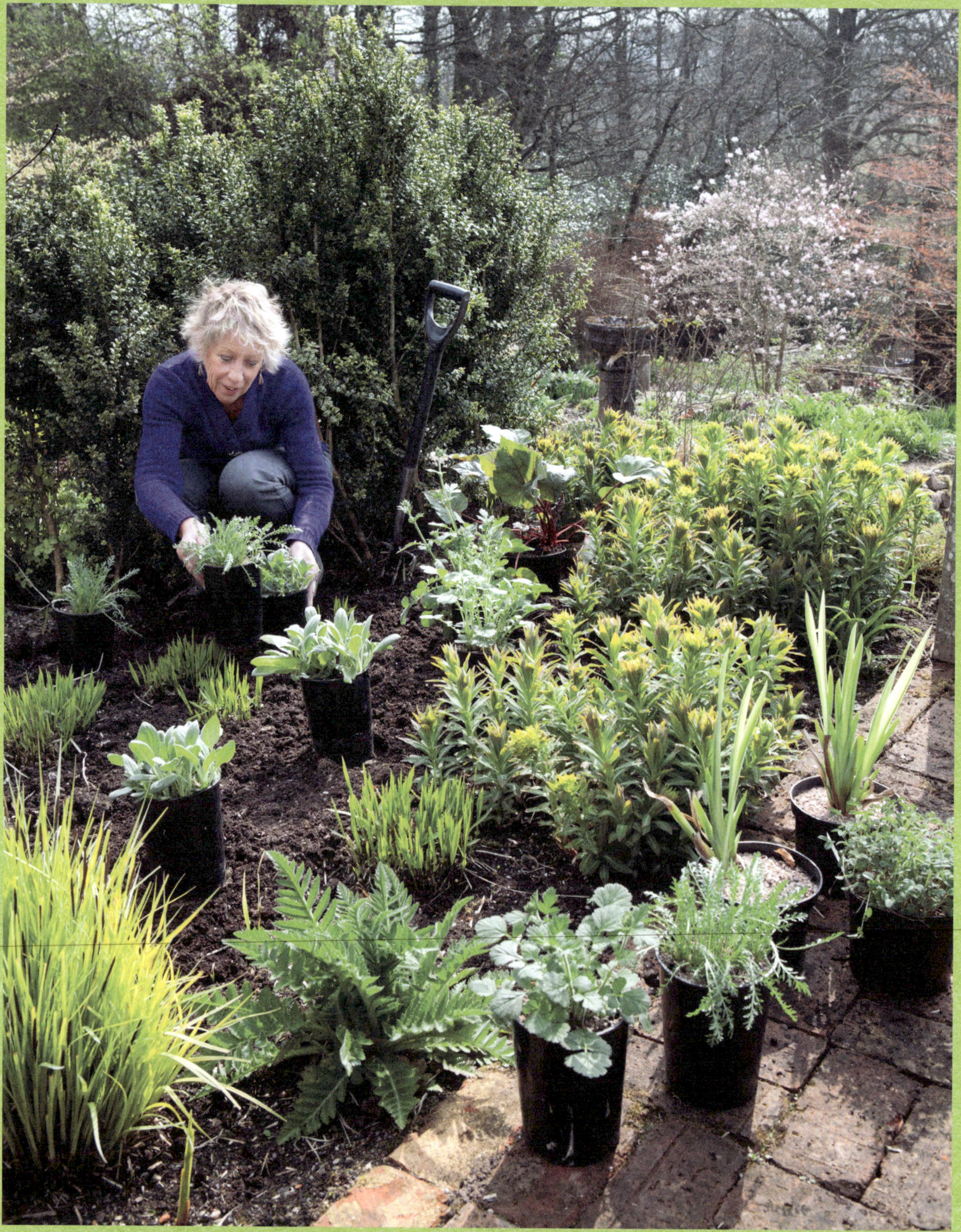

VOR DER PFLANZUNG

Legt alle Pflanzen im Beet aus, bevor ihr mit dem Pflanzen beginnt. So könnt ihr sie in die richtige Position schieben und die Pflanzmengen besser einteilen. Geht auch mal um das Beet herum – wie wirkt die Pflanzung von der anderen Seite?

Vom Plan ins Beet

Wenn ihr eure Pflanzplanung fertig auf dem Papier habt, geht es endlich zum Pflanzenkauf und dann ab ins Beet mit den neuen Schätzen!

Egal ob ihr den Garten komplett auf einmal bepflanzen möchtet oder die Beete Schritt für Schritt anlegen wollt, besorgt euch **alle Pflanzen**, die in das Beet sollen und fangt erst dann an einzupflanzen. So könnt ihr die einzelnen Pflanzen am besten arrangieren.

PFLANZMENGEN

Die genaue Anzahl der Pflanzen, die ihr braucht, könnt ihr aus eurem maßstäblichen Pflanzplan herauslesen. Deshalb ist es so wichtig, dass ihr die Endgrößen der Pflanze einzeichnet, ansonsten pflanzt ihr zu viele Exemplare und müsst einige nach einem Jahr wieder entfernen. Macht euch einen Einkaufszettel und notiert, welche Pflanze ihr wie oft benötigt.

Einkauftipps

Kauft die Pflanzen in einer Gärtnerei und nicht im Discounter oder Baumarkt. Die Qualitätsunterschiede sind riesig und wenn ihr lange Freude an euren Pflanzen haben möchtet, lohnt es sich, etwas mehr Geld auszugeben. Geht **mit** eurer Pflanzenliste in die Gärtnerei! Ihr habt viel Zeit und Mühe in eure Pflanzplanung gesteckt, es wäre schade, wenn ihr sie durch Spontankäufe über Bord werft. Zugegeben, die Pflanzen werden oft verlockend präsentiert, aber vielleicht passt das Schnäppchen gar nicht zu eurem Standort oder eurem Gesamtarrangement.

PFLANZGRÖSSEN

Vor allem Gehölze gibt es in ganz unterschiedlichen Größen. Grundsätzlich gilt: Je größer die Pflanze, umso teurer. Am Ende werden alle Pflanzen groß. Wenn ihr weniger Geld ausgeben möchtet, kauft eher kleine Pflanzen. Ihr werdet nur etwas mehr Geduld aufbringen müssen, bis alles eingewachsen ist.
Bei Sichtschutzgehölzen ist es sinnvoller, eher auf größere Exemplare zu setzen und lieber an anderer Stelle kleinere Gehölze zu kaufen. Denn es dauert Jahre,

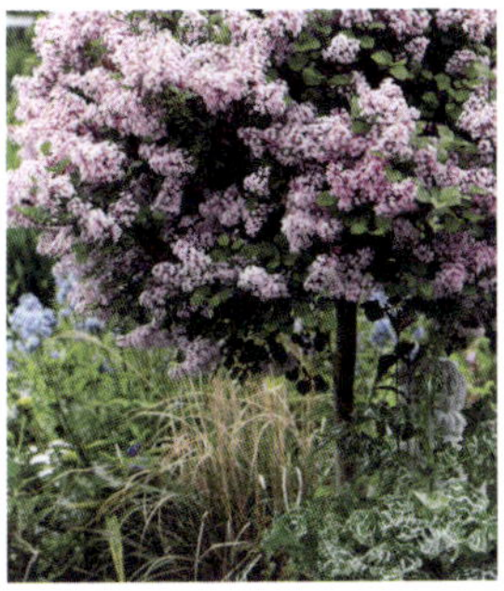

SOLITÄRGEHÖLZE

Bei Gehölzen spricht man von Solitärgehölzen, wenn sie in der Baumschule so erzogen wurden, dass sie besonders symmetrisch sind oder bestimmte Wuchsformen haben, wie zum Beispiel dieser Hochstamm-Flieder.

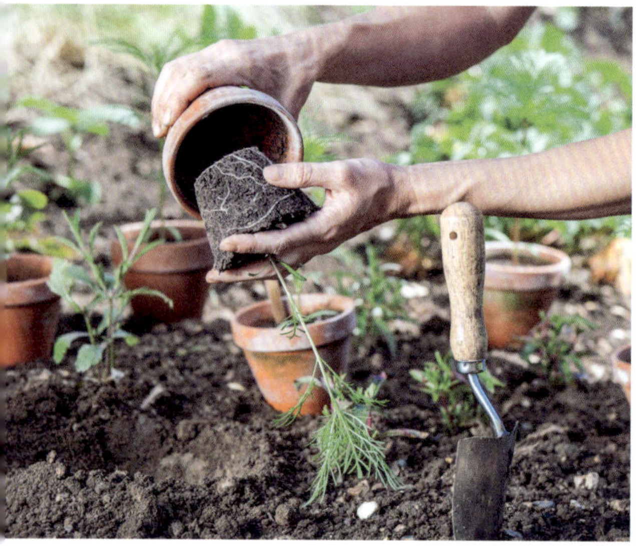

1

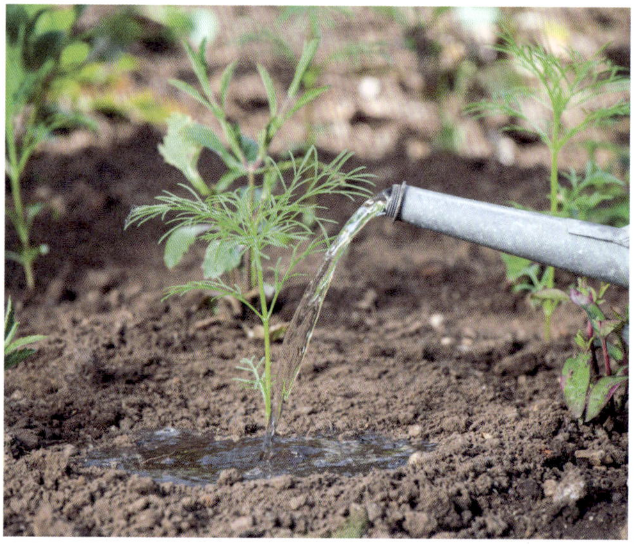

2

bis ein Baum so groß ist, dass er euch wirklich vor Blicken schützt oder Schatten spendet.
Stauden und Gräser wachsen vergleichsweise schnell, hier könnt ihr auf kleinere Pflanzgrößen setzen.

DAS AUTO IST VOLL, DAS BEET IST LEER

Wenn ihr eure Neuzugänge sicher nach Hause gebracht habt, legt **alle** Pflanzen im Beet aus, so wie ihr es in eurem Pflanzplan eingezeichnet habt. Jetzt könnt ihr sie hin- und herschieben, bis sie an der richtigen Stelle sitzen. Der Anblick kann erstmal enttäuschend sein. Während der Kofferraum bis oben hin gepackt war, sehen die Pflanzen im Beet winzig aus – die offene Erde überwiegt. Jetzt ist Geduld gefragt. Habt ihr die Pflanzmengen richtig berechnet, wird das Beet schon nach ein paar Wochen grün sein. Bis ein Garten aber richtig eingewachsen ist, dauert es zwei bis drei Jahre. Wird euch das zu lange, könnt ihr mit einjährigen Pflanzen etwas überbrücken.

Pflanzung

Beginnt beim Einpflanzen, wie beim Plan auch, mit den größten Pflanzen, den Leitpflanzen. Sie haben den größten Wurzelballen und ihr habt es viel leichter, wenn ihr sie in ein noch leeres Beet setzt. Erst wenn die Leitpflanzen an der richtigen Stelle im Beet sind, kommen die Begleitpflanzen und zum Schluss die Füllpflanzen.

Wässern

Wasser brauchen eure Pflanzen sofort nach dem Einpflanzen. Gießt sie unmittelbar nach dem Pflanzen. Achtet in den Folgewochen darauf, dass sie nicht austrocknen. Während eingewachsene Pflanzen erst gegossen werden müssen, wenn sie Zeichen von Trockenheit zeigen, sind die frischen Setzlinge empfindlich und müssen regelmäßig gewässert werden.

Düngen

Direkt nach der Pflanzung müsst ihr nicht düngen, da die Pflanzen noch sehr gut mit Nährstoffen versorgt sind. Beim Düngen gilt weniger ist mehr, zwei Düngergaben im Jahr für nährstoffliebende Pflanzen wie Rosen oder Rasen reichen vollkommen aus. Lavendel und Gräser benötigen im Allgemeinen gar keinen Dünger. Düngt am besten mit einem organischen Dünger, zum Beispiel Hornmehl.
Die beste Zeit zu Düngen ist das Frühjahr ab März und einmal im Juni. Achtet beim Düngen unbedingt auf die Packungsbeilage. Dort stehen die genauen Mengen.

1. Pflanzen austopfen und einpflanzen: Beginnt beim Einpflanzen, wie beim Plan auch, mit den größten Pflanzen, den Leitpflanzen.

2. Nach der Pflanzung andrücken und gut angießen!

ZUSAMMENFASSUNG: HABT IHR AN ALLES GEDACHT?

Wisst ihr, wo es in eurem Garten schattig und sonnig ist?	☐
Ist der Boden in eurem Garten eher tonig oder sandig?	☐
Wie schätzt ihr euch ein, seid ihr eher Typ „Gartenarbeit ist Entspannung“ oder „Gartenarbeit ist ein Muss“?	☐
Habt ihr eure Gehölze ausgesucht?	☐
Habt ihr eure Leitpflanzen ausgesucht?	☐
Habt ihr eure Begleitpflanzen ausgesucht?	☐
Habt ihr eure Füllpflanzen ausgesucht?	☐
Habt ihr den Blütezeitkalender ausgefüllt, blüht immer etwas?	☐
Habt ihr euren Plan gezeichnet und die Pflanzen gezählt?	☐
Habt ihr eure Einkaufsliste erstellt?	☐

Wenn ihr alles erledigt habt, geht's jetzt zur Ausstattung mit Möbeln und zur Technik in eurem Garten!

„Das Leben beginnt mit dem Tag, an dem man einen Garten anlegt.“

Chinesisches Sprichwort

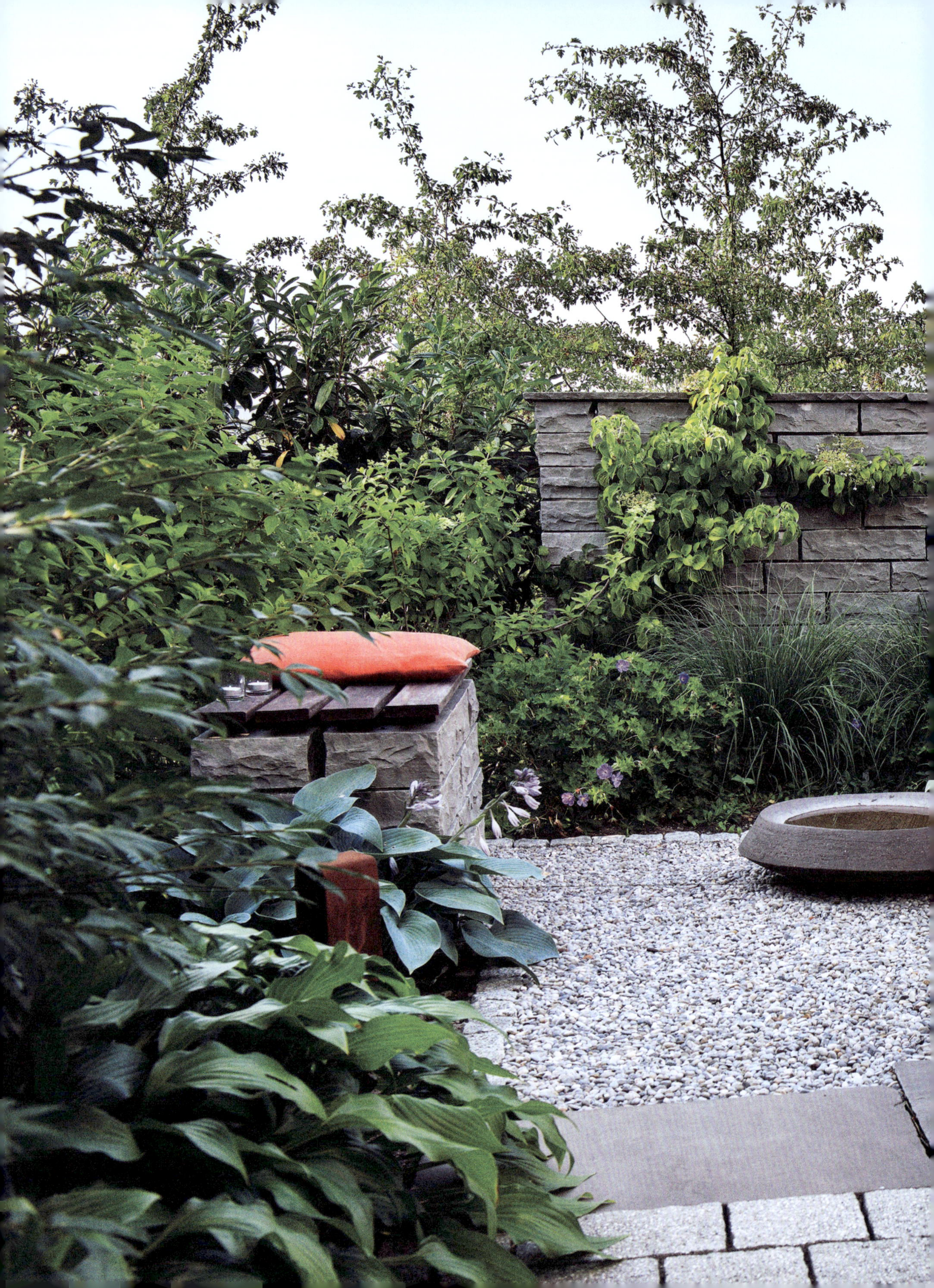

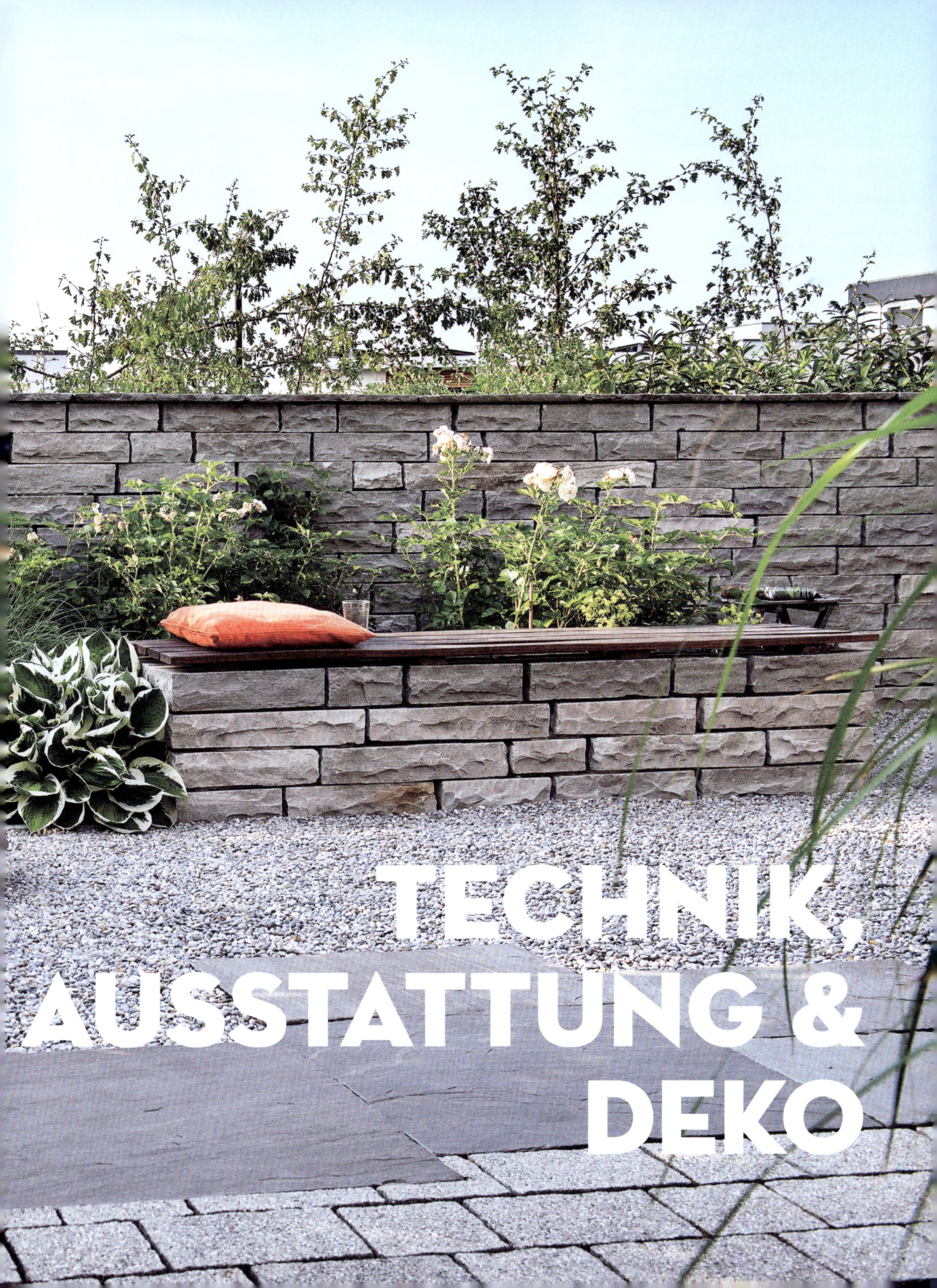

TECHNIK, AUSSTATTUNG & DEKO

Wie viel Technik braucht ein Garten?

„Smart Home“ hat längst auch den Garten erobert und ihr könnt einige technische Funktionen in eurem Garten installieren. Manche davon machen Sinn, andere sind aus meiner Sicht völlig unnötig oder sogar kontraproduktiv.

Licht, Zeitschaltuhren und in speziellen Fällen auch eine automatische Bewässerung sind sinnvolle Helfer im Garten. Von Apps, die euch sagen, wann ihr etwas schneiden, düngen oder wässern sollt, halte ich nichts. Für mich bietet der Garten einen Gegenpol zu unserem durchorganisierten Alltag. Der Garten lädt uns ein, unsere Sinne zu benutzen und uns seinem Rhythmus anzupassen. Da kann eine App mehr zerstören als helfen. Zum einen kennt sie eure individuellen Bedingungen nicht, zum anderen führt sie vielleicht sogar zu Stress, weil sie euch dauernd daran erinnert die Apfelbäume zu schneiden, und ihr im Moment einfach keine Zeit dafür habt. Ich möchte euch dazu ermutigen, euren Garten aufmerksam zu betrachten und euch darauf einzulassen, ihn Stück für Stück kennenzulernen. Die Rosen blühen auch, wenn ihr sie vergessen habt zu düngen. Vielleicht sind es ein paar Blüten weniger, das sollte eure Freude aber nicht mindern. Genießt euren Garten, freut euch über Erfolge, akzeptiert, wenn mal etwas nicht ganz so lief wie geplant und lasst euch nicht von einem Algorithmus den Spaß verderben.

RASENROBOTER, JA ODER NEIN?

Habt ihr eine Rasenfläche von mindestens 50 m², kann ein Rasenroboter sinnvoll sein. Ist die Rasenfläche kleiner, lässt sich die Ladestation des Mähers kaum verstecken und ihr seid mit einem kleinen Elektromäher besser beraten. Steile Böschungen schaffen viele automatische Mäher nicht, informiert euch vor dem Kauf. Wenn ihr euch für einen Mähroboter entscheidet, stellt die Mähzeiten so ein, dass der Rasen tagsüber gemäht wird. Nachts ist der Roboter für alle nachtaktiven Tiere wie Igel eine Gefahr.

BEWÄSSERUNG – AUTOMATISCH ODER MIT DER GIESSKANNE?

Eine automatische Bewässerungsanlage macht nur dann Sinn, wenn ihr mehrere Wochen im Jahr nicht zu Hause seid und niemanden habt, der das Gießen übernehmen kann. Denn habt ihr die richtigen Pflanzen für euren Standort gefunden, ist das Gießen nicht jeden Tag notwendig. Ausnahme: Hecken und Bäume brauchen in den ersten Jahren zuverlässig Wasser, um anwachsen zu können. Dazu kommt, dass in den heißen Sommern der letzten Jahre, das Bewässern des Gartens in vielen Gegenden sogar verboten wurde. Für mich ist eine automatische Beregnung nur noch in Ausnahmefällen zeitgemäß. Bewässerungsanlagen bestehen aus einem Schlauch mit Löchern, aus denen das Wasser in die Beete fließt. Die Anlage kann mit einem Feuchtigkeitsfühler und einer Zeitschaltuhr ausgestattet werden. So fühlt die Anlage, wenn der Boden trocken ist und bewässert nur dann, wenn es nötig ist. Im Gegensatz zu einer gezielten Bewässerung von Hand versorgt die automatische Bewässerung alle Pflanzen mit der

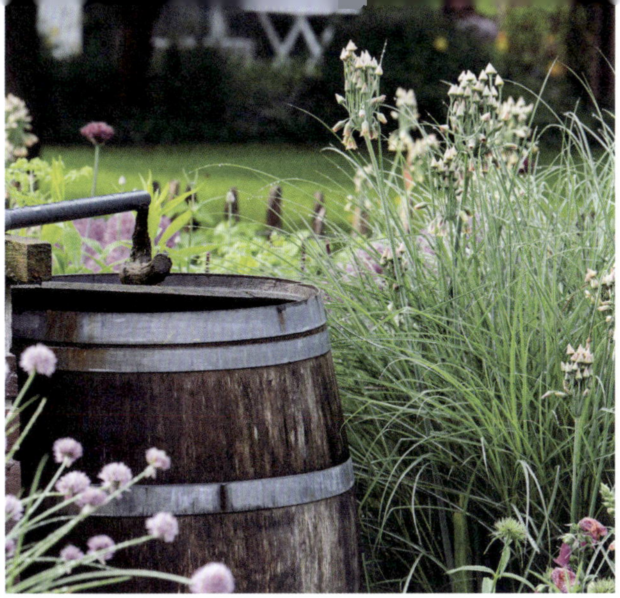

2

1

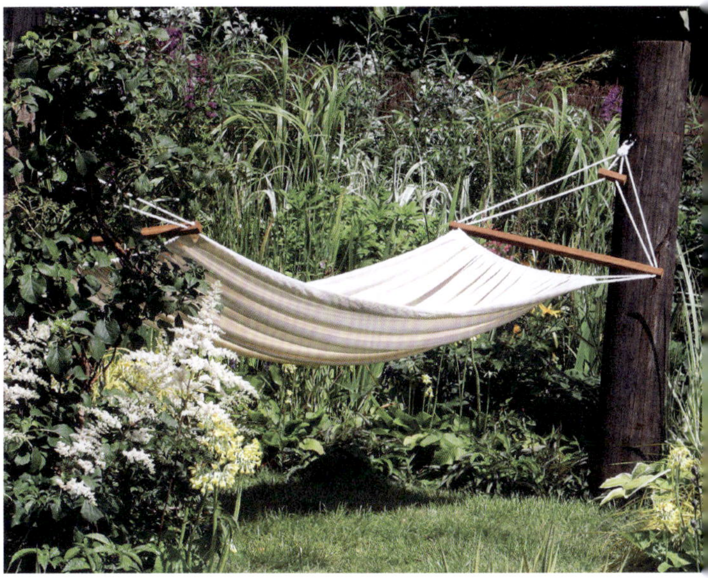

1. Pflanzen lieben Regenwasser, und günstig ist es auch.

2. Nutzt euren Garten bewusst als Gegenpol zum technisierten Alltag.

GIESS-TIPPS

DOS

- Gießt entweder in den frühen Morgenstunden oder am Abend.
- Eingewachsene Pflanzen müssen auch im Sommer nicht jeden Tag gegossen werden. Ein- bis zweimal die Woche reicht aus. Schaut eure Pflanzen an: Hängen die Blätter, brauchen sie Wasser.
- Eine Rose im Beet braucht in regenfreien Wochen z. B. 5 l Wasser einmal in der Woche, ein Baum 60 bis 100 l, Topfpflanzen und Gemüse brauchen an trockenen Sommertagen täglich Wasser, da sie weniger Speichermöglichkeiten haben.
- Stauden können sich erneuern, Bäume nicht. Priorisiert beim Gießen deshalb die Gehölze.
- Gießt die Pflanze direkt an der Wurzel.

DON'TS

- Gießt nie in der prallen Sonne. Das Wasser verdunstet sofort und die Pflanzen haben nichts davon.
- Mit der Gießkanne quer über das Beet zu spritzen reicht nicht aus, um die wichtigen tiefen Wurzeln zu erreichen.
- Versucht nicht über die Blätter, sondern direkt an die Wurzeln zu gießen. Sind die Blätter lange feucht, können sich schnell Pilzkrankheiten ausbreiten.

gleichen Menge Wasser. Die Pflanzen haben jedoch unterschiedliche Bedürfnisse. Grundsätzlich ist es besser, die Pflanzen erst dann gezielt zu gießen, wenn sie die Blätter hängen lassen. Gießt ihr die Pflanzen zu früh, wurzeln sie nicht so gut in die Tiefe, da sie auch an der Oberfläche genug Wasser bekommen. Das macht sie anfällig für Krankheiten. Ausnahme: wenn die Pflanzen frisch gesetzt wurden.

Zisterne und Wassertonne

Habt ihr die Möglichkeit, Regenwasser zu sammeln, ist das ideal, um Wasser zu sparen. Zisternen sollten immer gut zugänglich sein: In einem Beet oder unter einer Holzterrasse mit Klappe könnt ihr sie verstecken. Regentonnen können mithilfe eines innenliegenden Fallrohrs auch im Gartenhaus oder hinter einer Hecke stehen, so fallen sie nicht weiter auf.

Licht im Garten

Gartenbeleuchtung ist einfach praktisch, kann aber auch sehr stimmungsvoll sein. Bei der Auswahl der Leuchten ist ein bisschen Fingerspitzengefühl gefragt. Die Dos und Don'ts gibt es hier im Überblick.

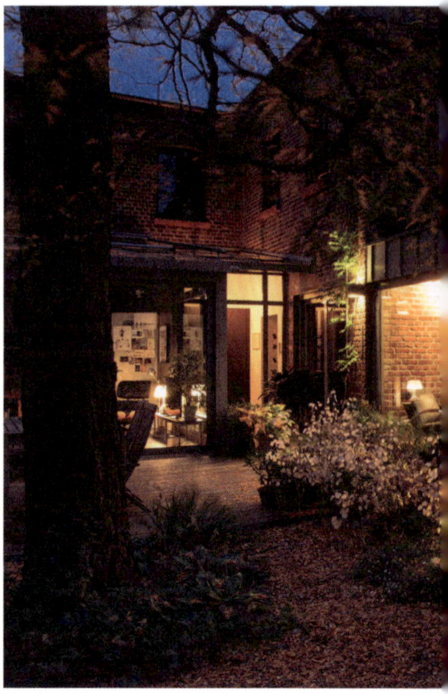

1

Wenn ihr euren Garten das ganze Jahr und auch an lauen Sommerabenden genießen wollt, dann kommt ihr an einem Beleuchtungskonzept nicht vorbei. Eine geschickte Beleuchtung kann aus eurem Garten nachts sogar einen ganz anderen Garten machen. Plötzlich werden Dinge sichtbar und in Szene gesetzt, die tagsüber völlig untergehen. So entwickeln eine beleuchtete Mauer oder ein angestrahlter Baumstamm einen ganz eigenen Zauber.

Bei der Beleuchtung gilt: Weniger ist mehr. Denn bei zu viel Licht, verschwimmen die einzelnen Effekte miteinander und die Beleuchtung wirkt nicht mehr. Grundsätzlich sollten wir auch aus ökologischen Gesichtspunkten eher sparsam mit der Außenbeleuchtung umgehen, da zu viele Lichtquellen den Tag- und Nachtrhythmus zahlreicher Insekten stören. Eine Zeitschaltuhr ist deshalb in Sachen Außenbeleuchtung eine sehr gute Investition. So könnt ihr automatisch festlegen, wann ihr das Licht braucht und wann ihr darauf verzichten könnt.

FUNKTIONALE BELEUCHTUNG

Wege, Garage und Fahrradschuppen brauchen eine Beleuchtung, damit ihr euch hier auch in den Wintermonaten sicher bewegen könnt. Relativ kleine Lichtpunkte reichen zur Orientierung aus. Zu hell sollte das Licht an der Stelle nicht sein, damit ihr nicht geblendet werdet. Am besten eignen sich Bodeneinbaustrahler, die ihr in Holz- oder Steinbelag integrieren könnt. Pollerleuchten sind im Hausgarten oft zu dominant und fallen auch tagsüber auf.

Für Terrassen und Sitzplätze gibt es aufladbare LED-Lampen, die eine Wohnzimmer-Atmosphäre verbreiten, da sie als Steh- oder Tischleuchte konzipiert werden. Ich mag diese Lampen sehr gern, denn erstens unterstreichen sie noch einmal das „Zimmer-im-Grünen-Gefühl" und zweitens sind sie mobil und ihr könnt sie jederzeit umstellen. Eine sehr praktische Lösung.

DEKORATIVE BELEUCHTUNG

Wollt ihr spezielle Beleuchtungseffekte im Garten erreichen, könnt ihr das auf unterschiedliche Weise tun. Wie schon geschrieben, ist es deutlich schöner, **wenige** aber gezielte Lichtquellen zu haben, als jede Menge unterschiedliche Lampen im Garten zu installieren. Eine tolle Möglichkeit, Atmosphäre im Garten zu schaffen, ist Bäume mit

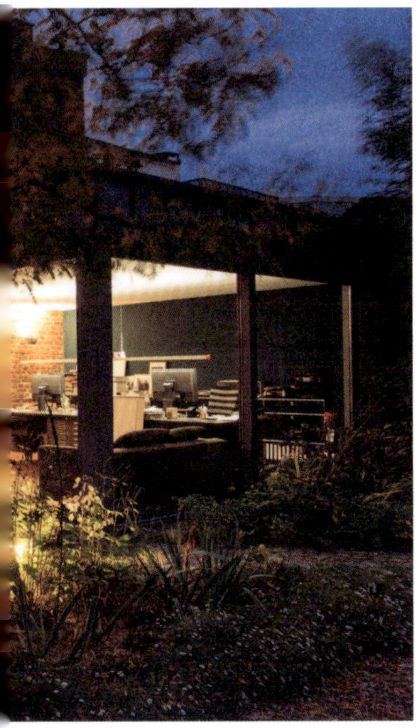

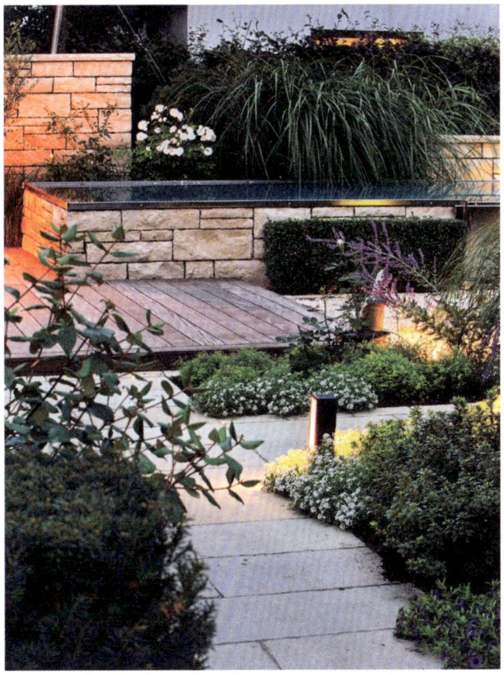

2

1. Damit das Licht wirkt, braucht es auch Schatten. Achtet darauf, dass sich die Lichtkegel der einzelnen Leuchten nicht überschneiden.

2. Eine dezente Wegbeleuchtung reicht aus, um bei Dunkelheit Orientierung zu geben.

3. Wände lassen sich nachts besonders gut in Szene setzen.

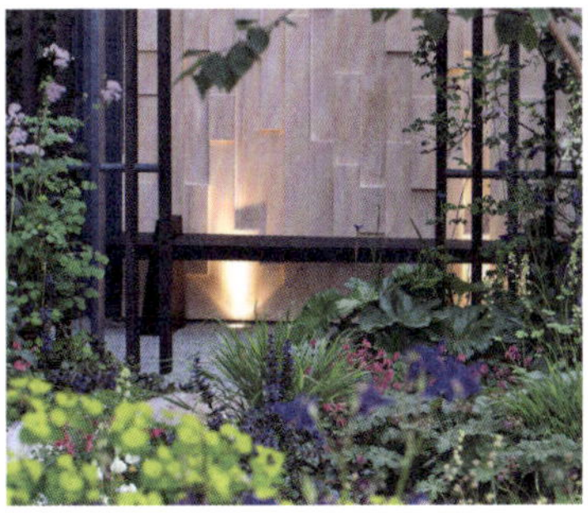

3

einem Spot anzustrahlen. Denn gerade nachts wirken die Pflanzen ganz anders als tagsüber. Besonders geeignet sind dafür einzeln stehende Bäume mit schöner Krone wie Ahorne, Felsenbirnen, Birken oder Amberbäume. Aber auch Gräser sind tolle Beleuchtungsobjekte!
Eine schöne Wirkung haben außerdem von unten angestrahlte Natursteinmauern. Achtet dabei darauf, dass der Abstand zwischen den Lampen stimmt, sodass sich die Lichtkegel nicht zu sehr überschneiden. Die Hersteller machen Angaben dazu, wie groß der Lichtkegel ist.
Spannend sind natürlich Unterwasserlichter, die ihr im Teich oder im Wasserbecken installieren könnt. Bitte dezent vorgehen, sonst wirkt es schnell kitschig und die Wasserfläche geht vor lauter „Lightshow“ optisch unter.

DIE TECHNIK

Moderne Gartenleuchten bestehen aus LED-Lampen. Das hat den Vorteil, dass sie nicht warm werden und kein oder kaum UV-Licht enthalten, was Insekten sehr stark anzieht. Ich empfehle euch aus Sicherheitsgründen Niedervolt (12 Volt)-Leuchten. Um den Storm in den Garten zu bringen, gibt es spezielle Erdkabel. Sie müssen mindestens 60 cm tief im Boden verlegt werden. Bitte hierfür einen Elektriker engagieren, sicher ist sicher! Legt am besten ein Leerrohr, in das ihr ein oder zwei fünfadrige Erdkabel zieht, die über einen separaten FI-Schutzschalter abgesichert werden. So könnt ihr auch später noch entscheiden, ob ihr eine Lampe im Garten installieren möchtet oder nicht. Das zweite Kabel könnt ihr zum Beispiel für eine Teichpumpe nutzen.

SOLAR-LAMPEN

Für kleinere Lichterketten oder Lampions sind Solarlampen durchaus ausreichend. Wichtig ist nur, dass ihr auf die Lichtfarbe achtet – viele sind sehr blaustichig und wirken damit kalt. Für eine echte Beleuchtung reichen die Solarlampen momentan aber noch nicht aus. Dafür sind sie einfach zu schwach und zu unzuverlässig.

Gartenmöbel und Accessoires

Damit ihr euch richtig wohlfühlt in eurem Garten dürfen natürlich bequeme Möbel nicht fehlen. Accessoires wie Kissen und Windlichter machen den Garten zu einem echten Zimmer im Grünen.

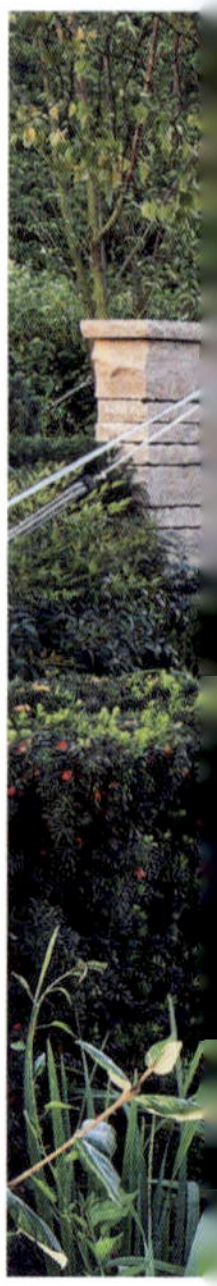

1

Bevor ihr euch auf Möbelshopping für den Garten begebt, sind einige Fragen vorab zu klären. Kauft nicht alles auf einmal, sondern lasst euch etwas Zeit beim Aussuchen. Ein Esstisch reicht vielleicht in der ersten Gartensaison erst einmal aus. Liegestühle und Loungemöbel könnt ihr später immer noch dazu kaufen.

EINE FRAGE DES GESCHMACKS

Gartenmöbel sollten den Charakter eures Gartens unterstreichen und sich in das Gesamtkonzept integrieren.
Holz passt eigentlich zu jedem Gartenstil und es gibt eine riesige Auswahl an Holzmöbeln. Allerdings müsst ihr die Holzmöbel einmal im Jahr ölen und sie sollten den Winter im Haus verbringen.
Besonders leicht wirken Möbel aus pulverbeschichtetem Stahl oder Aluminium. Sie sind deshalb gerade für kleine Gärten ideal. Diese Möbel können sogar draußen überwintern und ihr könnt sie leicht säubern.
Wenig empfehlenswert finde ich Kunststoffflechtmöbel, sie wirken oft billig und sehr wuchtig. Außerdem sind sie schwer zu reinigen, da der Schmutz schnell in den Kunststoff einzieht.

ÜBERWINTERUNG UND STAURAUM

Überlegt euch vor dem Kauf, wo ihr die Möbel überwintern wollt. Stahl- und Aluminiummöbel können draußen bleiben, alle anderen solltet ihr im Haus oder in einem Geräteschuppen aufbewahren.
Nicht sinnvoll ist es, die Möbel mit einer Plane einzupacken und auf der Terrasse stehen zu lassen. Denn unter der Plane kann kaum Luft zirkulieren, die Möbel werden aber trotzdem feucht durch die Luft. Gerade bei Holzmöbeln können sich hier unschöne schwarze Flecken bilden. Habt ihr wenig Platz im Winterquartier, empfehle ich euch deshalb Klapp- oder stapelbare Möbel.

Verschattung

Ist eure Hauptterrasse nach Süden ausgerichtet, werdet ihr kaum ohne Verschattung auskommen. Die ein-

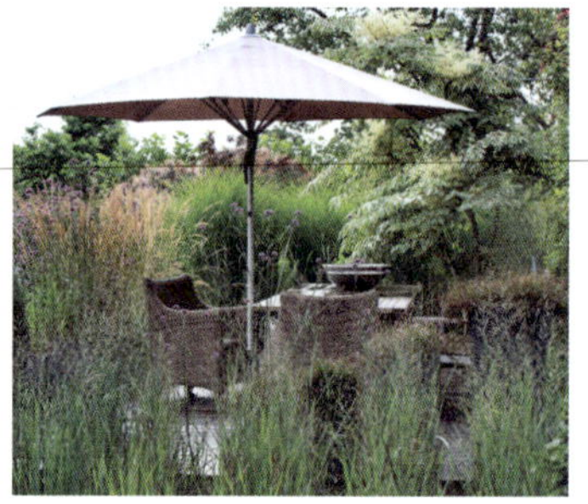

FLEXIBLER UND GÜNSTIG

Sonnenschirme könnt ihr verschieben und sie sind relativ günstig. Praktisch sind schwenkbare Modelle, die ihr dem Sonnenstand anpassen könnt.

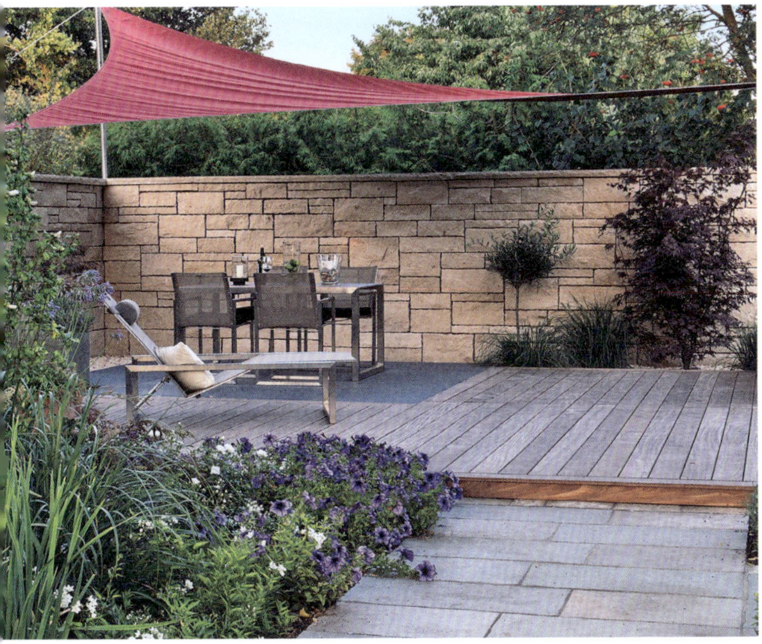

2

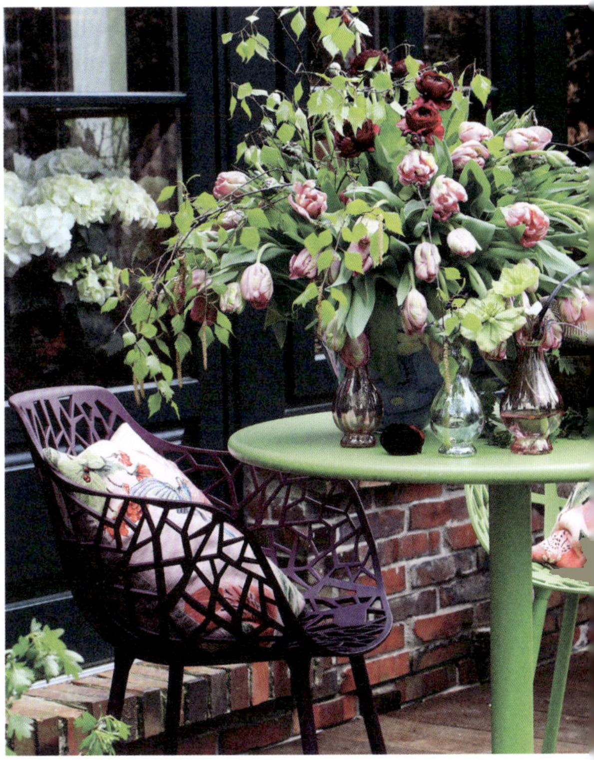

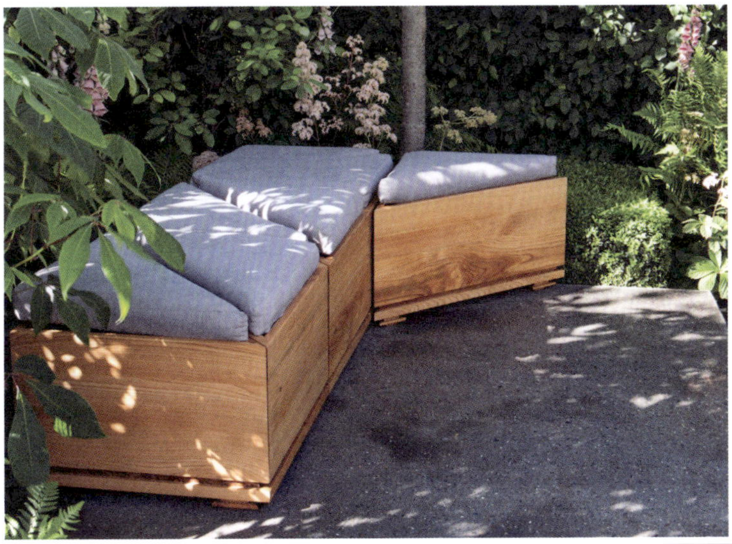

3

EINBAUMÖBEL

Je kleiner der Garten, umso wichtiger ist die funktionelle Planung. Ist der Platz knapp, machen Einbaumöbel Sinn. Eine kleine Mauer lässt sich gleichzeitig als Sitzbank nutzen. Vor eine Stützmauer könnt ihr eine Holzbank setzen – die Stützmauer dient dann als Rückenlehne. Eine Holzbank mit Deckel fungiert gleichzeitig als Aufbewahrung für Kissen und Decken.

1. Unter einem Sonnensegel findet auch eine größere Gruppe Schatten, und ihr könnt es außerdem als Sichtschutzelement nutzen.

2. Eure Möbel sollten zu eurem Gartenstil passen und die Atmosphäre in eurem grünen Reich unterstreichen.

3. Für kleine Gärten sind passgenaue Möbel ideal. Aus Holz sind sie schnell angefertigt.

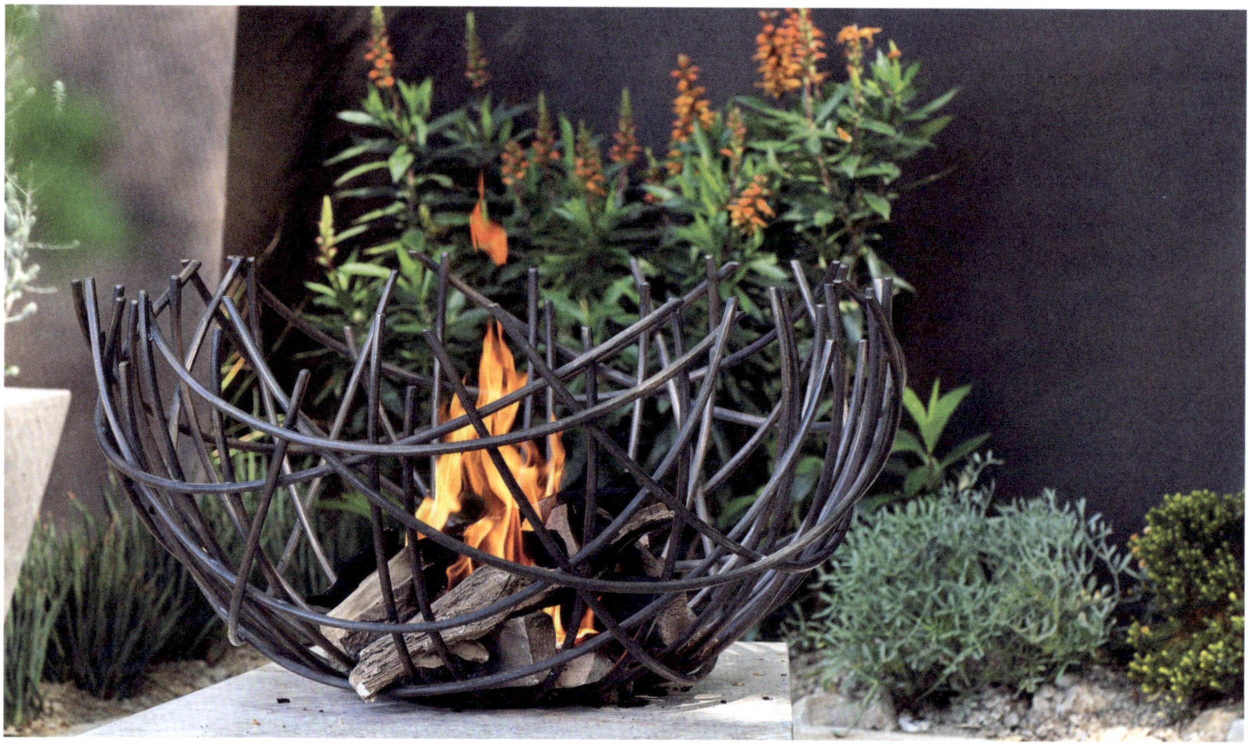

Eine Feuerschale bringt auf kleinstem Raum Wärme und Lagerfeueratmosphäre in den Garten.

fachste und natürlich günstigste Möglichkeit ist ein Sonnenschirm. Am besten wählt ihr ein kippbares Modell. Dann könnt ihr den Schirm flexibel ausrichten, je nachdem, wo die Sonne gerade steht. Um eine vierköpfige Familie am Esstisch zu beschatten, sollte ein Schirm einen Mindestdurchmesser von 3 m haben.
Habt ihr einen größeren Garten kann auch ein Sonnensegel sinnvoll sein. Lasst euch hier von einer Fachfirma die genauen Maße berechnen. Sonnensegel müssen nämlich viel größer sein, als man auf den ersten Blick denkt, um genug Schatten zu spenden. Dementsprechend groß und massiv müssen auch Stützen und Seiltechnik sein. Wichtig ist, dass das Segel schnell und unkompliziert eingefahren werden kann.
Etwas mehr Planung erfordert eine Pergola auf der Terrasse. Lasst ihr sie mit einer Kletterpflanze bewachsen, kann sie im Sommer einen schönen Schattenplatz bieten. Bedenkt aber, dass eine Pergola auch die angrenzenden Zimmer verdunkelt.

KISSEN UND WINDLICHTER

Um euren Garten in eine Wohlfühloase zu verwandeln, dürfen Kissen und Decken nicht fehlen. Es gibt spezielle Outdoorstoffe, die auch ein Gewitter ohne Schaden überstehen. Alternativ könnt ihr ganz normale Kissen verwenden und einen Stauraum in Terrassennähe schaffen (Korb, Truhe). Besonders schön wirken bei Textilien Naturtöne und dezentere Muster, da sie sich den Pflanzen unterordnen.
Windlichter und Kerzen gehören an einem warmen Sommerabend unbedingt in den Garten. Sie schaffen oft eine viel schönere Atmosphäre als elektrische Lampen. Investiert hier in drei, vier schöne Windlichter oder Kerzenhalter, in die ihr einfach immer neue Kerzen stellen könnt, wenn die alten abgebrannt sind. Das ist nachhaltiger und schöner, als immer neue Kerzen in Behältern zu kaufen.
Ein besonderes Highlight im Garten ist eine Feuerschale. Sie bringt nicht nur eine schöne Lagerfeueratmosphäre in den Garten, sondern kann euren Abend auf der Terrasse sogar noch verlängern, da sie eine angenehme Wärme abgibt. Achtet darauf, dass die Feuerschale einen großen Abstand zu allen brennbaren Materialien hat, wie zum Beispiel Möbeln oder der Holzterrasse.

ZUSAMMENFASSUNG: HABT IHR AN ALLES GEDACHT?

Wisst ihr, wo ihr im Garten überall einen Stromanschluss braucht?	☐
Braucht ihr einen Rasenroboter? Wenn ja, habt ihr festgelegt, wo er seine Ladestation haben soll?	☐
Wollt ihr die Pflanzen mit der Gießkanne bzw.einem Gartenschlauch mit Wasser versorgen oder braucht ihr wirklich eine automatische Bewässerung?	☐
Wisst ihr, welche Beleuchtung ihr für euren Garten (Wege, Terrasse, Deko) braucht?	☐
Wo könnt ihr eure Möbel im Winter lagern?	☐
Sonnenschirm, Sonnensegel oder Pergola? Welche Verschattung ist die richtige für euch?	☐

„Garten ist nicht genug, sagte der Schmetterling. Sonnenschein, Freiheit und eine kleine Blume muss man haben.“

Hans Christian Andersen

Service

ZUM WEITERLESEN

Bernd Böhmer, Walter Wohanka: **Krankheiten und Schädlinge an Zierpflanzen, Obst und Gemüse.** Eugen Ulmer

Nigel Dunnett: **Naturalistische Gartengestaltung.** Eugen Ulmer

Helga Gropper: **Gartenpläne für kleine Flächen.** BLV

Hansjörg Haas: **Pflanzenschnitt.** Gräfe und Unzer

Bernd Hertle: **Mit Gräsern gestalten.** Gräfe und Unzer

Simone Kern: **Mein Garten summt!** Kosmos

Anette Lepple: **Genießen statt Gießen.** Eugen Ulmer

Katrin Lugerbauer: **Schattenstauden. Die dunkle Seite Ihres Gartens.** Eugen Ulmer

Bärbel Oftring: **Wird das was oder kann das weg?** Kosmos

Peter Wirtz: **Der neue große Gartenplaner**. Eugen Ulmer

NÜTZLICHE ADRESSEN

Stauden

www.bund-deutscher-staudengaertner.de
www.gaissmayer.de
www.syringa-pflanzen.de

Blumenzwiebeln

www.graefin-von-zeppelin.de
www.staudengaertnerei-bornhoeved.de

Rosen

www.rosenhof-schultheis.de
www.rosen.de

Gehölze

www.baumschule-newgarden.de
www.gruen-ist-leben.de

Gemüsegärtnern

www.biogartenversand.de
www.dergenialegemuesegarten.de

Möbel und Accessoires

www.fermob.com/de
www.garpa.de
www.gartenzauber.com
www.manufactum.de

Bodenuntersuchungen

www.agrolab.com
www.lwg.bayern.de/gartenakademie/

Register

BILDNACHWEIS

Mit 248 Farbfotos von:
adobe stock: /izzzy 71: 119 re., /Monkey Business: 31 re. (3), /schulzfoto:44 (1); **Botanikfoto**/Steffen Hauser: 128 Mi. li.; **Flora Press:** 22 o., /Bildagentur Beck: 59 o., /BIOSPHOTO: 19 li., /Blitzart: 92 u., /Matthew Bruce: 80, 85; /Tomek Ciesielski: 26 u.; /Liz Eddison: 26 Mi .re.; /Edition Phönix: 34, 65 re.; /FocusOnGarden/Jürgen Becker: 8 o., 8 u., 16 o. li., 16 o re., 21 li., 31 re. (1), 41 li., 68 li., 74, 78 li., 87, 91 li., 105 o., 107 li., 107 re., 110 u., 124 li.; /FocusOnGarden/Ursel Borstell: 75, 81 o. re., 114/115, 134 Mi., 148 u. (3), 167 o. re.; /FocusOnGarden/Luckner: 2/3, 82, 99 o. re., 116; /FocusOnGarden/Volker Michael: 130; /FocusOnGarden/Sibylle Pietrek: 23, 39 u., 63 re., 164/165; /Christine Ann Föll: 3 li.; /Melli Freudenberg: 19 re.; /Michelle Garrett: 39 o.; /gartenfoto.at: 22 u, 44 (2), 44 (3), 92 o.; /Ingrid Gorr: 70/71; /Martin Hughes-Jones: 124 o.Mi.; /Ute Klaphake: 25, 106, 108 Mi. li.; /Julia Korte: 54; /Alain Kubacsi: 21 re.,147 o.; /Antje Michaelis-Haeg: 16 o. Mi., 47 o. re., 112 u., /Nathalie Pasquel: 163 re.; /Katharina Pasternak: 15 Mi. re., 31 re. (2); /Evi Pelzer: 109 li., 117, 121, 129 o. li., 148 u. (1); /Georgie Steeds: 81 o. li.; /Royal Horticultural Society: 128 Mi.; /Sally Tagg: 135 Mi., /Ian Thwaites: 76 li.; /Visions: 11, 47 Mi .re, 105 u., 137 re., 138 li., 157; **GAP Photos:** 15 o. re., 28/29, 50/51, 104 Mi., 144, 158 li., 158 re., /Pernilla Bergdahl: 35; /Richard Bloom: 12, 93; /Jonathan Buckley: 110 o., 156 (dargestellt von Carol Klein); /Leigh Clapp (Design: PaulMartinDesigns.com): 43 Mi.; /Paul Debois: 22 Mi., 41 re. (Design: Kate Eyre Garden Design); /Suzie Gibbons: 152 li.; /FhF Greenmedia: 109 re.; /Björn Hansson: 135 li.; /Marcus Harpur: 61 re., 154 li.; /Roy Hunt: 97; /Andrea Jones: 9; /Lynn Keddie: 59 u.; /Michael King: 126 Mi.; /Joanna Kossak (Design: Tony Woods Garden Club London): 43 re.; /Fiona Lea: 143 Mi. li.; /Robert Mabic: 16 Mi. li., 19 Mi., 56/57, 60 o., 73, 147 Mi.; /Elizabeth Mercer: 37; /Clive Nichols (Design: Ana Sanchez-Martin of Germinate Design): 3 o.; /Howard Rice: 52, 143 o. re.; /J S Sira: 153 u. re.; /Nicola Stocken: 4/5, 13, 61 li., 65 li., 72, 84, 88 u., 94 re.; /Jo Withworth (Design: Tom Stuart Smith): 143 o. li.; **Carolin Küßner:** 122 u., 133 u. re., 148 o.; **mauritius images**/Alamy/Botanic World: 155 li.; /Alamy/MichaelGrant: 141 Mi. li.; /Alamy/land-scaper: 152 re.; /blickwinkel/Hans-Roland Müller: 128 Mi. re.; /Garden World Images/Nicholas Appleby: 83; /Garden World Images/Rita Coates: 124 Mi.re.; **MMGI**/Marianne Majerus: 25, 26 o. re., 176; **Moosmann, Carmen:** Außenklappe hinten; **Kerstin Mumm:** 119 Mi.; **Evi Pelzer:** 60 u., 78 re.; **Shutterstock**/Alphabetman: 152 Mi., /StephaneBiduze: 151 Mi. re., /Egorov Igor: 141 u. Mi., /Dina Gomankova: 139 o. li., /Anna Gratys: 141 u. li., /guentermanaus: 133 o. re., /hbpictures: 128 o. Mi., /Miroslav Hlavko: 133 u. Mi., /Ihor Hvozdetskyi: 138 re., /Nadezhda Kharitonova: 131 re., /Alex konon: 135 re.,/Eileen Kumpf: 155 re., /Lipatova Maryna 1658956117: 141 u. re., /lovelypeace: Außenklappe vorne, /nata_fer: 133 o. li., /Natali art: 153 Mi. li., /J Need: 129 o. Mi., /Olga Otto: 131 Mi., /simona pavan: 138 Mi., /Vic and Julie Pigula: 148 u. (2), /pjhpix: 154 Mi., /Kathryn Roach: 131 li., /Thorsten Schier: 137 Mi., /Oksana Shevchenko: 128 o. re., /Shutterschock: 141 Mi. , /Bencha Stewart: 154 re., /SusaZoom: 129 u. re., /timyee: 129 o. re., /Martina Unbehauen: 139 Mi. re., /Iva Vagnerova: 133 u. li., /Vishnevskiy Vasily: 141 Mi re., /vvoe: 134 re.; **Straub, Enno:** 4; **Straub, Lilli:** Innenklappe vorne, 10, 20 li., 47 u. re., 64 u., 77 u., 81 u. re.,95 re., 128 o. li., 137 li.; **Friedrich Strauß**:/Clive Nichols Photography, 63 li., 88 o., 102; /Strauß, Friedrich, 20 re., 45, 47, 103, 108 o. li., 122 Mi., 124 o.re., 134 li.; /VisionPictures: 151 o. re.; **Annette Timmermann:** 14, 15 o. li., 26 li., 48, 64 o., 67, 68 re., 76 re., 77 o., 79 o., 79 u., 91 re., 92 Mi., 94 li., 95 li., 96, 99 o. li., 99 u. re., 100, 101, 104 o., 104 li., 108 o. re., 109 o. li., 109 u., 112 o., 112 Mi., 119 li., 120, 123, 125 li., 125 re., 126 li., 126 re., 129 u. li., 129 u. Mi., 133 o. Mi., 139 Mi. li., 143 u. re., 147 u. li., 147 u. re.,150, 151 o. li., 160/161, 163 li., 165 Mi., 165 re., 166, 167 o. li., 167 Mi. li., 168.

Mit 40 Zeichnungen von:
Shutterstock/azurhino: 122; **Straub, Lilli:** 32, 33 o., 33 u., 34, 36 (alle 3), 37, 38 (alle 3), 53 (beide), 54, 55, 57 (beide), 58, 62 (beide), 64, 67 (beide), 85 (beide), 86 (beide), 87 (beide), 89 (beide), 98, 130 o., 130 Mi., 130 u., 146 (alle 3):

IMPRESSUM

Umschlaggestaltung von Claudia Eder, Schönburg, unter Verwendung eines Farbfotos von GAP Photos/Nicola Stocken (Umschlagvorderseite) sowie eines Farbfotos von MMGI / Marianne Majerus (Design: Sara Jane Rothwell) (Umschlagrückseite)

Mit 248 Farbfotos und 40 Farbzeichnungen.

Alle Angaben in diesem Buch sind sorgfältig geprüft und geben den neuesten Wissensstand bei der Veröffentlichung wieder. Da sich das Wissen aber laufend in rascher Folge weiterentwickelt und vergrößert, muss jeder Anwender prüfen, ob die Angaben nicht durch neuere Erkenntnisse überholt sind. Dazu muss er zum Beispiel Beipackzettel zu Dünge-, Pflanzenschutz- bzw. Pflanzenpflegemitteln lesen und genau befolgen sowie Gebrauchsanweisungen und Gesetze beachten. Die Blütenfarben sind sortenabhängig, daher können auch Farben auf dem Markt sein, die im Buch nicht genannt werden. Die Blütezeiten sind ebenfalls sortenabhängig, aber auch klima- und standortabhängig. Die angegebenen Wuchshöhen und -breiten der Pflanzen sind Mittelwerte. Sie können je nach Nährstoffgehalt des Bodens variieren. Verschiedene Sorten können deutlich größer oder auch kleiner wachsen als die Art.

Unser gesamtes Programm finden Sie unter **kosmos.de.**
Über Neuigkeiten informieren Sie regelmäßig unsere Newsletter, einfach anmelden unter **kosmos.de/newsletter**

print 4 climate
klimapositiv gedruckt

Gedruckt nach der Richtlinie „Druckerzeugnisse" des Österreichischen Umweltzeichens. gugler* print, Melk, UWZ-Nr. 609, www.gugler.at

PurePrint®
innovated by gugler* DruckSinn
Gesund. Rückstandsfrei. Klimapositiv.
drucksinn.at

Gedruckt auf chlorfrei gebleichtem Papier

ISBN 978-3-440-17820-1
Projektleitung und Redaktion: Carolin Küßner
Gestaltungskonzept: Gramisci Editorialdesign, München
Gestaltung und Satz: Katrin Kleinschrot, Stuttgart
Produktion: Klaus Jost
Druck und Bindung: Gugler GmbH, A-Melk/Donau
Printed in Austria/Imprimé en Autriche

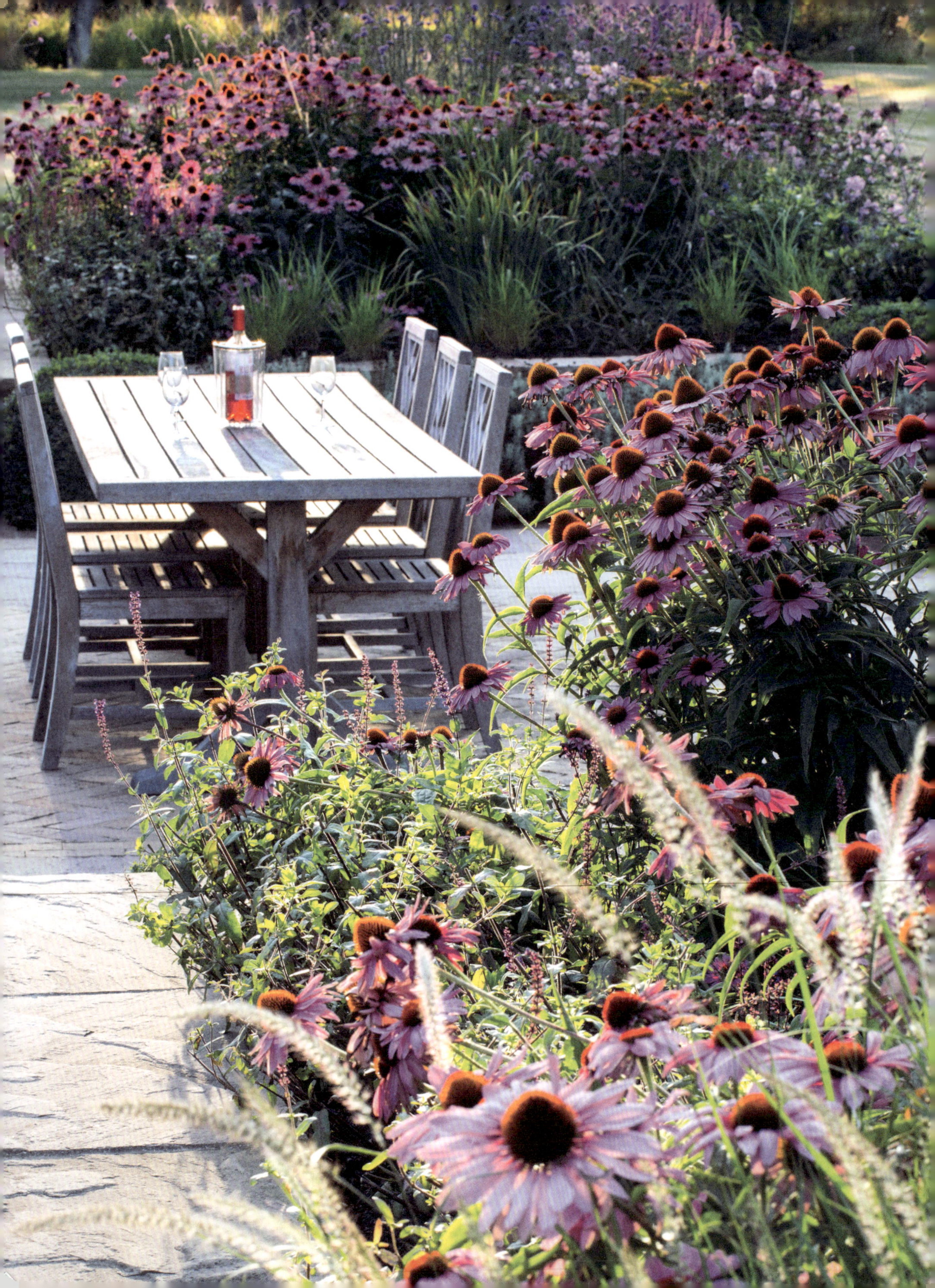